증 보

미술치료 핸드북

| 개념과 기술 |

신승녀 지음

서문 : 장-피에르 클랑

창지사

서문 창조하는 것은 변형의 과정이다

장-피에르 클랑*
번역 신승녀

창조하는 것은 운명에 형태를 주는 것이다. – 알베르 까뮈
예술이란 상처가 빛으로 다시 태어나는 것이다. – 조르주 브라크

미술치료에 대한 다양한 시각과 미술치료 정의 내리기 시도

미술치료를 정의 내리기에 앞서 먼저 나의 시각으로 미술치료가 아닌 것에 대해 종합적으로 말해 보려 한다.

— 미술치료는 대부분의 심리치료처럼 치료의 목표 지점을 정확하게 지정하고 가지고 가지 않는다. 더욱이 하나의 증상을 줄이려고 한다든가, 좀 더 사회에 적응할 수 있도록 돕기 위한 사회화 활동이 아니며, 직업교육도 아니다. 미술치료는 특수교육이 아니며 작업치료도 아니고 재활교육을 하려는 사회치

---

* 장-피에르 클랑(Jean-Pierre Klein), 정신과 의사, 심리학 관련 연구 학위 지도교수, 예술을 중재로 하는 치료 국제 연맹 유럽 회장, 예술과 치료 저널 편집장, 프랑스 파리 INECAT(Institut National d'Expression, de Création, d'Art et Thérapie)의 창립자, 스페인 바르셀로나 예술치료학교(Fondateur de la Escuela de Arteterapia de Barcelone) 교장, 극작가, PUF의 Que sais-je? '*L'art-thérapie*' 저자.
27, rue Boyer, F 75020 Paris France, www.inecat.org, kleinjpk@orange.fr.

료도 아니다. 굳이 더 선명하게 말하자면 미술치료는 한 사람이 좀 더 나은 건강한 삶을 살아갈 수 있도록 하는 치유 과정이다. 특히 증세를 직접 공략하는 것이 아니라 그것을 해결하려고 하는 방법이라고 말하는 것이 옳다. 해결해야 하는 것을 증세에 국한하는 것이 아니라 한 사람 전체를 바라보는 것이다. 그러므로 미술치료가 증세에 목표를 두고 공략하려는 치료들에 비해서 더욱 실용적이라고 할 수 있는 것이다. 왜냐하면 보통 증세란 한 가지를 제거했다고 생각했을 때 다른 모습으로 대체되어 나타나기 때문이다.

— 미술치료는 투사 테스트가 아니다. 미술치료 작품들을 완벽한 진단을 위하여 첨가 수단으로 사용하는 것은 아니다. 예를 들어 "당신의 작품은 당신의 죽음에 대한 강박관념을 보여준다!" 라고 말하는 것과 같은, 미술치료가 한 사람의 문제들을 밝혀내는 데 사용되는 것은 아니다. 미술치료는 이미 지나간 과거 시점의 내용을 표현한 것에 관심을 두는 것이라기보다는 표현된 것을 하나의 작품으로 인정하고 종합적인 표현 내용의 예술적 형태에 더 관심을 둔다. 미술치료의 미술 작품은 한 사람이 자신이 누구인가를 드러내는 것이 아니고 더구나 자신이 어떤 사람이었는가를 알려주는 것도 아니며 단지 어떠한 사람일 수 있는가를 향한, 가능성을 향한 방향 즉, 단서를 마련하는 것으로, 미술치료의 작품 하나는 또 다른 작품 하나로 연결되면서 상징 안에서 자신을 스스로 드러내는 과정의 연장 속에 있게 된다.

좀 더 이야기를 선명하게 하도록 한 가지 예를 들어 보려 한다. 영웅을 잡아먹으려 하는 무지막지한 괴물이 나오는 소년의 그림이 있다고 하자. 치료사는 그 그림을 자신의 환자를 더 잘 이해하기 위하여 사용해서 이 내용이 의미하는 바를 폭력적인 아버지가 아들에게 가하는 폭력과 관련되어 있다고 볼 수 있을 것이다. 그러나 미술치료사는 그 그림 내용만을 알아내는 것보다는 환자가 자신이 표현한 폭력을 상징화하게 하여 치료의 요소로 사용하는 데 더 관심을 두게 될 것이다. 상징화한다는 것은 환자가 폭력을 두려워하던 어린 아들에서 작업하는 하나의 '주체' 로 전환되는 것으로, 그것 자체가 환자를 안심하게 하여 폭력을 다른 방향으로 돌릴 수 있게 한다. 작업을 주관하는 주체가 되면서부터 그는 자신의 두려움을 어떻게 보살필 것인지, 작품을 어떻게 다룰 것인지를 위해 자신의 주의를 기울이게 된다. 동시에 자신을 존중하며 비밀스럽게 동반하는 미술치료사와의 역동적인 관계를 통해 한 사람, 주체자로서 자신의 문제들을 스스로 뛰어넘게 되는 것이다. 그러므로 미술치료의 첫 번째 중요한 태도는 작업을 진행할 수 있는 인지적인 도움을 목표로 하게 될 것이며 그다음 단계에서는 통계적인 발달과 관계하며 작업 내용에 관심을 두게 될 것이다. 특히 서양의 사고방식은 한 사람에게 남아 있는 아직도 비워져 있는 부분에 대한 관심보다는 무엇이든지 다 설명되기를 원하지만, 미술치료가 하려는 것은 아직 밝혀지지 않고 드러내지 않은 것을 펼쳐내도록 각 사람을 존중하는 것이다.

— 미술치료에서는 고통을 덜어내고 위안을 얻기 위한 자기표현에 한계를 두지 않는다. 그렇다고 해서 미술치료가 정서적인 것을 드러내는 치료만은 아닐 뿐더러 카타르시스만을 위한 것도, 나쁜 것들을 쫓아내는 푸닥거리를 대행하는 것도 아니다.

미술치료는 한 사람이 작품을 통해 자신의 문제를 드러내거나 밝히려고 한다기보다는 예상할 수 없는 아직 잠재하여 있는 발달 가능한 것을 향해서 창조적 작업 행위를 해 나가는 것이다. 한 사람의 역동성은 끝이 없다고 보기 때문이다.

— 미술치료는 환자/내담자만을 대상으로 하는 것이 아니며 회화, 모들라주, 흙, 콜라주, 조각이라는 재료와도 투쟁하거나 협상하는 것이다. 또한, 미술치료는 조형 행위들에만 국한되는 것이 아니라 인형극, 이야기나 글쓰기, 목소리, 음악, 신체 행위, 무용, 연극, 콩트, 광대 등을 이용하는 예술 활동 영역으로 확대할 수 있다. 이 모든 경우에 작업하는 사람의 내향적인 반성에만 관심을 기울이는 것이 아니다. 미술치료는 직접적으로 '나'를 표현하지 않으면서 자신에 관해 이야기하는 방법이다. 또한, 재료들은 재료의 성격에 따라, 재료의 방어적 성향에 따라, 재료의 요구에 따라 중재 역할이 필요하게 된다. 미술치료사가 환자와 재료 사이에서 중재하는 역할을 한다.

— 미술치료는 한 사람이 신체적 혹은 정신적인 어떤 부분에 질병이나 여러 가지 고통, 장애들을 가지고 있을 때 그것을 복구하기 위한 하나의 도전적인 프로젝트로 더욱 자신의 삶을 풍요롭게 하기 위한 노력이다. 한 사람이 고통, 재난, 충격 등 뛰어넘어야 하는 시련들을 가지고 살아가는 과정 중에 그것들을 헤쳐나갈 수 있게 하는 데 미술치료가 삶의 한 단계에서 역할을 할 수 있다.

— 미술치료는 모든 치료처럼 한 사람을 '주체'로 인정하고 자기 자신이 '자가치료' 하는 것을 동반하는 것으로서, 미술치료가 다른 심리치료보다 더 독특한 것은 주체와 직접적인 치료를 하는 것이 아니라 미술치료사가 지지하고 재료를 동반하는 작업을 통해서 치료가 이루어지기 때문이다. 작업들의 목표는 한 사람이 '좀 더 가능성 있는 존재'가 되기 위한 상징적인 흔적을 남기는 것으로서 '회복되어 가게 하는 것'이다.

특히 미술치료가 주의해야 하는 것은 수많은 시도를 하는 커다란 두 개의 영역 사이에 있기 때문이다 :

첫 번째 영역은 미술을 심리치료의 보조물로 사용하는 경우이다 : 이 경우는 당연히 미술치료가 아니다. 전통적인 정신분석적 심리치료는 꿈, 실수, 기억 등을 직접 말하게 하고 바로 분석한다. 그리고 자화상을 그리는 것과 같은 형태를 표현하게 하는 미술적인 방식으로, 자신의 삶의 이야기를 적는 문학적인 방식으로, 자신의 두려움을 신체적인 방법을 이용해 표현하는 방식으로, 토로하고자 하는 자신의 문제를 소리를 이용해서 표현하도록 한다. 특히 개인분석치료에서 이러한 시도를 많이 한다.

두 번째 영역은 명확한 치료 계획이 없는 미술 작업실의 경우이다 : 자아를 투사하고 자신의 문제들을 작업하는 재료를 이용하여 덜어내도록 하는 작업이 아니라 단지 그림 그리기, 모들라주 혹은 콜라주 등 미술을 알게 하는 것을 말한다. 특히 그룹 활동을 할 때 자주 보게 된다. 이러한 경우의 위험은 여가 활용이 된다는 데 있다. 여가 활동이 되면 상식적이고 일상생활을 위한 예쁜 것을 만들어 내는 시간이 된다든가, 모두 모여 즐거운 시간을 함께 보내는 시간이 된다거나, 지나치게 미적으로 완벽한 멋진 작품을 만드는 작업에 몰두하게 되는 것과 같은 함정에 빠지게 되고 결과적으로 미술치료의 본질에서는 벗어나게 된다.

이러한 것들을 통해서 이제 나의 시각으로 예술치료를 정의 내려 보면[1] : (예술치료의 개념 정리를 통하여 미술치료의 정의를 시사하고 있다. - 역자 주)

예술치료는 삶에서 개인적 혹은 사회적 심리적, 정신적 문제를 가지고 있는 한 사람을 조형적인 작품 활동이나, 소리, 연극, 문학, 신체 혹은 무용 등의 예술적인 창조 작업 활동을 통하여 해결해 나갈 수 있도록 동반하여 가는 것이다. 특히 예술치료는 아주 섬세한 활동으로서 한 사람이 작품을 통해 자신의 무의식을 밝혀내고, 그 의미하는 바를 들추는 손상되기 쉬운 소재를 사용하므로 특별히 주의를 필요로 하는 활동으로 행위를 하는 사람이 주체가 되어 하나의 창작 행위에서 또 다른 창작 행위로 이어지는 상징화 과정 안에서 자신의 새로운 면을 창조하면서 새로운 주체로 다시 자신을 만들어 낼 수 있도록 해야 한다. 그렇게 예술치료는 자기 자신을 작품 안에 예술적으로 수수께끼 같은 메시지를 통해 투사시킬 수 있도록 하는 역동적인 활동이며 그 작품 자체가 자신을 탐색하는 도구가 된다.

오늘날 예술치료는 사회와 교육 영역에서 활동하는 예술가, 간호사, 의사, 사회사업가, 교육자들 특히 현대의 사회 폭력과 관련된 문제들을 다루는 직업을 가진 사람들이 예술치료 교육과정을 훈련하여 활동하고 있다. 예술치료사는 각종 공공 기관이나 사설 기관을 통해 개인적으로 혹은 그룹을 형성해서 일하기도 한다. 예술치료사의 역할은 기업에서도 활용될 수 있다.

예술치료는 상징화(象徵化)하기를 동반(同伴)하는 것이다.

Robert(프랑스의 가장 권위 있는 사전 이름 – 역자 주) 사전에 간략하여 제안한 나의 예술치료의 정의이다 : 예술치료는 문제를 가지고 있는 사람을 위하여 예술적인 작업 활동과 작품의 결과를 가지고 치료를 돕는 동반(同伴)하기이다.

미술치료의 과정과 단계

상징화 여행을 위해 여러 가지 질문을 해 볼 수 있다 : 어떠한 방법으로 미술 행위를 하여야 간단한 미술 연습으로 그치는 것이 아니고 자신을 형태들 안에 이야기할 수 있을 것인가? 어떻게 작업 안에 다시 탄생한 하나의 인물로

(1) Klein J.-P., *L'art-thérapie*, Paris, France, Presses Universitaires de France, collection Que Sais-je?, 1997, 6ème édition 2008 36ème mille, traduit en espagnol et en japonais–예술치료, 프랑스 대학 출판사, 끄 쎄-쥬 컬렉션, 1997, 2008년 36쇄 일본어와 스페인어로 번역됨.

자신을 표현할 수 있을 것이며 그것을 발전적인 리듬을 가지게 할 수 있을 것인가, 또한 어떻게 작업하여야 기존의 미술 행위들과 다른 자아를 발견하는 미술치료가 될 수 있는가?

한 사람이 자신의 고통과 문제들을 가지고 미술치료사에게 오게 되면 미술치료사는 창조적인 행위를 하는 예술 활동을 권유하게 된다. 그리고 권유를 받은 사람은 자신이 무엇을 하러 미술치료실에 왔는지는 이미 알고 있었기 때문에 그 문제를 해결하기 위해 미술 행위에 직접적인 방법으로 해결하고 싶은 문제를 그대로 배어 나오게 하려고 하게 된다. 그러나 미술치료가 발전적으로 진행되어 나가기 위해서는 자신의 문제를 예술적인(새로운 소리 만들기, 글쓰기, 미술, 신체, 음악 등) 행위로 **전환하기**라는 준비 단계가 있어야 한다.

그리고 나면 미술치료 회기는 대부분 **내재화하기**로부터 시작하게 된다. 보통 이완 활동, 명상 활동 혹은 상상의 여행하기 등으로 방향을 잡아 줄 수 있다(예를 들어, 어린 시절 살던 집 상상하기나 자신이 편안해지는 풍경화 상상하기 등). 또는 퇴행적인 활동으로 신체를 사용한 냄새 맡기나 맛보기와 같이 감각을 직접 활용하게 할 수도 있으며, 좀 더 공간적인 상황을 활용하자면 자신의 근심거리나 혹은 신체 자체를 원의 중심에 놓도록 한다거나, 그렇지 않으면 미술치료실에서 자신에게 더 잘 맞는 위치를 선택하므로 자신의 에너지가 적절하게 활용될 수 있는 지점에서 작업을 시작할 수도 있을 것이다. 혹은 자신이 특별히 애정을 두는 물건을 택하거나 반대로 가장 정서적으로 자신을 이완할 수 있는 물건을 통해서 그것과 연상되는 것을 묘사하기와 같은 '목적'을 정하고 작업하거나, 단순히 형태에만 집중하게 해서 표현하게 하는 것 그리고 그다음에 그것을 풍요롭게 미술적으로 재표현해 보는 것, 설치작업, 콜라주 등을 통해 점점 그것을 살찌우는 방법 등이 있을 것이다. 상당히 강렬한 다른 방법 중에는 눈을 감고 그룹의 가운데 서게 하고 다른 사람들이 그 사람의 이름을 속삭여 부르는 소리를 듣는 방법 같은 완전히 퇴행한 소리에 침잠하게 하여 완벽한 집중 상태로 이끌어 주면 무의식 속에 잠겨 있던 상상의 이미지들을 밖으로 드러내게 할 수 있다.

그러나 내재화하기가 심리적 영향을 미치는 것은 두 번째 단계에서이다. 신문 혹은 잡지들의 사진과 관련하여 사례를 들어 보겠다. 신문 혹은 잡지 속에 있는 사진 중 맘에 드는 것 하나를 골라 소리 없이 집중해서 십여 분 동안 바라보면 하나의 '신호'가 나타난다. 이러한 연습들은 작업이 표면적인 단서를 제공하는 것에 머무르게 하지 않고 시각적, 청각적, 신체적인 언어를 사용해 가상적인 단어들로 전환되어 결과적으로 **투사적 표현 도구**가 된다. 다시 말해 하나의 작업 활동은 다른 모양으로 전환되는 상태가 되어야 창조하기라는 변형의 과정으로 들어서는 것이다. 이러한 단계에서 다름 아닌 그림 그리기, 조형물 만들기, 반복 활동으로 혹은 색 사용으로 창조하기라는 움직임 안에 있게 되고 내적으로 영향을 미치게 되는 것이다.

또한, 미술치료사의 **동반하기**는 예술 활동의 중재자로서 새로운 한 사람이 창조되어 형태로 나타나도록 조정하는 예술가의 역할을 말한다 : 그림이 좀 더 완벽하여질 수 있도록 혹은 새로 만들어지는 이야기가 좀 더 형태를 갖출 수 있도록, 의미 없는 소리가 형태를 보이도록, 아무런 의미 없는 움직임이 섬세히 다져지도록 하는 것 등을 말한다. 미술치료사는 (비록 작품 안에서 무슨 말을 하고 있는지 대부분의 경우는 이미 이해하고 있지만) 작품이 의미하는 내용보다는 포함하려는 형태에 관심을 두어야 하는데, 이미 작업을 하는 사람은 자신이 알지 못하는 상태에서 작품 속에 간접적으로 자신의 문제들을 다루고 있기 때문이다. 결과적으로는 하나의 전혀 새로운 것이 창조되는 것을 말한다.

다음 단계는 새롭게 창조된 사람 앞에서 느끼는 인상으로부터 다시 계속된다. 어떻게 보면 이 상태는 **다시 내재화하기**로서 자신의 내부와 대칭을 이룬 자신을 만나는 것이다. 자신에 의해 창조된 것에 자신을 맡기고 또다시 어떤 상태를 만나게 될 것이지 자신을 맡겨 두는 것이다. 마치 '나'라는 마리오네트를 만들고 그 마리오네트에 눈을 붙여 주고 나서 마주했을 때의 그 눈빛을 보는 것, 작품이 '말하는 것'을 듣는 것, 그 마리오네트가 말하는 방법이나 느낌을 통해 또 다른 새로운 한 사람을 만나는 것과 같다. 이것은 화폭 위로 떠오르는 이미지, 색들, 형태들로부터도 충분히 가능한 것이다. 어떠한 형태를 취해야, 어떠한 색을 사용해야 좀 더 멀리까지 더 완벽하거나 더 명료한 자신을 만날 수 있을까 하는 것인데, 어떠한 경우든 더 강해진 자신과, 좀 더 명확한 자신과 좀 더 자신답다고 느끼는 자신과 만나야 할 것이다.

그리하여 이 치료 과정은 계속되는 새로운 하나의 순환 리듬을 갖게 된다 : **표현하기, 동반하기, 창조하기, 인상하기**는 연속적으로 창조하기를 점점 더 강력해지게 해서 드디어 **발전 단계**에 이르게 한다. 발전된 것은 다시 자신의 정체성을 위한 모델이 되고 이러한 연속적인 역동 속에서 조금씩 더 강해져 가고 증상의 악순환을 상승하는 나선(螺旋) 여행으로 전환할 수 있게 되는데 이는 반복적으로 진행되는 회기들의 결과를 통해서 경험하게 되는 것이다.

이러한 미술치료의 특성은 미술치료사조차도 작업을 중재하고 돌보는 사람만이 아니라 자신의 작업도 창조적일 수 있도록 변형시킨다. 이제 미술치료는 유럽 전역에 퍼져 있는 언어로 치료하려고 하는 심리치료나 미국 등에서 즉각적으로 치료 효과를 보려고 하는 여타의 방법들을 앞서 가는 치료 방법이 되었다. 창조적 치료는 자신이 자신의 비밀스러운 것들을 열고 그것에 여러 가지 다양한 수수께끼 같은 형태들을 발달시켜 가는 것이지 지적으로 완전한 답을 찾거나 정확한 한 가지 답을 찾는 것은 아니다.

미술치료의 발명

미술치료가 화가에 의해 발명되었다는 것을 기억해 두어야 할 것이다 : 미술치료라는 표현을 처음으로 사용한 화가는 1938년 아드리안 힐(Hill A.)로서 그는 결핵 감염으로 요양소에 들어가 생활하게 되면서 자신의 주변에 놓여 있는 물건들이나, 자신의 방, 수술실 장면 등을 그림으로 그린다. 그러다가 그의 작품 중 '요양소의 목욕탕' 이 '영국 왕립 작가전' 에 전시되고 대중의 큰 관심을 끌게 된다. 이후 1941년부터는 "치료적 미술, 치료를 위한 작업" 이라는 표현을 사용하기 시작한다(아드리안 힐은 예술과 작업이라는 단어 첫 알파벳을 대문자로 사용하였다). 그의 입장을 표현한 책 『병을 이기기 위한 미술, 미술치료 이야기』[(2)]는 오늘날에도 미술치료를 가장 적절하게 표현하고 있고 강력한 영향을 미치고 있으며, 또한 가장 정열적으로 미술치료를 묘사한 책으로 손꼽힌다.

---

(2) Hill A., *Art versus Illness*, Londres, 1945; trad. fse *L'art contre la maladie. Une histoire d'art-thérapie*, Paris, Vigot, 1947, repris et commentédans le numéro 100 de la revue *Art et Thérapie*, Paris 2008 (3 rue Georges Lardennois, F75019 Paris). (역주: 2008년 이네캬(INECAT) 저널 『예술과 치료』의 100호로 출간됨.)

"미술이라는 배아가 영혼과 가슴에 한 번 깊이 뿌리 내리고 나면 어느 무엇보다도 제거하기 어려운 싹이 자라고 만다."

"미술치료는 건설적이다."

그리고 그는 미술치료 첫 번째의 규칙은 "절대로 복사하지 않기" 라고 말한다. 아드리안 힐의 적절한 조언 중에는 연필 한 자루를 들고 어떤 목적도 두지 않은 채 여유롭게 종이 위에서 마치 "산책하기" 처럼 움직이다가 그 움직임들이 저절로 어떤 단서를 주는지 자신을 맡겨 보라고 제안한다. 그는 "똑같게 그리기" 를 원하지 않았고, 환자라는 병명과 진단명으로만 불리는 요양소 내의 자신을 미술로 자신만의 "상상의 곡선" 이나 "미적 비타민" 을 통해서 자신을 스스로 돌보는 개인적인 동반 기술로 만들었다.

이후 현대 예술작품을 바라보는 시각(Picasso)과 환자들의 초상화를 그리던 화가들이나 조각가들의 작업에 의하여 미술치료의 개념이 전체적으로 완성되었다. 더 나아가 영국적십자는 영국 왕립 공군 중 불치병을 가진 사람들 집단에서 미술치료가 확대되는 새로운 경험을 하게 된다.

그러면서 동시에 다양한 전시회를 개최한다. "환자가 창조적인 사고(…)를 갖고 만족하게 되면 이미 가슴에 치료의 불씨가 지펴진 것이라고 볼 수 있다. 반대로 창조적인 사고가 부정적이면 그는 악마와 같이 평온하지 못한 영혼을 갖게 된다(…). 어떤 생각을 하게 되는가 하는 것은 그의 결핵을 치료하느냐 마느냐 하는 것과 관련된다."

한국/프랑스

나는 2년 연속 이 책의 저자 신승녀 선생의 초청으로 미술치료를 강연하기 위하여 한국(원광대학교 보건환경대학원과 한국심성교육개발원 - 역자 주)에 가서 여러 지방을 다니며 놀라운 사실을 보았다 : 이미 한국 문화 안에는 미술치료의 가장 원천적인 사고와 가까운, 사람의 전체성에 관심을 두고 있음을 느꼈는데 서양에서의 한 개인 안의 각각의 기능들에 관심을 두는 사고, 각각의 영역을 위한 기능 하나하나를 고쳐 가면 된다고 하는 방법과는 다르게 한국의 미술치료는 사람의 전체적인 기능을 생각하고 있다는 것을 알 수 있었다.

또한, 신 선생은 미술치료는 물리적인 것과 정신적인 것 즉, 몸과 영혼을 돌보는 것이라는 생각을 가지고 고대 그리스로부터 내려오는 보살핌이라는 치료에 대한 근본적 사고를 유지하고 있다. 그러므로 미술치료사 자신도 자신이 돌보아야 하는 사람들이 그들의 창조 활동 안에서 문제들을 만났을 때 그것을 도우며 동반하기 위하여 미술 작업을 익혀서 기술적으로 도울 수 있도록 미술을 잘 이해하고 일상적으로 작업 활동을 해야 한다.

나는 신 선생을 1997년부터 알고 지냈는데, 내가 만났을 때는 한국과 프랑스에서의 경험들을 더 완성하기 위해 미술치료사 자기 작업을 할 때였고, 그 뒤로도 미술치료사로서 개인 작업에 대한 열정으로 파리1대학의 조형예술 박사 준비 과정(DEA)을 마치고 발표를 할 때 내가 학위 심사위원으로 참여하기도 했다.

신 선생은 내가 학교장으로 있는 프랑스 국립 표현, 창작, 예술과변형학교(노동부 인정 사립 고등 교육기관 - 역자 주)에서 자폐성 장애와 관련한 논문으로 미술치료사 과정을 마친 이후로도 학위 이후 연구자 과정인 미술치료사 자기 수련 과정까지 마쳤다. 무엇보다 미술적인 능력과 함께 치료의 감각 그리고 다문화 안에서 길든 미술치료사가 총체적으로 가져야 하는 열린 정신과 인간의 복합성을 이해하는 도전적 정신의 소유자이다. 이러한 능력을 갖춘 이 책의 저자 신승녀 선생을 만나는 환자(내담자)들은 복 있는 사람들이다.

아직도 미술치료가 자문해야 하는 것들이 너무 많다:

— 광기는 창조성의 동인이 되는가?

— 미술은 과연 불행한 것만을 다루어야 하는가?

— 폭력성이 공격적인 행위의 단면이라기보다 하나의 창조적인 동력이 될 수 있는가?

— 한 사람이 자신 스스로 판단해서 생각하고 느끼기에 자기 자신에게 이 정도면 '알맞다' 고 판단한 것은 유명한 작가가 비슷하게 성취해 낸 것과 어떻게 다른가?

— 이러한 모험의 여정을 어떻게 동반해 갈 것인가?

— 광기의 희생양인 사람들이 상징화라는 영토를 통하여 부정적 면의 자신을 변형시켜 가면서 새로운 삶의 여정이 가능한 것인가?

"우리들의 가장 큰 승리는 우리가 넘어졌을 때마다 그것을 딛고 다시 일어서는 것이다." - 공자

저자의 말

나는 1981년 '자폐증' 이나 '미술치료' 라는 단어조차 대중에게 낯설었던 시절에 자폐성 장애아동과의 인연을 맺게 되었다. 그 이후 30년 이상의 세월을 자폐성 장애 어린이와 청소년의 특수미술교사와 다양한 연령층의 미술치료 임상가로 일하면서 나 스스로 의문을 가졌던 문제들에 답을 하는 과정에서 이 책이 만들어졌다. 자폐성 장애를 가진 사람들과의 만남에서 답을 알 수 없는 수많은 수수께끼 같은 문제들을 만났고, 프랑스와 한국의 미술치료 임상에서 만난 환자/내담자의 수만큼의 많은 자문을 거치면서 답을 찾으려고 노력을 해왔다. 특히 개인마다 가지고 있는 특성을 존중하며 각자의 길을 찾아가는 것을 동반하는 것이 나의 역할이었던 만큼 '이것이 미술치료다.' 라고 한마디로 말하는 것이 해가 넘어갈수록 점점 힘들었다면 역설적으로 들리겠지만, 사실이 그랬다.

나의 의문들을 해결해 줄 학교가 국내에는 없었기 때문에 나는 프랑스로 가게 되었고, 이 책은 프랑스에서 1992년부터 2011년에 이르기까지의 학업과 임상을 병행해 가면서 정리한 결과물이다. 자문자답이었지만 꼭 지키려고 애쓴 것은, 가능하면 많은 참고 서적과 연구된 문헌들을 살펴보는 것이었다. 여러 영역을 동시에 공부해야 했던 각 학위 과정들이 힘들긴 했지만, 각각의 영역을 통합하는 즐거움도 있었다. 그러므로 이 책을 엮은 방법은 미술치료 학업 과정과 임상을 보조하고 보충하기 위하여 동반한 조형예술, 미학, 예술철학,

사회심리학, 소아정신의학 등의 학업 과정들 그리고 한국과 프랑스를 오가며 임상을 통해 얻은 동서양의 특징을 찾아 직조한 미술치료 천짜기인 셈이다. 여러 가지 영역의 학문에서 미술치료의 줄기를 찾아낸 것은, '사람의 정신과 몸을 통한 각자가 가진 창조 능력에 대한 확신' 을 발견한 것이었고 이 책은 이 점으로부터 출발하고 마무리된다는 것을 애써 밝혀 둔다.

책을 엮는 과정에서 가능하면 한국 서적이나 한국어로 번역된 서적을 찾아 참고 도서 목록에 넣으려고 했으나 원고를 완성한 곳이 프랑스이다 보니 참고한 자료들은 외국어로 된 경우가 많다. 외국 서적은 될 수 있으면 영어 서적을 참고하려고 노력하였지만, 프랑스어가 원본인 경우나 미처 참고하지 못한 영어 서적은 프랑스어로 소개한다. 또한, 용어의 경우 프랑스어 어휘를 그대로 사용한 경우가 있음을 밝힌다. 〈참고 문헌〉은 각 주제를 위해 전체적으로 참고한 서적으로 소개했고, 〈주석〉으로 넣은 서적은 내용의 출처를 더 정확히 밝히기 위해서이다. 그러나 한편으론 영어 서적과 영어권 정보가 많은 우리나라에 프랑스 방식의 미술치료 정보를 전하는 역할을 할 수 있게 된 것을 기쁘게 생각한다. 그리고 〈참고 문헌〉의 저자 이름은 역자가 사용한 것을 그대로 사용하였다.

한 가지 덧붙인다면, 이 책은 단지 미술치료 임상을 위해 꼭 잊지 말았으면 하는 주제들의 간단한 정리에 불과하다는 것이다. 그래서 앞으로 각각의 주제는 미술치료실의 성향에 따라 즉, 환자/내담자에 합당한 깊이로 더욱 살이 붙여져야 함을 밝힌다. 특별히 성인 미술치료에 대한 주제를 따로 넣지 않았는데 이는 전체적으로 바탕을 이루는 책의 내용이 성인 내담자라고 보아도 무난하다는 생각에서 영역을 따로 결정하지 않았다.

이 책이 미술치료 임상가와 미술치료 영역에 관심을 가진 모든 사람에게 기본을 제시하는 핸드북으로 함께할 수 있었으면 하는 바람이다.

1981년 중앙대학교 부설 사회복지관을 시작으로 내가 만난 모든 제자와 학부모님들께 이 자리를 빌려 모든 분을 잊지 않고 있음을 전하고 싶다. 특히 1989년 문을 연 이후 26년이 지난 지금까지 내 화두의 근원인 수원 푸른교실 & 미술치료연구소의 선생님들, 학부모님들 그리고 아이들, 지금은 성인이 된 제자들에게 감사드린다.

남편 정우건과 나의 두 아이 단이와 겸하, 시부모님과 이 긴 여정 중에 돌아가신 부모님 그리고 친정 동생들의 가족적인 사랑 없이는 불가능했다.

기꺼이 서문을 써 주신 프랑스뿐만 아니라 유럽의 예술치료 권위자이며 INECAT의 창립자인 장-피에르 클랑(Jean-Pierre Klein) 박사의 가르침과 격려에, 예술치료를 위해 한평생 일하는 Edith Viarmé의 열정 어린 용기 주심에, 그리고 미술치료사의 자리로 이끌어 준 스승들 Marie-Claude Joulia, Christophe de Vareilles에게, 또한 나에게 창작의 방향을 주신 파리1대학 Panthéon-Sorbonne 조형예술학과 Nathalie Raymond 교수와 미학과의 Marc Zimnez, Bernard Darras 교수에게, 파리5대학 Descartes의 Necker 아동청소년병원 소아정신과의 Bernard Golse 교수께도 진심으로 감사를 전하고 싶다.

마지막으로 이 책의 출판을 허락해 주신 창지사 김기섭 사장님, 나기영 전무님과 편집을 맡아 주신 이윤미 차장님께 감사의 말씀을 드린다.

2015년 4월,
수원 팔달산 자락에서
신 승 녀

차 례

서문 | 장-피에르 클랑(Jean-Pierre Klein) 3
저자의 말 14

Part I 미술치료 : 어디서부터 왔는가?

01장 미술치료의 정의 23
1-1. 미술치료와 전통 심리치료 24

02장 간략한 미술치료 역사 30
2-1. 미술치료 탄생의 역사 30
2-2. 한국의 미술치료 34

03장 아르브뤼트(Art-Brut) 39
3-1. 프린츠혼(Prinzhorn H.)의 수집 39
3-2. 초현실주의 40
3-3. 아르브뤼트(art-brut, outsider art) 42
3-4. 미술치료와 아르브뤼트 44

Part II 미술치료 : 특징은 무엇인가?

04장 미술치료의 창조성과 표현 행위 51
4-1. 예술 창조 행위의 흐름 51
4-2. 미술치료에서 표현 57

CONTENTS

05장 미술치료의 기본 원리 63

06장 미술치료 임상 68

6-1. 미술치료실의 임상 대상 68

6-2. 미술치료 임상 과정 70

6-3. 평가 지침 73

07장 미술치료 과정 분석과 기술(記述)하기 76

7-1. 분석 기술(記述)하기 76

08장 미술치료 활동 과정과 단계 85

8-1. 미술치료의 미술 활동 진행 4단계 86

09장 미술치료 작품 94

9-1 작품의 상징 기능 94

10장 미술치료사의 태도와 자격 102

10-1. 미술치료사의 기본 태도 102

10-2. 미술치료사의 자격-수련 과정과 내용 105

11장 미술치료실 환경 구성 112

12장 미술치료에서의 언어 116

12-1. 미술 표현과 언어 116

12-2. 미술 표현과 이야기 118

12-3. 미술치료와 아날로그 언어 방식 120

13장 미술치료와 신체 123

13-1. 현상학적 사고와 신체 123

13-2. 정신분석학적 신체와 피부 125

13-3. 신체와 오감 133

14장 위니코트(Winnicott D.W.)와 잠재 공간(potential-space) 136
14-1. 위니코트의 정서발달 이론 136
14-2. 위니코트의 대상관계 140

Part Ⅲ 미술치료 : 대상은 누구인가?

15장 어린이 미술치료 147
15-1. 어린이 미술치료 개념 147
15-2. 어린이 미술치료실의 환경 150
15-3. 어린이 미술의 창의성 발달 단계 155
15-4. 어린이 미술치료 평가 160

16장 청소년 미술치료 177
16-1. 청소년기의 과제 177
16-2. 청소년 미술치료의 목표 182
16-3. 청소년 미술치료 접근 방법 188

17장 노인 미술치료 201
17-1. 다양한 노인 연구 영역 201
17-2. 노인 미술치료의 형태 206
17-3. 노인 미술치료 운영 방법 207
17-4. 노인 미술치료 기술 214

18장 학교 미술치료 221
18-1. 학교 미술치료 역할 222
18-2. 학교 미술치료 미술 활동의 주의사항 225
18-3. 학교 미술치료의 장기 목표 개발과 단기 목적 지침 227
18-4. 학교 미술치료의 과제 232

CONTENTS

Part IV 미술치료 : 어떠한 도구를 사용하는가?

19장 콜라주(Collage) 241
19-1. 콜라주의 의미 241
19-2. 콜라주 미술치료의 의사소통 요소 244

20장 데생(Dessin) 249
20-1. 데생의 의미 249

21장 색 256
21-1. 색에 대한 개념 256
21-2. 미술치료와 색 264

22장 흙 269
22-1. 흙과 미술치료 270
22-2. 흙 미술치료 방법 275

23장 사진 281
23-1. 사진과 미술 281
23-2. 사진 미술치료 284

부록

부록 1 관련 용어 해설 297
부록 2 프랑스예술치료사연맹의 예술치료사 자격 조건 310
부록 3 프랑스예술치료사연맹의 미술치료사 윤리규정 사항 313
부록 4 전 세계의 예술치료 관련 저널 318
부록 5 Jean-Pierre Klein의 서문 원문 321
부록 6 미술치료실 환경 구성의 실례 331

Part Ⅰ

미술치료 : 어디서부터 왔는가?

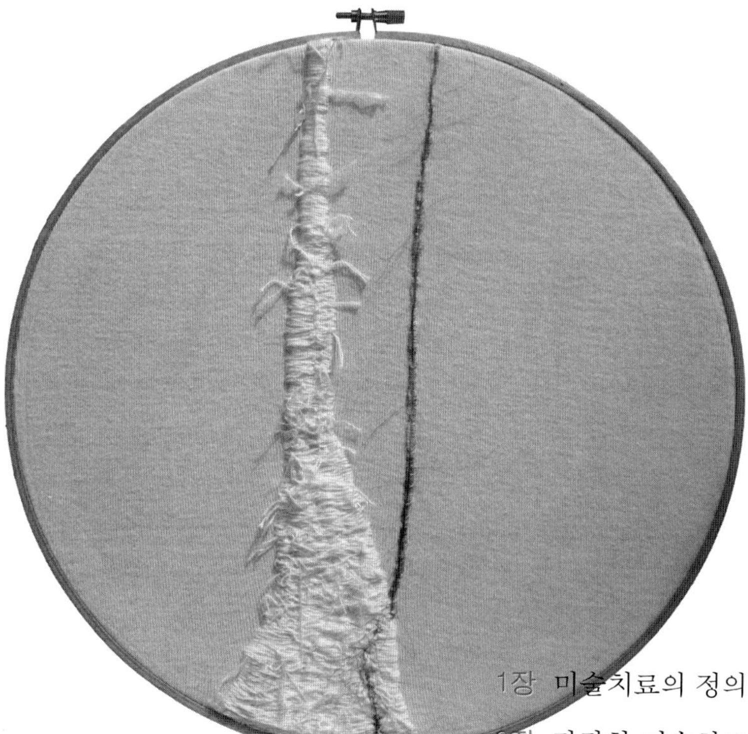

1장 미술치료의 정의

2장 간략한 미술치료 역사

3장 아르브뤼트(Art-Brut)

01장 미술치료의 정의

'미술치료는 이러한 것이다.' 라고 정의하기에는 많은 이론이 서로 다른 주장으로 강조하는 것이 달라서 간단하지 않다. 그러나 오늘날 심리치료의 아주 중요한 영역으로 발전한 미술치료는, 더 이상 정신의학[1] 분야나 임상심리학[2] 분야의 언저리 혹은 다른 여러 분야의 학문을 접목한 패치워크(patchwork) 같은 영역이라는 인식에서 벗어나 미술치료만의 독자적인 특징을 가지고 정체성을 구축해 가고 있다.

이는 1940년대 미술치료라는 용어를 형성한 미국 중심의 초기 선구자들의 업적을 이어받아 1970년 이후 전 세계적으로 미술치료 학업 과정이 생겨나고, 미술치료를 전공한 미술치료사들과 미술치료 관련 연구가층이 형성되면서 가능해졌다.

또한, 미술치료의 임상 대상도 매우 다양해져서 헤아릴 수 없이 많은 대상에 활용되고 있다. 그러므로 미술치료사들은 각자의 현장에 합당한 미술치료의 정체성뿐만 아니라 자신에게 적절한 접근 시각을 가지고, 미술치료사로서의 윤리규정[3]을 정확히 지키도록 주의해야 하는 현실에 있다.

---

1) 부록의 용어 해설을 참고하시오.
2) 부록의 용어 해설을 참고하시오.
3) 제10장 〈미술치료사의 태도와 자격〉을 참고하시오.

이 책에서는 '미술'과 '치료'[4]가 합성된 '미술치료' 영역이 어떻게 미술을 치료 도구로 사용하는지, 어떠한 치료를 하는지, 어떻게 미술치료가 가능한지, 누구에게 쓰이며, 왜 미술치료가 필요한지 등등에 대한 질문을 중심으로 미술의 치료적 쓰임새와 과정, 방법 그리고 기술 등을 살펴볼 것이다.

미술을 도구로 활용한다는 것은 단순하게 미술을 빌려와 심리치료에 활용한다는 것이 아니라 미술의 어떠한 특성을 활용하는 것을 말하는가, 어떠한 측정 방법이 있을 수 있는가, 다양한 연령층과 증세에 따라 어떻게 접근할 것인가 등의 미술치료 실제 회기를 진행할 수 있는 아주 작은 단위의 개념들을 정리하였다. 미술치료는 미술의 기술적 특성을 학습하는 활동이 아니라 미술 창조 과정이 기본을 이루는 정서적이며 심리적인 활동이다.

1-1. 미술치료와 전통 심리치료

1) 전통 심리치료와 미술치료의 다른 점

(1) 미술치료는 환자/내담자, 미술 작업 그리고 미술치료사라는 세 요소로 이루어진다. 세 요소가 상황에 따라 각각의 비중을 달리하며 조절되면서 움직이는 것이 미술치료이다. 미술치료사는 환자/내담자가 고유한 자신과 가장 가까운 작업을 해 나갈 수 있도록 최대한 중립적이어야 하며 자신도 미술 작업의 폭이나 역량의 한계를 갖지 않도록 미술 훈련을 계속 병행해야 한다.

(2) 미술치료는 미술 작업을 통해 무엇인가를 다루는 솜씨를 필요로 한다.

미술치료는 미술 도구와 재료를 가지고 작품을 만들어 가는 과정으로 이루어진다. 심미적인 완성도를 높이는 것을 의미하는 것이 아니고 반복되는 작업들을 통해 다양한 생각들을 연속적으로 하게 됨을 말하는 것이다. 자신의 작업을 점점 더 발전시켜 가면서 갖게 되는 다양한 생각들 속에서, 자신만의 특성을 찾아

4) 부록의 용어 해설을 참고하시오.

내는 것은 결과적으로 새로운 자신의 힘을 발견하게 되는 것을 말한다. 환자/내담자는 반복되는 미술 작업을 통해 삶의 문제에 대해 다양한 시각으로 주저하지 않고 여러 가지의 가능성을 접하는 연습과 경험을 할 수 있게 된다. 그리하여 미술 경험은 지금까지 새로운 변화를 두려워하던 환자/내담자가 자신의 삶에서 문제되어 왔던, 고정화되어 늘 같은 결과를 낳게 했던 삶의 틀을 벗어나 안전한 도전의 기회를 갖도록 한다.

(3) 미술치료는 미술의 유연성을 포함하고 있다.

미술 행위는 서로 다른 색, 형태 혹은 재료를 어떻게 서로 자연스럽게 사용할 것인가를 생각하게 한다. 요소들을 비교하고 조화롭게 하기 위해서는 끊임없는 융통성을 발휘해야 한다. 즉, 지금까지 만들어진 혹은 그려진 그림을 더 진전시켜 가기 위해서는 각각의 요소들을 참조해서 예견하지 않았지만, 이전의 내용을 위협하지 않는 한도 내에서 때로는 정반대의 결과를 낳게 되더라도 새로운 것을 시도할 수 있는 유연성이 필요하다. 정신 건강의 문제를 가지고 있는 많은 경우의 환자/내담자는 특히 사고의 경직을 호소하는데, 유동적이거나 융통성이 없는 사고는 쉽게 좌절하게 한다는 것을 생각할 때 미술을 통해 이 유연한 감각을 얻을 수 있게 된다.

(4) 미술치료의 작품은 시간과 함께 성숙한다.

미술 작품은 처음 재료를 만지는 순간부터 최고의 완성도 있는 작품을 만들 수는 없다. 오랜 시간을 통해 완성도를 높여 가면서 더욱 가치를 갖게 된다. 시간을 두고 공들이면서, 조금씩 더 확장되고 정교해지고 세련되어 간다. 환자/내담자가 삶에 대한 긍정적인 도전을 하는 데 있어 적합한 행위가 어떤 것인지 느낄 기회들을 미술을 통해 경험할 수 있다.

(5) 미술치료는 유일성, 독창성을 포함하고 있다.[5)]

환자/내담자가 미술을 통해 자신만의 매개수단, 자신의 스타일 그리고 자신

---

5) 화가들을 이야기할 때 '누구의 제자', '누구의 스승' 하는 표현들을 쓰기도 하고 어떠한 화파에 속한다라고도 한다. 그러나 미술치료 환자/내담자의 작품은 어떤 미술치료사의 영향을 받았다, 혹은 어떤 미술치료사의 작품을 연상시킨다고 말하지는 않는다. 미술치료실의 환자/내담자의 작업이 훌륭한 기존의 예술가와 유사한 경향의 작품으로 발전하게 될 수 있겠지만 가장 중요한 미술치료실의 작업 특징은 환자/내담자가 자신만의 성향을 찾아 가는 길이어야 하기 때문이다. 그러므로 미술치료사가 하나의 특별한 경향이나 미술 세계에 대한 시각의 한계를 가지고 있을 때는 결과적으로 그 미술치료실의 환자/내담자의 작업들에서 각자의 독창적인 특성을 찾아가는 길을 돕기는 어려울 것이다. 최대한 환자/내담자가 자신을 가장 자신답게 표현할 수 있도록 하는 것이 미술치료의 목표이다.

만의 형태를 주제로 자신을 탐색하며 고유한 자신을 찾아가는 것이 미술치료 과정이다. 그리하여 일정한 심미적 목표에 다다르고자 하는 것이 미술치료의 기본적 목표는 아니지만, 개인의 고유성은 독창성이라는 심미적 가능성을 만나게 한다.

(6) 미술치료는 미술치료실에서 진행된다.

미술치료실은 환자/내담자가 주어진 환경에 자신을 적응시키는 상호관계의 과정이 있어야 한다. 환자/내담자는 변하지 않고 늘 같은 위치에 자리한 미술치료실을 규칙적으로 오고 감으로써 안정적으로 자신의 안과 밖을 깨닫는 경험을 하게 된다. 위치적인 안정감을 느끼고 나면 미술치료의 각 회기는 리듬을 가지고 규칙적으로 발전해 가고 한 발 더 나아가 미술치료 전/회기 중/후를 통해 시간의 의미를 형성하게 된다. 또한, 미술치료실은 환자/내담자가 다른 사람을 만나는 사회적인 장소로서 무료하며 고독한 자신 안에 갇혀 있던 일상에 활력을 준다. 그리하여 환자/내담자는 미술치료실이라는 공간을 통해서 새로운 자신의 신체를 접하게 되고, 자신을 투사할 수 있는 잠재 공간의 기능을 경험하게 된다. 한편으로는 주의 깊게 보살펴 주는 미술치료사라는 존재가 자신을 한 개인으로 인정하고 있음을 느낌과 함께 불안을 덜어내고 치료를 향해 계속해서 걸어 나갈 수 있다.

2) 미술치료의 특징

(1) 미술치료는 환자/내담자가 미술 활동을 통하여 안전하게 자신의 감정, 사고, 행동을 펼치도록 한다.

(2) 미술치료는 작품을 매개로 하여 환자/내담자의 무의식적인 고통을 생생히 재연하여 부활시킬 수도 있으며 의식적인 환경에서 조금 더 깊게 자신의 고통을 탐색하는 수단으로 사용될 수 있다.

(3) 미술치료는 환자/내담자가 음성언어를 사용하지 않아도 자신을 표현할 기회를 얻게 한다.

(4) 미술치료는 환자/내담자의 결과물인 작품들을 통해 자신이 표현한 자신을 바라보는 창을 혹은 거울을 만나는 것이다.

미술치료는 환자/내담자가 언어로 표현할 단서를 찾기 위해 미술 표현이라는 자국 내기 혹은 조형물을 만드는 것이 아니라 미술 작업 행위가 작품으로 결과를 만나기까지 계속된다. 반복 과정의 긴 여정을 통해 예술적인 경험으로 승화되어 작업이 기쁨과 만족을 줄 때까지 계속되는 것이다. 다시 말해, 예술적인 경험이란 심미적으로 인정될 만한 작품을 창조하는 것을 말하는 것이 아니라 미술치료 작업의 과정 전체를 의미하는 것이다. 그리하여 가장 자신답다고 느껴지는 독창적인 작업을 하게 되어 작품을 통해 거리를 두고 제 삼의 시각으로 자신을 발견하고 살필 수 있다. 그렇게 찾은 자기 자신을 스스로 잘 보살필 수 있는 능력을 갖추게 되는 것이 미술치료이다.[6)]

전통적인 심리치료는 치료사가 환자에게 자신/여기/이곳을 말로 표현하게 한다. 그렇게 하여 자신/저기/그곳을 밝혀내려는 것이다. 동시에 심리치료사는 환자의 증세를 테스트하고 환자의 실수, 오류, 꿈 등의 무의식을 이용해 치료사에게 투사하는 것들 속에서 환자의 콤플렉스 의미들을 찾아내려고 한다.

반면에 미술치료는 지금/이곳의 무의식 속 저장들을 밖으로 드러나게 하여 새로운 상황을 창작하는 것이다. 미술치료사는 '나' 에 대해 직접 이야기하는 것보다 오히려 '그' 에 대해 이야기할 수 있도록 하므로 자신을 제삼자의 입장에서 바라보는 시각을 갖도록 돕는다. 자신과 거리를 두고 잠재적인 공간을 통해 상상의 세계를 만들어 내어 바라볼 수 있도록 은유화하며 상징화하는 미술 행위를 하는 것이다.

위니코트(Winnicott D.W.)는 "중간 대상과 중간 현상"[7)]이라는 표현을 사용하였다. 이것은 상상의 세계란 '나' 가 주체이지만 '그' 로 대신하여 자신의 내부가 투사된 것을 적당한 거리를 두고 바라볼 수 있는 새로운 경험으로 외부세계를 바라보는 시각을 잠재하고 있는 것이라고 설명한다.

---

6) 미국미술치료협회(AATA, 1999년)는 미술치료를 "미술 매체, 시각 이미지, 미술창조 과정과 반영을 통하여 환자/내담자 개인의 발달, 능력의 개선, 인격 형성의 개발에 사용하는 인본적인 서비스다." 라고 말한다. 그리고 "미술치료는 인간발달론적, 심리적인 이론에 기초를 두면서 구체적으로는 평가 모델, 치료교육적, 정신운동적, 인지적, 인격의 전달 방법 등을 통해 감정 혼란, 자긍심, 사회성 계발, 행동 수정, 문제 해결 능력, 불안 감소, 현실에 대한 오리엔테이션, 자부심 등이 증가될 수 있도록 돕는 것" 이라고 정의 내리고 있다.

7) 위니코트(Winnicott D.W.), 영국의 소아정신분석학자, (1951), Transitional objects and transitional phenomena. In *Through paediatrics to psycho-analysis*, New York: Basic Books, 1975.
14장 〈위니코트와 잠재 공간〉을 참고하시오.

〉〉 참고 문헌

캐시 A. 말키오디(Malchiodi C.A.) (2000). 미술치료(*The Art therapy Sourcebook*). 최재영, 김진연 역. 서울: 조형교육.

Revue Art et Thérapie N° 88/89 (2004). *L'œuvre du regard-la vue pénètre en nous*. Blois: Institut National d'Expression, de Création, d'Art& Transformation.

Klein J-P. (1997). *L'art-thérapie*. Que sais-je? N°3137. Paris: Presses Universitaires de France.

Rubin J.A. (1984). *The Art of Art Therapy*. New York: Brunner/Mazel Publishers.

AFRATAPEM (1990). *Les bases de l'enseignement en art-thérapie*. Tours: Publications de l'Université de Tours.

미술치료가 아닌 그 주변의 활동 사례

- 미술을 매개로 하는 작업 활동으로 기분전환 또는 재사회화를 위한 것.
- 환자 작업을 해독해서 더 정확한 진단을 하기 위한 것.
- 표현하는 행위가 창조적 활동으로 변화하도록 하는 것이 아니라 반대로 안으로 틀어 박히게 할 수 있는 것.
- 정신적인 질환의 증상을 진단하거나 혹은 치료 방법을 알기 위해 미술을 빌리는 것.
- 심리적 테스트들로 미술을 다루는 것.

미술치료 영토 안의 활동 사례

- 좋은 방향으로 가기 위해 무엇을 하지 말아야 하는지 알고 활동을 할 때.
- 치료 방향을 결정하는 것들이 예술적인 재료이며, 규칙을 가진 장소가 있고 그 활동이 변화를 위한 요소들을 가지고 있을 때.
- 정면에 장애물을 만난 사람의 문제를 돕는 방법을 창조 행위를 동반하여 가능하다고 생각할 때.
- 사회적인 문제들 안에서 자신이 누구이고 어디서 왔는가에 대해 알기 위해 문화적 산물인 형이상학적인 방법으로 해결을 찾으려 할 때.
- 반복적인 틀에 박힌 한결같은 상황에 막혀서 새로운 발견이 불가능한 사람에게 자신의 능력을 적절하게 찾을 수 있도록 하는 치료적인 예술작업을 할 때.
- 직업적인 예술인과 심리치료인 사이에서의 장점을 사용하여 그 풍요로움을 사용할 때
- 자신만의 방법을 찾아가는 예술 활동을 할 때.

[그림 1] 클랑(Dr. Klein J-P.)[8]의 미술치료 영토와 그 주변 영역

8) 클랑(Dr. Klein J-P.) 박사는 프랑스 소아 · 청소년정신과 의사. 현재는 심리학자, 예술치료 극작가로 활동하고 있다. 파리7대학과 투르대학의 미술치료 과정 창단 멤버이기도 했고 현재는 프랑스 국립 표현창작예술과 변형학교(구 프랑스 국립 표현창작예술치료학교; Institut National d'Expression, de Création, d'Art et Transformation)와 스페인 바르셀로나 예술치료학교장이다. 프랑스의 대표적 예술치료 계간지 "Art et thérapie" 의 편집장이며 프랑스의 대표적 미술치료와 심리치료 관련 서적들의 저자이기도 하다.

02장 간략한 미술치료 역사

2-1 미술치료 탄생의 역사

1) 20세기 이전의 역사

미술치료와 관련한 역사를 프랑스의 라스코 벽화로 거슬러 올라간다는 것은 조금 과장된 듯하다. 그러나 오늘날 이 동굴 벽화가 사람들이 사냥을 나가기 전에 두려움 조절이나 소득 확대를 위한 주술적인 행위로 그렸거나 사냥에서 돌아와서 자신들의 사냥 행적을 돌이키며 그린 그림이라는 사실을 알아내었다. 이것은 일찌감치 사람들이 자기 생각을 그림을 통해 표현하고자 하는 욕구를 가지고 있었음을 보여주는 사례일 것이다.

이후의 고대사회에서도 미술은 거의 치료의 방편이었다. 아직도 전통문화를 고수하고 있는 일부 부족들의 탈이나 만다라 혹은 모래 그림 등에서 그 예를 쉽게 찾아볼 수 있다. 예를 들어, 오늘날 북아프리카 모로코의 전통 주술치료사가 환자와 접촉하는 두 손에 그리는 일종의 문신 모양의 그림들은 여전히 사람들의 심리적 안정감을 돕는 데 쓰이고 있다. 이렇게 미술의 심리적, 신체적 안정감에 대한 쓰임새를 바로 보여주는 간단한 사례들을 통해 고대부터 오늘날에 이르기까지 그림을 그리는 활동이나 상징적 이미지들이 정신적 치료에 이용될 수 있음을 알 수 있다.

18세기 이후 눈을 뜬 계몽사상에 힘입어 사람들은 19세기에 이르자 정신질환을 가진 사람들에게 인간적인 관심을 두기 시작했고, 드디어 그들의 예술 표현에 관심을 보이기 시작하면서 여러 가지 예술 활동을 정신치료에 활용하기에 이른다.

대표적인 선구자 프랑스의 후작 드 사드(De Sade D. A-F)[9]는 연극 공연을 통해 환자들의 불행한 영혼에 순수한 기쁨을 줄 수 있기를 바랐으며, 동시대의 정신과 의사 피넬(Pinel P.)[10]도 광적인 병에 시달리는 사람들에게 작업을 통해 기분을 전환할 수 있도록 다양한 예술 활동을 강조하였다. 이 활동들이 1950년경에 작업치료(occupational therapy)[11]라고 불릴 때까지 환자들의 사회성을 북돋우기 위한 활동으로 이어진다.

특히 이 경험들은 정신과 의사들과 간호사들 사이에서 작업 기술들과 예술적 훈련들이 필요하게 되었고 간호사들의 역할에 있어서 작업 치료사적인 경향이 많아지게 된다. 다른 한편으로는 이러한 작업 활동들이 심리적 치료에 커다란 영향을 갖게 한다는 것을 알게 된다. 이 활동들이 환자들의 기분전환이라는 측면을 넘어, 환자들 스스로 자신들의 극적인 긴장을 조절한다는 것을 발견하게 되었다. 더욱이 정신과 환자들의 감정을 외적으로 표출하는 활동임과 동시에 카타르시스(그, kartarsis)[12]의 한 방편이 되고 기계적인 움직임만을

9) 드 사드(De Sade D. A-F)는 1801년 나폴레옹에 의해 샤렁통(Charenton)의 정신질환자 수용소(maison de santé)에 감금된다. 이 수용소에 수감되기 전 글을 써왔던 경력의 소유자인 드 사드는 감옥에 있는 동안 1803년부터 1814년 이곳에서 죽게 될 때까지 매달 다양한 연극 공연을 열었다. 드 사드의 철학은 계몽주의에 영향을 받았다기보다 계몽주의의 그늘 속에 감춰진 어렵게 삶을 이어가는 사람들에게 관심을 둔 결과라고 볼 수 있다. 드 사드의 다양한 공연들은 네 시간에서 다섯 시간까지의 긴 시간이었으며 정신질환자 수용소의 간호원, 정상적인 직업 배우들, 환자 모두가 섞여서 준비하고 공연을 하였다.

10) 피넬(Pinel P.)은 일상에서 늘 같은 움직임만을 반복하는 정신질환자들이 손을 활용하는 활동을 함으로써 사회로 다시 돌아가기 위해 준비할 수 있도록 하였으며 작업치료적인 활동을 펼쳤다. 대표적인 것이 그리기였지만 예술적인 결과를 위한 것은 아니었다. 다른 활동들로는 재떨이 만들기, 바구니 만들기, 뜨개질 등이 있었으며 유명한 작품을 모사하는 경우도 있었다.

11) 프랑스의 경우도 작업치료사는 국가자격증을 받는 직업인으로 인정받고 있으며, 학업 연한은 3년으로 입학을 위해서는 대학 입학 자격시험(baccalauréat) 이후 다시 입학시험(concours)을 통과해야 한다.

12) 부록의 용어 해설을 참고하시오.

반복하던 자신들을 다른 형태의 에너지로 방출할 수 있다는 것을 발견하게 된다.

19세기 말엽에 이르면서 고대사회에서부터 미술이 인간에게 심리적, 신체적 안정감을 주고 질병을 치유하기 위해 상징적인 시각 표현들을 사용해 왔다는 것을 알게 된 것이다.

2) 20세기 이후의 역사

정신의학을 통해 미술 표현이 개인의 내면세계와 관련이 있음을 알게 된 후 20세기에 들어서며 드디어 미술은 과학과 심리학과의 접촉을 하게 된다.

우선 1907년 프랑스의 정신과 의사 레쟈(Réja M.)는[13] 정신질환 환자들, 아동들, 교도소 수감자들 그리고 주술사 등의 예술작업의 유사성에 대한 책을 발표한다.

비슷한 시기에 독일의 정신과 의사 프린츠혼(Prinzhorn H.)[14]과 스위스의 정신과 의사 모르겐탈러(Morgenthaler W.)[15] 등도 사람들의 창조 본능에 대한 논문을 발표하게 된다. 그리하여 전문적인 정신과 의사들에 의해 미술이 사람들에게 정신적 안정을 위한 일종의 배출구 역할을 할 수 있으며 정신질환을 앓는 사람들의 자아를 발견하게 하는 도구가 될 수 있음을 학문적으로 인정하기에 이른다. 사람들의 기본적 욕구는 시각적인 형태를 사용하여 사고를 조직하고, 상징화하고, 장식하여 즐기려는 충동을 포함하고 있다는 것을 알게 되었다. 즉 자기를 표현하고 의사를 소통하려는 방법으로 미술을 사용한다고 설명하면서 정신질환의 유무와 관계없이 미술 활동은 자기를 표현하는 방식임을 강조하게 된 것이다.

---

13) 레쟈(Réja M.)는 "광기 환자들의 예술 - 그림, 산문, 시"(L'art chez les fous - Le dessin, la prose, la poésie)를 통해 광기를 가진 환자들에 대해 발표한다. 이 책에서는 예술 활동을 통해 추측하기만 했던 그들의 내면을 알아볼 기회를 갖게 되었고 동시에 이러한 예술 활동이 환자들이 자신의 이야기를 전달하는 방편으로 사용된다는 것을 이야기하고 있다. 물론 광기 자체가 창의적 작업의 분출구 역할을 한 것으로서 자신의 논리 정연한 사고를 정리하여 감정적으로 전달을 하기 위한 예술가들의 예술작업과는 다른 것이었다.

14) Prinzhorn H., Bildnerei der Geisteskranken. Ein Beitrag zur Psychologie und Psychopathologie der Gestaltung. Berlin: Springer, 1922.

15) Morgenthaler W., Ein Geisteskranker als K.nstler 1921: Madness and Art: The Life and Works of Adolf W.lfl, University of Nebraska Press; First English Language Edition edition (November 1, 1992)

한편, 1890년 이후 프로이트(Freud S.)의 무의식 결정론(unconscious determinism)을 통한 예술 분석을 기초로 형성된 정신분석학과 심리학의 출현은 여러 화가에게도 영향을 끼치게 된다. 특히 프로이트의 무의식 개념과 프린츠혼(Prinzhorne H.)의 수집[16]에 힘입은 초현실주의 화가들에게 상징적 이미지를 통해 자신들의 내면을 담고자 하는 의도를 실천하는 계기를 준다. 달리(Dali S.)와 에른스트(Ernst M.)는 꿈속에서나 경험할 수 있을 것 같은 환상적이고 충격적인 이미지를 상징적으로 표현하면서 미술 작품 속에서 외적 실체의 재현을 뛰어넘어 사람의 내면세계를 표출해 보고자 했다. 또한 브르통(Breton A.)과 뒤뷔페(Dubuffet J.) 등이 초현실주의 개념을 형성하며 사용한 많은 어휘는 미술치료 개념의 탄생에 중요한 역할을 하였다.

그 후 미술치료라는 어휘를 직접 사용하기 시작한 사람은 1945년 영국의 화가 힐(Hill A.)[17]이다. 그는 자신의 결핵을 치료하기 위해 결핵 환자 요양소 생활을 하던 중 "미술을 이용한 치료", "미술 작업은 치료적 출구"라는 표현을 한다. 이를 통해 요양소의 단조롭고 반복적인 일상 속에서 미술 활동의 도움을 받고 있음을 요양소의 작품으로 대중에게 알리게 된다. 그는 "창조적인 정신 활동을 하게 되거나 작업의 만족감을 통해 환자 자신이 병의 회복에 더욱 동기를 갖게 된다."고 처음으로 말하였고 이는 오늘날의 미술치료 개념의 틀이 된다.

이와 비슷한 시기인 1940년대 미술을 치료매체로 사용한(Art in therapy) 나움버그(Naumburg M.)[18]를 필두로 미국에서 여러 예술 장르의 작업치료들 가운데 미술치료의 모형이 형성되고 그의 뒤를 이어 미술활동 자체의 가치를 치료로 이끈(Art as therapy) 크래머(Kramer E.)[19] 그리고 울만(Ulman E.)[20]을 통해 미술치료가 발달하였다.

나움버그는 프로이트의 정신분석 이론에 영향을 받아 무의식을 이미지로

---

16) 제3장 〈아르브뤼트〉를 참고하시오.

17) Hill, A., Art Versus Illness, London: George, Allen & Unwin, 1945.

18) Naumburg, M. An Introduction to Art Therapy: Studies of the "Free" Art Expression of Behavior Problem Children and Adolescents as a Means of Diagnosis and Therapy. New York, NY: Teachers College Press, 1950.

19) Kramer, E., Art As Therapy With Children. New York, NY: Schocken Books, 1971.

20) Ulman, E., & Dachinger, P. Art Therapy in *Theory and Practice*, Chicago, IL: Magnolia Street Publishers, 1996.

드러나게 하려는 방법으로 미술 표현을 사용하였다. 심리치료의 매개체로 미술을 독특한 기술로 사용한 경우이다. 크래머는 미술 행위 자체와 창조 과정이 자기 인식과 개인의 성장을 강화하고 갈등을 해소하게 하는 기능을 한다고 강조하는 미술치료 이론을 펼쳤다.

나움버그의 시각에서 미술치료의 가치는 의사소통의 수단과 무의식의 이미지를 재현하는 진솔한 표현에 있었으며 크래머의 경우는 미술 작품의 제작 과정인 창조적 작업 과정에서 치유 가능성이 발생한다고 생각했다. 울만은 미술의 정신 치료적 매체의 역할과 창조 과정의 통합을 통한 치유기능의 관점을 통합하여 미술치료의 정의를 내리고 활동하였다.

따라서 나움버그가 환자들에게 꿈과 언어만으로 자신을 표현하기보다는 그림을 그리게 하여 그들이 만들어 낸 이미지들이 상징적인 대화의 한 방법이 된다고 생각한 것은, 크래머가 미술 작품 제작의 치유 가능성은 특정한 심리적 과정들을 이끌어내는 창조적 작업 능력에서 발생한다고 한 것에 비하면, 미술의 작업적 쓰임새가 훨씬 소극적이다. 크래머는 미술 작품을 창작하는 행위가 내면적 경험의 변형과 완화, 방향 전환을 포함하여 통합, 그리고 승화를 위한 행동이 될 수 있다고 본 것이다. 즉, 미술 표현은 직접 갈등을 해결하지는 않지만 새로운 태도와 감정을 표현하고 자신을 철저히 따져 볼 기회를 제공한다는 것을 말했다. 나움버그가 작품 중심적 철학을 갖고 있다면 크래머는 미술의 제작 과정을 더 중시한다고 볼 수 있다.

2-2. 한국의 미술치료

한국은 1992년 이후 서구식 미술치료의 개념 형성에서 급속히 짧은 시간 동안 폭발적으로 영역을 확대하였다. 그러나 다각적인 이론을 통한 학문적 연구가 없었던 것은 물론이고 동시에 임상을 통한 치료의 효과에 대한 실증된 경험도 없이 임상 현장이 폭발적으로 확장되고 있다. 또한, 전통적인 심리치료에 미술을 어떠한 형태로든 활용하는 과정에서 단지 미술치료가 심리치료의 이차적이며 보조적인 역할이 된 듯한 인상이다. 결과적으로 미술치료라고 부르지만, 기본적인 개념을 인식하지 못한 채 활용되는 경우가 많으며, 여러 정신 치료의 협동적인 치료가 아니라 정신건강 치료자들의 단순한 보조활동처럼 되었다.[21] 혹은 미술치료라고 이름으로 환자/내담자의 특별한 증상을 없앨 수 있는 활동이라고 인식된 것이 한국 미술치료의 현실이라고 말할 수 있다.

한국에서는 1960년대부터 예술가들이 정신과병원에서 환자들과 예술 작업을 해오다가 우리나라에서는 처음으로 1982년에 '한국임상예술학회' 가 발족하면서 정신과 의사들이 중심이 되어 예술가들과 함께 각종 창조적 표현 활동을 하였다. 이 활동은 예술치료라기보다는 작업요법적인 성격이 더 강하였다. 이 학회는 정신과 의사들을 중심으로 하여 예술적 기법을 정신과 임상에 접목하고자 하는 노력으로 학술대회를 개최해 오고 있다.

10년이 지난 1992년 대구대학교에서 심리치료학과, 가정관리학과, 간호학과 등의 교수진을 중심으로 '한국미술치료학회' 가 창립된다. 이 교수진은 일본 묘화검사 및 요법학회를 중심으로 연수하거나, 미국의 인간발달연구소 등과 교류를 하는 등 미술치료 개념을 형성해 나간다. 또한, 영어 서적을 번역하는 활동을 통해 한국의 미술치료를 확대한다. 그리고 1998년 대구대학교 재활과학대학원 심리치료 전공에서 미술치료를 강의하기 시작한다.

이후 1995년 미국에서 연극치료 박사학위를 취득한 외국 유학 표현예술치료사에 의해 '한국표현예술심리치료협회' 가 창설된다. 이 협회는 미술, 음악, 연극, 무용, 시 등의 예술 매체에서 두 가지 이상의 매체를 사용하는 심리치료 활동을 강조하고 있으며, 고유한 인간 정신의 미묘하고 복합적인 문제들에 대한 접근과 치료를 언어보다 예술 매체를 중심으로 한다는 것을 창립 배경으로 삼았다. 이와 같은 시기 표현예술치료사 훈련 과정이 동국대학교와 숙명여자대학교 사회교육원을 중심으로 만들어지고 표현예술치료와 관련한 치료사를 배출하기 시작한다.

이전까지 한국의 미술치료가 이미 전문적인 영역을 구축한 교수와 의사들이 자신의 영역을 확대한 경우라면, 1999년 외국에서 미술치료를 공부하고 미

---

21) 2015년 7월부터 호스피스 건강보험 수가 전면 적용이 시작되어 미술치료도 호스피스 수가를 받는 대상이 된다.

술치료 임상을 통해 훈련받은 미술치료사들과 한국임상예술학회의 미술치료 분과를 맡아 오며 오랫동안 정신과 병원에서 활동하던 화가를 중심으로 '민족예술인총연합 문예아카데미 미술치료 과정' 이 개설된 것은 새로운 움직임이었다고 볼 수 있다. 이는 미술과 심리에 관심이 있는 사람들이 미술치료를 공부하면서, 자기와 주변을 새롭게 바라보고 그 과정 가운데 자기를 성장시키기를 원하는 일반인들을 위해 마련한 한국 최초의 미술심리치료 교육 과정이었다.

이후 2000년에는 1992년 '한국음악치료협회' 로 시작한 '한국예술치료협회' 가 창설되는데, 세종대학교에서 '예술치료학교' 를 구성하면서 확대 개편된다. 이 과정은 미국, 독일, 프랑스 등에서 예술치료를 공부하고 막 돌아온 관련 전문 치료인들과 국내에서 왕성한 활동을 하는 교수진으로 구성되었다. 이후 한국예술치료협회는 한국의 예술치료가 많은 정신병원이나 요양원 그리고 장애인 재활기관 등에서 활용되고 특히 고통받고 소외된 중증 장애인과 소외된 그룹에 더 혜택을 줘야 할 것이라는 취지로 활동하고 있다. 그러나 바로 다음 해인 2001년 원광대학교 산본 한방병원 캠퍼스에 '한국예술치료학회' 가 구성되는데 이 때문에 교수진과 협회와 학회 간의 구성과 관련된 진통을 겪는다. 교수들은 여러 개의 단체가 만들어지는 것에 우려하기 시작하였고 중재하려는 노력을 기울이기도 한다.

비슷한 시기에 서울여자대학교의 특수치료전문대학원에서 "21세기 치료패러다임의 변화 추이에 따라 현대 과학기술에 토대를 둔 심리적 접근의 치료이론과 임상 실제를 겸비한 특수 분야에서의 치료전문가를 교육해 급변하는 시대의 요구에 부응하고 지역사회에 봉사하는 목적을 두고 설립한다."는 취지를 표명하면서 무용치료와 미술치료 전공자들을 배출하기 시작하였다.

2001년 원광대학교의 산본 캠퍼스 보건환경대학원을 중심으로 '한국예술치료학회' 가 형성되었다. 보건환경대학원은 보완대체의학대학원으로 명칭이 바뀌었다가 이후 익산의 원광대학교 본교로 옮기면서 현재는 동서보완의학대학원으로 운영되고 있다. 본교로 옮겨가면서 일반대학원에 석사와 박사 과정이 개설되었고 현재 이 과정에는 '한국임상치유예술학회' 를 발족하여 활동하고 있다.

또 다른 형태로는 1999년 이화여자대학교 교육대학원에서 미술치료학 과목이 신설되는 등 교육대학원의 미술교육학과에서 미술치료가 과목으로 강의되기 시작하고, 각 대학교의 사회교육원 등에서 미술치료 관련 자격증 강의들이 개설된다. 2015년 현재도 수를 헤아릴 수 없는 미술치료 관련 학회와 사이버 미술치료 강좌도 늘어나고 있다. 특히 보건복지부가 시행하고 있는 사회서비스 바우처 사업에 예술치료사가 서비스 공급인력으로 인정되어 민간 자격증 발급 기관이 더욱 양산되었다. 이렇게 다양한 곳에서 양산된 자격증 소유자들과 미술치료 석사, 박사 학위자들이 또다시 사설 개인 연구소, 평생교육원, 대학 내의 사회교육원, 각종 연구단체, 각 학교의 예술치료 관련 대학원 소속 학회나 단체 등을 만들었다. 급성장이라고 하기보다는 급팽창한 미술치료 영역은 이렇게 2000년을 넘기면서 상상하기 힘들 정도의 세포 분열적 특징을 보이고 있다.

그리고 2013년에는 전국 60여 개 예술치료학과의 재직 교수진들이 모여 예술치료 학문연구와 전공자들의 권익보호를 위해 '예술치료교수협의회'가 발족하였다.

그러나 한국에서 아직 미술치료사가 건강 관련 분야의 직업인으로 정식 명칭조차 인정받지 못한 상태에서 양적인 팽창만을 이루면서 더욱더 미술치료 개념이 모호해져 가고 있다. 특히 임상 현장에서 정신건강을 돕는 미술치료의 영역을 생각한다면 너무나 위험한 일이 아닐 수 없다. 그러므로 무엇보다 절실한 것은 예술치료사를 위한 직업 윤리기준과 권익을 관리하는 관련 국가기관이 하루속히 마련되어야 한다는 것이다.[22)]

---

22) 전 세계적으로 미술치료사가 정신건강과 관련한 직업인으로 인정되어 미술치료실의 환자들이 국가 의료보험 혜택을 받을 수 있는 경우는 미국, 영국 등으로 많지 않다. 프랑스의 경우 정신과 병원, 특수학교, 낮병원, 학교 혹은 환자가 장애인 등으로 등록된 경우 등 공공기관에서 다른 치료들이나 교육들과 함께 제공되는 서비스일 때는 미술치료 회기들의 보험 혜택이 가능하다. 단, 개인 미술치료실인 경우 100년 이상의 역사를 가진 정신분석가들이 정신과 의사를 겸하지 않고 의료보험을 혜택을 받지 못하는 실정이고 보면, 미술치료 회기들이 아직 국가보험 혜택을 받기는 어려운 실정이다.
한국에서는 2015년 7월부터 호스피스 건강보험 수가가 전면 적용된다고 하며 미술치료와 음악치료가 건강보험 적용을 받는다.

〉〉 참고 문헌

미셸 푸코(Foucault, M). (1972). *Histoire de la folie* à l'âge classique, Paris: Edition Gallimard (2003). 광기의 역사. 이규현 옮김. 서울: 나남출판.

잭 스펙터(Spector J.J.) (1998). 프로이트 예술미학-정신분석과 예술에 대한 연구. 신문수 옮김. 서울: 도서출판 풀빛.

캐시 A. 말키오디(Malchiodi C.A.) (2000). 미술치료(*The Art therapy Sourcebook*). 최재영, 김진연 옮김. 서울: 조형교육.

Klein J-P. (1997). *L'art-thérapie*. Que sais-je? N° 3137. Paris: Presse Universitaire de France.

Réja M. (1994). L'art chez les fous. Le dessin, la prose, la poésie [The art of mad people. Drawing, prose and poetry], 2nd ed. Paris: Z'éditions.

Rubin J.A. (2001). *Approaches to Art Therapy: Theory and Technique*. New York: Brunner-Routledge.

〉〉 참고 사이트

한국미술치료학회 http://www.korean-arttherapy.or.kr/

한국표현예술치료협회 http://www.keapa.or.kr/

한국예술치료학회 http://artstherapy.or.kr/

한국예술치료협회 http://kaat.or.kr/

민족예술인총연합회 문예아카데미 미술치료 과정 http://www.myacademy.org

서울여자대학교 특수치료전문대학원 http://mail.swu.ac.kr/~therapy/index.html

한국임상치유예술학회 http://lovearttherapy.com/index.php

03장 아르브뤼트(Art-Brut)

미술치료와 직접 연관된다고는 볼 수는 없지만 19세기 말부터 오늘에 이르는 정신과 환자들과 사회에서 소외된 사람들의 예술적인 작품을 어떻게 볼 것인가, 특히 20세기에 들어서며 이들의 작품이 예술적 작품으로 인정받기까지 어떠한 과정을 거쳐왔는가 하는 질문의 답을 찾아보는 것은 미술치료의 개념을 이해하는 중요한 과정의 하나이다.

3-1. 프린츠혼(Prinzhorn H.)의 수집

독일 하이델베르크(Hidelberg) 대학병원 정신과 의사인 프린츠혼(Prinzhorn H.)은 1890년부터 1920년 사이에 자신의 병원과 또 다른 정신질환자 기관에서 창작된 조형물들을 수집하였다.[23)]

23) 오늘날 이 수집에 대하여 환자들의 인권을 무시한 불법의 수집으로 정신과 내에서는 '환자들의 인권사례' 로 이야기되기도 한다는 것을 탈보(Talbot R.)는 강조하기도 한다. 그의 자료를 살펴보면 1925년부터 1945년에 걸쳐 독일 대부분의 의사들은 나치 정권에 가담하게 되는데, 특히 대학병원의 의사들은 그 가담 비율이 80% 이상 되었다. 그리하여 1929년의 독일 경제 불황은 정신병 환자들에게 할당되는 치료비를 줄이기 위해 불치병인 정신과 환자들의 치료에 대한 고민과 함께 안락사를 시키는 방

이 수집은 데생, 그림, 나무 조각, 콜라주, 뜨개질, 천 조각 작품, 문신용 사진 또는 환상적인 건축물 그림 등 창작 표현으로 가능한 모든 형태의 것을 포함하고 있었으며 이 수집은 다음 해 1922년 베를린에서 『광기의 표현』(독, Bildnerei der Geisteskranken)이라는 제목으로 정리 출판되었다.

이 수집을 계기로 20세기 미술이 영향을 받게 되는데, 특히 아방가르드(avant-garde) 작가들, 에른스트(Ernst M.)와 클레(Klee P.)[24] 등에게 영향을 미치게 된다. 또한, 프린츠혼이 비엔나(Vienna)의 "수요협의회"[25]에 참석해 자신의 수집을 이야기하여 프로이트(Freud S.)도 관심을 두게 된다.

그러나 이 수집은 아직 정신질환자들의 인권은 보호되지 못한 채 작품들은 작가 미상으로 불리고, 의사들이 환자를 분리하는 증상 '정신분열증', '편집증', '후퇴성 광기' 등으로 작업한 사람의 이름을 대신하여 사용하고 있었다. 프린츠혼은 이 수집의 결론을 통해 광기는 "세상 밖으로 도피한 자기만의 세상인 자폐적인 세계를 말하는 것" 이라는 의견을 피력한다.[26]

3-2.

초현실주의(프, Surréalisme)

초현실주의는 1차 세계대전과 2차 세계대전 사이에 프랑스를 중심으로 일어난 문학과 미술 운동이다. 1924년 브르통(Breton A.)의 '초현실주의 제1선언' 에서 비롯되었는데 이 선언에서 브르통은 하나의 미학적 이념이나 방법론

법을 모색하기에 이른다. 결과적으로 제2차 세계대전 중 '좋은 피' 만 고른다는 슬로건은 정신병 환자들을 첫 번째로 가스실로 보내게 된 것이다.

24) 클레(Klee P.)는 이 수집을 바우하우스(Bauhaus)에서의 강의 자료로 사용한다. 클레는 자신 스스로도 그림을 그의 왼손을 이용하여 그렸는데 왜냐하면 그의 "습관화된 오른손은 그로 하여금 실수를 저지르지 못하게 하였기 때문" 이라고 말한다. 그의 생각은 창작의 기원 즉, "감성이 태어나는 곳은 바로 무의식이다." 라는 것이었으며 이 무의식이 창조성의 발원지로서 사람에게서 가장 순수한 자유를 갖게 하고, 인식적이며 합리적 의지에 의하지 않고 객관화시켜 외부로 표현할 수 있게 한다는 것을 의미한다.

25) 프로이트가 아들러(Adler A.), 카하네(Kahane M.), 라이틀러(Restler), 슈테켈(Stekel W.) 등과 함께 1902년 결성하였다.

26) 1980년부터 1985년까지 5년에 걸쳐 이 작품들은 과학적으로 다시 정리되고 보수되었다.

이 아니라 "이성에 의해 훈련된 어떤 제약도 없이 그리고 어떠한 도덕적, 미학적 선입견도 초월한 사고의 진술" 이라고 초현실주의를 표현한다.

특히 초현실주의는 다다이즘(dadaisme)의 개념 중에서 창조적인 태도와 내면세계의 중요성을 연결하여 강조한 운동이었다. 현실적이지 않은 주제나 꿈, 환상적인 이미지, 무의식 속의 시각 등을 이용해서 낯익은 사물들을 비논리적인 관계에 놓음으로써 현실을 습관적으로 이해하는 현상을 거부하였다. 우리가 경험하는 세계는 습관적이고 다분히 가면적인 체계라는 사실을 시각적으로 느끼게 하므로 이성적 논리로 무의식 속에 억압하였던 것을 밖으로 표현해 내어 잠재된 세계와 일상의 합리적인 세계를 결합해 '초현실' 을 창출해 내는 것이었다. 결국 '초현실' 은 현실을 탈피하려는 의도가 아니라 그 반대로 세상을 향한 더 적극적인 탐색이라고 말하려는 것이다.

초현실주의는 프로이트(Freud S.)의 정신분석학에서 영향을 받아 무의식의 세계를 상상의 원천으로 삼기 위해 '자동기술법' (automatisme)의 방법으로, 프로타주(프, frottage)[27], 데페이즈망(프, dépaysement)[28], 데칼코마니(décalcomanie)[29], 그라타주(grattage)[30], 콜라주(프, collage)[31] 그리고 아상블라주(assemblage)[32] 등의 기법을 통하여 새롭게 공간을 표현하는 방법을 보여주었다. 대부분의 초현실주의 화가들은 이러한 기법에서 나오는 우연적 형상을 환상의 계기로 삼아 그것을 새롭게 구성하거나 거기에다 다른 이미지를 가미시켜서, 꿈과 현실이 뒤범벅된 듯한 불가사의하고 기이한 초현실의 세계를 만들어 내었다. 즉, 초현실주의 미술의 목표는 인간성의 진정한 근원인 환상, 꿈, 상상 등을 열어 보이는 것이었다. 초현실주의는 미술이 질서정연하고 합리적인 문화양식에 대항하도록 하였으며, 인간의 무의식 속에 잠재해 있는 광기, 꿈, 환상, 또는 콤플렉스들을 미술을 통해 마술적인 환각 상태에 놓인 것 같은 정신의 완전한 자유를 갖고자 한 것이다.[32]

---

27) 부록의 용어 해설을 참고하시오.
28) 부록의 용어 해설을 참고하시오.
29) 부록의 용어 해설을 참고하시오.
30) 부록의 용어 해설을 참고하시오.
31) 제19장 〈콜라주〉를 참고하시오.
32) 부록의 용어 해설과 제19장 〈콜라주〉를 참고하시오.

3-3.

아르브뤼트(art-brut, outsider art)

프랑스어로 아르브뤼트(art-brut)는 '가공하지 않은 미술' 혹은 '순수한 미술' 이라는 뜻의 미술 용어이며 영어로는 '아웃사이더 아트' (outsider art)라고 한다. 1947년 제2차 세계대전을 피해 미국으로 갔던 브르통(Breton A.)은 파리로 돌아온 후 뒤뷔페(Dubuffet J.)[33]와의 만남을 통해 초현실주의와 아르브뤼트를 연결하는 활동을 하게 된다. 아르브뤼트의 개념이 오늘날 미술치료를 이해하는 데 중요한 역할을 하게 된 과정을 간략해 본다.

역사적으로 아르브뤼트는 2차 대전의 종결을 앞둔 1945년 7월 뒤뷔페(Dubuffet J.), 폴앙(Paulhan J.), 르 코르뷔제(Le Corbusier)가 함께 한 스위스 여행 중 정신질환자를 위한 수용시설과 교도소에서 본 데생과 과슈(gouache) 작품들에서 놀랄 만한 예술성을 발견한 데서 출발한다.

파리로 돌아온 1947년 뒤뷔페(Dubuffet J.)는 아르브뤼트의 집(Foyer de l'Art-Brut)을 파리 한가운데에 있는 방돔 광장(place Vendôme)의 갤러리 르네 드루앙(René Drouin) 지하에 마련한다. 그리고 다음 해 1948년 초현실주의 작가 브르통(Breton A.), 스페인 작가 타피에스(Tàpies A.)와 함께 아르브뤼트의 초석을 만들고, 1949년 7월 1일에 뒤뷔페, 폴앙(Paulhan J.), 라통(Ratton Ch.), 라쉬(Rache H.P.), 타피에(Tapié M.)와 브르통이 '아르브뤼트 동호회' (Compagnie de l'Art-Brut)를 결성하게 된다.[34]

뒤뷔페는 이 해에 발간된 아르브뤼트(art-brut) 텍스트에서, "미술에는 (언제 어디서나) 두 가지 계급이 존재해 왔다. 하나는 관습적인 미술(혹은 격식의, 혹은 완벽한, 우리는 그것을 명명하기를 그 시대의 유행에 따라 클래식 아트, 로맨틱 아트, 바로크 아트 등등 부르고 싶은 대로 불러왔지만, 항상 같은

---

33) 1901년 프랑스의 북서쪽 노르망디(Normandie) 지방 르 아브르(Le Havre)에서 태어나 미술학교를 다녔으나 가족의 생업인 포도주 중개상을 위해 그림 그리기를 포기한다. 그러다가 마흔두 살이 되어 집을 나와 그림을 팔아 생활해야 하는 상황에 놓이게 되면서 자신의 정열을 창작 행위에 바치게 된다.

34) 1974년 뒤뷔페는 '뒤뷔페재단' (Fondation Dubuffet)을 설립하여 자신의 작품들을 정리하고 1975년 스위스 로잔느(Lausanne)에 자신이 수집해 온 아르브뤼트 작품들로 미술관(Musée d'Art-Brut)을 설립한다. 현재는 이 작품들과 전세계의 아르브뤼트 작품들이 전시되고 있다.

방식을 취하는 것들)이고, 하나는 아르브뤼트(남모르게 비밀스러운 마치 첩과 같은 존재)가 있다. 이러한 아르브뤼트를 정리하는 것이 내 역할은 아닌 듯하지만 …중략… 아르브뤼트는 미술이라는 표현을 하고 있으면서도 보통은 잊힌 조출한 미술" 이라고 말한다.

아르브뤼트 동호회의 목적은 그늘 속에 있는 사람들에 의해 제작된 특히 특별한 개성을 표현하고 있으면서, 기존의 개념들에서 전혀 얽매이지 않은 자유로운 시각을 가진 작품을 찾아내는 것이었다. 그리하여 사람들의 시선이 미처 미치지 않았던 어린아이들의 작품 세계와 소외된 사회 계급의 작품 세계에 돌려지게 된다. 즉, 전통적인 교육과 문화에 길들지 않은 사람들, 소외된 사람들 사이에 있는 예술성 있는 작품을 찾아내는 것이었다. 그들은 세상의 대부분을 거부하고, 그들만의 자폐적인 세계에서 작품을 하는 사람들이었다. 이러한 작품들을 대중에게 관심 끌게 해서 그들의 환각에서 나온 작품을 통해 정신질환을 그들의 개성으로, 예술성 있는 작품을 위한 그들만이 사용하는 언어이며 원동력이었음을 인정하게 하여 전통적인 사회 밖의 사람들의 삶에 용기를 주고자 했다.

특히 아르브뤼트에 동참한 뒤뷔페와 그의 동료 작가들은 그들만의 언어를 『아르브뤼트 공책』(cahier d'art-brut)을 통해 발표한다. 아르브뤼트의 작가들이 발견한 작품들은 병리적인 모습을 함축하고 있는 그들의 환각이 지지적인 역할을 한 창작품들이었으며 이를 통해 그들의 광기를 밖으로 드러낼 수 있었음을 알게 한다. 이 작품들을 "전통적이며 지식인들이라고 하는 작가들 사이에서는 볼 수 없었던, 자폐적인 그들만의 세계를, 순수하고 새로운 문법이나 철자법을 정리하는 것처럼 가공하지 않았으며 자신만이 가능한 본능 안에서만 볼 수 있는" 것이라는 것을 사회에 알리게 된다.[35)]

결론적으로 뒤뷔페가 말하는 "누구나 그림을 그릴 수 있다. 그림은 마치 말하는 것 혹은 걷는 것과 같기 때문이다. 어떤 표현이든 사람이 자신의 손을 사용하여 긁적거리거나 몇 가지 이미지를 표현하는 크레용 사용하기는 그만큼 자연스러운 일." 이라고 말한 것처럼 미술치료는 누구에게나 사용할 수 있는

35) 피카소(Picasso)는 "그들의 작품은 영혼의 여러 가지 움직임들을 가장 빠르게 전달하고 있으며, 생각을 가장 뜨겁게, 가장 생생한 기교로 털어놓은 것" 이라고 표현하였다.

치료일 수 있다는 가능성을 발견하였다.

3-4.

미술치료와 아르브뤼트

1950년 프랑스 파리시립정신 병원 쌩안느(Sainte-Anne)에서는 '제1회 국제 정신병리학회의'(Congrès International de Psychiatrie de Paris)와 함께 정신병리를 가진 사람들의 작품 전시회가 열린다.[36] 이 전시는 브라질, 인도, 캐나다, 스위스, 미국 그리고 영국 등 17개 나라의 정신과병원에서 온 300여 점 이상의 작품들로 구성되어 있었다.

이 전시회를 기회로 발간된 『오늘의 예술』(*Art d'aujourd'hui*)에서는 정신과병원 미술 작업실의 "치료적인 작품의 출생지와 그 성향들"에 대해서 논한다. 그리하여 순간적인 광기의 표현이라는 것과 예술작품이라는 것 사이의 이중적인 자리에 있던 정신과 환자들의 작품이 논란의 대상이 되면서 원시적, 초현실적 혹은 야수적인 색채를 가진 환자들의 작품을 학문적인 대상으로 연구하기 시작하였다. 그리하여 오늘날 정신과 환자의 작품에서 병리적인 증상을 찾으려고 하기보다 예술적인 가치로 평가하려고 하는 풍토의 모태를 형성하게 된다.[37]

즉, 아르브뤼트를 통해서 미술이 재능을 가진 사람들의 전유물이 아니며 모

---

36) 이 전시회는 정신과 환자들을 위한 개인적이거나 치료적인 목표의 아틀리에에서 나온 작품으로 이루어진 첫 번째 전시회였다. 이 작가들 중 일부 푸졸(Pujolle G.), 코르바즈(Corbaz A.), 브라즈(Braz A.) 등은 아르브뤼트 작가로 선정되어 아르브뤼트 미술관에 작품이 소장되게 된다. 1967년 이후 쌩안느 병원의 박물관(Musée Singer Polignac)에서는 표현연구센터(Centre d'étude de l'expression)가 주관하여 정신병리와 관련한 다양한 연구행사들을 기획 전시해 오다가 1994년 이후에는 대중에게도 정규적인 전시를 통해 작품을 감상할 수 있게 되었다. 특히 이후의 전시는 특히 정신과병원 안에서 장기 생활하는 환자들이 밖으로 향하는 유일한 창의 역할을 한다는 것을 표명하며 쌩안느의 CMME 병동(Clinique des Maladies Mentales et de l'Encéphale)의 미술치료실 환자들의 작업을 중심으로 전시가 이루어지는 경향이 많아졌다. 현재 자료화되어 보관하고 있는 이곳의 작품은 70,000여 점에 이른다.

37) 웨버(Weber), 사무엘라주네스(Samuel-Lajeunesse), 뒤브아(Dubois) 등 파리 쌩안느 정신과병원 CMME 병동 정신과 의사들.

든 개인에게 강력한 형태의 창작 능력이 있는 것이고 기성 윤리와 불안의 갑옷으로 감추어져 있을 뿐이라는 것을 더욱 실감하게 된 것이다. 아르브뤼트는 이를 통해 발견한 작가들이 비록 치료적인 아틀리에의 환자들이 아니었다 하더라도 사람들 누구나 미술 작품 안에 자신을 투영할 수 있다는 개념을 이해하여 미술이 치료 활동이 될 수 있도록 일깨운 것이라고 볼 수 있다.[38) 미술치료는 강력한 무의식 속에 감추어져 있는 창조 능력을 기반으로 미술을 삶을 살아가게 하는 하나의 방편으로 실현해 보고자 하는 것이다.

미술치료는 환자/내담자가 창작하는 동안 자신의 가장 강렬한 고통을 이완하게도 하고 간접적으로 자신의 증상을 치료하는 기간을 단축하게 하는 역할을 하기도 한다. 더구나 미술치료실의 작업을 연장하여 정신질환자들을 병원 밖으로 발걸음 하게 하고 사회활동을 할 수 있도록 하였다. 그리하여 작품의 예술적 가치를 인정받는 것은 자신들의 아픔 혹은 질병의 문제를 넘어서서 자신의 삶을 새롭게 창조할 수 있도록 했다. 특히 아르브뤼트를 통해서 미술치료에서는 자신의 증상이나 문제를 표현하는 재료들, 과정들, 기술 등을 창조적 작업과 어떻게 연결할 수 있는지 단서를 발견하게 된다. 정신분석학은 내적인 불균형 현상에 적용하여 그것을 해소하려는 목적으로 기형적으로 작품을 해석하려고 한 현상을 보여주었다면 아르브뤼트를 통해서는 미술이 영혼의 다른 형태의 언어임을 엿볼 수 있게 된 것이다.

---

38) 그러나 로잔느(Suisse, Lausanne)의 아르브뤼트(Art-Brut) 박물관 책임자인 테보즈(Thévoz M.)는 미술치료실의 작품들을 전시하는 모습을 보고, 마치 "장애인 올림픽에 나온 선수들을 보는 것 같다."고 표현하기도 한다. 오늘날 미술치료실의 작품이 미술치료 안에서 사회로 나가는 것에 대한 신중한 고려가 있어야 함을 강조한다.

〉〉 참고 문헌

르네 위그(Huyghe R.) (1979). 예술과 영혼(*L'art et l'âme*). 김화영 역. 서울: 열화당.

Boyer-Labrouche A. (2000). *Manuel d'Art-thérapie.* Paris: Dunod.

Del Curto M. (2000). *The Outlanders, Forging ahead with art brut.* Lausanne: Collection de l'Art Brut.

Francastel P. (1970). *Etudes de sociologie de l'art.* Paris: Editions Denoël.

L'Information Psychiatrique, N°8, Volume 72 - 718 - Octobre. Massin B. (1996). *L'euthanasie psychiatrique sous le IIIème Reich.* Paris: Laquestion de l'eugénisme.

Prinzhorn H. (1984). *Expressions de la folie- Dessins peintures sculptures d'asile* (J.Starobinski, A. Brousse, H. Prinzhorn). Paris: Gallimard, Connaissance de l'inconscient.

Rhodes C. (2000). *Outsider Art: Spontaneous Alternatives.* London: Thames & Hudson Ltd, coll. World of art.

Thévoz M. (1990). *Art brut -psychose et médiumnité.* Paris: Editions de la Différence.

〉〉 참고 사이트

Abcd Sur L' Art Brut http://www.abcd-artbrut.org

Art brut o art brutal? http://lauranne.lauranne.free.fr/indexvoc.htm

Sammlung Prinzhorn http://prinzhorn.uni-hd.de/index.shtml

Centreetudeexpression http://www.centreetudeexpression.com/

프랑스 쌩안느(sainte-Anne) 정신과병원 내의
정신과 환자들의 미술관(Musée Singer Polignac)
그림 출처 http://www.centreetudeexpression.com/

Part II

미술치료 : 특징은 무엇인가?

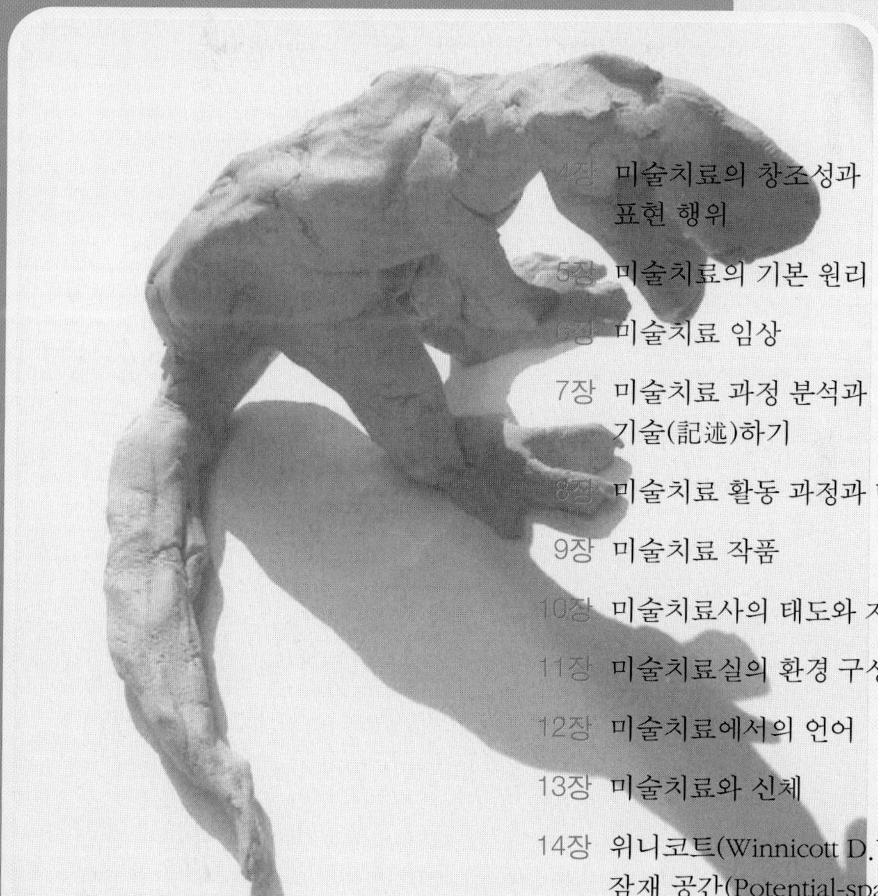

4장 미술치료의 창조성과 표현 행위

5장 미술치료의 기본 원리

6장 미술치료 임상

7장 미술치료 과정 분석과 기술(記述)하기

8장 미술치료 활동 과정과 단계

9장 미술치료 작품

10장 미술치료사의 태도와 자격

11장 미술치료실의 환경 구성

12장 미술치료에서의 언어

13장 미술치료와 신체

14장 위니코트(Winnicott D.W.)와 잠재 공간(Potential-space)

04 장 미술치료의 창조성과 표현 행위

4-1.

예술 창조 행위의 흐름

미술치료에서 창조 행위의 기본 개념을 생각해 보는 것은 아주 기초적인 것이다. 그러나 이 책에서는 창조에 대한 주요한 철학자들의 사고를 전체적으로 언급하거나 미학 이론을 논하지는 않고, 단지 고대로부터 있었던 사람들의 다양한 창조적 표현 중에서 미술 활동을 정리하여 봄으로 미술치료의 정체성에 접근해 보려고 한다.[39]

플라톤(Platon) 시대의 이상적인 도시국가 사람들은 자신들의 상실을 스스로 회복하는 방법을 사용해야 했다. 왜냐하면, 신은 사람들이 스스로 생존할 수 있도록 여러 가지 방법을 제시하였고 예술도 그에 포함되었다고 생각했기 때문이다. 이 시기에는 예술도 인간이 살아가기 위해 자신을 스스로 보살피는 다양한 행위 중 하나로 인정하고 있었다. 이 시대에는 창조라는 것은 신에게만 가능한 영역으로서 사람은 신의 단순한 피조물일 뿐이었으며 아직 예술은

---

39) 플라톤(Platon), 칸트(Kant I.), 베르그송(Bergson H.), 하이데거(Heidegger M.), 아도르노(Adorno T.W.), 굿맨(Goodman N.) 등을 참고할 수 있다.

심미적인 표현 활동으로 간주하지 않았고 단지 시민 교육을 위한 도덕적 활동으로 사용되었다.

이러한 플라톤 시대의 이상적이며 절대적인 예술이 중세기에 이르면서 그림을 통해 전지전능한 신의 업적을 글을 대신하여 사람들에게 설명하고자 하는 데 사용되고, 르네상스를 거쳐 종교적 해방을 거치면서 드디어 18세기에 이르러서는 미학이라는 학문을 형성할 가능성을 열게 되었다. 즉, 이 시기에는 예술을 과학과 예술철학으로 인정하기에 이른 것이다. 자율적 창조 행위는 무에서 무엇인가를 만드는 것으로 신의 피조물이었던 사람들의 단순한 모방 활동이 아니라 심리적이며 정신적인 개인의 메커니즘을 동원한 하나의 구체적인 물리적 결과물을 만들어 내는 것을 말하게 된 것이다.

그리고 20세기에 이르게 되면, 예술은 헤겔(Hegel G.W.F.)에게는 관념의 감각적 발현이며, 니체(Nietzsche F.)에 있어서는 진정한 의미의 형이상학적 행위였고, 루카스(Lukàs)에 의하면 문자 그대로 필수불가결한 것이 되고, 하이데거(Heidegger M.)에게는 존재를 드러내는 것이었으며, 프랑크푸르트(Frankfurt) 학파의 이론가들에게는 진리의 단서가 된다. 예술은 이러한 다양한 시각들로 드디어 사람들에게 직접적인 영향을 미치게 되며, 창조하는 행위가 눈에 보이는 현실 세계를 이상적인 것으로 승격시키는 것임을 인정하게 된다. 그리하여 예술을 통해 현실 세계를 변형시켜 사람들 각자에게 새로운 삶의 모델을 제시하기도 하며 삶을 인도하는 역할을 할 수 있게 되기도 하였다.

근대에 이르러 아도르노(Adorno T.W.)는 예술에 대해 예술담론의 자율성과 각각의 예술 형태 안에는 가치를 지니는 내용이 있다는 것, 또한 형태는 이상적인 아름다움, 규칙성, 조화 혹은 대칭에 의존하는 것이 아니라 예술가의 자유로운 선택에 따른 다양한 재료들과 기법에 달려 있음을 말하게 된다.

또한 프로이트(Freud S.)에 이르면 예술과 아름다움에 대해 말하는 미학은 불신하는 한편 한 예술가의 작품 생성이 한 개인 안에서 일어나는 창조의 이유와 관련된다는 것을 생각하게 된다. 프로이트에 의해 예술작품과 예술작품을 받아들이는 사람 사이에서의 내면적 감정들의 기원을 해석하기에 이른 것이다.

그런가 하면 분석철학자 굿맨(Goodman N.)[40]은 사물들을 가리키기 위하여 대신 표현된 예술적인 언어의 구조를 분석할 필요성을 언급하였다. 하나의 말, 다시 말해, 예술 속에 표현된 담론의 의미작용에 관심을 두기보다, 그 안의 담론이 기호나 상징을 사용해 보여주고 있는 구성과 방법에 더 관심을 둠으로써 예술 표현을 이해할 수 있다고 말하여 예술이 의사소통을 위한 언어활동일 수 있다는 것을 알게 하였다.

1) 미술치료와 창작 행위의 기능

아직도 미술치료에서 창작 행위를 언급하는 것에 대해 심미적인 측면을 강조하는 것으로 혼동하거나 미술 작업을 하는 다른 직업인들의 일부 활동을 미술치료라고 표현하는 것을 종종 볼 수 있다. 결론적으로 미리 언급하자면 미술치료는 환자/내담자가 살아 있는 존재로서 병리적이거나 문제를 가진 모습만으로 살아갈 수밖에 없는 것을 넘어서 자신 깊은 곳에서 아직도 기능을 가지고 움직이고 있는 작은 원동력을 찾아내 자기 스스로 자신의 행위에 미술을 사용하는 데 쓰는 활동이다. 그런데도 심미적인 것을 강조하게 되는 것은 미술 행위의 결과를 통해 기쁨을 느낄 수 있어야 하기 때문이다. 이것은 미술 행위에서 자신이 선호하는 것이나, 자신의 성격과 잘 맞아 떨어지는 표현이 되었을 때, 신체적이고 물리적인 것이 심미적인 것에 적당한 영향력을 미쳐 작품이 자신과 다른 사람과의 관계를 맺게 하는 하나의 요소가 되었을 때를 말하는 것이다. 그리하여 미술 행위의 결과가 환자/내담자에게 자신의 삶에 대한 인정을 끌어내고, 자신이 자신의 삶을 해결해 나가는 데 영향을 미칠 수 있도록 하는 것이 미술치료의 목표이다.

아른하임(Arnheim R.)[41]의 표현을 빌리자면 미술 창작은 "지각적인 추론을 하는 것"이라고 말한다. 이 지각적인 추론이란 크기, 운동, 공간, 형 또는 색채와 같은 감각적인 성질 사이의 관계를 조작하는 행위라고 달리 표현할 수 있다. 이들 조작이 어떤 경우는 충분히 의식적일 수도 있고, 어떤 경우는 그렇지 않을 수도 있지만, 근본적으로 창조 작업 행위의 실제 의미는 색, 형태, 선, 이미지 등의 시각 언어로 표현하는 지각적 추론과 더불어 창조자 개인적인 자기

40) 미국의 철학자, Languages of Art: An Approach to a Theory of Symbols. Indianapolis: Bobbs-Merrill, 1968. 2nd ed. Indianapolis: Hackett, 1976.

41) 예술심리학자, 독일 태생, 미국으로 건너간 후 게슈탈트(Gestalt)심리학을 보급하였다. Arnheim R., Visual Thinking, Berkeley: University of California Press, 1969.

성찰, 자기 탐색을 해야 하는 심리적인 상호작용이기 때문에 사람의 발전에 창작 행위를 사용할 수 있게 되는 것이다. 그림 즉, 회화적 공간의 조형적 효과란 모든 예술가와 예술 애호가인 대중에게도 익숙한 것으로 아주 깊은 무의식적 지각으로 결정되는 것이다.[42)]

창조적으로 사고하는 사람은 분화된 사고 양식과 미분화된 사고 양식 사이를 왔다 갔다 할 수 있으며, 아주 분명한 과제를 해결하기 위해서는 그것들을 한 데 모아서 정리할 수도 있게 된다. 비창조적인 사람은 의식적인 사고와 무의식적인 사고 양식 사이의 긴장감에 굴복하여 쉽게 정신질환을 갖게 된다.

그러므로 미술치료에서의 창작 행위는 심리적으로 무제한의 자기표현에 몰두하는 것을 말하지는 않는다. 미술치료에서 창작 행위는 준비단계를 거쳐 작업행위와 실제 작업결과에 이르는 과정이 계속 반복되는 긴 기간을 말하며, 이 시간 동안 미술치료사가 늘 함께 한다는 중요한 요소와 이 사이의 역동이 창작자의 재활과 변화, 자기 이해, 개인적인 성장의 도구가 되는 것이다. 이것은 베르그송(Bergson)[43)]의 시간 개념을 통해 알 수 있듯이 사람들의 행위 자체가 시간과 함께 자아실현을 위한 끊임없는 발전을 모색하는데, 미술치료에서도 미술 행위가 여러 번 반복되어야 하고 결과적으로 환자/내담자가 자신만의 독특한 영역을 확보할 수 있을 때 변화를 하게 되어 있다는 것을 강조한다.[44)]

---

42) 사실 미술에서 상호작용은 다양한 측면으로 시도되어 왔다. 특히 근대 미술에서는 작가의 작품 이미지들을 보는 이들과 의도적으로 상호관계를 유도한 경우도 있고, 움직이는 모빌 같은 작품들은 자연환경 혹은 물리적 환경 등과 상호 관계 하려하였으며 관객이 작가의 작업의 일부를 직접 조작해서 작품을 완성하도록 하는 등 감상자가 능동적으로 작업에 참여하도록 하기도 하였다. 그러나 이 모든 경우 작가들이 몇 년 동안 노력하여 고심해 낸 작업에 관객들이 짧은 순간 동안 그 작품과 상호 관계하여 창조의 기쁨을 나누는 것은 쉽지 않다.
그러나 미술가들의 이런 노력들은 결과적으로 미술 창조의 기쁨 즉, 창작품이 놀이 도구가 되어 관객도 주체적인 참가자가 될 수 있고, 창조 과정, 창조 행위를 함께 경험하는 것이 작품과 관계하기 위해서는 무엇보다 바람직하다는 결론에 이르게 되었다. 그러므로 직접 창조 행위에 관여하는 과정 혹은 절차 없이 '미술' 이 '치료적' 이라는 것은 불가능하다는 것을 말할 수 있게 된 것이다.

43) 위그(Huyghe R.)의 표현임. 재인용. "인간의 지능은 시간의 계속성이 보여주는 가변성과 변화작용에 저항감을 나타냄에 따라, 그만큼 더 공간의 안정성과 구획성에 잘 적응한다는 사실을 확인시켜준다. 심리적 형태나 시각적 형태나 다 같이 관찰 기능을 가진 눈과 반성 기능을 가진 사고에 항구적인 바탕을 제공하고자 하는 의지로부터 생겨난 것이고 보면 그 두 가지 형태의 연관성은 놀라운 일이 아니다."

44) 처음 전화 통화를 시작했을 때, 한 손으로 긁적이던 아무 의미 없는 작은 점, 작은 선들은 긴 통화의 마무리할 때를 즈음해서는 통일된 이미지, 반복된 이미지 혹은 의미 있는 이미지로 발전해 있는 것을 볼 수 있다. 낙서라는 시각적 행위는 대화나 생각을 명료하게 하는 데 도움이 되었을 것이고 또 한편으로는 전화 속의 이야기와 적당한 거리를 두고 자신을 탐색하는 데 도움이 되었을 것이다. 낙서라는

말키오디(Machiodi C.A.)[45]는 미술치료와 창작 행위에 대해 "초기에는 서로 관련이 없는 듯한 개념과 생각, 감정, 정반대의 것들이 하나로 결합하거나 새로운 아이디어를 탄생하는 과정을 거치면서 결과적으로 새롭고 독특한 것을 창출해 내는 것이다. 창조성에는 즉흥성, 유희성, 상상력 등이, 동기에는 기회 유발, 독창성, 자아 표현, 발명, 사고의 전환 그리고 의도와 같은 특성이 포함되어 있다. …중략… 미술치료와 창조성의 유사점은 모두 기존의 존재방식, 사고방식, 느끼는 방식, 그리고 상호작용 방식에 대해 새로운 해결점을 찾으려는 문제 해결에 대한 것이라는 점이다. 창작 과정은 치료 과정처럼 새로운 사고와 존재의 방식들을 실험하고 연구할 수 있도록 제공한다. 이 두 과정은 변형과 즉흥 작업, 변화, 수정의 행동들이다. 치료에서 이러한 특성들은 새로운 인식과 통찰, 이해를 창조하는 데 필수적인 것들로서, 이것들은 자기 자신과 삶에서 변화를 만들어 나가는 것의 전주곡이 된다. 이 두 과정에는 자아와의 만남이 포함된다."라고 말한다.

포레스티에(Forestier R.)[46]는 이 과정의 예술 행위 현상을 두 단계로 나누어 다음과 같이 그림으로 정리하였다. 미술치료실 안에서 미술치료사의 행동반경은 환자/내담자의 예술 행위가 단계를 넘어설 수 있도록 전후를 연결하는 곳이다.

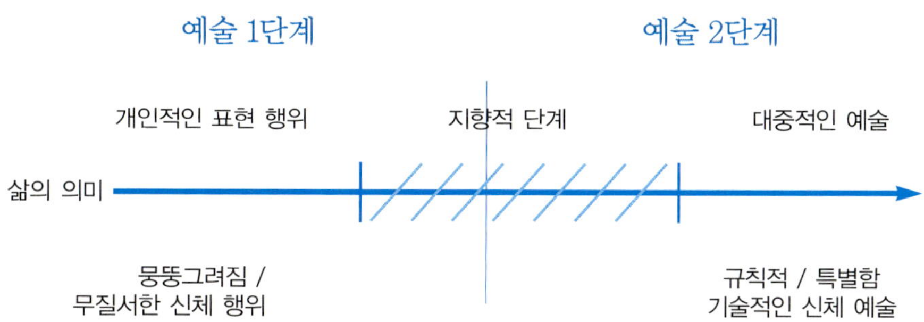

[그림 2] 예술 행위 현상

무의식적 작업 행위와 전화 내용이라는 의식적 행위의 결합 과정의 상호작용이 있었음을 말할 수 있는 예이다.

45) Malchiodi C. A., Handbook of Art Therapy (Ed.), New York and London, The Guilford Press, 2003.

46) 프랑스 투르의과대학예술치료센터와 예술치료과정책임자(CESAM-Afratapem).
Ed. Favre, 2014; Tout savoir sur l'Art-thérapie

1단계 예술은 개인적인 표현을 일컫는다. 이 단계의 그림은 뭉뚱그려져 있고 작업을 하는 신체적인 모습은 무질서하고 혼란스럽게 보인다.[47] 마치 신체적 행위가 작업보다 훨씬 더 우선되는 것처럼 보인다. 지향적 단계는 좀 더 심미적인 단계로 접어들기 전으로서 자신 스스로 행위를 하는 순간적인 표현들을 점점 더 발전시켜 보겠다는 의지를 갖게 된다.

2단계 예술로 들어가면 기술적인 것에 대한 더 많은 관계와 더 많은 관심을 보이게 된다. 무엇보다 자기만의 특별한 성향을 더 보이기 위해 지금까지 작업하던 습관적인 혼란스러운 신체를 기술적으로 조절하려고 애쓰게 되고, 예술적인 성공을 경험하면서부터는 새로운 신체가 된다. 예술 행위는 정신적이지만 신체를 통한 표현이기 때문이다.

2) 미술가와 미술치료사

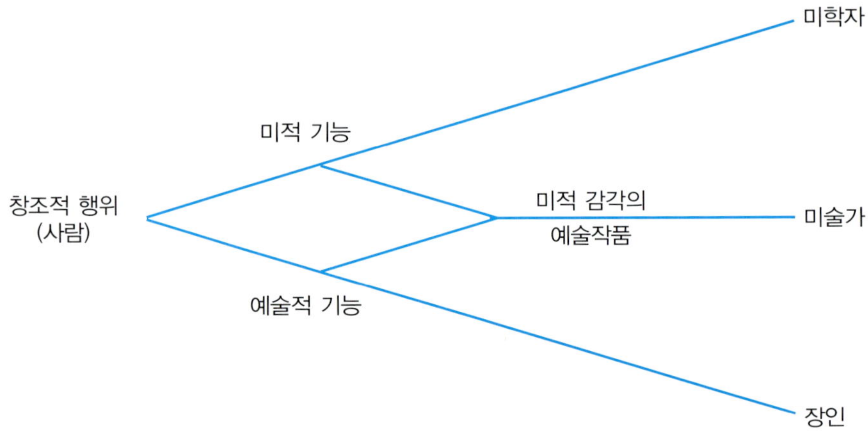

[그림 3] 창조적 행위와 예술 관련 직업인의 구조(Forestier, 2003)

위의 그림 속에서 미술치료사는 어디에 자리하고 그 활동 반경은 어디일까? 예술 행위 과정과 예술 현상에 대한 관심이 미술치료의 중심 생각이라고 할

47) 손에 가득 물감을 묻혀 종이 위에 이리저리로 자국을 내면서 불규칙적인 소리를 내는 모습 등을 말한다. 초기 미술치료 단계이거나 어린이 미술치료에서 신체적인 활동을 더 많이 사용하게 되는 것은 이러한 이유에서이다.

때 미술가와 미술치료사의 역할은 어떻게 구분될 수 있을까?

그림에서처럼 자율적으로 창조적인 예술 행위를 하는 또 다른 주체로 장인이 있다. 장인의 행위는 사회적 목적을 지닌 물건을 생산하는 것으로, 그의 작품은 작품의 유용성에 더 많은 가치를 두고 있다. 이것은 작업치료의 성향과 가깝다. 그리고 대부분 병원 안에서 활동하는 미술가에게서 기대할 수 있는 것은 미술 행위를 통해서 환자가 자신의 병을 이겨내는 힘을 있게 하려고 도움을 주는 것이다. 미술가는 미술 작업 방법을 아는 사람, 감각적인 표현 방식을 아는 사람으로서 감성적인 것에 둔한 환자들을 자극하는 역할을 할 수 있다. 미술치료사의 역할과 가깝다고 볼 수 있으나 이렇게 미술가를 통한 미술 작업에서 환자의 치료 측면을 기대하자면 우연 정도라고 볼 수 있을 것 같다. 그러므로 이럴 때 기본적으로 건강상의 문제나 발달상의 문제를 가진 환자/내담자들을 위한 치료 목표로 미술 행위가 이루어지기 위해서는 특별한 치료적 경쟁력을 갖춘 전문가인 미술치료사를 필요로 한다. 전문성이란 기본적으로 병리적인 상황을 중재할 수 있는 능력을 말하며 또한 긍정적으로 발전시킬 수 있는 치료 목표를 설정하고 그 치료 목표를 위한 기술들을 갖추는 것을 말한다.

4-2. 미술치료에서의 표현

미술치료에서 표현의 가장 기본적인 기능은 사람 안에 가두어 두었던 것을 밖으로 드러내는 것이고, 다음은 자신을 위해서이든 타인과 함께하기 위해서이든 상호교류를 위한 기본적인 단서를 제공한다는 것이다. 그러나 미술치료에서는 표현을 통한 작품이 필연적 결과로 상호교류와 관계 형성을 이끌었다고 해서 즉, 관계할 거리를 만들었다고 해서 끝나는 것이 아니라 표현된 상태 자체에도 중요한 의미를 둔다. 작업 결과는 작업한 사람에게 만족, 효과, 아름다움이라는 경험을 주어야 한다. 그 경험들이 치료의 결과로 이끌 수 있다는 것을 포레스티에(Forestier R.)의 도식으로 표시해 본다.

개념		기능		구체적 관념	관찰 기능
만족	=	수용 / 반응	→ →	의도	표현
효과	=	시도함 / 가능성	→ →	행위	전문성
아름다움	=	기초 / 형태	→ →	작품	결과물

[그림 4] 예술 표현의 기본 개념

1) 표현과 만족

사람의 만족이란 두 가지로, 하나는 개인의 원초적인 본능 안에 있는 자연적인 것이고 다른 하나는 개인적인 것 이상이 합쳐져 본능을 초월하여 가능한 것이다. 그래서 사람의 신체는 탄생 이후에도 계속해서 기초적인 조절 기능들을 통해 신체 안과 밖을 통합 혹은 화합해 가야만 한다. 신체는 내부의 만족을 통한 것과 밖으로 팽창하는 힘을 조절하여 얻게 되는 또 다른 힘과 조화를 이룸으로 하나의 개체로서만이 아니라 점점 더 개성을 가진 한 사람으로 변화되어 간다. 그렇게 얻어진 만족은 감각적인 기능들을 통해 잠재되어 있던 가능성을 현실적으로 바꾸어 주는 힘을 갖게 하는 것이다. 그러므로 감각적으로 개발한 기능 행위들을 통해 자신 안으로 향하는 심리적 만족과 자신의 밖에 존재하는 이상들을 조절하면서 스스로에게서 계속해서 더 큰 만족을 경험할 수 있게 된다.

결과적으로 사람들의 미술 표현은 심미적인 결과를 통해야 조금씩 더 긍정적인 자신을 찾는 데 쓰이게 되는 것이다.

(1) 표현을 통한 만족은 미술치료의 치료 구조에서 기본이다. 만족은 신체를 가진 존재자에게 내재한 근원적인 의지로서 자신 속의 혼돈을 바깥 세상 즉, 외부로 발산하게 하는 원동력으로 작용하게 하며 자신의 정체성을 자의적으로 찾으려는 목표에 달성하도록 한다.

(2) 만족은 의식적인 평가를 위해 노출된 표현을 통한 배설로서 미술치료에

서는 순간적이고 즉흥적인 표현을 통해 자신과 다른 사람들의 작품을 평가하는 과정에서 나타날 수 있도록 한다.

2) 표현과 효과

미술치료에서 말하고자 하는 효과란 작품에 나타내고자 했던 행위의 결과를 말한다. 그러나 세부적으로는 작업하는 과정, 하나하나의 각 단계 행위를 일컫는다. 표현하는 과정 중에 저장된 몸짓이나 움직임 등이 본능에 따라 순서를 결정하고, 조절해 주고, 더 세부적이 되도록 애쓰는 것을 말한다. 물론 교육된 정도나 경험 등이 작업을 더 쉽게 하거나 단계마다 필요한 기술들을 제공할 수는 있지만, 표현 효과의 가장 기본은 각자 자신에게 근원적으로 잠재해 있던 정신적인 것과 그 정신 생리적인 결과의 산물인 것이다. 표현된 내용 안에는 작품을 하는 사람의 근본적인 느낌이 묻어날 수밖에 없다.[48]

미술치료에서 미술 행위 과정의 첫 단계는 가장 순수한 감각에 의존하는 본능적 반사에 의한 시도이고 다음 단계는 좀 더 숙고하는 시기로 발전 가능성을 향해 나아가게 된다. 이 숙고는 계속해서 작업하고 있는 작품에 논리적인 이야기를 제공하며 작품의 목표를 더 세부적으로 결정하게 되면서 결과적으로 자발적인 행위를 통한 작품을 이끌어 내게 된다.

그리고 나면 분석들이 가능한 인상들, 다시 말해 본능적인 감각에 의한 표현, 먼 기억이나 추억 속에 자리했던 감각, 어떠한 형태로 작업해 나아갈 것인가에 대한 구상 등으로 서로 자신이 의식하지 못했지만, 드디어 비교할 수 있는 표현들이 작품 안에 자리를 잡게 된다. 그러면서 본인 스스로 표현하고자 하는 확실한 의도를 갖게 되는 단계에 이르면 자연스레 심미적인 질을 높이고자 하는 생각과 함께 개성적인 성향이 있게 된다. 개성을 통해 정서적 혹은 스스로 형성한 규칙들을 찾아내고 결과적으로 작업하는 과정 안에서 초월적 본능과 학습적으로 배운 것 등등이 합쳐져서 자신을 찾아내게 된다.

---

48) 여러 사람이 똑같이 모방하는 작업을 하였을 때조차도 모든 그림이 다 같지 않은 것을 알 수 있다. 결과적으로 어떤 시대나 어떠한 경우에도 작업자마다의 개인적인 성향이 있는 것이다.

작업에 만족하게 되는 단계가 있음으로써 자신의 존재감을 느끼게 되며 그것을 기초로 효과의 단계를 맞으면서 애매했던 목표를 발전시켜 팽팽하고 확실한 결과를 위한 직접적인 작업에 관심을 두게 되는 것이다. 그러면서 작업 행위를 점점 더 자기 생각과 가까워지게 하도록 자신을 조절하게 되고 잠재해 있는 자신의 가능성을 찾는 노력을 하게 된다. 이 노력은 능동적인 근육운동을 통한 몸짓과 끊임없는 인식 과정의 결과로서 나타나는 것이다. 이 과정에서 점점 더 작품의 결과에 완성도를 높이기 위해 작업 과정 전체에 자발적인 능동성을 보이고 잘 적응하려는 노력을 기울이게 된다. 결과적으로 다양한 가능성을 향한 시도들은 작품 속에 개성을 가하게 되며 개성은 자신의 정체성을 말하는 것으로 환자/내담자는 자신만의 독창성을 개발하게 된다. 이렇게 예술 현상이 잘 발현되면 결과적으로 유일한 아름다운 작품이 된다.

3) 표현과 아름다움

작품은 예술 행위 과정이 하나의 정점을 찍는 것으로 의도와 행위를 구분하는 또 다른 영역이다.

의도 → 행위 → 작품

미술 작품은 기초적인 형태들의 결합이 또 다른 형태를 보이게 되는 것을 말한다. 이것은 지적으로 인식하고 있는 것을 작품 안에 의미작용을 하게 하여 나타내 보이는 것이며, 형태를 통해 객관성을 가질 수 있게 된다. 그러므로 작품을 본다는 것은 형태를 통해서 표현하고자 하는 뜻을 알게 되는 것으로 표현된 것이 무엇에서부터 기인한 것인지 등의 직접적인 유추가 가능하다. 형태는 사회의 구성 모습에 따라 다를 수 있겠지만, 사람들이 인식하고 있는 것을 하나로 묶을 수 있다.[49)]

---

49) 가령 어떤 전시회에 '노란색 모자를 쓴 한 여인이 테라스 근처의 창가 의자에 앉아 있고, 여인의 눈앞에는 멀리 수평선 너머로 저녁노을이 지고 있는 그림을 보았다.' 고 했을 때, 이 작품을 바라보는 모든 사람에게 보이는 표현 형태는 같다.

그러나 예술작품을 이루는 기초는 주관적인 것으로 정서적이며 감각적인 것과 관련이 있다. 같은 작품을 보고 여러 사람이 동시에 감동할 수 있지만, 그 감동은 서로 높낮이가 다르다. 각자 개성적인 방법으로 느끼는 것이며 같은 작품을 두 사람이 좋아한다고 해서 그 두 사람이 같은 느낌으로 작품을 아끼는 것은 아닐 것이다. 이 기초는 각자의 고유한 성격과 자신만의 감각에 해당한다. 그러므로 형태와 기초가 서로 잘 조화를 이루어 결합하면 이상적인 아름다움을 추구하고자 하게 될 것이다. 미술가는 끊임없이 이 과정을 계속하는 사람이라고 해도 큰 과장은 아닐 것이다. 만약 이러한 기본에 관심이 없거나 멈추었다거나 한다면, 작품은 늘 같고 수공업적인 느낌이 나면서 작업의 본래 의도를 상실하게 된다.[50] 이들의 관계는 현상적으로는 다음과 같다.

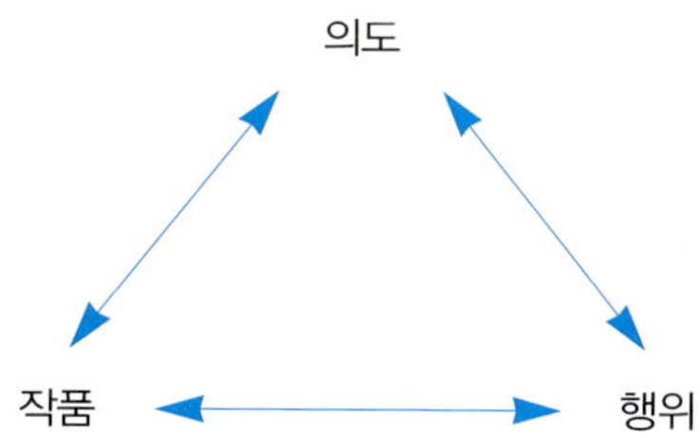

미술치료는 이처럼 예술의 기본적인 이론과 깊은 연관을 갖고 있으며 미술치료의 근간도 예술 행위가 기본 과정을 이루는 구조를 가지고 있다. 사람은 근원적이며 자연적으로 발달하고자 하는 본능으로 심미적인 것을 추구하게 되어 있고, 그 기능을 활용하여 미술은 예술적인 치료로서의 가치를 획득한다.

이 구조를 다음과 같이 다시 풀어서 살펴볼 수 있다.

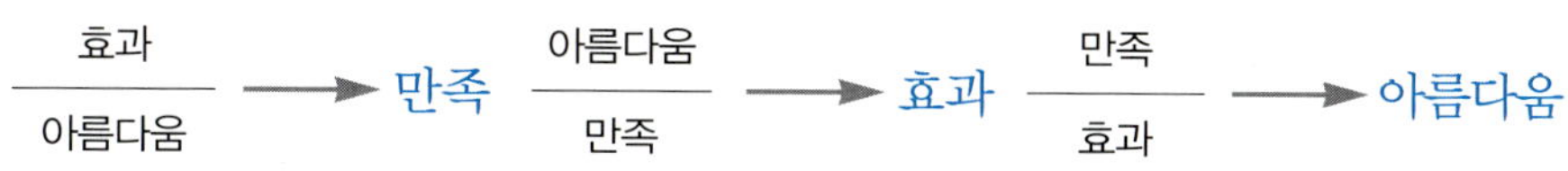

[그림 5] 예술 행위를 통한 심미적 현상

---

50) 예를 들어 상업적인 성향이 강해져서 사람들의 구미에 더욱 관심이 높아질 수 있다. 물론 작업하는 사람마다 현실적으로 혹은 시대에 따라 형태가 더 많은 비중을 차지하게 될 수도 있고 기초적인 것에 더 많은 영향을 받아야 할 때도 있을 수 있다.

〉〉 참고 문헌

르네 위그(Huyghe R.) (1979). 예술과 영혼(*L'art et l'âme*). 김화영 역. 서울: 열화당.

폴 리쾨르(Ricoeur P.) (1999). 시간과 이야기 1, 2, 3(*Temps et récit, tome 1, 2, 3*). 김한식, 이경래 역. 서울: 문학과지성사.

아른하임(Arnheim R.) (1998). 예술심리학(*Toward a Psychology of Art*). 김재은 역. 서울: 이화여자대학교 출판부.

지므네즈(Jimenez M.) (2003). 미학이란 무엇인가?(*Qu'est-ce que l'esthétique?*). 김웅권 역. 서울: 동문선.

캐시 A. 말키오디(Malchiodi C.A.) (2000). 미술치료(*The Art therapy Sourcebook*). 최재영, 김진연 역. 서울: 조형교육.

Adorno T.W. (1970). *Théorie esthétique.* Paris: Klincksieck.

Forestier R. (2000). *Tout savoir sur l'art-thérapie.* Lausanne: Editions Favre SA.예술치료의 모든 것, 김익진 번역(2013), 인문총서 12; 강원대학교 출판부

Huyghe R. (1991). *Psychologie de l'art - Résumé des cours du Collège de France.* Paris: Editions du Rocher.

05장 미술치료의 기본 원리

1) 미술치료의 3요소

미술치료는 환자/내담자, 미술치료사 그리고 미술 활동이라는 세 요소를 충족해야 한다. 또한, 세 요소가 서로 적절하게 상호 교환하여 서로가 서로에게 영향을 주며 역동적 관계를 해야 치료 효과를 볼 수 있다. 환자/내담자가 일상의 삶 안에서 혼돈을 가지게 되었던 문제들을 미술 활동으로 미술치료사가 관계하여 심리적 시스템 안에 개입하는 것이 미술치료의 기본적인 개념이다.

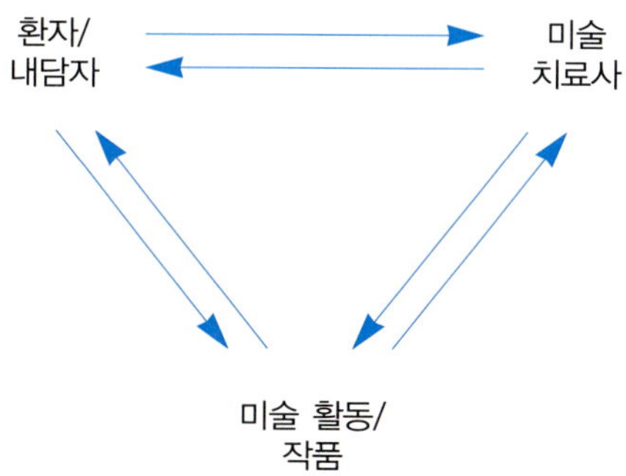

[그림 6] 미술치료의 3요소

환자/내담자가 미술 활동을 통해 만들어진 작품을 보면서 자신의 상태를 거리를 두고 객관적으로 바라보게 되고, 이론적 훈련과 임상현장을 통해 수련한 미술치료사는 적절하고 바람직한 미술 활동을 중재로 심리적 도움을 제공함으로써 환자/내담자가 변화하고 긍정적으로 발전하는 역동적인 활동이 미술치료이다. 다시 말해 미술치료는 미술치료사의 제안으로 미술 작업을 통해 음성적인 언어를 주 요소로 사용하지 않고도 환자/내담자 자신이 스스로 진행하는 자기 탐색 과정이며 건강하지 못한 자아를 만났을 때 그것을 넘어서서 새로운 자기애를 만들어서 긍정적인 자신을 만들어 가는 변형의 과정을 돕는 것이다.

미술치료에서의 미술 작업은 비음성적인 매개체들인 다양한 물리적인 재료를 가지고 시각적 언어화가 가능하도록 돕는다. 어떻게 시각 언어가 치료의 기본으로서 환자/내담자에게 작용하는가?

자크(Zack L.)[51]는 미술 자체가 심리치료적 매체의 기능을 하고 있다고 말한다. 시각화는 결과적으로 소통하는 도구로 작용하고, 소통이란 서로 관계하는 것이며 관계는 심리적 활동을 유발한다.

2) 미술치료 3요소들의 관계

미술치료는 환자/내담자를 '애써서 돌본다.' 는 개념에서 출발한다. 미술치료사가 애써 돌보는 첫 번째 태도로 미술 작업 재료 혹은 작업 주제들을 제안하고 환자/내담자가 그것을 받아들이는 순간 모험은 시작되는 것이다. 정신과 의사나 심리치료사가 종이 한 장과 글씨 쓰는 펜 한 자루를 제공하며 '그리고 싶은 것을 마음대로 그려 보자.' 고 하는 것은 기본적으로 미술치료사의 미술 작업에 대한 보살핌과는 다르다.

미술치료적인 목표를 가지고 미술 작업이 모험이 될 수 있으려면 ;

51) 프랑스 현대 화가 자크(Zack L.)는 "그림이란 사람의 가장 깊은 무의식 속에 숨겨진 현실을 표현하는 한편 화가의 삶과 그의 주변 세계가 그의 정신을 빌려 태어나는 것을 말한다. 그림은 현실의 재표현이라기보다는 그 발현이다. 그곳에는 가장 순수한 본능이 있는 한편 의지에 의해 의식을 취하기도 한다. 불일치와의 조정 과정이 예술의 창조에서 감동을 주는 부분이며 무의식이 그의 손을 이끌 때 혹은 순간적인 몸짓에서 화면 위에 자취가 남아 가치가 부여되기도 한다."라고 말한다.

(1) 적절한 재료와 목표를 결정하여야 하는데, 이 재료는 아주 구체적이어야 하며 재료들이 목표를 향하여 생명을 갖게 될 때까지 환자/내담자와 어울리는 성향의 재료를 택하도록 한다.

(2) 어떠한 상황에서 진행될 것인지가 중요하다. 즉, 환자/내담자의 문제점, 증상, 상황 등을 고려한 목표에서 진행되는 것을 말한다.

보통의 미술가들은 삶의 유지 자체가 창작 행위로 이루어진다. 미술가는 창작이 존재의 한 방법이다. 그러나 환자/내담자는 미술치료실에서 미술치료사의 초대 때문에 작업을 하는 것으로 창작행위를 해야만 하는 위급함을 스스로 갖는 경우가 아니다.

그래서 미술치료는 환자/내담자의 증세나 상황을 계속 연결하지 않는 차단 장치의 역할에서부터 출발한다. 환자/내담자가 미술치료실에 올 때마다 미술치료사로부터의 다양한 작업 제의는 자신의 증세를 차단하고 늘 닫혀 있던 자신의 내면세계로 향하는 새로운 문을 여는 계기가 된다. 이러한 반복들이 어느 날 자신의 감정을 표현할 기회라는 것을 인정하게 되고, 자신이 자신의 작품을 이끄는 주인공이 되면서 결과적으로 자신에 대해 믿음을 스스로 갖도록 하는 것이 미술치료의 기본 정신이다.

결과적으로 미술 활동으로 작품을 창조한다는 것은 사람에게 있어 자신의 한계를 밀어내고 자신만을 벗어나서 타인을 향한 길로 들어서는 것이다. 이것은 자신의 제약을 넘어서서 새로움을 시도하는 여정을 말한다. 표현문화 영역 밖에 있던 환자/내담자는 미술이라는 중재 행위를 통해 잃어버린 놀이 기회를 다시 얻게 되면서 스스로 자신을 다시 찾는 기회를 만들 수 있게 된다.

3) 미술치료와 놀이

환자/내담자가 미술치료사와 치료적으로 나누는 공통 영역에서는 놀이가 일어난다. 대상관계 학자인 위니코트(Winnicott D.W.)[52]와 클라인(Klein, M.)[53]은 이 점에 대하여 다음과 같이 말한다.

---

52) 제14장 〈위니코트와 잠재 공간〉을 참고하시오.
53) 제8장 〈미술치료 활동 과정과 단계〉를 참고하시오.

(1) 미술 행위는 놀이이다. 놀이에서 중요한 것은 놀이 규칙을 지키는 것이라기보다 놀이에 얼마나 참여하고 있는가이다. 특히 환자/내담자뿐만 아니라 미술치료사 자신도 적극적으로 놀이에 함께 참여해야 한다. 이 점 또한 미술치료가 전통적인 심리치료들과 틀과 과정이 다른 부분이다.

(2) 미술치료사는 놀이의 위반사항을 발견할 수 있어야 하고 놀이를 위해 적절한 자극을 사용할 수도 있어야 한다. 비합리적인 것과 우연히 순간적으로 발생하는 것들과 혹은 장애요소들을 그 각각의 틈새에서 발견하고, 더 나아가 그것들 사이에서 치료적 발전을 위해 재활용할 수 있는 것은 없는지 찾아낼 수 있어야 한다. 그리하여야 환자/내담자는 놀이의 기쁨, 창의성 혹은 중재에 적극적으로 가담할 수 있을 것이다. 미술치료사는 환자/내담자가 작품을 계속할 수 있게 하는 안전한 보증인 역할을 하는 것이다.

(3) 미술치료실에서의 작품에 기대하는 결과는 심미적 완성이 아니다. 작품은 작품 그 자체로 존재하는 것이다. 완성도가 높든 낮든, 좋든 혹은 잘못되었든 중요하지 않다. 또한, 그것에 대한 주석을 달지 않으며 암호해독과 같은 행위도 하지 않을 것이다.

단지 환자/내담자의 부정적인 면들이 작품을 통해 투사되는 것에 관심을 둔다. 이러한 이유로 혹자는 환자/내담자의 작품에서 병적 증상들을 찾아내는데 더 많은 호기심을 갖기도 하지만 미술치료사의 주된 관심과 역할은 환자/내담자가 자신의 작업에 대한 해석을 스스로 찾도록 돕는 것이다. 그러나 때로는 작업이 끝난 후 바로 작품에 대한 이야기가 불가능하여 자신의 작품과 시간적 거리를 두어야 하는 경우도 있다는 것을 잊지 말아야 할 것이다.

〉〉 참고 문헌

도날드 위니코트(Winnicott D.W.) (1997). 놀이와 현실(*Jeu et réalité - L'espace potentiel*). 이재훈 역, 서울: 한국심리치료연구소.

AFRATAPEM (1990). *Les bases de l'enseignement en art-thérapie.* Tours: Publication de l'Université de Tours.

Boyer-Labrouche A. (1996). *Manuel d'art-thérapie.* Paris: Dunod.

Joulia M-C, Villier J., Duranton F. (1995). L'artiste, compagnon de voyage, Film, CHS de Bourges.

Rodriguez J. & Troll G. (1995). *L'art-thérapie - Pratiques, techniques et concepts.* Paris: Edition Ellébore.

Segal, H. (1980). *Melanie Klein.* New York: The Viking Press.

06장 미술치료 임상

6-1. 미술치료실의 임상 대상

미술치료실이 속해 있는 기관의 성격에 따라 미술치료 대상의 사정 방식은 다양할 수 있지만, 다음과 같은 경우가 미술치료가 시작되기 전에 생각할 수 있는 가장 일반적인 미술치료 대상 환자/내담자라고 말할 수 있다. 그러나 어떠한 경우라도 미술치료를 위해 미술적인 능력이나 준비가 필요한 것은 아니다.[54)]

1) 신체적인 문제

- 신체장애, 뇌 기능 손상에 의한 장애
- 감각적인 장애 : 시각장애, 청각장애

54) 예술치료를 위해 환자/내담자가 특별히 선호하거나 더 진전이 있는 예술 영역이 있을 수 있다. 예술치료의 기본은 환자/내담자가 각각의 예술 활동들 중에서 가장 안전하면서도 치료를 위해 가장 지지적인 예술 형태인 것으로 느낄 수 있는 선택이 중요하다.

- 외상 증상
- 알츠하이머
- 면역병
- 뇌손상 증후군
- 21번 혹은 8번 염색체 증후군
- 알코올 중독
- 약물중독
- 노인병동
- 임신과 출산

2) 정신적인 문제

- 정신과 병동 : 다양한 신경증 증상, 아동과 성인 정신병(우울증, 정신분열, 자폐증 등)
- 정신장애(정신지체, 정신쇠약 등)
- 섭식장애
- 사춘기를 힘들게 지내는 경우
- 특수시설의 학교, 복지관, 쉼터 등
- 문제를 겪는 아동들 : 학습장애, 성격장애, 사회성장애, 인격장애, 정서장애, 방치(폭행, 폭력 피해), 외상후스트레스장애

3) 사회적인 문제

- 이민, 이주
- 국제결혼(다문화 가정)
- 교도소
- 실직자, 거리에서 사는 경우
- 문맹자
- 미혼모, 미혼부
- 상습폭행, 성폭력, 가정폭력

- 빈곤지역, 우범지역, 매춘지역
- 어린이 방치
- 학습적 어려움
- 입양
- 노인시설

6-2. 미술치료 임상 과정

1) 미술 재료 선택하기

환자/내담자가 자신의 문제를 호소하였거나 혹은 다른 사람들에 의해 미술치료가 의뢰되었다 해도 미술치료가 시작되었을 때, 미술 재료를 탐색하는 것을 가능하면 자연스럽고 만족스럽다고 느낄 수 있어야 한다. 그러므로 미술치료실에 다양하고 충분한 재료가 호기심을 가질 수 있을 만큼 갖춰지고 정돈되어 있어야 한다.[55] 재료를 통한 자연스러운 몰입이 이루어졌을 때 자유로운 연상이 가능하기 때문이다. 재료 탐색의 과정을 자연스럽게 경험하는 것은 자신을 긍정적으로 책임질 수 있도록 하는 미술치료의 궁극적 목표에 가장 무리없이 다다를 수 있게 한다. 특히 안전하게 느껴지는 재료를 통해 자유연상을 할 수 있다는 것은 환자/내담자가 가질 수 있는 부정적 방어기제들을 쉽게 극복할 수 있다는 의미이기도 하다.

2) 필요한 기법 처방하기

미술치료에서 어떠한 기법이 환자/내담자가 자연스러운 창작 과정으로 들어갈 수 있게 할 것인가를 결정하는 것이다. 이 단계에서 미술치료사들의 과

55) 부록 6 〈미술치료실 환경 구성의 실례〉를 참고 하시오.

제는 환자/내담자를 어떠한 문제나 병을 가진 사람으로 한계를 긋고 바라보는 것이 아니라 한 주체로 인정하면서 자유로운 창작 제의를 가능하게 한다. 그리하여 미술치료사는 환자/내담자 각자가 창의적 잠재성을 가지고 있다는 전적인 믿음을 가지고 자신의 상상력을 발휘할 수 있게 된다. 그러나 환자/내담자 중에는 지나친 자유가 문제가 되는 경우도 있으며 자기 자신을 스스로 책임져야 한다는 것 자체가 문제로 대두하여 미술 작업 안에서 더욱 갈등할 수도 있다는 것을 염두에 두어야 한다.[56)]

재료를 선택한 환자/내담자가 창조적인 여러 과정을 거쳐 완성된 작품을 만들어 갈 때까지 논리적으로 생각하고 새로운 재료들을 스스로 발견하고 생각과 재료들을 연결한다는 것은 아주 복잡한 과정이다.[57)]

3) 적절한 소통하기

미술치료사의 감정이입은 재료가 결정된 후 미술치료 작업 진행 과정 중에 환자/내담자의 행동을 자세히 관찰하고 작품의 완성도를 높여 치료가 성공할 수 있도록 하는 아주 핵심적인 도구이다.

(1) 환자/내담자가 재료를 다루면서 그것과 관계하는 방법으로 어떻게 말을 하고 있는지, 어떤 표정, 몸짓 혹은 행동을 하고 있는지 살펴봄으로 가능하다.

(2) 감정이입을 위해 환자/내담자를 양면적인 시각으로 살핀다.

— 수동적인가, 피동적인가

— 긴장 상태인가, 이완되어 있는가?

---

56) 대부분의 경우는 흰색의 도화지를 두려워한다. 자연스럽게 환경을 조성한다고 해서 미술치료실에서 누구나 미술 재료를 손쉽게 탐색해 가는 것은 아니다. 어떠한 경우는 환자/내담자의 데생 능력을 고려하여 미술치료사가 자료들 혹은 모델링을 통하여 자연스럽게 작업에 접근할 수 있다. 또한 어떤 경우는 재료를 만지기 이전, 오랜 시간 동안 생각을 해야만 하는 경우도 있다. 환자/내담자가 제공된 미술 재료를 곧바로 선택하고 무언가를 하기 위해 바로 접근하지 않는 경우는 아주 많다. 때때로 미술치료사들이 "어떤 환자/내담자가 아무것도 하지 않는다."는 표현을 하기도 하는데 많은 경우 환자/내담자는 자신의 실패에 대해 성숙하지 못한 근심으로 미리 걱정하는 태도를 보일 수 있다는 것을 생각해 두고 미술치료사 자신이 제공하는 재료에 의문을 제기해 보고 재조절해 볼 수 있을 것이다.

57) 그러므로 흙이나 그와 유사한 재료들은 촉각적인 문제를 심각하게 갖고 있는 경우가 아니라면 자주 변형이 가능한 바람직한 미술치료 초기 재료이다. 혹은 콜라주 같은 방법은 접착하기 이전에 조립하고 배열하는 과정 중에 변형이 가능해서 결과에 대한 걱정을 줄일 수 있는 재료가 될 것이다.

— 합리적인가, 비합리적인가?
— 충동적인가, 주도면밀한가?
— 산만한가, 집중적인가?
— 고지식한가, 융통성을 발휘하는가?
— 강제적인 경향이 필요한가, 자유로운 성향인가?
— 내성적인가 혹은 외향적인가?

등이다. 이 모든 것은 서로 상호 관계한다는 것을 염두에 두면서 환자/내담자를 관찰할 수 있어야 한다.

미술치료사가 환자/내담자와 얼마나 적극적으로 감정이입을 하고 있는가에 따라 치료적 작업이 진행되는 양상을 파악할 수 있다. 특히 감정이입은 미술치료사가 작업의 순서를 떠올려서 작업 과정을 서류로 작성하여 평가 항목들을 통해 자신의 미술치료 회기를 진단하는 자료로 사용할 때에도 필요하다. 기존에 만들어진 항목들의 칸 안에 숫자를 적어 내려갈 수 없는 환자/내담자를 평가하기 위한 미술치료의 특수한 상황을 생각할 때 더욱 필요한 것으로써 미술치료사의 감정이입 노력은 가장 적극적인 미술치료의 도구이다. 특히 미술치료에서 미술교육과는 다른 강제적인 개입 혹은 간섭 등의 간섭 요소를 최소한으로 줄이는 방법이기도 하다.

환자/내담자 집단원이 많은 경우 미술치료사는 관찰 시간을 조절하여 어떠한 시기에, 어떠한 정도로, 어떻게 감정이입을 할 것인가를 결정해야 한다.[58] 환자/내담자와 충분히 감정이입을 하게 되면 미술치료사의 활동은 지극히 필요한 순간에 창의적인 상상력과 함께 의미 있고 긴요한 중재가 가능해진다. 이는 지속해서 환자/내담자가 작품과 관계하여 그것을 완성할 때까지 계속된다.

특히 미술치료 임상 현장은 각각의 순간 미술치료사가 어떠한 태도를 보여

---

58) 예를 들어 가족치료 중이라면 가족 사이의 상호 관계에 더 관심을 둘 것인가 혹은 가족 중 각각의 사람을 각 치료 회기마다 면밀하게 관찰할 것인가를 결정하는 것이다. 그보다 더 단위가 큰 범위의 학교 미술치료라면 개인적인 감정이입은 불가능할지라도 그룹원 전체의 행동양상들을 관찰하는 것에 집중할 수 있다. 요는 각 회기에서 미술치료사가 가능한 한 개입을 줄이고 어떤 시점에 어떠한 중재를 할 것인가를 결정하는 단서를 마련하는 지침이 될 수 있다는 것이다.
때때로 환자/내담자 혼자서 자신의 작업을 몰입하여 이끌어가는 것처럼 보일 때에도 미술치료사의 중재가 필요한 경우가 있을 수 있다는 것은 이상한 일이 아니다.

야 하는가 하는 문제의 연속으로, 숙달되고 경험 있는 미술치료 전문가의 지속적인 감독을 필요로 한다. 이러한 미술치료사 개인의 자기반성과 미술치료 회기들에 대한 지도 감독은 감정이입의 순간 미술치료사 개인의 성향과 환자/내담자를 혼돈 속에 있게 하지 않으므로 옳은 태도를 유지할 수 있게 하고 각 미술치료 회기의 목표에 도달하게 한다. 환자/내담자의 호소, 욕구 그리고 그에 대해 도움이 어떻게 잘 원활하게 움직여졌는가 하는 것이 미술치료의 임상 결과에서 긍정적으로 평가되거나 실패로 평가될 것이다.

6-3.

평가 지침

미술치료에서 환자/내담자를 평가하는 단위의 가장 기본은 작품이다. 환자/내담자의 작품 안에 시각적인 언어 표상이 있기 때문이다. 심지어 이러한 표상 안에는 '말로 표현할 수 없는 것', '표현할 수 없는 것을 표현하는 것' 까지를 포함한다. 결국 하나의 작품을 안다는 것은 작품을 통해 환자/내담자의 심리적 상황을 판단한다는 것이며 그 작품이 지칭한다고 전제되는 현상을 찾아내는 것이다.

작품 자체는 물리적인 것으로 인격적이고 의식적인 주체인 환자/내담자와 어떻게 연결할 것인가 하는 부분을 숙고하면서 미술치료사는 환자/내담자의 작품을 세 가지의 커다란 카테고리로 생각해 볼 수 있다.

(1) 시각적인 효과들에 중점으로 두어 묘사한 것[59]

(2) 시각적인 효과를 통해 이야기를 하고자 하는 것[60]

---

59) 시각적인 효과에 중점으로 두어 묘사한 작품에서 억지로 심리적인 상황의 이야기를 짜맞추려 한다면 큰 오류를 범할 가능성이 크다. 이러한 작품들은 자신이나 타인에게 조형적인 즐거움을 제공하는 것일 가능성이 크다. 특히 아동 미술치료사들이 주의해야 할 점은 어린이들이 그림 그리는 방법을 배우고 익히는 과정에서 하나의 대상이 자신에게 익숙할 때까지 반복해서 그림을 그리는 경우가 많은데 그러한 시점에서 만난 작품들을 전혀 다른 방식으로 해석하려고 할 수 있다는 것이다.

60) 자신이 표현한 시각적인 효과를 통해 이야기를 하고자 하는 작품들은 아직 이야기를 담고 있지는 않지만 곧 상황들을 묘사하기 위한 전제가 담겨 있는 경우를 말한다.

(3) 작품이 보는 이로 하여금 이야기로 만들어지고 읽혀지는 것[61)]이다.

그러나 많은 경우 환자/내담자의 작품에서 특별한 대상 언어를 발견할 수 없거나 혹은 찾아낸 이야기가 환자/내담자의 의도와 일치하지 않을 수도 있다는 점을 명심하고 있어야 한다. 그 작품 안에는 지칭하려고 하는 대상을 이미 미술이라는 예술 행위로 완전히 감추어 버릴 수도 있기 때문이다.

더구나 미술치료에서의 미술은 그것을 이용해 지칭 대상을 보이게 하려는 것만을 의도하고 있는 것이 아니다. 다시 말해 미술은 음성 언어를 대신하여 자신의 삶의 현상, 사실, 사건 등을 묘사하고 그것에 대한 정보를 제공하는 것에만 그 목적이 있는 것이 아니다. 미술이 치료될 수 있는 것은 미술 활동을 통해 환자/내담자가 가지고 있는 문제의 세계를 다시 복사해 내려는 목적을 넘어서서 아직 가능성이 있는, 자신이 실현하지 못한 자신의 아픔이나 고통, 상실을 딛고 일어서서 미술 작품의 승화 단계를 통해 앞으로 자신에게 가능한 세계를 펼쳐보일 수 있기 때문이다. 그러므로 미술치료사는 환자/내담자가 작품을 예술로 승화[62)]시킬 수 있도록 돕는 것이 아주 중요하다. 잘 다듬어진 작품은 승화를 통해 카타르시스를 느낄 수 있게 하고 이러한 과정이 매개가 되어 환자/내담자는 자신의 잠재한 가치를 찾아나갈 수 있다.

결론적으로 미술치료사들은 환자/내담자의 병리적 증상에 관한 지식이나 현재의 병력, 과거력 혹은 가족력 등을 평가하는 것은 의학적인 전문가들의 역할이라는 것을 명확히 하고 있다. 미술치료사는 다른 임상가 팀과 함께 자신의 역할로 힘을 보태서 더 효과적인 치료가 될 수 있도록 해야 한다.

---

61) 작품의 이야기가 읽혀지기 위해서는 적어도 입체적이고 투시적인 구도를 포함하고 있어야 한다. 시각적인 묘사 안에 공간과 시간 그리고 자신만의 언어가 포함되어 있어야만 미술치료사는 이 작품이 담고 있는 이야기의 줄거리를 읽을 수 있다.

62) 부록의 용어 해설을 참고하시오.

〉〉 참고 문헌

박이문 (1983). 예술철학, 서울: 문학과지성사.

Rubin J.A. (1984). *The Art of Art Therapy*. New York: Brunner/Mazel Publishers.

Ursano R.J., Sonnenberg S.M. & Lazar S.G. (1998). 간추린 정신역동적 정신치료 (*Concise Guide to Psychodynamic Psychotherapy*). 손진욱, 강민희 역. 서울: 도서출판 하나의학사.

07장 미술치료 과정 분석과 기술(記述)하기

미술치료사는 회기를 직접 진행하는 것 외에도 기본적으로 미술치료 과정을 분석하고 정리하는 중요한 기술을 필요로 한다. 환자/내담자의 세계가 어떻게 재창조되는가, 미술치료사는 어떻게 그 안에서 자리하고 있는가, 어떻게 전이와 역전이[63]가 발달하고 경험되는가, 감정이입을 언제, 어떻게 하므로 환자/내담자에 대한 이해를 끌어내고, 그를 도와줄 수 있는 전략을 발달시킬 수 있는가 하는 방법에 숙달하는 것이 무엇보다 중요한 기본적인 기술(技術)이다.

7-1. 분석 기술(記述)하기

미술치료 회기들이 목표에 도달하기 위해서는 여러 가지 기술적(技術的) 중재들이 필요하다. 이 기술들 가운데서 미술치료 과정 전체를 분석하여 문제 지점을 파악하는 것이 무엇보다 중요하다. 각각의 미술치료실 목적에 따라 과

63) 부록의 용어 해설을 참고하시오.

정 분석의 기술(記述), 정리 방법 등을 모두 달리할 수 있겠지만, 포레스티에(Forestier R.)의 다음과 같은 기술(記述)법을 사용할 수 있다.[64)]

미술치료가 진행되어 갈수록 치료 회기들을 시간상으로 판단하는 코드가 필요하게 된다. 그러므로 각 회기를 코드화하여 기록해 둔다.[65)]

한 회기(session)의 첫 글자 S로 사용하고, 전체적으로 다음 [그림 7]과 같이 미술치료 과정을 도식화할 수 있게 된다. 첫 회기는 S1이라고 부르고, 두 번째 회기는 S2와 같은 식으로 표기한다.

[그림 7] 치료 과정을 코드화하여 노트하기

1) 중요 행위지점 파악하기[66)]

미술치료 과정 중에 만나는 다양하고 특별한 상황들을 파악할 수 있어야 할 것이다. 이 상황들은 갑자기 지금까지와는 전혀 다른 상황을 보이는 환자/내담자의 태도를 발견하는 것을 말한다. 미술치료사 자신에게서 발생하는 문제, 미술치료 진행 자체의 다른 어려움을 만나는 지점 등을 인식하는 경우를 말한다. 이러한 특별한 상황을 다시 코드화한다. 이 지점을 행위(action)의 첫 글자 A와 지점(Site)의 첫 글자 S를 사용해 SA라고 부른다.

예를 들어, 지금까지 X번의 회기 후에 이 중요지점을 분석하는 중이라고 가정하고, 3번째와 18번째의 회기에 특별한 상황이 있었다고 판단하면 이 지점을 중요 행위지점(SA)으로 따로 코드화한다.

---

64) 포레스티에(Forestier R.)는 프랑스의 대표적인 예술치료 학교 중의 하나인 투르(Tours) 대학교의 예술치료 과정 교수로서 철학자이며 음악가이기도 하다.

65) 미술치료 각 회기는 가능하면 보조치료사나 관찰치료사로부터 진행 노트-보통 프로세스 노트라고 일컬음-를 적어 두는 것이 좋고, 이렇게 될 수 없는 경우라면 진행하는 치료사가 진행 과정을 카메라로 담아 두거나 기억하여 각 회기에 대한 진행 노트를 적어 두므로 미술치료 기술 분석 자료로 사용할 수 있다.

66) 주요 행위지점을 파악하는 것은 진행 중인 미술치료를 더 진행할 것인가, 멈출 것인가 아니면 버려야 할 요소들은 과연 무엇인가 등을 결정하는 데 결정적인 역할을 한다.

[그림 8] 중요 행위지점 파악하기

2) 단계 조직하기

중요 행위지점을 파악했다면 그 행위지점의 상황을 분석하는 과정에서 어떠한 이유로, 어떠한 문제들이 일어났는지 그리고 그 상황에서 각각의 미술치료 회기에 어떠한 결과가 있었는지 이해할 수 있게 된다.

중요 행위지점을 더 신중하게 분석하는 것이 단계 조직하기이다. 결과적으로 각 행위지점을 분석하다 보면, 앞으로 진행될 미술치료에서는 언어적인 관계를 줄여야 한다든가, 환자/내담자가 자신에 대한 표현을 더 많이 하도록 유도하여야 한다든가 하는 미술치료사 자신이 진행하는 미술치료를 통제하는 능력을 갖추게 되고 자신감을 확보할 수 있게 될 것이다.

이렇게 분석한 후에는 그 내용의 중요도에 따라 그 순서(Level)를 정해서 층별로 정리(Organization)하는데 이를 다시 LO라고 코드화한다. 이 과정을 통해 각각의 미술치료실의 치료 목표에 따라 중요도의 층이 다르게 결정될 것이다.

예를 들면, 첫 번째 야기된 문제는 LO1이라고 코드화하고 그다음 요인에 해당하는 것을 LO2라고 코드화한다. 이렇게 순서를 조직해 가다 보면 미술치료에 어려움을 일으킨 근본적인 요소에까지 도달하게 되면서 동시에 새로운 목표(Objective)를 위한 중재 요소(Intermediate)를 발견하게 되는데 이것을 OI라고 코드화한다.

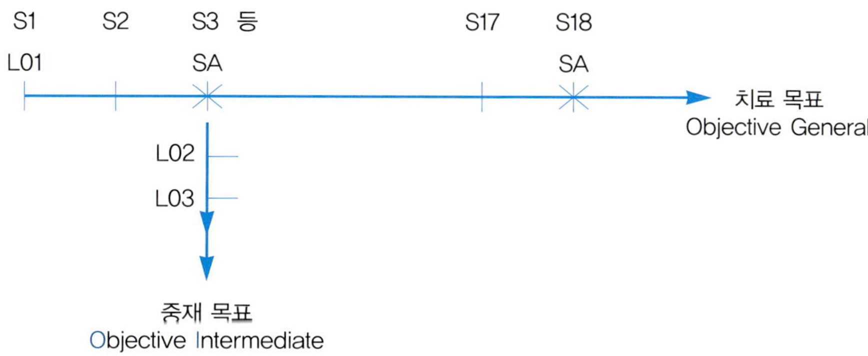

[그림 9] 단계 조직하기

3) 기본 목표 살펴보기

짧은 기간이든 혹은 긴 기간이든 미술치료 과정들을 분석하다 보면 중재 요소들을 통해 목표를 결정하는 기본적인 단계를 반복적으로 만난다. 미술치료 기본 목표(Objective General)는 각각의 미술치료실이 추구하는 궁극적 목표를 말한다. 정신과 병원에 소속된 미술치료실이라면 병원의 팀 전체가 미술치료실의 기본 목표를 결정하는 단위가 될 수도 있다.[67)]

4) 중재 목표 확인하기

미술치료가 기본 목표를 향해서 그 과정이 진행 중이라고 할 때 여러 중요 행위지점들을 통해 중재하고 있는 각각의 요소들을 중재 목표라고 한다. 미술치료사가 자신의 활동 중에서 미술치료의 기본 목표를 달성하기 위한 다양한 중재 목표들을 결정하고 그 다양한 것들의 순서와 우선순위 층을 선별해 놓고 결정하는 것 또한 숙달하여야 할 기술(技術)이다.

67) 다시 말해, 미술치료사 혼자의 판단으로 한 기관의 미술치료실 기본 치료 목표가 결정되는 것이라기보다는 기관의 팀 전체가 미술치료실의 역할이 어떠했으면 하는가 하는 것을 함께 의논하여 기본 목표 결정의 단서를 만들 수 있다.

5) 표적 검토하기

단계 조직을 분해하여 살펴보다 보면 다음 단계로 넘어가지 못하는 문제가 무엇인지 정확히 드러나는 지점을 찾을 수 있게 된다.

중재 목표에 도달하기까지의 발전 과정을 방해하는 이 지점의 요소를 표적(標的; 프, Cible), C로 코드화한다. 그러므로 표적은 미술치료 중재 목표를 달성하기까지 각 단계 조직에서 나타나는 방해요소를 찾는 것으로 중재 목표를 직접 분석하는 것보다 단계 조직 안에서 더 확연하게 드러나게 된다.

그림으로 표현해 보면, 현재 이 미술치료 과정을 분석할 때, 3번째 회기(S3)가 중요 행위지점(SA)으로 지적되었으며 단계 조직(LO) 과정을 통해 분석된 것은 LO2와 LO4에서 표적(C)이 발견된 것이다.

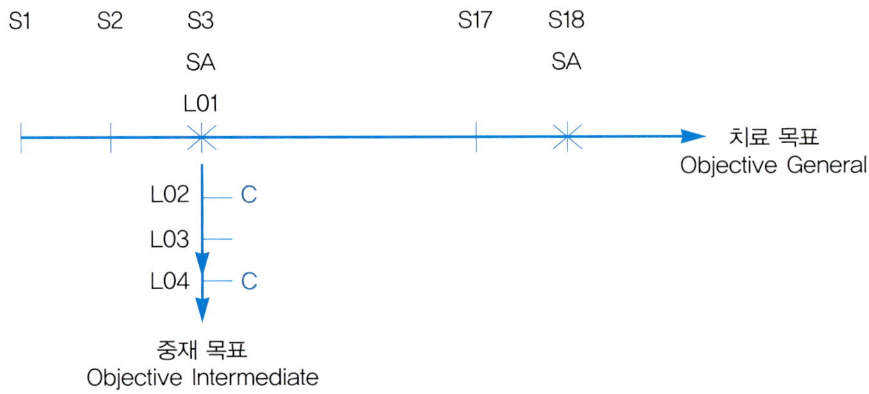

[그림 10] 미술치료 과정의 정보를 종합 분석하기

6) 항목 발견하기

미술치료가 진행되기 위해 가장 기본적인 것은 구체적인 항목(item)이다. 더구나 항목은 미술치료를 도식화하고 조직해서 표적보다 더 자세하게 보이게 하여 살필 수 있는 단위가 된다. 결과적으로 항목을 통해 가장 정확하게 문제 요인을 알아낼 수 있다.

(1) 항목의 특성

항목은 미술치료 회기에서 전체적으로 생성된 것들을 작은 단위로 분석해 보는 것이다. 미술치료실의 성격[68]과 형식에 따라 양적인 방법이나 질적인 방법 혹은 기술(記述)적인 표현 방법으로 접근할 수 있다. 항목들은 다양한 방법으로 감지할 수 있는데;

— 목적이 정확한 직접적인 측정 방법을 사용할 수 있는 것

— 일정한 범주의 단위로 묶어 해석하는 방법으로 사용할 수 있는 것

— 미술치료사의 감각을 활용해 인상적으로 느낀 것

등으로 나눌 수 있다.

항목이 기본 목표와 더 상관관계가 있을 수 있는데 이때는 기본 항목이라고 하며, 항목이 중재 요소와 상관관계가 더 많은 경우는 중요 항목이라고 부른다. 또한, 항목이 표적들과 더 가까이 관계하는 경우는 정확지점이라고 말한다. 그러므로 항목은 다음과 같은 특징을 가지고 있다.

- 이론적 측면 : 항목들은 미술치료의 가장 기본적인 요소로서 미술치료가 논리적이고 자연스럽게 어울릴 수 있도록 돕는다.[69]
- 실제적 측면 : 항목들은 미술치료 중에 이루어지는 실제 행위들과 관련된다.

항목들은 예측할 수 있거나, 미리 알려주거나, 미리 계획에서 예견한 상태에서 나타나는 것이 아니다. 미술치료는 환자/내담자에게 잠재된 능력을 찾아가는 것이므로 항목을 미리 예견해서 만들 수는 없다. 환자/내담자의 개인적인 표현 방식과 내용은 전적으로 각 개인에 따라 다르다. 미술치료에서 각 사람의 존중과 관련되는 가장 작은 단위 항목은 미술치료 관찰 기록지에 각자가 보여주는 기대하지 않은 놀라움의 측면을 잘 살펴서 기록한 것들로 나타나게 되어 있다.

68) 미술치료실의 성격이란 개인 미술치료실인가 혹은 그룹 미술치료실인가가 가장 기본적인 단위이고, 다음으로는 환자/내담자의 성향으로도 달라진다. 예를 들어, 두 명의 자폐성향 아동 집단과 열 명의 알츠하이머 증상의 노인 집단을 같은 항목으로 하여 미술치료를 진행하게 되지는 않기 때문이다.

69) 예를 들어 선을 그은 흔적이 없는 환자/내담자에게 작업이 있었다고 말할 수는 없을 것이다.

환자/내담자가 적당하다고 판단되는 기준에서 어려움을 극복하고 표현 활동을 할 때 더는 항목들은 보이지 않게 된다. 문제를 극복하였을 때는 이제는 항목은 유효하지 않으며 사라지게 되는 것이다.

(2) 항목을 양적화하기

항목들을 분석할 때는 양적인 것으로 해결할 때 더 명확해지는 것과 질적인 혹은 기능적인 것으로 해결할 때 더 명확해지는 것 등으로 분류할 수 있어야 한다. 예를 들어, 양적인 분석이 가능한 것은 몇 번의 눈 맞춤, 몇 번 같은 재료를 만졌는가 등이다. 길이, 수, 시간, 무게 등 측정이 가능한 각 단위의 어떠한 것이라도 각각의 미술치료 성격에 맞도록 정하되 항목이 양적으로 측정되고 그 실체가 정확하게 보이도록 해야 한다.

질적인 혹은 기능적인 항목들인 경우는 만족, 웃음(미소), 상호 교류 등을 예로 들 수 있는데 이런 경우도 양적인 항목들처럼 명확한 측정이 가능한 것들이어야 하지만 숫자로 표기하지 않는다는 것이 다르다. 다시 말해, 질적인 표기는 더 줄었다거나(−), 더 많아졌다(+) 등의 방법으로 발달상의 분석이 가능한 것을 표기하는 데 사용할 수 있다. 중요한 것은 한 환자/내담자에게 맞는 항목이 다른 환자/내담자에게 그대로 사용되는 것이 아니라 각각의 환자/내담자에게 적합한 항목을 찾을 수 있어야 하고, 그 항목들은 각 환자/내담자에게서 변하지 않는다는 것이다.

7) 평가 기술(記述)하기

미술치료 평가는 환자/내담자의 긴 미술치료 동안 나타난 같은 항목을 측정하고 비교하여 기술할 수 있다. 보통 환자/내담자의 첫 회기와 마지막 회기를 양적 화하고 다음으로는 질적으로 얼마나 발전하였는가를 알 수 있도록 하는 것을 말한다. 측정은 평가 항목들을 칸으로 나누는 방법을 사용한다.

미술치료사는 자신의 미술치료에서 기본 목표로 정했던 것을 평가하는 것을 양적으로 측정할 때 기호를 사용하거나(+/++/+++), 그래프로 그려서 진한 색부터 옅은 색으로 표시하거나, 숫자를 사용하기도 한다.

다음과 같은 그림으로 사용하는 것은 환자/내담자의 발달상황을 한눈에 볼 수 있는 사례이다.[70]

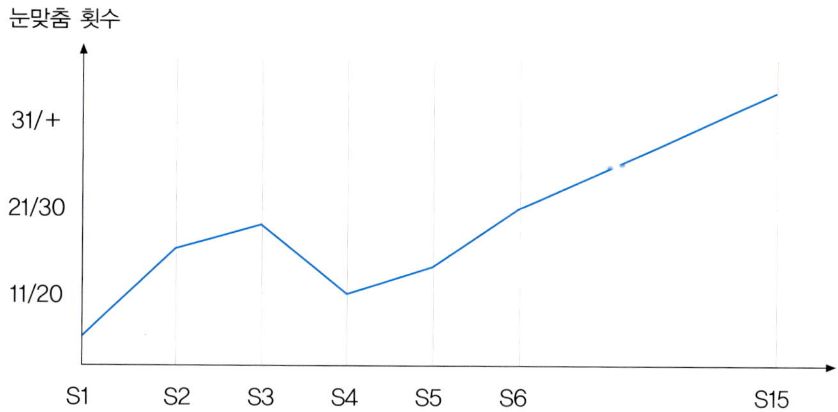

[그림 11] 환자/내담자의 자율적인 눈맞춤 횟수를 양적으로 표현한 사례

70) 미술치료사 각자는 자신의 미술치료실 성격에 맞는 평가 도구를 스스로 연구할 수 있어야 할 것이다. 단지 정확하게 눈에 드는 것이어야 하고, 명확해야 하며, 각 환자/내담자에게 타당한 도구가 되기 위해서는 미술치료사들의 단체, 미술치료 학술지, 미술치료 감독자의 감독 등을 통해 검증받을 수 있어야 할 것이다.

〉〉 참고 문헌

Ursano R.J., Sonnenberg S.M. & Lazar S.G. (1998). 간추린 정신역동적 정신치료 (*Concise Guide to Psychodynamic Psychotherapy*). 손진욱, 강민희 역. 서울: 도서출판 하나의학사.

Forestier R. (2000). *Tout savoir sur l'art-thérapie.* Lausanne: Editions Favre SA.

Rubin J.A. (1984). *The Art of Art Therapy.* New York: Brunner/Mazel Publishers.

08장 미술치료 활동 과정과 단계[71)]

미술치료 과정에서 무엇보다 중요한 것은 미술 행위라는 '표현' 을 통한 잠재적 가치를 인정하고 그 힘인 상징화하기를 치료에서 찾아가는 것이다. 그러므로 미술치료사가 작품 해석을 통한 심리상태를 파악하는 직업인으로 인식된 것과 미술치료에서 언어 사용이 작업 행위보다 더 많은 비중을 차지하는 것도 경계하여야 한다. 그렇다고 하여 미술치료사에게 언어사용이 금지된다는 것은 아니다. 무엇보다 미술치료의 궁극적이고 근본적인 사고는 환자/내담자가 한 사람으로 존중받고 자신을 스스로 치료의 중심으로 인정하는 것이다.

71) 미술치료 접근 방법이나 임상과정에 대한 접근이 서로 다른 다양한 협회나 학교들이 있기 때문에 환자/내담자도 그만큼의 다양한 미술치료실에서 미술치료를 받을 수밖에 없는 실정이다. 치료 단계와 과정 또한 접근 이론에 따라 다를 수 있다. 물론 각각의 환자/내담자가 각 단계를 모두 순서대로 거친다는 것도 아니다. 각자는 자신에게 적당한 만큼 각 단계를 더 길게 혹은 더 짧게 거치게 될 것이다. 미술치료사는 이 단계들을 동반하여 적절한 리듬을 만들 수 있어야 한다.
이 장의 원고는 2005년 원광대학교 동서보완의학대학원에서의 강의 원고를 수정 · 보완하였다.

8-1.

미술치료의 미술 활동 진행 4단계[72)]

1) 작업 준비 단계 : 전환하기

작업 준비 단계는 미술 작업을 하는 사람의 아직은 분리되고 여러 개로 조각나 있는 마음들을 작업에 투영하는 분열적(schizoid) 단계이다. 환자/내담자가 미술치료사로부터 미술 작업에 초대받고 미술치료실에서 작업하기 위해 어떠한 재료, 형태 혹은 색을 사용할 것인가를 생각하는 데 보내는 초기를 말한다. 미술치료사의 보호 아래 창작 활동이 권유되고 스스로 자신의 작품을 마칠 때까지 여러 단계를 거치게 될 것이지만 창작 활동이 자신의 욕구에 의한 것이 아니므로 환자/내담자 대부분은 하얀 종이나 캔버스 앞에 서게 되면 불안해진다.[73)]

하얀 종이 앞의 환자/내담자들에게 일상의 군더더기들 혹은 미술치료실 밖에 두고 온, 온갖 문제들이 머릿속으로 넘나드는 단계이다. 이 단계에서 미술치료사는 환자/내담자가 미술 표현을 통해 자신을 탐구하겠다는 의지를 갖도록, 그리고 미술 작업 중 만나게 될 문제들을 극복하겠다는 마음가짐을 만들 수 있도록 중재하여야 한다. 자신의 문제를 예술로 전환하는 준비를 한다. 이 시기는 환자/내담자가 지금 진행되는 미술치료 작업이 마술처럼 자신의 문제들을 사라지게 하는 것이 아니라 결국 자신이 맡아야 할 과제라는 것을 서서히 경험할 수 있도록 준비하는 단계가 될 것이다.

초기 단계의 작업은 일상의 삶 속에서 완전하게 인식되지 못하고 각각 절단된 채 쌓여 있던 여러 삶의 순간들이 일부러 의도하지 않았던 표현이나 특별히 필요하지 않았던 표현이랄 것 없이 조각난 채, 우연하게 형태화되는 단계

---

72) 이 과정은 그림을 그리는 행위에 제한되는 것이 아니라 미술치료실의 아주 다양한 모든 작업에 해당되는 것이다. 장-피에르 클랑의 서문을 참고하시오.

73) 잠이 드는 과정과 미술치료 과정을 비유적으로 표현해 보겠다. 자신의 결심과는 상관없이 다음날의 일과를 위해 어느 정도는 의무적으로 잠을 자러 이부자리 속으로 들어갔을 때를 상상해 보라. 잠이 들기까지 수많은 생각들이 머릿속을 오고 간다.

이다.[74] 그러므로 이 단계에서는 최대한 많은 우연과의 만남이 있어야 한다. 자신의 정체성을 그대로 담아 표현한 것일 수도, 자신으로부터 분리되고 절단된 부분적 자기일 수도 있다.

어느 정도의 부수기는 창작에서 필수불가결하며 무의식적으로 투사하는 능력을 갖춘다는 것은 작업에 몰두하는 것으로 가능해진다. 결과적으로 미술치료실의 작품은 이렇게 조각난 여러 요소가 결합하여 무수한 무의식 속의 틈들의 이음새를 메워 가면서 점점 전체적으로 적당한 통합 구조가 되어 가는 것이다. 최종적으로 이 구조가 통합되면 작업하는 사람의 자아의식 속에 되돌아가서, 절단된 자신을 스스로 작업을 통해 다시 통합하는 데 힘을 기울이게 되면서 투사적 도구로서 내재화가 가능해진다. 그러면서 동시에 환자/내담자는 그 자체를 조금씩 긍정적으로 인정하게 되므로 미술치료가 가능해지는 것이다.

2) 내재화 단계 : 동반하기

환자/내담자가 신체를 움직여 선 혹은 색에 집중하다 보면 시간의 흐름에 대한 의식을 잃고 미술 행위 놀이에 접하게 된다. 이 시기가 미술치료에 있어서 참으로 중요한 시간임을 아무리 강조해도 지나치지 않을 것이다.[75]

미술치료사는 환자/내담자가 이러한 순간을 갖는지 점검해야 한다. 드디어 환자/내담자는 걱정, 불안, 우울, 공포 그리고 또 다른 자신의 증세를 등 뒤로 밀어내는 연습을 할 수 있게 될 것이기 때문이다.[76]

그렇게 상상의 여행하기는 내재화를 통해 환자/내담자 마음 안에서 예술 행위의 하부구조를 통합하는 무의식적인 주사가 시작되고 화면 속에서는 파편처럼 흩어진 이미지들이 하나의 형태로 회복되어 가지만 아직도 작업 자체는 구체적 모습을 띠는 단계는 아니라고 할 수 있다. 선들과 색들에 몰입하다 보

74) 이 과정에서 미술치료사는 환자/내담자 안에서 일어나는 모든 것을 언어화하는 데 주력하기보다는 오히려 미술 작업 속으로 최대한 빠져들 수 있도록 도울 것이다. 어떤 경우는 많은 시간을 백지 앞에서 아무런 행동 없이 보낼 수도 있다는 것도 잊지 말자.

75) 계속 잠자기와 비교한다면 잠이 밀려와서 잠 속으로 떨어진 상태라고 말해도 좋겠다. 미술치료사는 늘 깨어 있는 환자/내담자를 잠재우는 것이 필요하다.

76) 자신의 문제를 속속들이 알아내는 것과는 거리가 멀다는 것이다. 이 단계에서는 가능하면 멀리 자신의 문제들을 잊되 동시에 예술의 궁극적 목표인 심미적 환상을 꿈꿀 수 있어야 한다.

면 정확하게 깨닫지 못하면서도 어떤 색, 형태, 질감 등에서 자신의 관심을 끄는 것을 발견하고 몰입하게 된다 . 이는 작업을 통해 의식이 당면한 문제를 일단 외면할 기회를 얻는다는 것을 의미한다.

그러면서 점점 화면 가득 이야기들이 오고 감을 느끼게 된다. 여기서는 여러 요소가 무의식의 이음새를 묶어 놓기도 하고, 어떤 공간은 마치 완성된 듯 의식하지 않은 채로 통합되어 보이는 경우도 있다. 반대로 어떤 경우는 자신이 미술 작업에 익숙하지 않은 점을 더욱 호소하거나, 자신의 목표와 다른 형태로 작업이 나타나는 것에 당황하게도 된다. 그리고 때로는 작업 과정에서 일찌감치 하나의 형태가 눈에 보이게 되어, 그 이미지에 지나치게 몰입을 하고 의미를 두기 위해 매달리게 되는데, 이 단계에서는 아직 이 이미지를 어떻게 변화시켜서 작업을 더 계속할 것인가 하는 것을 궁리하는 것이 더 바람직하다.

방법은 색들의 조화, 다른 재료, 새로운 질감 등을 이용하여 어떻게 역동적으로 계속해서 발전시켜 움직여 볼 것인가를 고민해 보는 것이다. 이미지에 집중하는 것은 환자/내담자의 내적 역동을 고정할 가능성이 크므로 작업에 집중하면서 계속해서 움직임을 갖는 것이 무엇보다 중요하다.[77]

이 단계에서 환자/내담자에 대한 미술치료사의 역할은 그의 상상의 세계를 화면 위에 혹은 각자의 재료로 표현해 가는 과정에서 다음 단계의 길로 옮겨갈 수 있도록 적절하고 바람직한 안내를 하는 것이다. 특히 막다른 상황을 피할 수 있는가, 망설이고 있지는 않은가 하는 것을 살펴서 작업을 계속할 수 있도록 동반자가 되어야 한다. 불안한 시작의 단계를 지나 흥분의 시간이 되어 색과 형태 혹은 공간에 자신을 맡기게 되면서 이제 작업의 한가운데로 옮겨가게 된다. 때때로 전혀 스스로 통제할 수 없는 상태에 있게 되기도 하지만 대체로 무엇인가 창조적인 행위를 한다는 기쁨을 얻게 된다.

77) '나는 그림을 그릴 줄 모른다.' 고 하던 저항적인 표현이 점차 작업에 시간을 투자하면서 변화를 갖게 된다. 예를 들면, 틀 위에 천을 잘라 집게로 집고, 롤러나 붓을 이용해 흰색 밑바탕 칠을 하는 작은 행동들 하나하나가 자신에 대한 믿음을 갖게 하며, 캔버스의 더러워짐, 망가짐, 잘 이해할 수 없는 것들 또는 지나치게 앞질러서 표현된 것들 등의 모든 것, 작업이 진행되는 각 단계의 동작들 모두가 모여 결국 환자/내담자의 하나의 이야기를 만들게 된다.

3) 창조 단계 : 다시 내재화하기

창조 단계[78]에 작업이 도달하게 되면 한 가지씩 각자의 조그만 습관을 만들게 된다. 환자/내담자가 한 발 한 발 작업을 완성하기 위한 자신의 자세를 결심하게 된다. 그리고는 조금 더 발전된 하나의 이야기를 만들어 갈 수 있게 된다. 아무렇게나 늘어진 거미줄 같은 선들만 그리다가 이 단계가 되면 화면 속에 자신을 상징적으로 표현한 형태들을 만들 수 있는 창조하기의 길로 들어선다. 작업 목표를 위한 한 가지의 길을 스스로 발견하게 되는 시간을 갖게 되고, 자신의 문제들과 거리를 만들 수 있게 되는 것이다.[79]

말로 하는 표현이 아니라 화면에 아무것도 아닌 작은 몸짓, 손목을 통한 붓의 리듬들에서 또는 숨차게 강화되는 호흡, 분노 혹은 슬픔 등의 모두를 자신의 신체를 통한 하나의 몸짓들로 합쳐서 이야기들을 쏟아놓게 된다.

그림 속에 자기 죽음, 걱정, 삶, 사랑을 표현하기 위해서 불타는 듯한 밝음, 어둠 혹은 음영을 이용한다. 이렇게 연출된 변화나 반복으로 얻어진, 점점 완성되어 가는 작품들을 통해서 환자/내담자는 안에 들어 있던 문제들을 드디어 밖으로 드러내게 된다.[80]

창조 단계에서는 무의식의 하부구조 속에 숨겨져 있던, 꽁꽁 억제해 놓았던 것들이 작업을 통해서 작업하는 환자/내담자의 정신 가장 높은 부분인 자아 속에서 회복되는 것이다. 미분화된 하부구조의 무의식적인 분석 단계에서는 필연적으로 혼란스럽게 보이기 때문에 때때로 격렬한 불안에 휩싸이기도 하지만, 이 모든 것이 잘 진행된다면 부서진 투사의 최초 단계에서와같이 불안을 더는 귀찮은 것이라 여기지 않게 된다.

그러므로 이 단계가 되면 환자/내담자의 상태는 "편집증적-분열증적"(paranoid-schizoid)인 것은 아니다. 불완전함을 냉정하게 받아들여 결합하는 기회를 잠시 기다려 보자는 뒤섞인 듯한 비관적인 기분이 있을 수도 있겠다.

---

78) 깊은 잠에 빠져 있는, 작업에 완전히 몰입한 단계라고 말할 수 있다.

79) 데카르트가 말하는 코기토(cogito) 원리를 생각해 보자. "나는 생각한다. 그러므로 나는 존재한다.(Je pense donc je suis.)"라는 것은, 사람은 경험을 통해 자신을 재구성함으로써 존재의 가치를 더 높일 수 있다는 것을 말하고 있는 것이다.

80) 환자/내담자가 순백의 화면과 자신 사이의 빈 공간 사이에서 스스로를 잃어버리고, 다시 스스로를 찾아 새로운 자신을 만나는 것을 재투입 단계라고 말할 수 있다.

이 단계의 투사와 재투사의 리듬은 클라인(Klein M.)이 말한 편집증적 자리, 분열증적 자리, 우울증적인 자리[81]의 교체라고 생각할 수가 있다. 자신의 작

---

81) 클라인(Klein M.)은 비엔나에서 영국으로 옮겨와 아기들에 대한 관찰과 임상연구를 하였다. 프로이트의 구강기 즉, 아기의 첫 해를 클라인은 편집-분열적 자리(Paranoid-schizoid position)와 우울적 자리(depressive position)라는 두 개념을 통해 아기가 현실 세계의 대상을 어떻게 받아들이는가를 설명했다. 이 자리라는 용어는 자아의 상태, 내적 대상과의 본질, 불안의 본질과 방어의 특성과 같은 자아의 구성 상태를 일컫는 말이며 이와 연관된 현상들을 특징적으로 설명하는 것이다.

1) 편집-분열적 자리는 태어나서부터 세 달 정도의 기간을 말하는 것이며 넷째 달로 접어들면서 점차 우울적 자리가 위치하게 된다. 클라인은 태어나면서부터 아기의 자아가 불안을 경험하고 이를 방어하는 기제를 사용할 수 있다고 하는데, 이것을 원초적 환상이라고 부른다. 즉 나쁜 대상에 자신의 죽음과 같은 극도의 불안 혹은 내부에 생성된 부정적 자극을 투사하는 환상을 갖게 되는데 이 과정 가운데 이상적인 대상과 박해 대상 사이에서의 공포를 갖게 된다고 말한다. 또한 이 초기의 자아는 아주 약하고 통합이 되어 있지 않기 때문에 불안한 요소를 직면하게 되면 파편화되고 해체하는 경향을 갖는다. 아기는 자신의 고통을 근본적으로 이해하지 못하는 결과를 무언가 박해받는 대상이 있는 것으로 판단해서 침대에서 큰 소리로 울고 소리 내어 표현하는 모습으로 보이는데, 이때 아기는 배고픔을 자신이 물어뜯기 같은 것으로 경험하는 것이며 좌절을 박해의 느낌으로 받아들인다. 그러다가 후에 자신의 욕구를 획득하게 되면서 서서히 양상을 달리하게 된다.
2) 우울적 자리는 생후 4개월경부터 12개월까지의 발달 단계를 말한다. 아기가 이전까지 관계 맺은 대상은 부분 대상으로서 어머니의 젖가슴이었지만 이 시기가 되면 아기의 통합적 인식 능력이 자라면서 어머니를 하나의 전체적인 존재로 보게 된다. 자신을 기르는 것이 단지 젖가슴만이 아니라는 것을 알게 되고 전체적 인격체로 인정하여 지금까지와는 다른 대상으로 사랑하게 된다. 그러므로 아기에게 어머니는 자신을 보살피기도 하며 자신을 두렵게도 하고, 어떤 경우는 자신의 옆에 있지만 어떤 경우는 없어지기도 하는 대상으로, 자신의 만족감의 근원인 동시에 좌절과 고통의 원천으로도 느껴지게 된다. 어머니에 대한 아기의 사랑은 양면성을 지니며 증오의 감정으로도 쉽게 변할 수 있기 때문에 사랑의 대상이며 필요한 대상일 뿐만 아니라, 환상 속에서의 박해자들과 아기 자신의 증오와 가학에 의해 언제나 파괴될 수 있는 존재가 되기도 한다. 이 우울적 자리에서 아기는 박해불안과 우울불안 사이를 끊임없이 오고가며, 대상에 대한 증오가 강할 때는 박해불안을 느끼고, 대상에 대한 사랑이 우세할 때는 우울불안을 느끼게 된다. 그러므로 이 우울적 자리의 발달 과제는 충분히 좋고 안정적이며 전체적으로 통합된 내적 대상을 자아의 핵심에 확립하는 일일 것이다. 그러므로 이러한 발달 과제가 실패하면 성인이 되었을 때 편집증이나 조울증과 같은 정신질환에 걸리게 될 가능성이 높다는 것이다. 또한 이 우울적 자리를 통해 아기가 불안의 절정에 도달한 상태에서 어떻게 자신의 사랑과 내적 상태를 재창조하는 능력과 기술을 활성화시키면서 외적 대상들을 복구하려고 노력하는가 하는 우울적 자리의 극복 과정이 아기가 좋은 내적 대상들로 풍성해져서 이 풍성한 자아가 승화와 창조적 노력을 위한 주요 원천이 되기도 한다고 보았다. 결론적으로 클라인은 정신발달과정을 생명본능과 죽음본능 사이의 갈등을 극복해 가는 창조적인 과정으로 설명하고 있다. 특히 클라인의 정신분석은 놀이의 역할에 큰 비중을 두었는데, 적절한 환경이 주어진 상황에서의 아동의 언어소통과 자유로운 놀이는 성인의 자유연상과 유사한 기능을 갖는다고 결론지었다. 아동들이 놀이를 통하여 자신을 자연스럽게 표현하므로 놀이는 아동들과의 언어수단으로 사용될 수 있다는 것을 인식하였던 것이다. 클라인이 생각한 이 놀이들은 단순한 놀이가 아니며 아동들의 작업 활동이며, 외부 세계를 탐험하고, 정복하는 수단일 뿐만 아니라 불안을 탐구하고 정복하는 수단이기도 하다는 것이다. 놀이 속에서 아동들은 자신의 환상들을 극화함으로써 갈등들을 정교화하고 극복한다. 즉 아동은 놀이를 통해 자신의 강박증, 갈등, 환상들을 표현한다고 간주하면서 장난감을 가지고 노는 아동이 표현하는 것을 꿈이나 자유연상을 분석하는 것과 똑같이 분석하였다. 또한 아동들의 그림이나 그림의 연상을 통하여 아동의 환상, 갈등, 방어기제들을 해석할 수 있다고 말한다. 이 단계의 아기의 목표는 그의 이상적인 대상 즉, 상징적인 의미의 어머니의 좋은 젖가슴을

품이 자신으로부터 독립해서 존재해 있다고 가장 강하게 느껴질 때로 다시 내재화하는 단계이다.[82)]

4) 검증과 수정의 단계 : 발전단계 : 인상갖기

세 번째 단계 끝이며 네 번째 단계의 시작인 작품을 언제 끝낼까 하는 결정을 내리는 단계이다. 흔히 환자/내담자들은 작업 끝내기, 스스로 멈추기에 어려움을 많이 느낀다. 미술치료사의 중요성은 이때 환자/내담자가 자신의 작품가치에 대해 인식을 할 수 있도록 도와 발전 단계에 다다를 수 있도록 인상갖기를 돕는 것이다.[83)]

수련된 미술치료사는 환자/내담자 작업이 끝나갈 때마다 처음보다 훨씬 덜 방어적인 상태에서 습관적으로 폭발시킨 작업 속의 상상세계를 읽고, 얼마나, 어떻게 초기의 혼돈 상태에서 벗어나게 되었는가를 검증하게 된다. 창작 과정에서 환자/내담자 스스로 어떠한 변형 과정을 경험하게 되었는지, 어떠한 수정의 모습이 있었는지 점검한다.

작품은 환자/내담자의 모두를 그대로 보여줄 수도 혹은 그만큼의 전혀 다른 모습을 보여줄 수도 있다. 작업 여정을 통해 때때로 자신의 고통의 원인 앞에

내사하고 그것과 자아를 동일시하려는 동시에 자신에게 파괴적이라고 생각되는 나쁜 젖가슴 즉, 박해요소들에게는 투사를 통하여 거리를 유지하려 한다. 마치 한 어머니를 두 어머니로 판단해서 자신에게 만족감을 주는 어머니와 자신을 거부하고 두렵게 만드는 어머니로 분열되어 있는 것이다. 즉 이 분열적 자리는 심리발달 단계에서 좋음과 나쁨을 분리하여 이 과정에서 좋은 것과 나쁜 것을 구별할 수 있는 능력을 형성하는 것이며 투사적 동일시는 외부 세계와의 관계를 맺는 첫걸음이 되는 것이다. 이 분열이 극단적일수록 대상과의 관계가 원초적이 되며 그럴수록 성격으로의 고착(fixation)도 빨라진다고 말한다.

예를 들어 이상적인 대상과 나쁜 대상 사이의 분열이 점점 더 커진다든지, 좋은 대상을 과도하게 이상화하게 되면, 불안이 과다해지게 되고 해소하지 못하는 문제가 발생하게 되어 정신 병리적 문제가 발생한다. 정신분열증, 분열적 성격장애 그리고 유아나 성인의 신경증에서 나타나는 편집적 혹은 분열적 특징들의 근저에는 이러한 초기 발달 단계의 편집적 불안과 분열적 방어들이 있었다는 것이다.

82) 창작한 사람이 자기가 아니고 자신과 대화를 하고 있는 타인인 것처럼 생각한다. 클라인과 그 후계자들이 말하는 투사의 동일시 이론에 의하면 모든 인간적 관계에는 자신의 산산조각난 자아의 파편을 다른 사람에게 투사하는 일면을 가지고 있고, 이 인간관계가 친밀한 경우에는 상대방의 투사를 즐겁게 받아들여 그것을 자기 것으로 만들 수 있게 된다고 하는데 미술치료의 미술 작업과 그 결과인 작품은 이러한 과정을 경험하는 것이라고 말할 수 있는 것이다.

83) 날짜와 사인을 하도록 권유하므로 작업을 마무리할 수 있다. 그리하여 마지막으로 잠에서 깨어나는 단계에 이르게 된다.

다다르게 되고, 자신을 완전히 잊고 싶거나 혹은 그 반대로 전혀 알아채지 못하기도 하면서 자신이 표현한 작업 속의 다양한 소리를 두려워하게 될 수도 있다.84)

이 수정과 검증 단계에는 여러 경우의 상태가 뒤따른다. 작업의 끝에서 오히려 우울하거나, 흥분되기도 하고, 다른 사람에게 보여주고 싶은 욕구를 느낀다거나, 반대로 감추고 싶기도 하고 혹은 자신을 다시 판단하고 싶을 수도 있다. 항상 기쁨과 만족을 갖게 되는 것만이 미술치료는 아니기 때문이다. 작업한 것이 드디어 다른 사람들에게 보여지게 되어 직접 다른 것들과 대조되고 타인들과 또 다른 형태의 교류를 하게 된다. 이때 어떤 경우 깨지기 쉬운 나약한 미술치료사는 환자/내담자들의 다양한 혼란들을 대담하게 견디지 못할 수 있으므로 환자/내담자가 창의적인 경험에 익숙하도록 돕기 위해 미술치료사 스스로 창조적인 활동을 꾸준히 해야 한다.

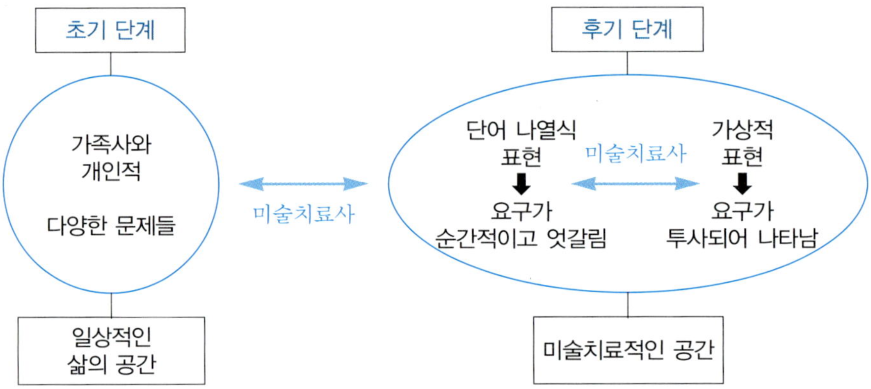

[그림 12] 미술치료 공간과 단계

84) 환자/내담자는 편안하고 긴 잠을 자기도 하며 꿈이 너무 많은 잠을 자서 불편한 밤을 지낸 것처럼 깨어날 수도 있다.

〉〉 참고 문헌

안톤 에렌츠바이크(Ehrenzweig A.) (2002). 예술 창조의 심리학(*The hidden order of art*). 김재은, 김진현 역. 서울: 창지사.

한나 시걸(Segal H.) (1999). 멜라니 클라인(*Melanie Klein*). 이재훈 역. 서울: 한국심리치료연구소.

Revue Art et Thérapie. N° 56/57. (1996). *La création comme processus de transformation.* Blois: Institut National d'Expression, de Création, d'Art& Transformation.

Forestier R. (2000). *Tout savoir sur l'art-thérapie.* Lausanne: Editions Favre SA.

Klein M. (1968). *Envie et Gratitude et autres essais.* Paris: Gallimard.

09장 미술치료의 작품

9-1.

작품의 상징 기능

도형 중에서 논리 구조가 가장 복잡하고 미묘한 것은 예술 작품이다. 보통 예술을 비합리적인 것으로 생각하는데, 그것은 상징으로서의 논리구조가 복잡해서 그렇게 간단하게 분석되지 않기 때문이다. 그러나 예술 작품은 미술이든, 문학이든, 음악이든 모두 일정한 형식의 구성을 갖고 색, 문자, 음표 등의 요소로 모종의 질서 있는 구조를 보여주며 결코 무작위적이지 않은 상징을 포함한다.

상징이란 그것을 구성하는 요소들의 비치 유형 즉, 논리 구조 위에 성립하는 기호이다. 그러므로 상징은 그것이 언제, 어떻게 사용되어도 변하지 않는 어떤 의미 표시를 하여 작품 안에 참된 통일성을 준다. 즉 상징을 사용한다는 것은 자연의 사물들 가운데서 논리 구조를 발견하고, 그 논리를 통하여 깊은 의미의 세계를 자유로이 사고할 수 있는 정신활동이다. 작품은 상징을 통해 사물의 형태구조 가운데에서 의미를 인지하여 감각적 경험이라는 좁은 틀을 뛰어넘어 개념과 상상적 이미지의 세계를 만들어낸 것이다.

구조 기능	명시적	평가적	명령적	형식적
고지적	과학	신화	기술(적)	논리 · 수학
가치적	허구	시	정치(적)	수사학
유발적	법률	도덕	종교(적)	문법(적)
체계화	우주론	비평	선적(적)	형이상학

[그림 13] 상징을 이해하기 위한 도표[85)]

그림 속에는 아플 때 찡그린 얼굴, 비명을 나타내거나, 과거 경험의 정감에 가득 찬 회상이나 미래에 대한 희망 등 여러 가지 표현이 있다. 이처럼 보편화한 감정의 의미를 표현할 수 있으려면 단지 그때그때 내뱉는 것으로는 부족하며 당연히 거기에는 객관화를 위한 논리가 필요하다. 논리에 의해 자연의 소재가 하나의 형태를 구성하고 비로소 감정이 가지고 있는 의미를 표현할 수 있다. 그리하여 감정의 논리적 표현으로서의 예술 작품을 우리는 현시적 상징으로 간주할 수 있게 되는 것이다. 그러므로 예술에서는 표현의 논리인 구성이 아주 중요한 의미가 있다. 라캉(Lacan J.)은 감정의 표현을 단순한 표출에서 사람의 지성 활동인 논리의 궤도에 올려놓았다.[86)]

특히 예술적으로 표현된 감정은 실제적인 사실이 아니라 가상적이다. 실생활 속에서 다양한 감정을 경험하는데 이때의 감정은 실제적이고 생생하며 일시적이고 단편적이다. 그러나 일단 오랜 시간이 지나면 그 감정은 변질하면서 기억 속에 보존될 것이다. 기억 속 내용은 감정의 생동성을 잃고 퇴색되어 정적이고 영속적인 것이 되는데 이러한 감정을 이미지화한 감정이다.[87)] 그리하여 가상적인 허의 성질을 가지며 그 기억의 대상들은 하나의 일정한 객관적 보편성과 이상성을 띤다. 이렇게 예술적으로 표현되는 것은 예술가의 마음속

---

85) 가와노 히로지가 라캉(Lacan J.)의 언어를 빌려 설명하는 "예술 작품의 정확한 감정 표현"에 대한 도표이다. 가와노 히로지(진중권 역), 『예술 기호 정보를 위한 상징』을 참고하시오.

86) Lacan J. Ecrits. Paris, Ed. du Seuil, 1995. p.923.

87) 텔레비전 화면에서 2001년 9월 11일 뉴욕의 쌍둥이 빌딩에 비행기가 충돌해 무너져 내리는 장면을 본 경험이 있다면, 2001년 9월 11일이라는 날짜를 떠올리면 그날의 그 장면을 머릿속에 그려 낼 수 있게 된다. 또한 2014년 4월 16일 세월호가 바닷속으로 침몰하는 광경을 지켜본 한국인은 2014년 4월 16일의 날짜나 숫자만으로도 그 장면의 느낌을 다시 경험하게 될 것이다.

에 있는 상징화된 이미지로 존재하는 감정을 표현하는 것에 지나지 않는 것이다. 그러므로 실제적이며 직접적 희노애락은 도리어 상징을 만드는 지적 표현 행위를 방해할 것이다. 그런 직접적인 감정이 아니라 인류애라든가 혹은 세계의 고통과 같은 간접화된 형이상학적 허의 감정이야말로 예술적으로 표현되는 것으로 생각해야 할 것이다. 미술치료에서 허의 감정으로 표현할 수 있도록 환자/내담자를 돕는 것은 승화 경험으로의 지름길을 안내하는 것이다.

작품을 바라보며 느끼는 감정도 흥분된 생생한 감정을 그대로 느끼는 것이 아니라 표현되고 있는 감정을 관념적이며 추상적으로 체험하는 것이다. 그것은 과거의 즐거웠던 체험의 감정을 기억 속에서 상기하고 재생시켜 조용히 음미하는 것이다. 그 감정의 내용은 우리가 지금 여기서 바라보며 실제로 경험하고 있는 실제 세계에 존재하는 것은 아니다. 그러한 의미에서 그것은 어디까지나 존재하지 않는 새로운 정서를 생성한 것이라고 할 수 있다.

1) 시각 행위

미술 작품을 말하게 되면 바로 시각 행위, '바라보다' 를 연상하게 된다. '바라보다' 라는 말은 강세적으로 표현하면 '응시하다' 가 된다. 또 '응시하다' 라는 행위는 '받아들이다' 라는 형식의 반응이 가능하게 된다.

그러므로

시각 행위 ──► 바라보다 ──► 응시하다 ──► 받아들이다

와 같은 도식이 성립된다.

작품을 바라본다는 것은 무엇보다 바라보는 사람의 개인적인 문화 경험과 본능적인 감각이 각자의 지적인 능력과 합쳐져서 작품을 받아들이게 되는 것이다. 그리고 바라보는 사람과 작품 사이의 심사숙고하는 정신작용 과정에 하나의 현상이 일어나게 된다. 작품은 존재하는 하나의 물건이지만 바라보는 사람은 그가 작품에서 받아들일 수 있는 능력만큼 그리고 원하는 만큼 정신적인 활동을 하면서 바라보게 될 것이다. 이때 작품을 바라보는 사람의 입장은 예술 행위의 결과를 관찰하는 것으로, 작업한 사람이 미적인 목표를 가지고 작업한 심리적 작용들과 관계하는 것이 아니다. 바라보는 사람은 하나의 물체와 대면하고 있는 것이지 예술 행위 자체, 작업자와 작업 과정의 상호교류 과정

안에 함께 포함된 것은 아니다.

예를 들어 선사시대의 라스코 동굴벽화를 바라보는 대중이 있다고 해보자. 동굴벽화를 바라보는 대부분의 사람은 그 그림 안에서 선사시대의 사람들을 떠올리게 된다. 작업한 작가와 직접 만나는 것이 아니라 작품을 바라보는 사람과 작품 사이에 새로운 또 하나의 관계가 만들어지는 것이다. 작가가 누구인지 알 수 없지만, 작품 속에 작가가 환기하고자 한 것과의 만남이 가능해진다. 이것은 작가와의 완전 동화도 아니고 정서 이동도 아니며 바라보는 사람은 자기 그대로 자신의 정체성을 간직한 채로 상징을 통해 새로운 교류가 가능해진 것을 의미한다.

좀 더 나아가 '응시하다' 라는 행위는 다양한 감각 지각으로 자극을 받아 바라보는 사람의 자발성 정도에 따라 정신적인 교류가 가능하게 한다. 응시하는 것은 작업한 사람의 정신작용에 자극을 주었던 인상적인 기억, 상상들을 작업하는 사람이 지적인 능력을 발휘하여 자신의 작업에 최대한의 미적 기능을 부여하고자 했던 욕구를 보게 되는 것이다. 그러므로 응시한다는 것은 감각 기관을 통해 외부의 것을 받아들인 작가의 능력과 상호관계할 수 있게 한 것이다.

작품은 작업을 한 사람의 내부에 있었던 것을 행위를 통해 밖으로 드러내고 다시 지금까지의 작업을 응시하는 반복 과정을 통해 만들어진다. 작품과 작가의 의사소통 과정을 경험하게 되는 것이 바라보는 것에서 가능하고, 응시하기를 통해 또다시 안으로 받아들이는 행위가 이루어지는 것이다. 작품을 응시하므로 반사적 행위가 인상을 낳게 하며, 인상은 다시 표현을 유도한다. 미술치료는 이러한 반복 과정을 기본적 재료로 사용한다.[88] 결과적으로 이러한 반복된 교환들이 정신생리적 결과를 갖게 된다.

---

88) 영국의 대상관계 소아정신의학자 위니코트(Winnicott D.W.)는 아기가 어머니와 나누는 시선의 교환은 아기가 성인으로 자라며 다른 사람들과 상호관계하고 인성을 형성하는 데 매우 중요한 요소임을 강조한다. 흔히 아기에게 젖을 물리고 마주 보며 이야기를 나누는 것은, 아기가 보호받는다는 안정적인 믿음을 갖게 됨으로써 인격 형성과 직접적인 관련을 갖는다.
역시 이 사고를 연장하기 위해서는 앙지유(Anzieu D.)의 '무아포(프, moi-peau)' 가 아주 적절하다. 다시 말해, 앙지유는 바라보기는 일종의 무아포(moi-peau)의 연장이라고 말하는데 여기서 우선 포(peau)란 피부라는 뜻으로 신체를 포장하는 것이라고 말한다. 그리고 무아(moi)는 정신을 작용하는 기계장치라는 표현을 말한다. 결국 무아포는 둘 다 어떤 형태로든 겉을 감싸는 포장과 같은 역할을 의미하는 것으로 포장이란 그 안에 무엇인가 내용을 가지고 있다는 것을 의미한다. 그러면서 무아포는 안과 밖의 주변 환경과 상호 관계할 수 있는 경계선에 존재한다고 말한다. 무아-포의 연장으로 앙지유의 바라보기는 창작을 하는 사람의 가장 중심에 있다는 것을 말하고 있다.

예술가이며 미학자인 곰브리치(Gombrich E.)는 "순수한 눈은 없다. …중략… 눈이 어떻게, 그리고 무엇을 보는가는 욕구와 편견에 의해 조절된다. 눈은 선택하고 거부하고, 조직하고, 구별하고, 연합하고, 분류하고, 분석하고, 건설한다. 눈은 반영하기보다는 간주하고 만든다. 그리고 눈이 간주하고 만들어내는 것은 가공되지 않은, 속성 없는 항목으로서 본 것이 아니라 사물로서, 음식으로서, 사람으로서, 적으로서, 별로서, 무기로서 본 것이다. 어떤 것도 벌거벗은 채로 보이지 않는다."라고 말한다.

즉, '본다'는 것은 순수한 눈이 수동적으로 자극을 받아들이는 것이 아니라 나름의 체계와 기대와 틀 내에서 일종의 해석을 하는 것이다. 물론 이 해석은 순전히 자의적으로 진행되지는 않으며, 생물학적인 한계 내에서 또 그 상황에서 다른 지식이나 정보와 마찰을 일으키지 않는 범위 내에서 해석과 선택의 여지가 있다.

2) 미술 작품과 존재성

사람은 신체를 가지고 살아가고 있으면서도 늘 존재감에 대해 인식하며 일상을 지내지는 않는다. 더구나 현실에 존재한다는 것은 어디엔가 신체적으로 자리 잡고 있는 것만으로 충분한 것 또한 아니다. 단지 무의식적인 상태에서도 자신 안에 끊임없이 일어나는 감성을 통해 일상을 느낄 수 있으며 개인적인 정서들을 통해 자신의 존재감을 알아차린다.

미술치료는 다른 누군가와 관계하고 창작 행위를 통해 신체적 존재를 현실적으로 느낄 수 있도록 하는 것을 기본으로 한다. 현실이라는 것은 지나간 시간으로부터 만들어진 것이고 또 앞으로 일어날 일들과 맞물려 있는데 내일은 자신이 결심하는 대로 이루어지는 것이 아니므로 좀 더 존재감을 지지하는 도구들이 필요하다. 사람들은 존재하기 위해 능동적이어야 하고 앞날을 향해 열려 있어야 하며 다른 사람, 또한 다른 세계로 향하는 것이 자연스럽다.

미술치료는 미술치료사, 미술 활동, 환자/내담자가 서로 화합하여, 한 사람이 존재감을 느끼고 바람직한 변화를 하고자 하게 하는 활동으로 특별한 인내와 주의를 필요로 한다. 미술치료실은 미술을 배우는 곳이 아니라 한 사람이 자신의 삶을 새롭게 탄생시키는 것을 돕는 장소이다. 작품은 여기저기 흩어진 각자 삶의 조각들과 관계하여 간접적으로 삶을 재조명하는 데 도움을 줄 것이다.

파스롱(Paseron R.)[89]은 작품을 비평하는 시각에 대하여, 바라볼 때는 배워서 알게 된 지식을 가지고 주변의 상황들과 견주어 비교하여 판단하는 것이며 작품을 분석하려고 한다면 그 안에 아직 없는 것을 있을 것이라고 찾아 가설을 세우는 것이라고 말한다. 그러므로 작품을 보는 시각을 '포이에티크'(poïétique)를 사용하여 창의적인 힘에서 나오는 개인마다 정서적인 느낌으로 받아들일 수 있어야 한다고 말한다. 이는 작품은 작업하는 사람이 자신을 펼쳐 내보인 것인 동시에 자신을 탈바꿈한 도구이기 때문이라는 것이다.

미술치료실의 환자/내담자는 창작 행위에 몰두하므로 자신만의 몸짓[90]으로 자신의 감성으로, 자신이 주체가 되는, 자신만의 이야기를 밖으로 드러내는 방식을 택한다. 이러한 환자/내담자의 신체 안에서 무의식을 움직이는 역할은 창조성[91]의 힘이며 창조성이 감성에 양분을 준다.

그리고 감성은 이미지들을 마음속에서 생산해 내는 상상력을 말한다. 정신분석학에서는 꿈과 같은 무의식을 통해서 자연발생적이고 동물적인 것을 말하지만, 예술에서의 상상력은 잘 다듬어지고 지성화되는 것을 요구한다. 상상력은 정신이 명확한 사고에까지 도달할 수 있도록 잠재의식에 자양분을 제공하고 그것을 팽창시켜 주는 외적인 힘을 가해 이미지 형태로 만들어준다. 상상력은 무의식이라는 심리적인 생활의 무형적인 핵으로부터 와서 의식을 통과해 가면서 그 추진력을 외부로 번져 가게 하는 힘을 가지고 있다. 이 힘이란 형태가 불확실하지만, 의식을 거쳐 밀도가 짙어지면서 심리적인 형상을 갖추

---

89) 프랑스의 미술가, 철학자, 역사학자.

90) 언어는 동작이다. 말을 구사하는 어떠한 사람도 신체를 떠나서는 불가능하다. 그러므로 미술치료사가 염두에 두어야 하는 것은 표현으로서의 신체이다. 미술치료사가 염두에 두고 환자 혹은 내담자의 언어를 어떻게 이해할 것인가를 고려할 때, 치료의 목표가 실어증을 치료하며, 자폐성 장애아동의 말들을 증진하고, 발음장애를 위해 발음 교정을 하는 언어치료사 역할을 대신하는 것이 아니라 언어의 현상을 이해하여야 한다.
현상학에서 실어증의 설명하는 바를 주의 깊게 살펴보자. 기억을 상실한 사람이 색을 명명하는 데 어려움을 보이는 것은 범주적 활동의 결손의 문제이거나 일반적 능력 상실이기 이전에 세계와 관계하는 방식의 차이라고 설명한다. 장애는 사고나 인식 그리고 경험하는 관계방식의 다름이다.

91) 창조성이란 하나의 작은 동기와 아주 작은 관심으로 충분하다. 자신 밖의 세상에서는 이해되지 않는 광기, 우울, 상실 혹은 아픔을 아주 깊은 곳에 가지고 있거나 묻어 두었더라도 자신의 몸짓을 통해 미술 재료를 가지고 형태를 갖게 되면 비로소 언어가 된다. 미술치료실의 작품을 통해 나오는 색이나 형태의 의미를 찾아내고 그것을 번역하는 것으로 만족하는 것은 미술치료사가 하는 일이 아니다.

고 이미지나 사고로 구체화한다. 그리고 조금 더 나아가면 그것은 작품이나 행동과 같은 구체적인 결과로 나타나게 되는 것이다.

3) 미술치료실 작품

굿맨(Goodman D.)도 예술이 과학 못지않게 인식적인 역할을 한다고 말한다. 미술에서 기호는 직설적으로도 또 은유적으로도 사용된다. 그래서 미술작품은 어떤 대상이나 사건을 재현하기도 하지만, 어떤 속성을 예시하기도 한다. 미술이 흔히 어떤 것을 표현한다고 하는데 그것은 바로 어떤 속성을 은유적으로 예시하는 것이라고 분석한 것이다.

이렇게 미술치료실 작품의 기능도 무엇인가 은유하는 것으로 작품을 분석하고 읽는 도구가 되거나, 환자/내담자의 증상을 읽어 내는 도구가 된다고 말할 수 있겠지만, 더욱 강조하고자 하는 것은 미술치료 작품은 의사소통과 상호교류의 도구라는 것이다.

그러므로 미술치료사의 활동에서 무엇보다 중요한 부분은 작품 안에 환자/내담자가 자신을 은유적으로 표현하고 암시적인 것을 넣을 수 있도록 돕는 것이다. 이것은 가장 중요한 것으로 예술적인 행위가 되도록 하여 안전하게 환자/내담자가 작업할 수 있도록 하는 것이다.

그리고 물리적인 성격으로서의 미술치료 작품은 각각의 미술치료실의 성격에 맞도록 환자/내담자의 치료 동안에는 명확한 위치에 잘 정돈되어 있어야 한다. 미술치료가 시작되면 계약 단계에서 작품의 보관 기간, 작품의 보관 성격, 작품의 사용용도 등을 환자/내담자에게 자세히 설명하고 필요하다면 각 항목에 따른 서류들을 따로 작성해 놓으므로 환자/내담자가 안전하게 작업할 수 있도록 하는 것도 잊지 말아야 한다.

그리하여 미술치료를 통해 환자/내담자에게 새로운 균형을, 새로운 시각의 삶을, 자신에게 감추어져 있던 능력을 현실적으로 나타내게 하고 그 새로운 눈으로, 새로운 세상과 자신을 바라보게 하여 스스로 아픔을 감소시키고 조금 더 생기 있는 삶을 살아갈 수 있다.

〉〉 참고 문헌

김희정 (2005). 굿맨-세계제작의 방법들. 철학사상 별책 제5권 13호. 서울: 서울대학교 철학사상연구소.

문학이론 연구회 (2002). 담론 분석의 이론과 실제. 서울: 문학과지성사.

안드리안 프루티거(Frutiger A.) (2007). 인간과 기호-디자인 기호의 기초 이론(*l'Homme et ses signes -signes, symboles, signaux*). 신창식 역. 서울: 창지사.

안 에노(Anne Hénault) (2003). 서사, 일반기호학(*Narratologie, Sémiotique générale - Les Enjeux de la Sémiotique 2*). 홍정표 역. 서울: 문학과지성사.

Revue Art et Thérapie, N° 82/83 (2003). *La présence.* Blois:.Institut National 'Expression, de Création, d'Art & Transformation.

Anzieu D. (1981.). *Le corps de l'oeuvre.* Paris: Seuil.

Didi-Huberman G. (1990). *Devant l'image.* Paris: Editions de Minuit.

_________ (1992). *Ce que nous voyons, ce qui nous regarde.* Paris: Les Editions de Minuit.

Forestier R. (2000). *Tout savoir sur l'art-thérapie.* Lausanne: Editions Favre SA.

Francastel P. (1970). *Etudes de sociologie de l'art.* Paris: Editions Denoël.

Revue Art et Therapie, N° 50/51. Maldinay H. (1994). *Le vide comme ressourcement de l'oeuvre.* Blois: Institut National d'Expression, de Création, d'Art & Transformation.

Passeron R. (1996). *La naissance d'Icare, éléments de poïétique générale.* Valenciennes: ae2cg et Presse universitaires de Valenciennes.

Winnicott D. W. (1972). *Jeu et réalité.* Paris: Gallimard.

10장 미술치료사의 태도와 자격

10-1. 미술치료사의 기본 태도

미술치료실에서 미술치료의 결과 혹은 진행이 성공하느냐 실패하느냐를 결정하는 데 영향을 미치는 세 요소 중 하나가 미술치료사이다. 미술치료사의 역할은 어떠한 태도를 요구하는가, 미술치료사는 어떠한 실수를 범할 수 있는가 혹은 실수를 어떻게 해결하는가, 미술치료사 자신에 대한 개인 분석과 정기적인 지도감독은 어떻게 하는 것이 바람직한가 등이 미술치료사라는 직업인에게 필수적인 질문이 될 것이다.

(1) '치료'는 그리스어 'therapia'에서 유래하였다.[92] 미술치료는 무엇보다 먼저 창작하는 사람이 스스로 자신의 시각적 행위에 대해 주의를 기울인다. 다시 말해, 작업 주체자가 자신의 내면세계에 주의를 기울이는 행위를 색채, 비례 그리고 형태 등을 가지고 상호작용하여, 자기 생각과 느낌을 시각 이미지로 언어화하여 외부로 전달하는 것이다.

(2) 미술치료는 미술 작업을 하는 사람과 또 다른 전문가 미술치료사가 상호

92) 부록의 용어 해설을 참고하시오.

관계하며 환자/내담자의 미술 제작 과정에 관심을 기울인다는 의미이기도 하다. 미술치료사는 미술 작업 과정에서 환자/내담자 자신이 주체로서 자신을 탐색하는 과정을 지지하고, 자신의 존재 의미를 찾을 수 있도록 미술 창작 경험을 유도하며 환자/내담자를 돕고 주의를 기울이는 미술 여행의 동반자 역할을 한다.[93)]

1) 미술치료사의 전략들

(1) 미술치료사는 미술치료실 안에서 미술치료 과정 전체를 통해 미술 활동을 매개로 하여 환자/내담자와 투사와 재투사가 발달하고, 경험되고 있는지 끊임없이 자문해야 한다. 이것은 환자/내담자의 치료를 위한 최대의 전략이다. 환자/내담자가 경험하는 그대로의 마음 상태를 아는 것, 환자/내담자를 이해하고 무엇을 도와줄 수 있는지를 아는 것은 온전한 감정이입의 과정에서 가능해지기 때문이다.

(2) 미술치료사는 환자/내담자의 치료 과정을 증진하기 위해서 미술 활동의 기술적 중재를 올바로 하고 있는지 미술치료 활동 내내 점검해야 한다. 우선 미술치료사가 환자/내담자에게 자신을 표현하는 방법으로 가장 안전하게 사용할 수 있는 미술 활동을 제공하였다면, 다음으로는 미술의 기술적인 문제로 환자/내담자가 갈등하게 되는 것을 최대한 줄일 수 있어야 한다.[94)]

---

93) 미술치료사는 환자/내담자와 교감하는 것을 필요로 한다. 30년 이상 프랑스 국립 부르즈(Brouges) 정신병원의 미술치료사로 일하고 있는 줄리아(Joulia M.-C.)는 정신병원의 미술치료실을 "환자들이 세상을 살아나가기 위한 하나의 도구"라고 말한다. 이 공간에서 미술치료사의 역할이 "미술 작업이 가능한 모든 재료들을 모으는" 것이며, 그리고 "공간의 안내자로, 공간의 한 요소로 존재하는 것"이라고 한다. 그 다음 단계로 미술치료는 "환자와 미술치료사만의 비밀스럽고 내밀한 이야기의 오고 감에 의해서 가능하다."고 한다. 그리고 "미술치료 작업 동안은 단지 환자와 미술치료사만이 함께하고 의사들과 간호사들은 각 치료 회기에 참석하지 않지만 미술치료사는 병원의 각종 회의들에 참석하고 의료진 모두가 작업의 방향을 함께 결정하게 된다."고 말하며, 정신병원의 미술치료실을 "환자를 한 사람으로 인정하는 장소"라고 말한다. 물론 이는 정신병원 미술치료의 사례이지만 기본적인 미술치료사의 자세와 역할은 어떤 미술치료실이나 같다.

94) 그러므로 미술치료사 스스로가 미술 활동을 끊임없이 실제로 경험하도록 요구받는다. 각각의 사람과의 만남은 늘 서로 다른 형태를 갖고 있고, 미술치료실 각각의 사람과의 출발점 또한 각각의 성격에 따라 달라야 한다. 미술치료에서 그 모든 것의 중심은 창작 훈련을 통해 창의적 관계 형성을 위한 특별한 도구를 마련할 수 있다는 사실이다. 줄리아(Joulia M.-C.)의 말을 다시 인용해 보면 "수많은 환자들의 병리적 상태마다 특별한 비법이 있는 것이 아니라, 각 사람이 그들 각자의 모습을 가질 수 있는 권리를 미술치료사가 인정함으로써, 환자들 각자는 창작의 범위 안에서 스스로 발전해 나갈 권리를 갖게 되는 것이다."라고 말한다.

(3) 미술치료사는 숙련된 미술치료 전문가들의 임상 지도와 감독을 지속해서 받도록 한다. 미술치료사는 환자/내담자의 끊임없이 새롭게 나타나는 임상 증후군에 대한 지식과 다양한 접근의 견해들도 충분히 이해하고 있어야 한다. 그러나 무엇보다 중요한 것은 지식을 사람과의 관계를 발달시켜 가는 것에 사용하기 위해서는 무엇보다 미술치료사 자신을 깊이 이해하기 위해 수련을 계속해야 한다는 것이다.[95] 특히 우리나라에서도 미술치료사들을 위해 정규적이고 지속해서 지도 감독하는 단체를 구상해 볼 필요가 있다.[96]

(4) 미술치료사는 자신을 스스로 발전시키고 찾아 나가는 탐색과 자기 훈련을 끊임없이 요구받는다. 이 탐색의 방법이란 예술가가 삶을 영위하는 방편으로 미술 작업을 사용하는 것만큼은 아니겠지만, 미술치료사가 자신의 미술 작업을 무엇보다 우선순위에 놓아야 하고 그것을 통해 창조성이 어떤 힘을 갖는가를 경험하고 기쁨을 느껴 보는 것 또한 자기 훈련이다.[97]

---

95) 누군가를 치료하는 일에 종사하는 모든 사람들이 도전받는 부분이란 자기 스스로 심리적으로 건강해야 한다는 것이다. 특히 미술치료사는 심리적인 치료에 종사하는 직업인인 만큼 환자/내담자에게 올바른, 긍정적인 재투사를 전할 수 있어야 한다. 즉 환자/내담자가 투사하는 것에 대해 '좋은 어머니'처럼 긍정적인 것을 재투사할 수 있도록 준비해야 한다. 아동 정신의학자 비온(Bion W.R.)이 "양육방법이 좋은 어머니는 공상이나 백일몽과 같은 종류의 의식 미분화된 상태에 잠길 수 있고, 그 공상 속에서 어머니는 아이의 투사를 키워 나갈 수 있게 된다고 한다. 어린이는 어머니의 재투사를 다시 취해서 가장 풍부하고 보다 잘 통합되어 견디기 쉬운 형태로 만들게 된다. 투사를 함으로써 자아는 빈약해지지 않고 도리어 잘 성장하고 강해진다."고 말한 바를 상기하면 미술치료사는 '충분히 좋은 어머니'와 같아야 한다.

96) 이는 각 단체의 성향을 넘어서야 하는 숙제가 남아 있지만 미술치료사들이 직업적인 위상을 확보하며 동시에 직업적으로 사회적인 공감대를 더욱 공고히 하기 위해서도 한국의 미술치료사 모두를 포함할 수 있는 기관이 필요하다. 정규적으로 포럼, 세미나, 워크숍, 개인 슈퍼비전, 그룹 슈퍼비전 혹은 지방이나 지역모임을 주선하여 미술치료사들이 수련을 계속할 수 있도록 하여야 할 것이다. 물론, 각 단체에서 이와 비슷한 성향의 활동을 하고 있지만 모두를 통괄하는 구심적인 단체를 필요로 한다.
또한 2015년 지금까지 우리나라는 각 단체들이 자격증을 발급하는 규칙이 임상보다는 지식적 성격의 과정에 치중하고 있는 형편이고, 미술치료사로 활동하는 가운데 갖게 되는 많은 의문들을 해결할 기회가 없거나 반대로 문제가 있는 경우의 미술치료사들을 제재할 방법도 없어서 사회적으로 심각한 문제를 안고 있는 상황이라고 판단된다. 특히 미술치료사들에 대한 윤리규정이나 의무사항 등을 제시해서 미술치료사들이 등대 삼아 바라보고 갈 수 있는 지침을 결정하지 못하는 실정이다. 참고로 이 책에서는 부록에 프랑스예술치료사협회 윤리규정을 번역해 실었다.

97) 미술치료사이거나 혹은 공부 중인 경우에도 "미술엔 문외한"이라거나, "심리학 등이 전공이라서 미술 활동에 자신이 없다."는 말하는 것을 심심치 않게 듣게 된다. 미술치료사가 작업 자체에 불안한 마음을 갖고 있다면 미술치료가 성공하지 못할 가능성이 높다. 이 경우 개인적으로 미술 작업을 규칙적으로 할 기회가 없었으며 미술치료 수련 과정을 통해 미술 작업에서 얻는 힘에 대해 느낄 수 있는 기회가 없었다고 볼 수 있다. 미술 작업을 통해 어떻게 자연스럽게 이야기를 만들어 내게 되는가 하는 경험은 무엇보다 중요하다.

10-2.

미술치료사의 자격 - 수련 과정과 내용

미술치료사가 자격을 갖추기까지 훈련되는 과정 또한 다양할 수 있다. 동시에 2015년 현재 한국에서 가장 공신력 있는 미술치료사 자격으로 인정되는 것은 각 대학교 단위로 하교 졸업장과 함께 역시 각 하교 내에 결성한 예술치료 단체의 기준을 통과하고 자격증을 취득하는 것이다. 보통 대학원 석사과정에 예술치료학과가 설치되어 있는데 우리나라는 세계적인 실상과는 특별하게도 박사과정에 예술치료 전공으로 개설된 곳도 적지 않다. 대학원 과정에 등록하고 동시에 각 학교 소속의 예술치료단체에 소속되어 미술치료사로 훈련을 받는다.

2015년 현재 무엇보다 중요한 것은 미술치료사가 직업인으로 인정되기 위해 국가적인 담당 기관이 있어야 한다는 것이다.[98]

1) 미술치료사의 예술적 능력 수련

다른 모든 직업인이 자신의 영역에서 갖춰야 하는 기본적인 능력에 대해 요구받는다면 미술치료사는 중복 영역의 수련이 있어야 한다. 그러나 가장 기본적으로는 미술치료사의 중재 활동인 미술의 기능적 훈련이다. 미술치료 진행에서 환자/내담자들의 관심, 능력, 문화적 축재 정도가 미술치료사보다 더 발달해 있는 경우가 많다는 것을 생각하면 아무리 강조해도 부족함이 없는 수련과정이다. 많은 경우 환자/내담자에게서 기능적인 질문을 받고 실제 도움을 주어야 할 것이기 때문이다. 그러므로 미술치료사는 미술 영역의 다양함 속에서 자신이 특별히 잘 다룰 수 있는 작업 활동을 하도록 수련한다.

---

98) 대학원 과정의 학과 수업으로 미술치료사로서의 훈련이 가능한가 혹은 각 학교 단위의 예술치료 단체가 실제로 미술치료사의 훈련과정을 소화하고 있는가의 문제는 아직 제대로 된 점검은 없었다고 본다. 또한 각 대학 단위의 사회교육원, 보육원 혹은 개인 사설 단체 등에서도 아주 짧은 기간에 수여하는 여러 등급의 미술치료사 자격증이 많이 있지만 이들을 통합하거나 관리할 수 있는 국가 기관은 없다. 프랑스는 2010년 법령이 통과하여 미술치료사가 국가공인직업인으로 인정받고 있다.

다음으로 미술치료사는 미술 활동에 한정되는 것이 아닌 만큼 예술 영역의 다양한 기술들을 미술치료사 학업 과정에서부터 중복 수련을 해야 한다. 이는 미술치료사가 음악, 무용, 연극, 문학 모두에 자신의 영역 만큼으로 훈련하는 것은 불가능하지만, 미술치료 자체가 진행되기 위해서는 다른 영역을 넘나드는 탄력을 갖는 수련 과정이 필요함을 말한다.[99)]

결론적으로 미술치료실이 미술교실과 다른 점은 바로 환자/내담자마다 가질 수 있는 표현의 잠재적 가능성을 기대하며 미술치료사가 서로 다양한 영역의 예술 활동을 훈련하여 환자/내담자에게 가장 적합한 미술 중재 활동을 하는 점이라는 것이며 이렇게 되어야 성공적인 미술치료가 가능해진다.

2) 미술치료사의 교육자적 수련

미술 활동이 환자/내담자와 관계하여 치료의 요소로써 활용되려면 미술의 기술적 인지 활동을 환자/내담자와 미술치료사가 교환할 수 있어야 한다.

즉, 미술의 기술적 측면을 환자/내담자가 기능적으로 발달시키고 미술치료가 진행되기 위해서는 미술치료사가 교육자적인 방법론들을 수련해야 한다. 미술치료는 환자/내담자가 자신을 표현하는 자율적인 능력을 갖추도록 한다는 목표가 있기 때문에 환자/내담자가 자신을 스스로 평가할 수 있을 때까지 미술의 맛을 느끼도록 인도하는 교육적 방법론이 필요한 것이다.[100)]

99) 예를 들어, 자폐성 장애아동 미술치료실이라고 할 때에 미술치료사가 자신의 주요 활동을 '흙' 을 사용한다고 해도 아동들의 긴 치료과정에서는 다양한 물감, 다양한 부속 재료를 이용한다거나, 작업을 글로 써야 할 경우라면 글쓰기 기술, 혹은 흙 도구 등으로 자폐성 장애아동의 상동행동에 어울리는 리듬 만들기, 연극적인 요소로 관심 유도하기 등의 활동도 수행할 수 있어야 한다는 것을 말한다. 그러나 미술치료실에서 그림을 그리기 위해 음악을 틀어 놓는다든가, 음악치료실에서 미술을 응용하는 경우를 복합적인 다른 영역의 예술치료 활동을 하는 것이라고 말할 수는 없을 것이다.

100) 한국에서는 어린이 미술치료가 '방과 후 지도 프로그램' 으로 초등학교에서 확대되고 보니 많은 미술치료사가 교육적인 요소가 강한 활동을 하기에 이르렀다. 때로는 자신의 미술치료에 의문을 갖기도 하고, 기존의 미술 수업과 무엇이 다른가에 대해 의문을 갖기도 하는데 이는 미술치료의 한 기능을 활용하는 것뿐이라는 것을 환기할 필요가 있겠다.

3) 이론적 수련 과정 사례[101)]

이 책에서는 저자가 학업한 프랑스의 두 학교 미술치료사 수련 과정을 소개해 본다.

(1) 1학년 학업 과정[102)] – 예술치료 이론과 실제에 대한 공통 수업

① 기본수업

— 현대사회의 예술가, 예술가의 위치(2모듈)

— 임상 개론(2모듈)

— 교육 심리학 개론(2모듈)

— 심리학 개론(2모듈)

— 예술치료 개념과 이론(3모듈)

— 정신병리학(72시간)

— 아틀리에(5모듈) : 표현예술치료 아틀리에, 비디오치료 아틀리에, 미술치료 아틀리에, 리듬과 동작치료 아틀리에, 즉흥음악치료 아틀리에

② 보충 심화 수업

— 심리학 : 임상심리학(아동, 성인, 노인 중 1선택)
발달심리학
정신분석학 개론 관련

---

101) 한 곳은 파리 5대학 데카르트 학교 디플롬(DU)의 예술치료(Université Paris 5 Descartes-DU art-thérapie: responsable d'atelier thérapeutique ou psychoéducatif à la médiation artistique) 과정이며, 다른 한 곳은 프랑스 국립 표현창작예술과변형학교(INECAT; Institut National d'Expression, de Création, d'art et Transformation)이다. 이 학교들이 완벽한 모델이라고 말할 수 없겠지만, 적어도 프랑스의 대표적인 두 예술치료학교의 수업 내용을 통해서 미술치료사 수련 과정을 엿볼 수 있을 것이라 본다. 두 학교의 경우 디플롬을 취득하기 위한 기본 학업 연한은 각각 3년과 4년이다. 2004년 이후 프랑스 파리 5대학에 석사과정(Master)의 수련 과정이 개설되었고 2015년 현재는 박사과정도 개설되었다.
현재 프랑스의 미술치료 과정도 큰 변화를 겪는 시기라서 저자의 수련 과정 시기와는 조금씩 다르지만 기본적인 모델로 소개한다. 프랑스 국립 표현창작예술과변형학교는 1학년 전체 수업 시간은 496시간이며 커다란 특징은 186시간의 '미술치료사를 위한 자기 치료 미술 작업 아틀리에'가 각 학년 수련의 기본이 된다.

102) 파리 5대학 기준이다. '1모듈'이라 함은 우리나라의 '한 과목'과 비슷하다고 보면 되며 각 모듈마다의 시간은 다르다.

- 심리학과 정신병리학 개론(2모듈)
- 신경심리학(1모듈)
- 신체생리학 개론(1모듈)
- 교육심리학 개론(1모듈)

③ 임상 현장 실습[103] – 400시간

현장 실습은 학교 수업 시간 외의 의무적 수련 과정에 포함되어 있다. 크게 두 종류의 현장으로 나뉘는데, 하나는 교육적인 기관의 형태를 취하는 임상 현장이고 또 다른 하나는 치료적인 목적이 강한 형태를 취하는 곳이다. 두 학교 각각 200시간의 실습이 의무로 되어 있다.

1학년 현장 실습의 목적은 각 해당 기관의 설립 취지에서 따라 각 기관의 각종 부서를 돌아가며 관찰하여 미술치료실이 각 기관에서 어떠한 형태로 존재할 수 있는가를 구상하는 시각을 갖도록 하는 것이다. 실습자는 그에 대한 실습 과정 리포트를 작성해서 제출해야 한다.[104]

(2) 2학년 학업 과정 – 개별 선택 과정

계속해서 파리 5대학 DU 기준으로 임상 현장 실습을 뺀 수업 시간의 총합계는 250시간이다. 임상과 교육심리학 이론을 기초로 한 개별형 수업이며 개별 예술 활동 선택 과정으로 나누어진다. 이는 각각의 학생이 학사과정에서 전공한 것이 다르기 때문이고 2학년이 되면서 미술치료, 음악치료 혹은 공연

---

103) 실습은 보통 학생이 자신이 사는 지역이나 자신이 선호하는 기관을 찾아내서 자신의 실습 동기를 담은 편지를 보내 실습 기관의 허락을 받으면서 이루어진다. 이 기관에 대한 소개와 기관에서 받은 허가서를 학교에 제출하여 학교가 검토한 후 적당하다고 인정되면 '실습협정서'를 세 장 받게 된다. 학생은 실습협정서에 학교, 실습기관의 서명을 받은 후 본인의 서명을 해서 이 세 부의 실습협정서를 다시 학교에 가져온다. 학교는 다시 한 부를 실습기관으로 학생 실습일지와 평가서들과 함께 보내고 이 서류들은 실습이 끝나면 기관에서 학교로 우편을 통해 직접 보내진다. 학생은 매 실습이 끝나면 '실습 보고'를 학교에 제출한다. 보통 일학년의 실습 내용은 기관의 관찰이나 미술치료 회기의 관찰이고 2학년의 경우는 미술치료실을 직접 운영한 보고, 3학년은 논문을 작성하는 자료가 된다.

104) 학생에 따라 1학년의 현장 실습은 학교로부터 학생 개인의 사회적 경험 즉, 직업적으로 비슷한 현장에 있었다고 인정받게 되면 그에 대한 증빙 서류를 학교에 제출하고 임상 현장 실습 시간을 줄여주는 제도를 마련하고 있다.

무대치료 등의 전공으로 나뉘기 때문이다.[105] 다음은 미술치료 선택 전공자의 수업 내용이다.

① 수업 과목

— 예술과 병리학(1모듈)

— 예술과 심리치료학 (1모듈)

— 미술과 심리치료학(1모듈)

— 미술과 교육심리학 기초(1모듈)

— 미술과 교육심리학 심화(2모듈, 실습 모듈)

— 타 전공 예술치료 경험(1모듈)

— 케이스 연구(1모듈)

— 증상 연구와 평가방법론(1모듈)

— 정신의학과 교육심리학의 상관관계(1모듈)

— 논문작성 방법 연구(1모듈)

— 신체를 통한 재표현(1모듈)

— 아틀리에들(2모듈)

② 현장 실습 - 500시간

2학년은 기본 기준인 2종류의 현장에서 의무적으로 실습하되, 관찰미술치료사, 보조미술치료사, 주 미술치료사 등의 역할로 미술치료실에서 환자/내담자를 직접 만나게 된다. 이때 임상 기관에는 미술치료 실습자를 담당할 수 있는 미술치료사 전문가가 있어서 임상 지도를 받을 수 있어야만 실습 인정서를 받을 수 있다.

(3) 3학년 수업 과정[106] - 3학년 총합계 360시간

— 개인 슈퍼비전(30시간)

---

105) 심리학 전공의 학생이라면 학교와 연결하여 수업을 하는 몇 군데의 국립미술학교나 자신이 거주하는 도시의 국가 인정 미술학교에서, 학교에서 요구하는 수업에 등록하고 학점을 받아 제출하면 과목 인정을 받을 수도 있다. 반대로 심리학 과정이 부족한 학생도 이와 같은 방법으로 수업에 등록하고 학점을 받아 학교에 제출하는 방법으로 학교 수업을 보충하기도 한다.

106) 프랑스 국립 표현창작예술과변형학교(구 프랑스 국립 표현창작예술치료학교) - Institut National d'Expression, de Création de l'Art et Transformation

– 미술치료실 운영 경험(200시간)

– 미술치료 연구와 논문 작성 방법(50시간)

– 미술치료사 직업 훈련(30시간)

– 미술치료실 운영 계획(15시간)

– 현시점의 자신의 미술치료 세미나(15시간)

– 미술치료 세미나(20시간)

등이며 외부에서 발표자 자신이 추천한 논문 감독관과 논문 지도교수를 포함한 학교 내 3명의 감독관 및 대중 앞에서 자신의 논문을 발표하고 그 논문이 통과되면 미술치료 전문가 디플롬을 받게 된다. 프랑스 국립 표현창작예술과 변형학교에서는 3년의 의무 과정 이후 개인적인 선택 과정으로 4학년 과정의 디플롬 이후 연구 과정이 있는데 이 과정은 미술치료사로서 미술치료 관련 연구를 하는 과정이다.[107)]

107) 프랑스의 두 학교를 소개한 것은 이 두 학교를 경험한 것이 미술치료사로 현장에 있으면서 많은 도움이 되었기 때문이다. 한국의 미술치료 학업 과정이 이미 수많은 곳에서 진행되고 있으며 개성적으로 발달하고 있는 실정이었지만 이 사례들이 도움이 될 것이라 생각된다.

〉〉 참고 문헌

Golse B. (2001). *Le développement affectif et intellectuel de l'enfant.* Paris: Masson.

Joulia M-C., Villier J., Duranton F. (1995). *L'artiste, compagnon de voyage.* Film. Bourges: CHS de Bourges.

Vinoganov S. & Yalom I. D. (1990). 간추린 집단정신치료(*The Concise Guide to Group Psychotherapy*). 박민철 역. 서울: 도서출판 하나의학사.

〉〉 참고 사이트

프랑스예술치료사연맹(Fédération française des art-thérapeutes)
http://ffat.free.fr/

캐나다퀘백미술치료사협회(L'Association des art-thérapeutes du Québec)
http://aatq.org/fr/

프랑스 국립 표현창작예술과 변형학교(Institut National d'Expression, de Création, de l'Art et Transformation)
http://www.inecat.org

프랑스 파리 5대학 데카르트 예술치료 DU 과정(Université Paris 5 Descartes DU Art-thérapie)
http://www.univ-paris5.fr/spip.php?article719

프랑스 파리 5대학 데카르트 예술치료 Master 과정(Université Paris 5 Descartes Master Sciences humaines et sociales)
http://www.univ-paris5.fr/spip.php?article663&var_recherche=art-therapie

11장 미술치료실의 환경 구성

미술치료실은 미술치료가 실제로 실행되는 곳으로, 활발하고 원만한 행위들이 이루어지기 위해서 기본적인 환경 구성이 필요하다. 그러나 미술치료실에 대한 일정한 규정은 없으며 각각의 상황에 맞게 모습을 갖추는 것이 더 바람직하다. 미술치료실의 환경은 치료 목표, 치료 방법, 환자/내담자의 상태에 따라 달라질 수 있기 때문이다. 결과적으로 집단 미술치료실 혹은 개인 미술치료실, 개방형 혹은 폐쇄형 등으로 환경 구성도 달라질 것이다.[108)]

1) 공간

미술치료가 진행되는 곳은 활동이 안전하고 내밀하게 이루어질 수 있도록 일정하고 고정된 장소이어야 바람직하고 미술치료실은 미술치료실로만 활용하는 곳으로서 가능하면 개방형보다는 은밀함이 보장되는 공간이어야 한다.

2015년 현재 한국에는 특수교육과 관련된 사설 연구소나 사설 미술치료실 혹은 몇몇 복지관 형태의 기관 외에는 대형병원 등 공공기관의 미술치료 프로

108) 현재 한국에서는 전통적인 구성의 미술치료실을 필요로 하는가 하면, 미술 활동을 통한 이완적 기능을 목표로 하는 경우 환자/내담자의 요법 활동 형태의 미술치료실을 필요로 하는 경우도 있을 수 있다.
이 원고는 이화여자대학교 교육대학원과 중앙대학교 교육대학원 강의 원고를 수정한 것이다.

그래도 미술치료만의 공간을 따로 확보한 곳이 많지 않다.

각 미술치료실은 이 공간을 사용하게 되는 환자/내담자 인원과 병리적 상태에 따라 크기를 정하게 되고 인공적인 혹은 자연적인 조명을 하게 된다. 물론 미술치료사가 사용하는 특별한 매체에 따라 특별한 공간이 필요하기도 하다. 흙을 굽는 가마나, 사진을 현상 · 인화하는 공간이 필요할 수도 있다. 그러나 목적에 따라 미술치료 공간은 대중을 대상으로 하여 거리가 될 수도 있으며, 자연의 한가운데나 밀폐된 공장지대 또는 전쟁 후의 길거리 등 넓은 의미의 미술치료 공간이 될 수도 있음을 기억해야 할 것이다.

2) 재료/도구

(1) 가장 이상적인 환경은 특별하고 안전한 곳이라는 느낌이 드는 공간으로서 미술치료실의 재료들은 그러한 역할을 하는 데 결정적이다. 환자/내담자를 맞이하기 위해 준비된 공간이라는 느낌을 들게 하기 위해서는 우선 미술치료실에 맞는 가구들과 재료들이 고정적인 자리에 자리 잡고 있고 정리 · 보관되어 있어야 한다. 이는 환자/내담자를 미술 작업으로 초대한다는 의미에서도 아주 중요하다.

(2) 미술치료실의 조명도 때로는 훌륭한 재료로 사용될 수 있다. 조명의 강도를 자유자재로 조절할 수 있다면 때에 따라서 특별한 분위기를 창출해 내어 환자/내담자가 작업하는 데 도움을 줄 수 있다.

(3) 미술치료실에는 물 사용이 가능한 수도시설과 세면대가 필수적이며, 재료들을 보관할 수 있는 보관함이 있어야 한다. 그리고 미술치료실의 인원에 합당한 의자와 작업 테이블, 이젤, 화판, 작품 보관대 등이 기본적인 도구가 될 것이다.[109)]

(4) 미술치료가 역동적으로 이루어지기 위해서는 재료들과 시설의 위치가 고정적이어서 환자/내담자가 어떤 위치에서 어떤 활동을 하게 되는지 습관적으로 알아차릴 수 있도록 도와야 한다. 예를 들어, 작업복을 입고 준비하는 곳, 편한 의자가 있는 쉴 수 있는 곳, 혼자서 따로 앉아 작업할 수 있는 곳, 함께 작

109) '미술치료실 환경 구성' 에 대한 사례는 부록을 참고하시오.

업할 수 있는 곳 등이 정해져 있는 경우를 말한다.

(5) 미술치료사의 자리도 가능하면 고정적인 곳을 정해 두는 것이 좋다. 개인적인 물건, 관찰 · 치료 일지 등을 펼쳐 놓는 곳, 혹은 보조 치료사나 관찰 치료사가 자리하는 곳, 사진을 찍거나 카메라가 움직이는 곳 등도 환자/내담자들이 미술치료실의 재료나 시설처럼 늘 함께하는 요소로서 인정하게 하고 쉽게 알아차릴 수 있도록 한다.

3) 보조 미술치료사/관찰 미술치료사

보조 미술치료사나 관찰 미술치료사의 역할은 집단 인원이 많아졌을 때 더욱 중요하지만, 개인 미술치료가 실행되는 곳에서라도 중요한 미술치료 환경 요소이다. 보조 미술치료사나 관찰 미술치료사는 주 미술치료사가 진행하는 회기들을 관찰하여 주 미술치료사와 환자/내담자의 관계, 언어, 공간 환경, 재료 사용, 작품의 결과 등을 기록하고, 회기가 끝나고 난 후 주 미술치료사와 미술치료 진행에 관하여 회의를 통해 대화를 나누므로 진행되고 있는 미술치료를 더 풍요롭고 객관적으로 분석할 수 있도록 돕는다.

보조 미술치료사는 환자/내담자와 함께, 주 미술치료사가 진행하는 작업을 도와줄 수는 있으나 어떠한 경우라도 주 미술치료사의 역할을 대신하지는 않는다. 특히 보조 미술치료사나 관찰 미술치료사 외에도 미술치료실이 있는 각 기관의 성격에 따라 기관의 환자/내담자와 관계하는 모든 직업인을 한 팀으로 구성하여 분석회의 등을 거쳐 미술치료의 목표를 정하는 것이 바람직하다고 본다.

〉〉 참고 문헌

Forestier R. (2000). *Tout savoir sur l'art-thérapie*. Lausanne: Editions Favre SA.

〉〉 참고 사이트

수원푸른교실&미술치료연구소 http://www.art-therapy.info

12장 미술치료에서의 언어

12-1. 미술 표현과 언어

환자/내담자가 상실했고 소위 정상인이 소유했다고 하는 언어는 사람 각자 안에 저장된 말들이 포함하는 내용이 아니라 말들을 사용하는 표현 방식일 뿐이다. 프랑스 현대 철학자 메를로-퐁티(Merleau-Ponty M.)는 우리가 사용하는 언어라는 것은 분절적이며 음향적인 현상일 뿐이고 중요한 의미를 가지는 것은 사고하는 것이라고 말한다. 사고하는 주체가 다른 방식으로 표현하지 않으면 말은 순간적으로 사라져 버린다. 더욱이 사고조차도 다른 사람의 소통과 상관없이 자신 안에서만 만족했을 때는 나타나자마자 무의식에 떨어진다는 것이다. 그러므로 그는 언어를 구사했다고 하는 것조차도 말하는 주체가 의미를 사고하지 않았을 때에는 말을 표상했다고 할 수 없다고 말한다.[110)]

그래서 예술가의 작업도 자신의 사고를 표현하는 것이라고 말할 때, 미술 언어도 자연 속에서 생각하고 느낀 바와 혼돈된 본성을 사고한 것이며 미술치

110) 상대방이 이해할 수 없을 정도로 심하게 말을 더듬는다고 해서 그 내용 자체가 틀렸다고 말할 수 없다는 것이다. 의미를 가지고 있는 것은 사고이고 말은 공허한 외피일 뿐이다.

료는 이러한 미술 언어로 구사되는 낱말이나 문구 이상의, 환자/내담자의 사고 표현에 새로운 의미를 부여하고 힘을 주기 위한 활동이다.[111] 새로운 표현으로 작품을 만든다는 것은 신체가 습관에 의해 획득한 동작처럼 사고와 동시에 표현을 통해 현실로 다시 구성되는 것을 말한다. 그러므로 자신의 언어가 참다운 동작으로 인정되고 자신을 의미 있게 알리므로 세상과 의사소통이 가능해지도록 해야 한다. 세상 속의 타인의 언어를 이해하는 것은 자신에 의해 인식되어야 가능해진다 그렇지만 사람들의 말은 미리 이해한 것만을 표현하는 것이 아니다.

미술치료실에서 환자/내담자가 세상 속에 시각적으로 표현한 자신의 언어들을 스스로 이해하는 사고를 갖게 되어야 하고, 그것이 의사소통이 되려면 세상 미지의 법칙에 동화되는 단계가 필요하다. 그렇게 되기 위해서는 자신의 표현들을 새로운 수단의 정보들에 의하여 그리고 새로운 사고와 맺어지도록 교차하여 수정하고 검증하여야 한다.

교차검증이 미지의 것에 하나 혹은 그 이상의 확정적 가치를 부여할 때만 치료의 단계에 이를 수 있다. 재생산의 단계에 이르러 비로소 치료의 결과를 갖게 되는 것이다. 결과적으로 재생산이란 새로운 의미 부여로서 이전에 환자/내담자가 표현한 행동의 결과들이 없이는 불가능하다. 이전 표현 행동들에 뒤덮임으로써 자신을 새로운 습관에 길들일 수 있게 되는 것이다.[112]

더구나 하나의 언어가 의사소통의 도구를 넘어서서 그 구사 수단을 미술을 통한 조화와 심미성을 가지고 이끌어 내었을 때는 말로써 다하지 못한 것을 보완할 수도 있다.

---

111) 로댕(Rodin A.)이 "단순하게 움직이는 동작으로 생긴 선과 색조만으로 사람들의 눈을 만족하게 해서 감동을 주려고 하는 미술품은 존재할 수 없다." 고 말한 것처럼 예술 작품은 사람들의 정신에 의해 그리고 정신을 경험하고, 살찌우고, 풍요롭게 하기 위하여 창조한다.
그러나 예를 들면 정신과 환자들은 자신의 사고와 관계 없이도 다양한 어조로 말하고, 텍스트도 읽는다. 따라서 언어 즉, 말은 내재해 있는 즉 사고의 진술이라기보다 하나의 양식이고 감정적 가치를 가지고 있으며 실존적인 몸짓이라고 말할 수 있겠다. 정신과 환자들의 작품이나 아르브뤼트 작가들의 작품은 각자 자신의 세상만의 기호와 상징들로 가득 차서 보통의 사람들은 이해하지 못하므로 상호교류적인 의사소통이 불가능하다.

112) 베르그송(Bergson H.)은 사람들에게는 습관적 기억과 순수기억이 있다고 말한다. 습관적 기억은 기계적이며 자동적 특징을 갖는 것으로 반복된 노력의 결과라고 할 수 있다. 그러나 순수기억은 아무런 노력 없이 자발적으로 이루어지는 기억으로 반복되는 것이 아니라 일회성을 가지고 의식의 본성으로 자리잡는다.

베르그송(Bergson H.)은 사람들이 사용하는 어휘의 한계에 관하여 '인식의 기원과 발생에 관한 연구' 에서, "사람들이 표현하는 말들은 이미 사람들에게 안정적이며 공통적이고 보편성이 있는 것을 사용하게 되므로 결과적으로 개성적인 표현이 저장될 수 없다." 고 하였다. 이는 사람들이 말을 하면서 동시에 각자 자신의 개성과는 가장 먼 표현을 하게 될 가능성이 있다는 것을 의미하는 것이기도 하다.

반면 뒤뷔페(Dubuffet J.)는 미술 언어는 일상 언어보다 훨씬 풍부한 언어라고 말한다. 일상어가 사회적인 편의와 집단적 개념의 교환인 상대적 주체성(inter-subjectivité)을 갖지만 미술 표현은 가능하면 그것에 저항한다.

그러므로 미술치료실은 환자/내담자 자신이 말하고자 하는 것을 미술이라는 표현 행위를 통하여 규칙적이고 반복적으로 의식하고 소유하는 경험의 장소가 될 수 있다. 환자/내담자가 자발적으로 병리적 사고들을 넘어설 수 있도록 자신의 작품 속에 표현한 언어를 자신을 이해하는 능력으로 발전시키는 곳이다.

12-2.

미술 표현과 이야기

미술치료사는 환자/내담자의 미술 작업을 통해 아픔을 투사하고 문제들을 전이하는 것에 동행하면서, 더욱더 세밀하고, 더욱더 자신과 비슷하게 표현할 수 있도록 돕는다. 그리하여 치료의 종결은 아픔이나 문제들을 인식하고 뛰어넘어서 스스로 긍정적인 자아를 다시 만들었을 때가 될 것이다.

환자/내담자는 어떠한 과정을 통하여 미술 표현 속에 이야기를 넣게 되는가? 환자/내담자의 이야기는 어떤 의미를 갖는가?

환자/내담자는 무엇보다도 자신만의 세계 속에 갇혀 있다는 문제를 가지고 있어 외부 세계와 의사소통이 쉽지 않다. 더 심하게 되면 자폐적인 세계를 만들어 자신만의 세계 안에서, 자신만의 언어를 사용하고, 자신만의 표현을 하며 외부 세계를 거부하는 결과에 이른다. 환자/내담자에게 미술이 언어가 되어 강한 내향성의 성향에서부터 타자 지향성으로 키워 가야 한다.

미술치료의 미술 행위는 환자/내담자가 자신의 가슴 가장 깊은 곳에서 자신의 마음, 자신의 영혼을 만나고 그곳에서 자신의 한계를 밀치고 나가기 위해 자신의 영혼을 타인에게 전달하고 싶은 욕구와 만나도록 해야 한다. 우선, 표현되지 않은 것들을 표현할 수 있도록 하기 위해서는 사고에 충동을 주어야 한다. 그리고 충동을 받은 사고는 타인들에게 분명하게 전달되도록 지각적으로 만들어지고 시각화한다.

그러한 미술치료실의 작품을 암호해독과 같이 분석하려고 한다거나 심리적인 경향들을 살피는 쪽으로 왜곡하여 사용할 때는 환자/내담자가 이야기하려는 것이 무엇인지 잘못 판단하기 쉽다. 정신분석학에서는 꿈을 이용하여, 통제받지 않은 채로 나타나는 이미지들을 사람의 내밀한 부분의 이야기를 읽는 도구가 될 수 있다고 판단한다. 꿈은 깨어 있던 낮 생활 동안 불완전하게 제거된 심리생활의 찌꺼기들에 지나지 않음에도 내면의 고정관념을 이미지로 상징화한 것이라고 말하기도 한다.

그러나 미술치료의 미술 작업 속에는 근본적으로 첫 모습을 갖추는 출발점부터 최후의 결과에 이르기까지 작업하는 사람, 환자/내담자 각자의 독특하고 개성적인 자신만의 고유성을 찾아가는 것이 무엇보다 우선되어야 한다. 구성된 획, 터치, 손의 움직임 등이 새겨져서 이미지로 남겨진 것이 미술 작품이고 다른 예술 형태에서는 발견할 수 없는 직접적인 이야기를 남기는 것이다. 미술 작업 과정 전체가 이야기를 전해 준다. 결론적으로 이미지를 통해서만 전달하려는 내용을 찾을 수 있다고 생각하면 미술치료에서는 커다란 오류를 낳게 될 것이다.[113)]

113) 반 고흐(Van Gogh V.)가 프랑스의 프로방스(Provence) 지방에서 그린 데생들은 동적인 요소들을 강조하여 급하고 충동적인 몸짓으로 작업한 것을 느끼게 한다. 밀밭 그림 바람결에서, 수면의 소용돌이에서, 평행선으로 뚝뚝 끊어진 빠른 획들을 가지고 그리고 여기저기로 색이 튀어나가면서 휘뿌려지는 그의 작품 속에서 그의 강박관념을 전달받게 된다. 그리고는 점점 더 빽빽하고 두꺼운, 무게와 두께를 지니기 시작하면서 유동성이 적은 획의 흐름이 나타나고 비극적인 절망 상태에 다다르는 과정을 볼 수 있다. 수많은 기호와 종잡을 수 없이 휘둘러진 몸짓을 통해 작업할 때는 광적인 움직임이 환자의 상태에 이르렀음을 읽을 수 있다.

12-3.

미술치료와 아날로그 언어 방식

사람들이 말로 하는 표현은 포함하고 있는 내용이 표현하는 바와 다를 수 있다. 미술치료실의 작품들은 환자/내담자가 말로 하는 표현과 작업 안에서 포함하고 있는 내용을 서로 비교함으로써, 환자/내담자에 대한 고정관념과 억지 해석을 피하고 중요하고 의미 있는 해석을 해 나갈 수 있게 한다. 또한, 다양하고 규칙적이며 반복해서 제작하는 서로 다른 작품들 각각의 표현들은 환자/내담자가 정말로 이야기하고자 하는 것이 어떤 것인지 판별할 수 있게 하는 것이다.

미술치료에서는 일상적인 음성언어 방식의 소통보다 아날로그(analogue) 방식이라는 은유적 언어 형식을 취한다.[114] 아날로그 방식이란 생각을 하나로 모으기 위하여 두 가지 상황, 두 개의 오브제, 두 현상이 전개되는 양상, 유사점, 다른 점 등을 비교·추리하여 은유하는 것을 찾는 방법을 말한다. 예를 들면, '보다' 의 명령형이 '보아라' 라는 것을 이미 알고 있는 사람이 '쏘다' 라고 하는 동사를 통해 그 명령형을 생각한다고 할 때, '보다 : 보아라=쏘다 : X' 에서 'X=쏘아라' 라고 유추하는 것이다. 이러한 유추는 대개 옳으며, 대부분 언어는 유추를 통하여 배우고 깨달아서 습득하게 된다.

그러므로 미술치료에서 아날로그 방식을 사용한다는 것은 작품 속에서 정보 혹은 판단을 직접 이끌어 내는 것을 방지할 수 있다. 미술치료 작품들은 묘사된 사물에 직접 반응하게 한다기보다 은유적으로 작용하기 때문이다.

---

114) 그러나 환자에 따라 범주화하기 능력이나 태도를 상실한 경우도 있다. 때로는 이러한 능력을 돕기 위한 목표를 우선으로 미술치료가 진행될 수도 있는 것이다. 예를 들어 자폐성 장애어린이들의 경우 빨간색과 노란색은 쉽게 구분하지만 연한 빨간색과 아주 짙은 빨간색에 있어서는 그 둘을 빨간색의 한 범주에 넣는 것에 대해 몹시 어려워한다.

미술치료는 환자/내담자를 위한 '세심한 마음쓰기' 치료이다. 무엇보다 환자/내담자에게 제안되는 작업 재료나 기술적인 면들까지도 아날로그 방식을 갖는다면 자신에게 제공된 작업을 통해 다양한 각도로 생각을 펼칠 수 있게 된다. 다시 말해, 환자/내담자가 미술 창작 행위를 통하여 새로운 이야기를 만들어 가면서 작업과 작품 안에서 새로운 자신을 발견하고 아직 나타나지 않은 자신의 다른 면까지 유추할 수 있게 되는 것이다. 새로운 미술 언어를 사용하면서 한 가지만의 생각 속에 갇히지 않고 점점 더 성장한 자신을 표현하게 되고 성숙해질 수 있게 된다. 결과적으로 다양한 재료를 이용하고 오랜 시간 동안 반복되는 작업만이 아날로그 방식의 미술치료 언어 사용을 가능하게 한다.

〉〉 참고 문헌

들뢰즈 & 갸타리(Deleuze G. & Guattari F.) (2001). 천 개의 고원(*Mille Plateaux*). 김재인 역. 서울: 새물결.

르네 위그(Huyghe R.) (1979). 예술과 영혼(*L'art et l'âme*). 김화영 역. 서울: 열화당.

메를로-퐁티(Merleau-Ponty M.) (1960). Signes. Gallimard.

_________________________ (1964). Le Visible et l'invisible, Gallimard, 남수인, 최의영 옮김 (2004). 『보이는 것과 보이지 않는 것』, 서울: 동문선.

_________________________ (2002). 지각의 현상학(*Phénoménologie de la Perception*). 류의근 역. 서울: 문학과지성사.

문학이론연구회 (2002). 담론 분석의 이론과 실제. 서울: 문학과지성사.

안 에노(Hénault A.) (2003). 서사, 일반기호학(*Narratologie, Sémiotique générale - Les Enjeux de la Sémiotique 2*). 홍정표 역. 서울: 문학과지성사.

폴 리쾨르(Ricoeur P.) (1999). 시간과 이야기 1, 2, 3(*Temps et récit, tome 1, 2, 3*). 김한식, 이경래 역. 서울: 문학과지성사.

Bergson, H. (1985). Essaie sur les données immédiates de la conscience (1888) (제156판). Paris: Quadrige, Presses Universitaires de France.

__________ (2008). L'évoluion créatrice : Le choc bergson, 1ère édition critique de Bergson, PUF.

__________ (2009). La pensée et le mouvant : Le choc bergson, 1ère édition critique de Bergson, PUF.

Francastel P. (1970). *Etudes de sociologie de l'art.* Paris: Editions Denoël.

Gilbert M. (2001). *L'identité narrative- Une reprise à partir de Freud de la pensée de Paul Ricoeur.* Genève: Labor et fides.

Rodriguez J. & Troll G. (1995). *L'art-thérapie - Pratiques, techniques et concepts.* Paris: Edition Ellébore.

13장 미술치료와 신체

13-1. 현상학적 사고와 신체

베르그송(Bergson H.)에 의하면 사람은 신체를 통해 환경과 관련 맺을 수 있고 신체의 움직임과 감각 과정을 통해 삶에 대한 의식을 가질 수 있다고 한다. 특히 신체와 의식은 시간을 매개로 서로 관계하기 때문에 사람은 시간에 대한 인식을 하고 있어야 신체를 갖고 있다고 할 수 있고, 현재를 살아간다고 할 수 있다는 것이다. 궁극적으로 의식과 신체가 현실적인 존재로 인식될 수 있는 것은 움직임이 일어나고 있기 때문이며 시간을 의식하고 조절하지 못하는 신체를 병리적이라고 한다.

또한, 메를로-퐁티(Merleau-Ponty M.)는 신체를 기계적 생리현상이 일어나는 하나의 오브제(대상물)로 본다. 오브제로서의 신체는 스스로조차도 여러 부분으로 나누어져서 서로 관계하며, 외부와 내부로 다시 관계하고 또한 다른 오브제들에서 무엇인가를 전달받기도 하고 전달하기도 하면서 또다시 오브제들과 다양한 기능을 가지고 관계를 갖는 것이다. 그러나 메를로-퐁티는 한 사람의 팔이 탁자 위에 놓여 있을 때, 전화기 옆에 재떨이 하나가 놓여 있는 것과 같은 의미로 사람의 팔이 전화기 옆에 놓여 있다고 생각할 수는 없다는 것이다.

사람의 신체가 갖는 윤곽은 공간 안에서 관계하는 다른 대상들이 넘나들지 못하는 경계이다. 신체를 가지고 존재한다는 것은 다른 모든 오브제들과 마찬가지로 자연 세계의 한 부속물에 불과하지만, 인간은 다른 모든 존재자와 동등한 존재의 위치에 놓아둘 수 없다.

미술치료에서 미술 활동이 운동감각을 사용하여 신체를 조절함을 강조하는 것은 이렇게 경험한 것들과 느끼는 것들을 분리하지 않는 사고에서부터 출발한다. 그러므로 환자/내담자들의 행위 결과로서의 심리 현상을 객관적 별개의 표상으로 과학적인 표시를 하려 하는 것은 불필요한 요구라고 할 수 있다.

결과적으로 미술치료를 통한 환자/내담자의 인식 혹은 각각의 경험은 외부세계(미술 재료, 미술 작업)와 신체(환자/내담자) 그리고 다른 사람(미술치료사)과 관계하는 것들이 단순히 서로서로 옆에 놓여 있는, 하나의 경계로 단절된 오브제들이 아니라 각각이 서로 상호 교환되어 의사소통이 일어나도록 해야 하는 목표를 갖게 되는 것이다.

1) 새로운 세계로의 매개 역할

사람이 세상을 이해하고 만나는 것은 신체를 통해서 가능해진다. 신체적 만남을 통해서 다른 사람의 행동방식과 표정, 세계관을 알게 되고, 나의 신체 혹은 다른 사람의 세계관 형성에도 참여한다. 따라서 나의 세계에도 다른 사람이 동참하여 내가 다른 오브제를 지각할 때 나의 고유한 시각에만 의존하는 것이 아니라 다른 사람의 시각이 나에게 들어와 함께 작용하여 또다시 다른 방식으로 오브제를 지각하게 되는 것이다. 신체가 다른 사람들을 만나는 것이고 신체 안에서 사회성이 형성되는 것이다.

미술치료 작업이 환자/내담자의 신체 안에서 작용하는 과정도 이와 같은 원리이다. 그러므로 미술치료에서는 작품을 통해 거리를 두고 자신을 돌아보게 하는 활동이 무엇보다 중요하다. 그리고 자신을 스스로 인식한 후 결과적으로 자신이 자신을 통제하면서 자신을 치료하는 것이 미술치료의 과정이 되어야 한다. 환자/내담자는 신체를 매개로 미술 작업을 통해 먼저 자신을 투사하는 직접적인 경험을 한 후, 다시 자신의 신체를 사용해 바라보는 행위를 하게 되는 과정에서 자신의 내부에 새로운 세계관을 형성하는 눈을 만들게 되고 또 하나의 인식을 자신 안에 자리 잡아 가게 된다.

2) 신체 지각 운동

신체가 지각운동을 통하여 경험한 것들은 신체 안에 위치를 정해 영역 지어지는 것이 아니라 현상적인 질서에 위치하는 것이다. 다시 말해, 사람의 신체적 경험들은 모자이크처럼 조직되어서 기계적으로 저장된다기보다, 신체와 세계가 단순히 존재하는 것 이상으로 행위를 할 수 있도록 '내가 무엇인가를 할 수 있다.' 라고 하는 행위 주체로서의 실존의 의미를 가질 수 있게 만들어 준다.

그렇게 함으로 미술치료실의 환자/내담자들의 작업과 작품도 지금까지 그들이 병리적인 모습으로 보아 온 세상을 변화시켜 자신 안에서 새로운 질서를 만들 수 있도록 돕는다. 환자/내담자가 미술치료실 재료를 통해서 신체를 적극적으로 사용하고 각각의 감각들이 최대한의 경험을 하도록 함으로써 자신만의 세계에 갇혀 있던 사고가 밖의 세계로 향하도록 하는 것이다. 그리고 각 신체 부위마다 행위를 통해 발달 지각상의 역할을 하게 되는데 그중에서 시각행위는 신체 내부에 즉각적인 현상이 일어나도록 도움을 준다.

13-2.
정신분석학적 신체와 피부

미술치료실 환자/내담자들의 주 호소에는 현실과 이상 사이에서 갈등의 경계선에 관한 것이 명확하지 않아 문제로 발전하는 경우가 많다. 특히 환자/내담자의 문제는 자신과 타인에 대한 경계선에 대해 모호한 정신작용에서부터 출발한다. 그리하여 자신의 의지가 아닌 다른 사람의 의지에 의존하는 경향이 심한 경우도 있으며, 자신의 경험들을 판단하는 능력이 부족하여 혼돈 속에서 갈등하는 경우도 있고, 이성 관계에 대한 불안이나 공포 등을 호소하기도 하고 애정에 대해서는 방어가 쉽지 않은 경우도 있으며, 자신의 존재감을 어렵게 느끼거나 자신이 주체가 된 삶이라는 의식보다는 다른 사람을 통하여 사는 것과 같아서 마치 자신의 삶을 관객으로 바라보는 것과 같다는 표현을 하는 경우도 있다.

이러한 문제를 가진 환자/내담자를 앙지유(Anzieu D.)의 무아포(프, Moi-peau)의 기능을 통해 이해할 수 있다.[115)]

앙지유는 세계와 사람을 중재하는 상징적인 요소로 신체를 감싸고 있는 포장인 피부가 있다면 정신작용인 자아를 감싸고 포장하는 것은 무아포(자아피부, Moi-peau)라고 말한다. 사람의 신체는 뼈와 각종 내장기관, 혈관 등을 피부라는 외관으로 포장되고 있고, 사람의 사고하는 자아와 정신작용은 무아포가 외관을 이룬다는 것이다.

피부는 신체 내부와 밖을 중재하는 역할로서 본성이 견고하고, 점착성이 있으며, 수분과 가스 성분을 가진 천이라고 한다면 역시 무아포도 상징하려고 하는 여러 가지 것들을 서로 사슬과 같이 묶어 놓은 것 같은 천으로, 정신작용과 세상 사이를 중재한다. 무아포는 자아가 이상적인 자기애를 외부적으로 형성하도록 두 번째 피부 근육처럼 신체 내부에서 정신에 작용하여, 견고하며 단호하고 열정적이며 또는 명료하게, 매혹적이고 독자적인 사고를 할 수 있도록 하게 한다. 그리고 피부처럼 자아도 내층과 외층을 가지고 있다고 본다.

어떻게 피부와 사고를 연결하는 것이 가능한가 하는 것은 신생아가 소리와 피부를 통해 어머니와 상호 교류한다는 것을 통해 알 수 있다. 무엇보다 아기의 탄생 통로조차도 피부의 접촉이며 호흡하는 것과 소화기관의 작용도 피부적이라고 할 수 있다. 아기는 어머니가 피부를 접촉하여 안아 주었을 때 바로 안심하며 젖을 먹는데 이것은 일차적으로는 단순하게는 배고픔을 해결하는 것이지만 근본적으로는 어머니와의 피부 접촉으로 통해 애착 욕구를 충족하게 되는 것이다. 아기는 이러한 과정의 반복을 통해 어머니의 존재와 부재에 대해 경험을 하게 된다.

이처럼 앙지유도 위니코트(Winnicott D. W.)가 강조한 것처럼, 출생 이후 아기들이 성장하는 과정에서 어머니와 피부로 경험하는 모든 것들의 중요성

---

115) 앙지유(Anzieu D.)는 1999년에 사망한 프랑스의 대표적인 현대 철학자, 정신분석학자로 라캉(Lacan J.)의 사고를 계승하였다. 사이코드라마와 그룹치료, 투사적 치료법에 특별한 관심을 두었으며 무아포를 프로이트의 정신분석이론에 적응하여 발전시켰다.

을 강조하면서 피부가 단순히 신체를 포장하는 요소로서만이 아니라 심리적인 기능을 포함하고 있음을 강조하고 있다. 특히 위니코트는 충분히 좋은 어머니와의 접촉은 '잠재 공간' 을 발달시키는 것으로서, 잘 발달한 애착 관계를 통해 아기가 세계에 대한 긍정적 경험을 하는 것이라고 하였다.

신생아가 접촉하는 피부 즉, 어머니의 젖은 점차 자신의 신체 안쪽과 바깥쪽이라는 서로 다른 면에 대한 분별을 갖게 하며 입체감을 느끼게 하는 것으로서, 입체감을 느낀다는 것은 정신적인 의미로는 그 안에 포함하는 양(量)을 느끼는 것과 같다고 보았다. 결과적으로 따뜻하고 부드러운 어머니의 젖은 영양을 공급하면서 동시에 능동적이며 자극적으로 외부와 접하게 되는 정신적 오브제인 것이다. 따라서 피부는 다른 사람들과의 관계 형성이 포함하는 의미를 이해하고 관계들과의 적절한 거리를 인정하고, 관계하는 방법을 익히는 역할을 할 수 있다. 또한, 세상과의 관계가 너무 가깝거나 너무 먼 것을 조절하며 세상과 관계하는 방법을 알게 한다.

다시 말해, 앙지유의 무아포는 어머니와 아기가 각각 가지고 있고, 상호 공존 관계에 있으면서 의존적이면서도 결별을 준비고 있는 환상적 피부이다. 이 상호 성향의 피부는 다시 내부에서의 이중적인 노력으로 점차 개인적인 독자성을 띄어 이중적인 성향으로 나의 것이 되어 가는 것이다. 하나는 정신적인 것을 담아 두는 포장으로서 다른 하나는 그 안에 포함되는 사고, 정서, 환상 등의 따위로 각각 개별성을 가진 것으로 나누어진다.

1) 무아포(자아피부)의 8가지 정신작용 기능

(1) 보수 기능

신체를 감싼 피부가 뼈와 근육을 버티게 하는 기능을 가지고 있다면 무아포는 정신작용을 보수하는 기능을 가지고 있다. 위니코트는 어머니가 아기의 몸을 얼마나 잘 보살폈는가에 따라 아기의 정신발달에 영향을 끼치는 생물학적인 기능의 보살핌 혹은 지지 기능을 '홀딩' (holding)이라는 표현을 사용한다.[116] 무아포의 일부는 어머니에게서 오는데 특히 어머니의 손길이 아기의

116) 14장 〈위니코트와 잠재 공간〉을 참고하시오.

정신적 기능에 커다란 영향을 끼치게 된다. 외부로부터 받은 손길은 아기가 자라면서 정신적인 척추가 견고하게 바로 설 수 있도록 한다. 보호받은 경험은 '나' 를 만드는 핵의 역할로서 안정적인 '나' 를 형성하고 정신 공간에서 적절하게 '자아' 를 형성하며 자리 잡게 되고, 자아를 통해 분리 혹은 자기 투사와 같은 가장 원초적인 방어기제를 형성한다.

(2) 수용 기능

무아포의 수용 기능은 역시 위니코트가 말하는 어머니의 '핸들링' (handling)과 같은 것이다. 신체 외부를 둘러싸고 있는 피부 전체가 외부의 자극들을 감각기관을 통해 신체 안으로 전달하는 것처럼 무아포는 외부의 자극들에 대한 수용 기능을 하고 있다. 신체가 경험하는 감각-이미지는 신생아가 새로운 것을 받아들이는 자루와 같아서 아기의 요구에 대해 어머니가 적절한 순간에 반응해 주는 것의 중요성을 강조하듯이 무아포도 아기의 신체와 어머니의 놀이 결과가 정신작용에 재현되는 것이다.

(3) 충동 조절 기능

피부의 가장 외부 단층인 표피는 다양한 자극들 즉, 신체적인 충격, 열, 흥분적인 요소들로부터 보호하는 기능을 하고 있다. 프로이트(Freud S.)는 이미 1895년 『과학적 심리학 초고』에서 자아는 충동 조절 기능을 가지고 있음을 밝힌 바 있다.

터스틴(Tustin F.)[117]은 자폐증과 관련하여 두 가지의 신체 이미지를 설명한다. 첫 번째의 경우는 무아포가 전혀 형성되지 않은 경우로서 마치 '자아-낙지' 와 같은 경우로, 이것은 피부 기능이 전혀 발휘되지 않고, 외부의 것을 포용할 수 있는 능력도 상실되었으며 충동조절 능력도 갖추고 있지 않은 경우를 말한다. 두 번째의 경우는 '자아-갑각류' 같은 피부를 가진 경우로서 피부 안으로 어떠한 기능의 영향도 가할 수 없는, 그리하여 무아포가 기능을 하지 못하는 경우도 있다고 말한다.

---

117) 터스틴(Tustin F.). 영국의 소아정신과 의사이자 정신분석학자로서 자폐증 전문가이다.

(4) 개성적 자아 형성 기능

무아포가 적절하게 발달하는 것은 자신이 유일한 존재임을 자각하는 개성적인 자아를 형성하는 기능을 포함하고 있다. 자신과 타인의 경계 사이에 대한 적절한 지지를 갖지 못했을 때 발생할 수 있는 불안감들을 해소하지 못하는 것은 자아 형성 기능의 결여라고 말할 수 있다.

(5) 감각 준재 기능

무아포는 정신의 표면으로 각종 감각과 자연스럽게 접촉하게 되어 있고 그 결과로 기본적인 자신만의 형상을 만들어 간다. 무아포가 적절하게 발달하지 못하고 모자랐을 때는 신체가 조각나서 상처가 나는 것과 같은 불안 등의 증세를 갖게 되는 것으로 정신적 신체가 부서지는 진다는 것도 원초적으로 각각의 기관들이 통합되어 일원적인 기능을 하지 못하고 각자 따로 기능한다는 것을 의미한다.

(6) 성적 자극 지지 기능

또한 무아포가 적절하게 기능한다는 것은 성적 자극에 대해 지지를 통하여 성적인 자극이 일어나는 부위를 구분하고 서로 다른 성의 특징들을 바르게 하며 이성에 대한 욕구를 느낄 수 있는 행동을 조절할 수 있도록 한다는 것을 의미한다. 성적 자극에 대한 지지가 안전하게 발달하지 못했을 경우에는 성인이 되었을 때 충분하지 못한 정신적 안정감으로 이어지고 이것은 성적 관계에서도 상호관계에 대한 만족을 갖지 못하게 한다.

(7) 리비도적 충전 기능

피부는 감각-운동력을 통한 외부 자극을 계속해서 받아들이는데 리비도의 충전 기능을 위해서 무아포도 정신작용 내부 힘의 조절 유지와 정신 시스템 안에서 힘을 전체로 분배하는 기능을 가지고 있다.

(8) 감각 자극 저장 기능

무아포는 감각 자극을 저장하는 기능을 가지고 있다. 위니코트는 신생아 때부터 어머니가 보살핀 환경에 의해 강화된 오브제들로부터 이 기능을 갖게 된다고 말한다. 신체적인 촉각 기능처럼 무아포는 현실에서 받은 이미지들을 거울 속에서 본 것처럼 자아에 새기게 된다는 것이다.

무아포 기능은 결과적으로 생물학적이고 사회적인 이중적 기능으로 발달한다. 생물학적으로는 피부에 현실의 이미지 그대로를 직접 새기는 것이고 사회적으로는 개인의 이미지가 사회라는 단체 이미지들 사이에서 만들어지는 것이다. 머리 모양, 화장법, 몸의 문신, 회화, 의상 등은 사회적인 흔적을 저장하는 대표적 사례이다.

함축하여 보면, 앙지유가 말하는 무아포(자아피부)가 가지고 있는 기능들은 다음과 같다.

- 어머니처럼 온전하고 훌륭한 보살핌을 담아 보관하는 주머니 기능
- 안과 밖의 경계에서의 자아를 포장하고 꾸밀 수 있는 화장술의 기능
- 타인으로부터의 공격과 탐욕, 침범 등에 대한 정신적 보호 기능
- 타인과의 관계에서 최초로 받은 인상의 의미를 저장하는 의사교환 기능

등이라고 말할 수 있다.

2) 무아포와 미술치료사

미술치료가 사용하는 종이와 그림용 천은 피부를 대용하는 역할이 가능하다. 무아포의 기능인 신체를 포장하는 피부와 같은 역할을 그림 그리는 천이 가능하게 할 수 있다. 환자/내담자가 다양한 표면을 통한 미술 작업을 하게 되면 정식적인 피부를 통해 외부와 접촉하는 경험들을 하게 되는 것과 같기 때문이다.

앙지유의 사고는 미술치료를 통하여 환자/내담자의 마음속에 새겨진 아주 오래된 일그러진 표상들이 바람직하게 변형되어 가는 데에 도움을 준다. 특히 앙지유를 통해서 이해할 수 있는 미술치료사의 역할은 환자/내담자가 자신을 병적인 증상을 가진 사람으로서가 아닌 한 사람으로 인정하는 다른 사람과 관계하는 기회를 얻게 하는 것으로, 이는 미술치료사의 직업적 태도와 자세에 대한 의미를 알 수 있게도 한다. 그러므로 미술치료사가 창조적 행위 과정에 대한 훈련과 함께 사람들과의 관계에 대한 기술(技術)을 익혀야 하는 것에 대

한 중요성을 강조한다.

앙지유가 말하는 피부를 포장의 의미로서 보자면 미술치료사와 환자/내담자라는 오로지 이중의 관계인 개인 미술치료보다는 집단 미술치료처럼 집단 안의 다양한 상호 관계 속에서 엮일 수 있는 자극들에서 더욱 치료의 의미가 있다고 볼 수 있다. 집단 미술치료 작업은 집단원들 사이에서의 오고 감을 통하여 개인과 집단의 관계, 남과 여 등의 이성 관계, 노소간의 인생 주기 등 경계에 대한 다양한 인식을 다룰 수 있다는 차원에서 의미가 있기 때문이다. 집단 미술치료에서의 미술 작업은 공동으로 창조하고 공동으로 세워 가는 동안 집단 투사를 통해 개인의 정체성을 애착과 관련한 문제 등 다양한 시각으로 투철하게 바라보는 데 도움을 준다.

- 반대 성향을 가진 사람들 간의 분리
- 지나친 집착관계에서의 적절한 공생의 의미부여
- 거리감 없이 지나치게 가깝게 붙어 있는 사람 간의 정체성 이해 등을 말한다.

사람 내부의 정신작용과 인간 상호관계는 같은 발달 과정을 가지고 있다. 두 가지가 서로 교환 기능을 가지고 있는데 정신적인 문제가 일어나는 지점은 두 가지가 교차하는 곳에서 생기는 혼돈이다. 개인 미술치료든 집단 미술치료든 미술치료사는 환자/내담자의 패러다임(paradigm)을 변화시킬 수 있어야 한다. 그러므로 환자/내담자가 공동 미술 작업을 통해 작품을 만든다는 것은 무의식적인 내부 정신작용 메커니즘(mechanism)과 의견 교환이 가능한 사람들과의 메커니즘과 상호관계를 하는 것으로, 미술치료사는 환자/내담자가 논리적인 순서로 새로운 상황에 순조롭게 변화하도록 돕는다. 그러므로 미술치료사는 공동 미술치료 작업에서 작품의 완성도와 함께 작품이 완성에 이르는 방법과 그 과정에 더 많은 관심을 두어야 한다. 구체적으로는;

- 미술치료 집단원 사이의 의견 교환에 대한 규칙을 알려주어야 하고,
- 미술치료 집단원 사이에서 개입의 시기를 잘 파악해야 하며,
- 공통적인 감정 형성과 서로 다른 감정들이 일어났을 때를 알아차릴 수 있어야 하며,
- 이러한 역동적인 다양한 변화들을 주시하고 관찰하는 중심 역할을 할 수 있어야 한다.

3) 앙지유의 집단 무의식과 정신작용[118)]

(1) 집단 무의식의 5가지 요소

① 개인적 환상 : 개인적인 환상이 집단 안에서 집단원 간의 관심을 찾아내어 집단 환상을 유도하고 결과적으로 집단 움직임이 일어날 수 있게 한다.

② 이마고(imago) : 보통 가부장적 혹은 부모의 보호와 같은 느낌들이 뭉친 정신적 이미지를 의미한다. 집단의 기능은 어떤 한순간 하나의 이마고가 구성되면 집단원 개인과 경향이 다른 것은 배제해 버린다.

③ 원초적 환상 : 집단원을 이끄는 사람을 중심으로 움직여지는 것으로 마치 어머니와 아기와 같은 관계이다. 아기는 이 관계가 분리에 이를 것임을 느끼고 있으며 종종 오이디푸스 콤플렉스(Oedipus complex)를 동반하게 한다.

④ 오이디푸스 콤플렉스(Oedipus complex) : 집단원들 사이에서 각각 자신의 성별에 따른 정체성이 발현되는 것을 말한다.

⑤ 개인의 신체 이마고와 집단 정신작용 : 단원의 서로 다름 가운데에서도 개인보다는 집단만의 외형, 신체, 내부적인 경계를 결정하게 된다.

(2) 집단 정신작용의 3가지 기능

① 집단에서 개인은 동일시를 통해 자신의 정신작용에 영향을 받고 개인은 다시 집단에 엮이는 순환의 과정이다.

② 각 집단 안에서 스스로 사회적이거나 정신적으로 현실과 비교해서 자신의 집단이 충분히 만족스럽다는 동맹이 일어난다. 오이디푸스 콤플렉스

---

118) 앙지유(Anzieu D.)는 프로이트(Freud S.)와 비온(Bion W.R.)의 개인 무의식과 집단 환상의 반향과 집단이 사회에 재현하는 강도와 높낮이 사이에서의 중재 행위에 대한 이론을 이어받아 집단 무의식 이론을 전개하였다. 특히 프랑스의 1968년 사회운동을 경험한 이후 사회문화적인 집단 표현 행위 영향으로 개인 환상이 중요한 결과에 이르는 과정을 보았기 때문이다. 1968년 이 거대한 프랑스 사회운동은 개인의 환상 표현에 사회적 집단 표현이 걸림돌이 된 사례이다.

를 통해 집단 안에서의 애증 관계, 이성 관계, 세대관계 등의 순서를 정해 가면서 자족적인 능력을 발휘한다.

③ 집단의 안과 밖 사이의 경계를 없애므로 집단의 겉포장과 안에 포함하는 내용에 대한 경계도 없앤다. 결과적으로 이렇게 부서진 집단은 안과 밖을 갖기를 열망하지 않게 된다.

13-3.

신체와 오감

미술치료에서 신체의 오감을 주요한 요소로 많이 사용하는 곳은 어린 영아들, 유치원 어린이들, 자폐증 어린이들 등 주로 어린이를 대상으로 하는 경우이다. 어린이들은 원초적 상상력과 모방 능력이라는 요소들을 발견해 내는 것만으로도 미술치료적 목표를 달성할 수 있기 때문이다.

골스(Golse B.)[119]는 아기가 사고를 형성하는 과정에 대한 연구를 통해 이미 신생아에게도 정신작용 발달을 위한 원초적인 활동 영역이 있음을 말하는데 오이디푸스 콤플렉스 시기보다 훨씬 이전에 아기와 어머니 외에 삼각 구도상의 세 번째 구역이 존재한다고 한다. 특히 골스는 '정신의 세대 전달 작용'(프, transmission psychique transgénérationnelle)이 있음을 강조하면서 가족적 애착 관계나 부모 자신의 환상, 그리고 부모의 돌보는 손길, 눈빛, 목소리, 이별과 만남 등을 통해 세대 간의 정신작용 전달이 가능하다고 말한다.

골스는 신생아의 신체를 통한 상징화의 3단계 과정을 다음과 같이 말한다.

(1) 첫 단계는 신체적인 과정과 행위적 중재를 통해 이중적인 고정 과정을 거친다.

119) 프랑스의 소아정신과 의사, 정신분석학자로서 파리의 네케르 아동청소년병원 소아청소년정신과 과장이며 파리 5대학 교수이기도 하다. 술레(Soulé M.), 르보비치(Lebovici S.) 교수와 함께 자폐증과 입양어린이, 신생아의 정신의학 관련 연구를 하였다.

우선 신체적으로 감각된 것들과 체험된 것들이 특별한 형태나 성향을 갖지 않고 아직 인식적으로 변환되지 않은 채 바른 태도에 대한 조절 능력, 충동 조절 능력, 중요한 것을 알아차릴 수 있는 능력을 갖춘 다른 사람을 향해 관심을 돌려서 알아가도록 한다.

(2) 다음 단계는 다른 사람을 통해 아기에게 다시 보이는 것들을 원초적인 자신 안에 저장한 환상과 섞어서 다시 그것에 새로운 생각들을 이어 가면서 연속적이며 점점 더 의도를 가진 목적을 자신 안으로 저장하게 된다.

(3) 마지막으로 무엇보다 우선되었던 원초적 오브제와 관계해서 내부에 저장한 것들을 다방면으로 돌리게 된다. 예를 들어, 어머니의 부재 자체를 상기하는 것보다 그것이 포함하는 의미를 찾게 되는 것이다.

이러한 과정을 통해 아기는 배울 수 있는 능력을 갖추게 되고, 성장하며 자신을 표현하는 것을 익히므로 충격을 견뎌내서 장애를 갖지 않게 되고 자폐적이거나 다른 정신병리적인 요소들을 넘어갈 수 있게 된다. 그러므로 골스는 신체 내부에 포함된 드러나지 않은 것들이 형태와 내용을 가지고 분산되어 기능을 발휘해야 함을 강조한다. 이 '포함하고 있는 내용' 에 대한 사고는 비온(Bion W.R.)을 이어받은 앙지유(Anizieu D.)의 '무아포' 연구에서 영향받은 개념으로, 외형을 가진 신체가 내부의 사고와 끊임없는 연관이 있고 결과적으로 상징에 대한 개념을 이해할 수 있도록 돕는다는 것을 말하고 있다.

〉〉 참고 문헌

들뢰즈 & 갸타리(Deleuze G. & Guattari F.) (2001). 천 개의 고원(*Mille Plateaux*). 김재인 역. 서울: 새물결.

메를르 퐁티(Merleau-Ponty M.) (2002). 지각의 현상학(*Phénoménologie de la Perception*). 류의근 역. 서울: 문학과지성사.

주디트 루빈(Rubin J. A.) (2001). 이구동성 미술치료(*Approaches to Art Therapy Theory and Technique*). 주리애 역. 서울: 학지사.

프랜시스 터스틴(Tustin F.) (2001). 자폐아동을 위한 심리치료(*The Protective shell in Children and Adults*). 이재훈, 장미경, 권혜경 역. 서울: 한국심리치료연구소.

한나 시걸(Segal H.) (1999). 멜라니 클라인의 정신분석학(*Introduction to the Work of Melanie Klein*). 이재훈 역. 서울: 한국심리치료연구소.

Anzieu D. (1995). *Le Moi-peau*. Paris: Dunod.

Anzieu D. & Chabert C. (2004). *Les méthodes projectives*. Paris: Quadrige, Presses Universitaires de France.

Bergson H. (1985). Essaie sur les données immédiates de la conscience (1888) (제156판). Paris: Quadrige, Presses Universitaires de France.

Corraze J. (1998). *Le Moi-peau ou le merveilleux psychanalytique*. Évolutions Psychomotrices, vol. 10 n° 40: 59-87.

Golse B. (2001). *Du corps à la pensée*. Paris: Le fil rouge, Presses Universitaires de France.

_______ (1985). *Le développement affectif et intellectuel de l'enfant*. Paris: Masson - médecine et psychothérapie.

Rodriguez J. & Troll G. (1995). *L'art-thérapie- Pratiques, techniques et concepts*. Paris: Edition Ellébore.

Winnicott D.W. (1962). *Processus de maturation chez l'enfant - développement affectif et environnement*. Paris: Payot.

______ (1971). *Jeu et réalité*. - l'espace potentiel. Paris: Gallimard.

14장 위니코트(Winnicott D.W.)와 잠재 공간(potential-space)[120)]

위니코트의 이론은 정신분석의 영역에서뿐만 아니라 창조성과 놀이에 관련한 이해를 통해 미술치료에서도 중요한 개념을 찾을 수 있다. 미술치료에서의 미술의 기술적인 활용 방법은 일종의 놀이로서 위니코트가 말하는 잠재 공간은 미술치료에서 강조하는 창조성을 만드는 원동력인 환상이 일어나는 곳이기 때문이다.

14-1. 위니코트의 정서발달 이론

위니코트(Winnicott D. W.)는 영국의 정신과 의사이자 정신분석학자로, 그의 핵심 이론은 탄생부터 개인의 발달과 공존하는 환경에 대한 것이다. 여기서 말하는 환경이란 아기 또는 아기를 돌보는 사람의 삶과 태도(holding)뿐만 아니라 사회에서 통용되는 아기를 돌보는 데 필요한 비품(handling)들을 포함

120) 이 장은 2002년 수원여대가 문교부의 연구자금을 받아 연구한 원고와 1999년 민예총 문예아카데미 미술치료 강의 원고를 전체적으로 다시 구성한 것이다.

한다. 즉 침대와 담요, 숟가락과 구강용 아기 장난감 등을 말한다. 또한, 아기가 어머니 이외의 대상과 자기 자신의 차이점을 지각하며 성숙하는 단계로 과도기 체험의 중요성을 강조한다(l'object-presenting). 아기에게 있어서의 이러한 중간 대상(과도기적 대상, transitional object)들은 창조적인 사고에 도움을 주어 성인이 되어서 음악, 창조성, 종교 등의 전환기적 현상들로 승화하는 것이다.

정신분석학의 초창기에 프로이트(Freud S.)는 정신의학적 질병의 세 가지 측면에 관심을 가졌는데,

- 행동 즉, 환자의 현실과의 관계
- 의사소통 도구로서의 무의식에 대해 새로운 이해
- 발달과정의 개념을 도입한 원인론이었다.

본능적 삶의 발달을 연구하던 프로이트는 아동기 성에 대한 이론에 관심을 가졌으며, 결국 유아의 전성기기의 본능적 삶에 대한 이론과 고착이라는 개념을 형성하게 되었다. 이후 위니코트는 아기의 발달에서 본능적 충동 즉, 공격적 충동과 성애적 충동의 융합은 절대적 의존 단계에서 발생하는 것이라고 하였다. 환경이 아기의 초기 욕구에 충분히 적응해 주지 못했을 때, 아기가 대상관계를 현실적으로 느끼게 되며 대상에게 외적으로 보여주는 공격성과 리비도(libido)적 욕구를 충족시키는 정서적 욕망을 통합시켜 내지 못한다고 한다.

"세상에 혼자서 존재하는 아기는 없다."는 문장이 위니코트의 모든 연구를 대변한다고 볼 수도 있다. 이는 실제 아기를 연구할 때 반드시 환경을 고려해야 하며, 아기를 말할 때 의존과 환경의 본질을 함께 말해야 한다는 것을 강조하는 것이다. 다시 말해, 갓난아기의 실제적인 신체의 무능은 신체적, 정서적 성장의 필수 요건인 촉진적 환경 또는 아기와 함께 단일체를 이루는 모성적 돌봄에 의존한다는 것으로 인간의 핵심에 놓여 있는 타고난 잠재력이 있더라도 적절한 환경이 없으면 실현될 수 없다는 것을 강조하였다.

그래서 예전의 다른 학자들과 달리 위니코트는 모성 기능만을 지나치게 이상화하지 않고 "충분히 좋은 어머니"(good enough mother)라는 표현을 사용했다.[121] 결국 위니코트는 인간에게 완전한 독립은 없으며, 건강한 개인은 고립되어 있지 않고 개인과 환경이 상호 의존적인 방식으로 관련을 맺는다는 것

121) Communication between infant and mother, mother and infant, compared and contrasted, 1968.

이다.[122)]

그러므로 미술치료를 통해 환자/내담자에게 심리적인 치료가 가능한 것은 다양한 미술 재료라는 환경을 제공하여 놀이를 통한 환상 공간을 만들어 주고 미술치료사라는 좋은 어머니가 기능을 하기 때문이다.

1) 위니코트의 의존 3단계

(1) 1단계 : 절대적 의존

이 단계의 아기는 모성 돌봄에 대해 전혀 의식하지 못하며 이 시기의 모성 돌봄은 정신병 예방문제를 결정한다. 아기는 무엇이 잘된 것이고 잘못된 것인지를 통제할 수 없다. 다만 그것에 의해 이익을 얻거나 아니면 장애를 갖게 되는 자리에 있을 뿐이다.

(2) 2단계 : 상대적 의존

아기는 자신이 필요한 모성 돌봄의 내용을 인식하게 된다. 그리고 그것들을 점점 개인적 충동과 관련시킬 수 있게 된다.

(3) 3단계 :

아기는 독립을 향해 실제적 돌봄 없이 지낼 수 있는 수단들을 발달시킨다. 이것은 환경에 대한 신뢰를 쌓아 가면서 돌봄의 기억들을 축적하며 개인적 욕구를 밖으로 투사하고 돌봄의 내용을 안으로 내사함으로써 이루어진다. 여기에 지적인 이해의 요소가 덧붙여져야 한다. 완전한 독립은 없으며, 건강한 개인은 고립되어 있지 않고, 개인과 환경은 상호 의존적인 방식으로 관련을 맺게 된다.

2) 아기의 초기 심리 기능

위니코트는 아기가 절대적 의존에서 상대적 의존으로 가는 여정에서, 생의 초기 6개월이 될 무렵까지 아기의 통합 상태와 신체 안에 거할 정신, 대상관계의 시작이 이루어진다고 설명한다. 그러나 이와 같은 시작으로 초기 유아기에

---

122) From dependence towards independence in the development of the individual, 1963.

과정 대부분이 완전히 확정되는 것은 아니고 시간이 흐르면서 아동기로부터 성인기에 이르고 심지어 노년기까지 계속되는 성장에 의해 더욱 강화된다고 하였다.[123)]

대부분의 사람이 신체와 정신의 통합이 당연하게 이루어지는 것으로 여기지만 위니코트는 성취해 나가야 하는 과정으로 보았다. 그 통합은 비록 신체 기능을 기초로 하지만 미숙한 정신이 신체의 생활에 밀접하게 묶여 있지 않은 초기 단계에서부터 신체와의 통합적 발달 과정을 거쳐 이뤄진 것이다. 다시 말해, 신체 안에 정신이 거주하기 위해서는 운동감각 및 기능적 경험과 아기의 새로운 존재의식 상태가 결합하여야 한다. 이 연합은 점차 발달함에 따라 건강한 경우에 자신 안에 한계 막과 같은 것이 존재하게 되고, 그것은 어느 정도 피부 표면과 같은 것이 되며, 아기의 나와 나 아닌 것 사이에 자리 잡게 된다. 이런 식으로 안으로 들이고 밖으로 내보내는 기능을 갖게 된다. 아기에게 개인적이고 내적인 심리 실재가 있다고 가정하는 것이다.[124)]

아기의 가장 초기 발달단계에서 절대 박탈(privation)이나 가치 박탈(deprivation)을 경험하는 일 없이 촉진적 환경이 충분히 제공될 때, 아기의 대상은 본질적인 변화를 하게 된다. 그러므로 이 초기 단계에서 제공되는 촉진적 환경을 통해서 아기는 전능성을 경험하고 이 주관적인 대상과의 관계 경험을 통해서 현실원리에 대한 적응능력이 발달한다. 촉진적 환경의 지원 아래 전능성을 경험한 아기는 대상을 창조하고 재표현할 수 있게 된다. 그리고 그 과정은 기억 속의 흔적들을 끌어모으면서 점차 내적 능력으로 확립된다. 이러한 능력들은 마침내 지능으로 발달하게 되며 주관적 대상과의 관계에서 객관적으로 지각되는 대상과의 관계로 옮겨 가는 과정에 영향을 미치게 된다.

그리하여 건강한 아기는 자신의 주변에 놓여 있는 것을 이용해 다양한 놀이를 창조한다. 따라서 건강한 대상은 발견되는 것이 아니라 창조된다는 결론에 이른다. 이렇게 볼 때 미술치료 또한 한 사람의 환자/내담자가 미술 행위를 통하여 자신에게 가장 합당한 긍정적 상황들을 계속해서 새롭게 창조할 수 있도록 하여야 하고, 아기의 심리기능을 이해하므로 환자/내담자 안에서 어떠한

---

123) The development of the capacity for concern, 1963.

124) The theory of the parent-infant relationship, 1960.

과정과 어떠한 현상을 경험하게 되는지를 이해할 수 있게 되었다.

14-2.

위니코트의 대상관계

1) 정신분석과 대상

정신분석에서 대상(object)이란 말은 사물보다는 사람 또는 사람의 일부분에 더 자주 적용된다. 따라서 대상관계는 실제로 인격적 관계라는 개념을 지닌다. 아기의 발달 단계 중 절대적 의존기에서 상대적 의존기로 넘어갈 때, 아기의 나는 나 아닌 것으로부터 분리되어 있지 않다. 이 원시적 대상관계에서의 대상은 아기에 있어서 자기 자신과 구별되지 않는다.

특별히 위니코트는 본능적 충족, 만족, 좌절 등을 기반으로 한, 아기와 어머니와의 관계라는 각도에서 대상관계를 바라보면서 자아가 대상관계를 주도한다고 말한다.

위니코트는 생의 아주 초기에 '자기' (self)라는 말을 적용하는 것은 적절하지 않다고 보고 인격의 초기 상태를 나타내는 데에 '자아' (ego)라는 용어를 사용했다. 그에 의하면 아기가 다른 사람들을 보고, 느끼고, 듣고, 자신의 몸의 접촉을 통한 인식을 위하여 지능을 사용하기 시작할 때 비로소 자의식의 출현과 함께 '자기' 라는 말이 적절하다는 것이다. 또한, 그는 생의 초기에 '신체의 부분, 느낌, 기능 등에 대한 상상적 구성물' 들로 이루어진 '내적 정신 실제 개념' 을 신경 계통의 발달과 함께 경험이 점차 확산하면서 이를 기초로 한 내적 세계가 출현한다고 설명한다.

"자기 몸을 둘러싼 피부를 경계로 하나의 단위를 이루어 안과 밖을 가지는 존재의 단계에 이른 모든 사람에게는 하나의 내적 실재 즉, 풍부할 수도 있고 빈곤할 수도 있으며, 평화로울 수도 있고 전쟁의 상태에 있을 수도 있는 내적 세계[125)]가 있다고 말한다.

2) 중간대상과 중간현상

보통의 아기는 가장 단순한 중간 대상으로 천 조각이나 곰 인형, 공갈 젖꼭지 등을 이용하고 그것에 탐닉하게 된다. 그 시작 시기는 대략 4~6개월부터이고 8~12개월경 혹은 의도적으로 광범위한 변화의 여지를 남겨 두고 그 이후까지 이어지기도 한다.

위니코트는 보통 아기에 의해 재댁되는 최초의 특정한 소유물은 부모의 선택으로 이루어지며 특별한 중요성을 지니고 있다고 보았다. 이것은 최초의 나 아닌 소유이며 이것을 '중간대상' (Transitional object)이라 한다. 그 기원을 놀이와의 관계라는 아주 원초적인 형태에서 찾았으며 이것과의 기능적 경험들을 '중간현상' (Transitional phenomena)이라고 한다.

3) 놀이와 잠재적 공간(Potential Space)

위니코트는 아이들이 열중하는 놀이를 중간현상의 확장으로 보았으며, 놀이는 개인적 자기와 환경 사이의 중재적 공간에 속하는 것으로 생각하였다. 위니코트가 말하는 중재적 공간은 놀이가 일어나는 곳이기 때문에 중간대상을 사용하는 데서 전능 환상이 지속해서 관찰되는 영역보다 더 폭넓은 영역이다. 성장하는 아이나 성인에게 전능 환상은 결국 환상이 된다. 이 환상들은 결과적으로 한 사람에게 잠재한 능력을 말하는 것이다. 그러나 절대적 의존기에 있는 아기의 경험이 성인의 의식 속까지 유지될 때, 그것은 병적 상태가 되는 것으로 따라서 인간의 독립을 향한 여정에서 가장 중요한 것은 전능 경험이 지속하는 것이 아니라 창조할 수 있는 능력으로 변형되어 연결되고 지속하여야 하는 것이다.

특히 창조 활동에서 중요한 것은 그것이 자발적인 행동을 포함하고 있다는 사실이다. 이는 아이의 놀이에서뿐만 아니라 성인의 경험에서도 그러하다. 놀이는 경험이고 만족스러운 경험은 놀이이다. 이 둘은 창조성이라는 통일된 감각이 있다. 인지 발달과 아울러 창조적인 놀이 경험의 통합은 개인으로 하여

---

125) Transitional objects and transitional phenomena, 1951.

금 독립을 향해 나아가게 하며 세상과 의미 있는 상호 교환을 가능하게 한다. 보이는 세상 안에서 의미를 발견하는 것과 자기가 풍성해지려는 것을 토대로 일어나는 쌍방통행의 과정에 참여하게 하기 때문이다.[126)]

잠재적 공간은 모든 경험의 만족스러운 영역이다. 초기 몇 년 동안의 경험에 속해 있는 강렬한 감각처럼 미술치료 환자/내담자는 미술 창조 경험을 통해 잠재적 공간 속에서 의미 있는 의사소통을 할 수 있게 되는 것이다. 이 공간에 있는 잠재 능력은 결과적으로 의사소통의 경험을 통해 상호관계와 건강하고 탄력적인 대인관계 그리고 안정감을 지닌 정신적 풍부함과 편안함에 이를 수 있게 한다.[127)]

이러한 일상생활 속 예들은 그림 감상, 음악 감상, 농담 주고받기, 축구경기 관람, 특별한 날에 옷 차려입기 등이라고 말할 수 있다. 개인의 창조성에 의한 어떤 활동도 놀이 영역에 포함될 수 있고 더 광범위한 규모에서 개인적인 경험의 중복으로 인해 형성된 사회의 제도나 관습은 안정감과 탄력성을 특성으로 지닐 수 있게 된다. 이렇게 사회에 대한 각 개인의 잠재적 공간을 통한 가치는 개인이 사회에 이루어 낸 공헌이라고 말할 수 있다. 이는 물론 예술과 과학 분야에서 우리의 문화를 아주 명백하게 향상한 특출한 작품들을 포함한다. 그리고 이만큼의 가치를 지니는 것은 일과 삶 속에 그리 화려하지 않은 영역에서 자기(self)를 바치는 것도 포함된다.

4) 스퀴글(squiggle) 놀이[128)]

위니코트는 모든 어린이의 심리치료가 정신분석적 처방만으로 가능하지 않다는 것을 말하면서 자신의 치료 기술 중 첫 면담의 중요성을 강조한다. 그리고 이 면담을 위해서 탄력적인 방법을 제시하였는데 이것을 '스퀴글

---

126) Mirror-role of mother and family in child development, 1967.

127) A personal statement about dynamic psychology, 1970.

128) Therapeutic consultations in child psychiatry, 1971. 미술치료에서 스퀴글 놀이를 다양한 방법으로 활용하기도 하는데, 저자의 경우는 자유연상을 더욱 확장하여 스퀴글 그림을 난화와 먹물그림 등의 재료로 확장하였다. 그리고 다음 단계에서 책으로 묶어 이야기를 만드는 방법으로 활용한다. 실제로 위니코트의 중재 공간에서 일어나는 잠재 능력 속의 환상을 헤아리고 그것이 결과물을 만들어 내는 경험은 이렇게 책으로 묶은 후 책의 이야기에서 절정에 달한다. 어린이, 성인, 노인 누구에게나 미술적 기술이 필요없이도 활용될 수 있다.

(squiggle) 놀이' 라고 한다.

스퀴글 놀이는 연필 두 자루와 종이 몇 장을 이용해, 처음 치료자가 그림을 간략하게 그리면 아동은 다른 것으로 바꾸어 그리는 방식이다. 위니코트에게 있어 스퀴글 놀이는 치료 상황이나 면담 중에 일어나는 변화에 적응하는 적절한 환경을 만든다는 의도에서 사용되었다. 또한, 치료 상황이나 면담이 끝나고 아동이 사회나 가족에게 돌아갔을 때에도 이 그림들이 제공되어야 한다고 생각했다. 그리고 스퀴글 그림이나 그림 자료를 어린이들의 부모와 상담을 하는 데 중요한 자료로 사용하였다.

즉, 스퀴글 놀이는 어린이와 접촉하는 하나의 방법으로 이 놀이와 전체 면담에서 제시되는 자료를 통하여 아이의 경험과 치료자 사이의 경험을 나누기 위하여 사용하는 것이다. 이러한 경험을 이용하기 위하여 치료자는 아이의 정서 발달과 환경 요인 사이의 관계에 대해 뿌리 깊은 이론적 골격을 가지고 있어야 함도 강조하고 있다.

〉〉 참고 문헌

도날드 위니캇(Winnicott D.W.) (1998). 그림놀이를 통한 어린이 심리치료(*Therapeutic Consultation in Child Psychiatry*). 이재훈 역. 서울: 한국심리치료연구소.

______ (1971). 놀이와 현실(*Paying and Reality*). 이재훈 역. 서울: 한국심리치료연구소.

________ (1984). 성숙 과정과 촉진적 환경(*The maturational processes and the faciliating environment* - studies in the theory emotional development). 서울: 한국심리치료연구소.

마델레인 데이비스 & 데이빗 월브릿지(Madeleine Davis & David Wallbridge) (1981). 울타리와 공간(*Boundary and Space: An Introduction to the Work of DW Winnicott*). 이재훈 역. 서울: 한국심리치료연구소.

Melanie Klien (1968). *Envie et gratitude - et autres essais.* Paris: Gallimard.

Part Ⅲ

미술치료 : 대상은 누구인가?

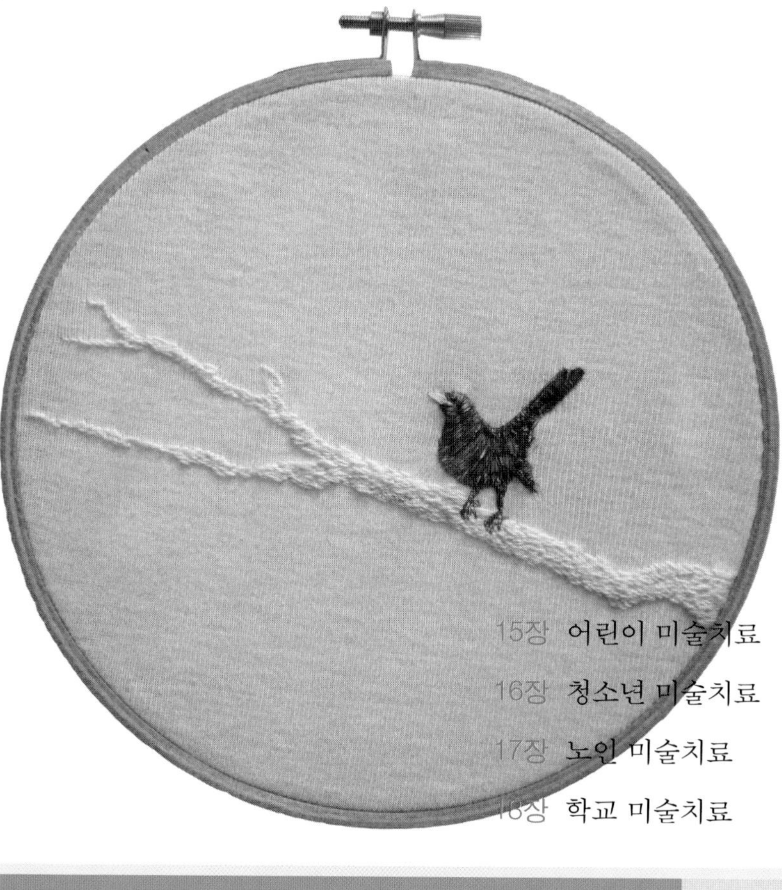

15장 어린이 미술치료

16장 청소년 미술치료

17장 노인 미술치료

18장 학교 미술치료

15장 어린이 미술치료

15-1.
어린이 미술치료 개념

1) 대상

(1) 불안한 상황에 놓인 어린이들이 미술 재료들을 기술적으로 다루고 놀이하며 표현하는 활동을 통해 자신의 상황을 스스로 인식하고 자신의 문제를 어떻게 다루어야 하는가를 알 수 있게 한다.

(2) 어린이의 성장 과정 안에서 갑작스럽게 일어난, 특별하게 대처해야 할 고통의 순간을 맞았을 경우 미술치료가 도움된다.

(3) 정신적이거나 신체적으로 활발한 발달 과정의 어린이가 갑자기 발달이 멈추었거나 심지어 퇴행하는 경우 창조적인 활동을 통해 자신을 넘어서서 성장해 가는 데 미술치료가 역할을 할 수 있다.

(4) 입양, 부모의 재혼으로 인한 가족 재구성 등 어린이에게 있어 가족이 새로운 과정을 겪어 갈 때 미술치료가 동반 역할을 한다.

(5) 행동장애, 과잉행동장애, 학습장애 혹은 반사회성장애 등을 보이는 어린이의 성장을 위한 요소로서 미술치료가 함께할 수 있다.

(6) 어린이의 폭력성은 보통 적절한 감정표현의 결여로 폭력을 제어하는 방법을 모른 채 폭력이 어린이를 정복해 버린 경우가 많다. 특히 어린이의 폭력적인 행동만을 강조하므로 그것만 보이지만, 실제로 미술치료를 통해 어린이는 자신이 감정들을 표출하고, 밖으로 자연스럽게 드러나게 함으므로써 해서 창조적으로 자신의 생활 주변을 인식할 수 있게 된다.

그림을 그리는 동안 어린이들은 편안하게 자신의 감정을 통제하는 열쇠를 갖게 되며 폭력성을 다른 방법으로 느껴 갈 수 있게 된다.

(7) 어린이 미술치료는 부모가 포함된 가족적인 치료가 함께 이루어질 때 훨씬 효과가 크다. 그림 속 하나의 이미지를 통해 가족 간의 조화를 이루며 서로를 부드럽게 살피면서 혼돈되었던 것을 자유롭게 떨쳐놓으며 믿음을 나누는 이야기가 오고 갈 수 있다.

2) 기술

어린이 미술치료는 미술치료사라는 어른에 의해 제공된 안전한 공간에서의 새로운 놀이 그 이상이 아니다. 어린이들은 놀이를 통하여 불가능한 것을 가능하게 하며 성장해 간다. 놀이 안에서 자신의 희망 혹은 충동을 결과에 대해 두려움 없이 쏟아내게 된다. 어린이들은 자신에게 주어진 미술 재료를 다루는 동안 자신의 행동 결과로 나타난 것을 통해 사람들과 직접 갖게 되는 관계와는 다른 반응을 경험하게 된다. 자신의 행동에 따라 반응하여 답하는 사람들과는 달리, 자신의 작업은 자신이 조정하는 대로 있게 되며 그보다 더 원한다면 걱정할 것 없이 작업을 계속하여 자신의 모든 것을 쏟아 부을 수도 있다.

도구를 다루는 기술, 다양한 생각해 내기, 다양한 감정 다스리기 등의 창조적인 놀이를 통해서 지나간 상황들을 다시 경험하게 된다. 자신을 통해 다시 반복된 경험들은 자신의 어려운 상황을 자신이 스스로 통제하는 힘을 갖고 있음을 알게 한다. 결과적으로 어린이는 규칙을 알고, 자신의 힘으로 만들어지는 작업들을 통해 상징적으로 자신의 힘을 느끼게 되며 자신이 세상을 만들어 갈 수 있음을 알게 되는 것이다.

어린이들은 대부분 그림 그리기, 데생 혹은 만들기를 통해 자신을 표현하기를 즐기는데, 어린이들에게 있어서 그리고 자르고 만드는 것 자체가 변형 놀이이다. 놀이를 통해 자신의 두려움, 화남, 슬픔, 악몽, 걱정 같은 감정들을 밖으로 내보내고 자신을 안정된 상태로 변형시킬 수 있다.

(1) 어린이 미술치료는 전적으로 미술치료사가 어떠한 작업 환경과 재료 등을 제공하는가에 따라 어린이들이 새롭게 발견해 나아가는 힘을 준다.

자연스럽게 표현하고자 하는 의욕을 갖는 재료인가?

- 어린이가 편안하게 다룰 수 있는 재료인가?
- 충분한 양의 재료와 내용을 가지고 있는가?
- 다루는 대로 충분히 어린이에게 반영될 만한 주제 혹은 재료인가?

하는 것을 살핀다.

(2) 어린이 미술치료실은 잘 구성된 구조로 되어 있어야 한다.

위의 질문들을 만족하게 하고 있다면 어린이는 미술치료사나 어른들이 알아들을 수 있을 정도로 자신을 드러내거나 표현할 수 있다. 다음은 미술치료사가 어린이들이 보여주는 표현들을 잘 다듬어서 윤곽이 뚜렷해지도록 도울 수 있는 능력을 갖추고 있어야 한다. 그렇게 하므로 어린이들이 말하고 싶은 혹은 작품이 가지고 있는 이야기가 전달될 수 있게 된다.

미술치료실의 작업이 어린이에게 자신의 생각 혹은 환상을 자유롭게 스스로에 의해서 일어날 수 있도록 구조적이어야 하는 것이다.129)

(3) 어린이 미술치료실의 재료가 작업 행동에 특별한 영향을 주지 않도록 재료들의 특성에 대한 이해가 충분해야 한다. 예를 들어, 냄새가 나는 재료는 어린이가 자극을 받아 필요 이상의 행동을 할 수도 있고 중독을 일으키는 해로운 재료가 아닌지도 살펴보아야 한다. 어린이에게 필요 이상의 행동에 대한 주의를 요구해야 하거나 결과적으로 불필요한 관계를 불러오게 되는 것을 주의해야 한다.

---

129) 미술치료실이 구조적이어야 한다는 것은 미술치료의 목표 결정에서부터 작업이 진행되는 과정 동안 그리고 검증, 수정까지의 모든 내용이 정확한 틀로 된 리듬이 만들어져 있어야 한다는 것이다. 그러나 아직도 전통적인 미술교육가들 중에는 번호를 붙여 놓고 순서대로 색칠하게 하는 방법을 택하는 경우도 있는데 이러한 방법이 잘 구조화된 미술 경험이 아니라는 것은 누구나 쉽게 이해할 것이다. 이러한 방법은 어린이들이 환상, 자유 그리고 잠재한 가능성을 찾아내 스스로 자라날 수 있는 가능성을 막을 수도 있다.

15-2.

어린이 미술치료실의 환경[130)]

1) 재료

가능한 한 다양한 종류의 재료가 준비되는 것이 좋다. 특히 비싸지 않은 것이면서도 어린이가 일상생활에서 쉽게 보고 접할 수 있는 것이 바람직하다. 반대로 전혀 일상생활에서 접할 수 없었던 환상을 자극할 수 있는 특별한 재료도 있을 수 있다. 손으로 만질 수 있는 물감, 수채화 물감, 과슈, 여러 가지 종류의 찰흙, 풀, 국수, 돌, 구슬, 모래, 장난감, 끈, 옷감, 종이, 나무, 석고가루, 석고붕대 혹은 각종 장난감, 공구류 등 무궁무진한 재료가 어린이 미술치료에서 가능하다.

미술치료사는 이러한 재료들을 손쉽게 사용할 수 있도록 잘 정돈하여 두므로 어린이들도 이러한 모습에서 스스로 규칙을 지킬 수 있는 태도를 갖게 될 것이다. 동시에 필요한 순간에 적절한 재료를 사용하므로 어린이들이 자신을 표현하는 데 주저함이 없도록 돕는다. 또한 어린이의 나이와 신체적 활동 능력을 고려하여 재료를 선택하여 제공하고, 재료의 성향을 잘 이해하여 재료 사용에 문제가 발생하지 않도록 어린이들의 작업을 보살핀다.[131)]

2) 공간

어린이들의 경우에는 열려 있는 개방형 공간보다 한정된 밀폐형 공간을 사용하는 것이 바람직하다. 특히 어린이 미술치료실은 적어도 세 가지의 공간 구별을 확실하게 갖추고 있어야 하는데 첫 번째는 재료와 도구들이 정돈되는 공간이고, 두 번째는 작업할 수 있는 공간이며, 세 번째는 더럽혀진 손 등을 깨끗이 닦을 수 있는 공간이다. 특히 손을 깨끗이 닦거나 더럽혀진 옷을 정리하

130) 부록의 〈미술치료실의 환경 구성〉을 참고하시오.

131) 예를 들어 찰흙은 양과 시간에 따라 건조해질 수 있으므로 흙을 만지는 것에 자연스럽게 적응을 했다고 판단되면 다음 작업으로 언제 넘어갈 것인지, 적절한 시간을 살피는 것 등을 말한다.

는 것은 어린이들이 질책의 대상을 제거하는 것과 같은 의미로서 세면대 구성은 어린이 미술치료실에서 아주 특별한 의미를 갖는다.

어린이 미술치료실은 어린이들에게 자신들을 위한 특별한 공간이라는 느낌이 들도록 해야 하며 개인적인 공간과 그룹 공간 등 여유 있는 공간 구성이 필요하다.

어린이들이 미술치료사에게 특별히 요구하지 않아도 재료를 스스로 재료를 사용할 수 있는 것이 바람직하므로 쉽게 손이 닿을 수 있는 구조를 갖추는 것도 바람직하다.

3) 시간

약속된 요일과 날짜를 고정해 두므로 어린이가 미리 자신의 미술치료 회기를 알게 하고 어떠한 리듬으로 반복될 것인가를 느끼게 하는 것이 중요하다. 리듬을 익히는 것은 자신의 미술치료 회기를 스스로 준비하고 분별할 수 있게 하여 미술치료실 안에서 스스로 발전시켜 가고 조절해 가는 능력을 갖추게 되기 때문이다.

4) 회기의 규칙

미술치료실은 최대한 자유로운 공간이 되어야 하지만 허락된 것과 금지된 것에 대한 확실한 약속이 있어야 한다. 또한, 시작하는 시간과 끝나는 시간 등을 정확하게 해서 그 시간 동안 미술치료실이 안전한 곳이라는 것을 어린이가 정신적으로나 신체적으로 느낄 수 있게 해야 한다.

프랑스의 소아심리분석학자 돌토(Dolto F.)는 부모로서 자식의 육체적, 정신적 어려움을 알면서도 본인들의 힘으로 어떻게 도와주지 못할 때만큼 커다란 어려움은 없다고 말한다. 더구나 어린이에게 더 큰 정신적인 위험은 어른들이 자신을 지켜 주지 못한다고 느꼈을 때 자신의 존재에 대한 위급함을 더 크게 갖는 것이다. 그러므로 미술치료실은 어린이들이 어른들에게서 느낄 수 있는 보호된 안전함과 자신의 혼돈된 생각을 편안하게 쏟아놓을 수 있는 특별한 공간이어야 한다.

그리하여 어린이들은 자유롭게, 별스럽게, 현실 그대로이기도, 퇴행하기도 하며, 급속히 발전적인 형태로 작품을 만들거나 혹은 반대로 파괴하기도 하면서 창작 행위에 자신을 맡기게 된다.

어린이를 위한 미술치료의 기본적인 규칙은 안전함을 느낄 수 있어야 하므로 작업 자체를 구조화할 것인가 아니면 자유롭게 할 것인가를 결정할 때도 이점을 염두에 두어야 한다. 미술치료의 구조화란 미술치료사가 작업의 주제 등을 예상하고 회기를 동반하는 것을 말한다. 구조화된 미술치료를 할 것인가 아닌가 하는 문제는 예민하게 생각해 보아야 하는데 이것은 어린이 환자/내담자의 상황과 아주 밀접한 연관을 하고 있기 때문이다. 예를 들어 아주 어린이가 심한 공포감을 느끼고 있고, 혼자일 경우라면 자유롭게 놀이하거나 자신을 드러낼 수 있도록 하는 것이 바람직하다.

그러나 무엇보다 어린이 미술치료에서는 어린이의 신체적 발달 상태가 고려되어야 하며 구조화된 어린이 미술치료는 어린이의 집중 능력이 충분히 발달하여 어린이의 작업과 미술치료사의 제안 등이 서로 관계하여 충분히 발전된 결과물을 완성할 수 있을 때 가능하다. 그리고 어린이의 증상이 노출되는 시기에는 비구조화된 미술치료를 진행하다가 증상이 많이 좋아지고 있을 때 구조적인 미술치료로 전환하는 것이 더 바람직하다.

5) 어린이 증상

어린이 환자/내담자의 증상은 미술치료에서 미술치료사, 어린이, 미술 작업이라는 세 요소 외의 마치 제4요소로서 창작의 과정에서 새롭고 미묘한 관계를 요구한다. 미술치료사, 어린이, 놀이 작업 사이의 구도에서 어린이의 증상이 포함되면 미술치료 과정 중에 구체적 작업 방법에 어떠한 구도를 가질 것인지 결정해야 하는 의문들과 부딪히게 된다. 어떤 경우에는 4가지 요소들을 2대 2의 구조로, 어떤 경우는 3대 1의 구도로 치료적 상황을 능동적이고 즉흥적으로 변화시킬 필요가 있다.

그러나 어떠한 구도를 갖더라도 미술치료 회기 중 즉, 미술 작업 동안 어린이의 증상 자체는 가능하면 멀리 두는 것이 바람직하다. 그렇게 하므로 어린이가 증상을 표현하는 구실로 미술놀이를 하는 것이 아니라 원래의 구도인 3

요소에서 멀어지지 않고 작업에 집중할 수 있게 된다. 환자/내담자의 증상은 미술치료 회기에서 언제나 함께 하는 것으로, 제4의 요소가 될 수 있다는 것은 주요 3요소라기보다 주변 요소로서 함께 한다는 의미이다. 실제로 자폐적인 어린이의 증상을 중심으로 보면 어린이의 상동 행동, 언어발달, 사회성에 관심을 두게 되는데 이러한 증상이 작업에 표현되어야 하는 것이 어린이 미술치료라기보다 이러한 증상을 요소로 사용해서 재료, 과정, 방법을 달리하여 작업하는 것을 말한다.

그렇게 어린이 각자의 개인적 성향을 존중하는 것을 우선으로 한다면 증상을 치료해야 하는 중압감에서 벗어날 수 있다. 어린이는 자신의 증상을 가지고서도 자신을 드러낼 수 있어야 하며 그 안에서 놀이하고 자신만큼의 역할을 할 수 있어야 한다. 즉, 어린이 미술치료는 자신의 증상으로 인해 아주 짧은 회로 안에서만 할 수 있던 놀이를 더 멀리까지 늘려가고 확장하는 것이다. 그러므로 어린이 미술치료 작업 동안 증상과 관련한 직접적인 중재를 한다거나 미술치료 회기가 짧은 어린이 미술치료 작품을 해석하는 것은 위험한 행위이다.

6) 유의점

(1) 어린이 미술치료 회기는 미술 수업 시간이 아니고 미술 놀이 시간이다.

물론 미술치료의 미술이라는 어휘가 포함하고 있는 의미는 작업의 각 단계에서 이상적인 아름다움을 위한 미적 완성도를 위해 기술, 방법, 수단을 제공할 것이다. 동시에 미술치료 회기는 미술치료사와 어린이가 관계하면서 감정이입을 통해 상호 공감하고 투사와 내사 등의 정신 작용이 관련되는 놀이이어야 하는 것이 기본이 되어야 한다. 어린이 각자가 창조 과정을 통해 자신만의 특별한 관심을 작품 속에 넣어 갈 수 있도록 돕는 시간이 어린이 미술치료 회기이다.

(2) 어린이 미술치료 회기는 미술 교육 시간이 아니다.

미술교육과 미술치료 회기의 목표, 규칙, 기술, 방법 등은 그 표출 방법이 다르다는 것을 잊지 않아야 한다. 또한, 전통적인 미술 교육자, 특수 교육자들은 미술치료사와 비교하여 볼 때 역할, 자격 기준, 일하는 장소, 대상, 그리고 학업 내용과 실습 과정 자체가 다르다는 것을 상기할 필요가 있다.

(3) 어린이 미술치료는 미술을 통한 정신 병리 이해가 아니다.

현대 미술작가 중 적지 않은 경우가 정신 병리적인 요소를 포함하는 작업을 하였고, 미술이 정신 병리와의 연계성을 갖는 계기도 있었다. 그리하여 정신과에서 제작된 작품들은 환자를 진단하기 위해 쓰이기에 이르렀지만, 미술치료의 목표는 정신 병리적인 표현들을 읽어서 병리적 현상들을 이해하고 진단하려는 것이 아니다. 특히 어린이들이 아직 말로 자신을 표현하는 능력이 부족하다는 것과 그림이나 미술 작품도 아직 말로 잘 표현하지 못한다는 측면에서 더욱 해석하고 분석하는 데 관심을 기울이지만 어린이 미술치료가 병리적 현상을 이해하기 위한 것은 아니다.

(4) 어린이 미술치료는 정신운동 교육 혹은 특수 교육이 아니다.

미술치료 작업은 신체를 사용하여 그림 그리기, 조각하기, 붙이기 등의 활동을 반복해서 하므로 운동적 그리고 인지적 구조를 견고하게 하는 데 도움을 준다. 운동적인 활동은 기억 활동을 자극하여 인지력에도 영향을 미기 때문이다. 그러므로 어린이 미술치료를 운동과 지각 활동을 유도하기 위한 기술이나 방법을 연습하는 것을 목표로 해서는 안 될 것이다. 어린이 미술치료가 장애 어린이에게만 국한된 것은 더욱 아니며 특수 교육적 활동만도 아니다.

(5) 어린이 미술치료는 언어 치료가 아니다.

대부분의 사람이 특별하게도 미술을 통해 자신의 환상, 혼돈, 아주 오래된 공포들을 투사하는데 이렇게 재표현하는 것은 아주 작은 능력으로도 가능하다. 그래서 말이라는 통로로는 그렇지 않은 경우가 많아서 어린이 미술치료는 어린이와 말의 구사 능력이 부족한 장애 어린이에게 적절한 이미지 언어를 사용하는 것이다. 이 목표는 언어 치료사와 같은 치료 목표를 가진 것은 아니다.

15-3.

어린이 미술의 창의성 발달 단계

어린이 미술치료는 상징을 통한 승화나 카타르시스 등의 치료적 효과를 논하는 프로이트(Freud S.)의 성심리발달 접근보다는 에릭슨(Erikson E.)의 사회심리발달과 말러(Mahler M.), 위니코트(Winnicott D.W.), 클라인(Klein M),

프로이트(Freud A.) 등의 대상관계 이론 그리고 피아제(Piaget J.)의 인지발달론과 켈로그(Kellogg R.)와 로웬필드(Lowenfeld V.)의 미술 발달론 등에 기초하여 대상 어린이의 전반적인 발달 상황에 따라 미술 활동을 결정하는 발달적 욕구를 성취하기 위한 접근 방법이 더 활발하게 이루어지고 있다.

그러나 기본적으로 어린이들이 세계상을 만들어 가는 것을 알 수 있는 것은 예술의 무의식적 하부구조 연구이며 이 연구들은 과학적으로 주사 과정(scannig process)을 설명할 수 있고, 자아가 갖는 창조적 기술을 이용하는 방법을 관찰할 기회를 통해 가능한 것이다. 더욱이 창조성에 대한 것은 외적 실재와 내적 실재가 나누어질 수 없는 통합된 과정에 의해서 언제나 동시에 조직화하게 되어 있다. 어린이들뿐만 아니라 예술가들조차도 역시 무의식적 주사가 자기 자신의 인격의 통합일 뿐만 아니라, 자기 작품에 대해서 통합을 가져오기 전에 먼저 작품 속의 혼돈과 직면하는 과정을 거치게 된다.

피아제(Piaget J.)는 어린이들의 시각과 그들의 예술 특징으로 총합적 시각이라는 표현을 사용했는데, 총합주의에는 미분화라는 개념이 포함된다. 8세 전후가 되면 어린이들의 예술에는 극적인 변화가 일어난다. 유아가 여러 종류의 대상을 표현하면서, 형태와 색채를 대담하게 실험하는 반면, 좀 나이 든 어린이들은 그런 형태를 잡지나 책, 사진 등에서 볼 수 있는 어른들의 작품과 비교해 보고, 맞추어 보고, 분석해 보기 시작하는 것이다. 나이가 들수록 어린이들은 자기 작품이 서툰 작품이란 것을 알게 된다. 그러는 동안 작품의 색채는 칙칙해지고, 어린이들은 점점 초조해진다. 그들은 이전의 활력을 대부분 잃게 되는데 이 단계에서 발견할 수 있는 것은 어린이들의 시각이 총체적이고 총합적인 면을 상실하고 그 대신 분석적이 되어 간다는 것이다.

이 책에서는 루빈(Rubin J.A.)[132]의 어린이 사회화 과정을 통한 창의적 표현 7단계를 살펴본다. 루빈은 발달을 7단계로 나누었는데, 실제로는 9단위로 나누어 설명하고 있다. 7단계 이후의 두 과정은 어린이들이 개인적인 성향을 띠는 작업 단계를 말한다. 이 단계들은 서로 오버랩(overlap)되어 발달하게 되며 성장 1기(2～10세 이전), 성장 2기(8～12세)로 크게 나누고 있다.

(1) 조작(manipulation) 단계

어린이들은 본격적인 창작 활동 이전에 생활 주변에서 만나게 되는 모든 재료를 만져 보고 느껴 보면서 운동적인 활동을 강화하게 된다.

이 단계의 어린이들은 생활환경에서 흔히 접하게 되는 흙, 모래 등에서 오랜 시간 동안 놀이하며 냄새 맞고, 맛보려고 하는 등의 반응을 보인다. 이러한 재료들을 다루는 동안 어린이들은 사회성 있는 행동이 무엇인지도 알게 된다. 동시에 이 활동들은 어린이들의 근육을 강화하고 연필이나 크레파스를 잡고 스크리블(scribble, 난화)이나 스퀴글(squiggle)[133]을 할 수 있는 단계에 이르게 된다.

미술치료실에서는 이 단계의 어린이들을 위해 자연물에 가까운 재료를 사용하는 것이 바람직하다.

(2) 형태화(forming) 단계

이 단계에 이르면 어린이는 반복된 행동의 결과로 근육운동 능력이 발달하여 세밀한 형태를 만들 수 있다. 이는 자신의 동작을 스스로 통제할 수 있게 됨을 의미하며 어린이들은 세로로 된 선, 원형의 스크리블, 회전 형태 등을 그릴 수 있게 된다.

이 단계의 어린이들은 움직임의 우연한 동작으로 나타나는 표현이 아니라 자기 스스로 조절하고 주의를 기울여서 형태를 만들어 낼 수 있게 된다.

---

132) Rubin J.A., Child Art Therapy - Understanding and helping Children Grow through Art, New York, John Wiley & Sons, INC., 1984.

133) 제14장 〈위니코트와 잠재 공간〉을 참고하시오.

(3) 이름 붙이기(naming) 단계

무엇보다 주위 환경에 '이것은 무엇인가?' 하는 질문을 자주 하는 시기이다. 어린이 자신도 자신이 만들어 놓은 오브제가 '어떤 것' 이기를 바라게 되고 이미 만들면서 '무엇' 을 만들겠다는 의지를 갖추게 된다.

그러나 이 단계에서 붙여지는 오브제와 이름이 꼭 서로 연관성을 갖지 않을 수도 있으며 혹은 실제 오브제와 이름이 바르게 연결된 것이 아닐 수도 있다. 어떤 경우는 창작 행위에 따라 어린이의 형태와 명명하기가 늘 고정된 것이 아니라 순간적으로 달라질 수도 있다. 그러므로 이 단계에서의 이름 짓기는 아직도 어른들과의 관계를 통해 도움을 받으며 이루어진다.

(4) 묘사화(representing) 단계

묘사화 단계는 재료를 조작해 보고 형태를 만들어 가며 명명하기 단계를 잘 거친 경우에 도달할 수 있다. 이 시기에 들어선 어린이들의 데생은 말로 할 것을 그대로 대신하여 묘사하는 것이라고 볼 수 있다.

어린이들은 어른의 눈으로 보아서는 아주 이상한 형태의 데생, 그림, 조각 그리고 만들기를 하면서 수많은 상상 속의 이야기를 만든다. 하지만 그 이야기나 오브제 속에 진실이나 어떤 의미를 담아 말하려는 것이 목표가 아니라 무엇인가 만든다는 행위가 더 중요하다.

이 단계 3세 혹은 4, 5세까지의 어린이들이 묘사하는 형태들은 자신이 흥미로워하는 것을 상징화하여 작업하기 시작하기 때문에 어린이의 나이가 더 많아져도 같은 의미를 계속 간직하기도 한다.

특히, 이 단계는 사람 그리기에 관심을 집중하여 사람의 형태를 특별히 발달시키는 시기이다.

(5) 인식화(containing) 단계

이 단계는 어린이들이 경계선을 만들고 윤곽 안을 가득 채우는 것에 관심을 두는 시기이다. 어린이가 조금 더 잘 표현하고 형태가 보기 좋은 것을 그릴 수 있는 것에 관심을 둘 수도 있지만, 어린이가 자신을 조절하고 자신의 의욕을 통해 창의적인 행위가 일어난다는 것에 더 관심을 두어야 하는 시기이기도 하다.

다시 말해, 어린이는 자신의 능력과 예술 행위를 경계선 안에 머무르게 할 수 있다는 사실을 기뻐하며 다른 영역이 존재한다는 것도 알게 된다. 이러한 인식이 더욱더 자연스럽게 되면 다른 사람의 공간과 자신의 공간에 대한 심리적이고 창조적인 생각이 건강한 어린이로 자라게 할 것이다.

(6) 경험화(experimenting) 단계

묘사 단계에서 표현하여 본 다양한 형태들 가운데 일정한 것들을 간직하다가 경험화 단계가 되면 유사한 묘사를 하지만 더욱더 다양한 방법으로 실험하며 경험하게 된다.

어린이들의 이 다양한 실험적 경험은 사람 그리기에서 그 성격을 가장 잘 살필 수 있는데 사람을 그리는 것은 어린이가 더 자라게 되더라도 가장 대표적인 관심을 보이는 상징적인 형태가 바로 신체이기 때문이다.

시각적 사고, 발견을 위한 탐험 따위 등은 앞의 묘사 단계와 유사하나 이 시기는 지적인 확장뿐만 아니라 모든 영역의 발달 시기로서 자신이 수용할 수 있는 역량이 어느 정도일지 꿈꾸고 자신의 환경을 탐구하며 자신을 격려해 주기를 바라게 된다. 어린이는 오감을 활용하여 재료들을 조작하고 소근육 사용이 자유로워지며 자신의 신체를 조절하는 것이 빨라지면서 이차원에서 삼차원의 좀 더 복잡하고 심미적이며 장식적인 것을 추구하기 시작한다.

(7) 견고화(consolidating) 단계

이제 어린이는 자신이 발견하고 경험한 그림으로 이야기하기라는 방법에 익숙해져서 더욱더 그것을 좋아하고 활용하는 단계에 이른다. 자기중심적인 방법과 사회적인 그림들과의 관계를 살피고 비교하는 시기이다.

그래서 이 시기의 어린이들의 가장 큰 주제는 가족 구성원의 이름을 붙이면서 그리기 시작하다가 수평선을 사용하고 사람, 나무, 집, 식물 그리고 차들을 그리면서 그림 속에 가족이 아닌 사람들을 넣기 시작한다. 이 단계의 어린이들은 환경과 문화적 영향을 받으면서 자신만의 창조적 역량을 넓혀 나간다.

(8) 작업 시작(naturalizing)

어린이들은 점점 더 비구상적인 표현을 찾아 세련된 표현을 하게 되며 그와 동시에 지금까지 그리던 신체의 비율과 공간을 활용하는 방법을 더 정확하게 사용하고 색의 사용에서도 가능하면 실제의 세계와 같은 색을 사용하려고 하게 된다. 이제 어린이는 선, 비율, 색 혹은 2차원과 3차원 등 다양한 관심을 이용하여 작품의 질을 향상하려고 한다.

동시에 어린이는 자신의 작업 내용과 현실을 비교하여 불안이나 스트레스를 경험하기 시작하는 시기에 다다르게 된다. 이 시기의 창작 경험이 어린이의 사회화와 관련이 되는 것은 자신의 인지적, 감정적 혹은 사회적 능력에 대해 이러한 회의를 경험하기 때문이다. 어린이들은 어른들과 자신의 작업을 비교하여 자기 작업의 한계를 느끼고 자신에 대해 스스로 비판하기 시작하게 된다.

(9) 개성화하기(personalizing)

초등학교와 이후의 청소년기까지에 걸쳐 긴 기간 동안 개성화 과정을 거치게 되면서 이제 더는 어린이가 아닌 청소년으로 성장하게 된다.

이 시기 동안 적당한 도움으로 실제 작업들에 대해 성공적인 경험을 충분히 갖는다면 잘 발달한 육체적 능력을 더해서 매체를 더욱 다양하게 사용한다거나 작업을 연출하는 방법을 개성화하므로 자신만의 특징을 개발하는 데 더욱 관심을 두게 된다.

그래서 어떠한 경우는 구상적인 작업보다 추상적인 활동을 할 수 있는 매체를 통하여 심미적인 것에 눈을 돌리는 등의 창조적인 활동을 한다. 또한, 자신들의 활동이 생산적이고 기술적인 것을 포함하고 있다는 것을 느끼게 할 필요가 있다. 특히 사춘기에는 자신의 개성이 드러나는 예술 작업 활동에 관심이 많아 의식적으로 자신만의 관심을 반영해서 자신을 스스로 탐색하게 된다.

15-4.

어린이 미술치료 평가[134)]

이곳에 소개하는 평가 도구는 헨리(Henley D.)[135)]의 평가 도구들을 기본으로 재구성한 것이다.[136)]

이 평가를 위해서는 미술치료 회기 과정을 비디오로 촬영하여 자세하고 정확한 비디오 분석을 통해 기록하는 것이 가장 이상적이다. 특히 어린이 여러 명이 집단 작업을 하였을 때는 동영상 촬영을 통해 평가하는 것이 도움된다. 혹은 보조 미술치료사가 미술치료 회기 동안 관찰하여 과정 일지를 기록하여 둠으로 평가의 기본적인 자료로 사용할 수 있다. 특히 미술치료는 작업의 결과를 평가하기보다는 치료 회기 전체의 과정을 이해하는 것이 중요하기 때문이다.

이 평가 도구들은 특히 장애 어린이들을 위한 평가 도구로 사용하여 어린이의 작업과 행동에 대한 반성과 성장의 단서로 사용할 수 있다. 또한, 이 평가들은 어린이가 자신만의 특별한 주관적 작업이긴 하지만 다른 어린이들과의 발달과정과 비교하여 때때로 어린이 스스로와 부모들에게 어린이의 직접적인 발달과정 단서를 제공할 수도 있다. 이는,

- 어린이들의 발달에 미치는 모든 영역 즉, 동기 발달, 행동 발달, 정서적 · 미적 영역 발달에 대한 각각의 영역에 대한 평가 도구로 개발되었기 때문이다.
- 어린이의 개인적인 특수한 장애 요인들을 수용하면서 동시에 어린이의 작업 결과의 발전에 대한 기대를 강조하려는 측면에서 개발되었기 때문이다.

---

134) 이 평가 도구들은 중앙대학교 교육대학원, 이화여자대학교 교육대학원, 원광대학교 동서보완의학대학원, 민예총 문예아카데미 강의 자료로 사용된 바 있다.

135) 헨리(Henley D.), Exceptional Children, Exceptional Art- Teaching Art to Special Needs-, 1992.

136) 그는 장애아동을 위한 미술의 쓰임과 어린이 개인 미술 활동을 평가하는 방법을 제시하고 있다. 헨리의 평가들은 우선 미술 지도 교사에게 제안하는 의도로서 제작되었다. 그러나 이 평가 도구들을 수원푸른교실&미술치료연구소에서 발달장애아동들을 위해 수년간 사용하면서 미술치료 현장에 적합하도록 수정과 점검의 과정을 거쳐서 우리나라 미술치료 현장에서 필요한 방식으로 변형 개발하였다. 물론 기본적인 의도나 개념, 골자는 거의 그대로 유지하였다.
그리고 이 평가는 수원여자대학 아동정보연구소가 문교부의 지원을 받아 출판한 〈아동미술치료 연구〉를 통하여 2003년 발표된 바 있다.

그래서 보통의 평가 도구들은 질적인 평가들에 초점이 맞춰져 있지만, 이 평가 도구들은 어린이의 감각적 특징에 초점이 맞춰져 있어서 미술치료사에게 선명한 시각을 제공하여 어린이 각자를 위한 미술치료 계획의 기본을 제공한다. 보통 미술 작업 발달 과정은 대단히 광범위하고 해석하기 힘든 영역이어서 이 평가 도구를 이용하면 서로 기능 영역이 각각 다른 평가를 통해 목적과 세부 목표를 설정하고 미술치료 진행 과정 기준을 세우는 데 도움을 줄 수 있을 것이다.

특히 이 평가 도구의 가장 큰 목적은 어린이의 작업결과를 통해 어린이의 작업과 작업과정을 서로 다른 영역들과 어떻게 능동적으로 상호교류를 할 수 있는가를 알게 한다.

그러므로 미술치료사는 이 평가 도구들을 작성할 때 주의 깊게 어린이 작업을 관찰해야 하고 보조 미술치료사나 관찰 미술치료사보다는 경험 있는 주 미술치료사가 평가하는 것이 바람직하다.

1) 기본 정보를 기입하는 방법

(1) 서류 번호 : 어린이가 미술치료를 받기 시작한 날짜를 표시한다. 예를 들어 20150416이라는 서류 번호는 2015년 4월 16일이 어린이의 미술치료 시작 날짜로서 서류 번호를 기록할 때마다 이를 상기하므로 치료 기간을 상기할 수 있어서 치료 목표나 중재목표, 치료 항목 또는 치료 방향을 설정하는 데 도움을 준다.

(2) 날짜/시간 : 평가하는 날짜를 적고, 어린이가 미술치료를 하는 요일과 시간을 적는다.

(3) 이름 : 어린이 이름을 적는다.

(4) 치료사/평가자 이름 : 미술치료 주 미술치료사와 보조 미술치료사의 이름을 적고, 회기 중인 경우에는 보조 미술치료사의 관찰을 통해 도움받으며 관찰기록(process note)을 서술하되 평가는 동영상 자료와 과정 기록을 토대로 주 미술치료사가 직접 작성한다. 어린이의 이미지를 사용하기 위해서는 미술치료 회기들이 시작되기 전에 어린이의 보호자로부터 문서로 만들어진 촬영 허락서를 받아 놓아야 하며 촬영된 이미지들 또한 다시 문서로 허락받은 서류 없이는 평가 도구나 자료 이외의 용도로 사용되지 않도록 주의해야 한다.

(5) 생년월일 : 어린이의 생년월일을 매번 기록하는 것은 어린이에 대한 치료 목표 등을 계획하는 중요한 단서가 된다.

(6) 진단명 : 어린이의 진단명을 적는다. 미술치료사나 기타 어린이를 치료하는 사람들에 의한 시각이 아니라 의사에 의한 진단명을 말한다. 기관에서 어린이의 미술치료 의뢰가 결정되면 서류 항목에 진단서를 첨부하도록 하고 진단 전인 어린이라면 전문 병원에서 진단을 받아 미술치료사의 주관적인 진단을 하고 미술치료를 하지 않아야 한다.

(7) 기관명 : 미술치료 회기가 진행되고, 평가하는 기관의 이름을 적는다.

2) 과정기록(process note) 작성 방법[137)]

(1) 제목 : 각 회기의 목표 내용을 가장 간략하게 묘사한다. 구체적인 항목(item)을 말한다.

(2) 재료 : 회기의 목표를 위해 사용한 모든 재료를 자세히 기록한다.

(3) 환경 : 회기 중에 함께한 모든 사람을 기록한다. 미술치료실의 특별한 변화, 날씨의 변화 등도 포함된다. 어린이가 미술치료실 밖에서 가지고 온 개인적인 물건 등도 기록하여 두면 잊지 않고 돌려줄 수 있다.

(4) 정리 요약 : 회기가 끝나고 나서 보조 미술치료사의 과정기록을 본 후에 주 미술치료사가 자기반성과 함께 기록한다. 그리고 난 후 어린이의 작품을 기억해서 그려 볼 수도 있으며 미술치료사의 자기 반응 작업을 위한 기본 메모를 위해 사용할 수도 있다. 반응 작업이란 미술치료사가 진행한 한 회기나 어린이 환자/내담자와 미술치료 전체 과정 중에 미술치료사의 자기조절 혹은 어린이 환자/내담자를 더 잘 이해하기 위한 자신의 미술 작업을 말한다. 회기 중에 있었던 환자/내담자의 작업을 그대로 반복하거나 같은 재료를 사용해 보는 방법도 가능하다.

(5) 행동 관찰 : 가능하면 회기 과정 중 객관적인 시각으로 세심하게 주의하여 기록한다.

(6) 치료 분석 : 지난 회기들에 비해 가장 특징적으로 파악된 부분을 조력치료사와 주 치료사가 분석하여 기록한다. 이 자료를 통하여 7장의 미술치료

---

137) [그림 14]와 제7장 〈미술치료 과정 분석과 기술(記述)하기〉를 참고하시오.

과정 분석이 가능해질 수 있다.

(7) 치료 목표와 방향 : 장기 목표와 단기 목표 또는 다음 회기 목표 등으로 나누어 기록한다. 7장에서는 단기 목표를 중재 목표로 장기 목표는 치료 목표로 설명하였다.

과정 기록 노트(Process Note)

◎서류 번호 : ____________ ◎날 짜 : ______ 장 소 : ______

◎아동 이름 : ____________ ◎치료사/관찰자 이름 : ______

◎생년월일 : ____________ ◎치료 기관 : ____________

제 목	
재 료	
환 경	
정 리 요 약	
행 동 관 찰	
치 료 분 석	
치료 목표와 방향	

[그림 14] 과정 기록 노트(Process Note)[138)]

138) 프로세스 노트는 각 기관의 성향에 따라 다양한 변화가 가능하고, 각 칸의 크기도 달라져서 여러 장으로 늘어날 수 있다. 특히 행동 관찰 칸을 넓게 만들어 두어야 한다. 보통 한 장으로 한 회기의 프로세스 노트가 작성되기 어려우며 집단으로 미술치료가 진행되는 경우라면 더욱 프로세스 노트 사용을 창의적으로 변화시켜야 한다.

3) 정신운동/인지적/지각적/미적/표현기술 평가[139)]

정신운동, 지각, 인지, 미적, 표현기술 평가들은 작업 과정 중에 미술치료사들이 작업을 세분하여 서로 떼어 분류해서 문제를 해결할 수 있는 눈을 제공한다. 각 영역은 주요 항목에 대한 정보와 분석을 위한 지침을 주는 것으로 어린이들의 증상 치료를 목표로 하는 것은 아니다.

많은 미술치료사가 어린이의 개별적인 특성을 포괄적인 체크 리스트들에 의존하기 때문에 어린이 개성에 합당한 작업 단계를 찾기 힘들어한다. 그러므로 위와 같이 영역을 세분화하여 각각의 영역에 합당한 프로그램을 계획하고, 분석의 근거를 마련하는 것이 이 평가들의 특징이라고 할 수 있다. 특히 이 평가들은 어린이의 나이나 지적 수준을 시간상으로 나누거나 하지 않았고, 미술 작업이 발전해 가는 동안의 사회성 발달 기능을 고려하였음을 알 수 있다. 미술치료사는 어린이 각자의 상황을 정확하게 인식하여 어린이 미술치료 목표와 세부 항목을 결정하여 미술 작업 발달 과정에 따라 어린이를 도울 수 있게 된다.

또한, 이 평가 도구들은 어린이가 지각적으로 문제를 해결해 나가는 과정 즉, 주의력, 정신 운동, 지각 발달 정도, 교육적 혹은 발달적인 측면에서 어느 정도의 기능을 보이는지 자세히 알 수 있게 한다.

그러나 이 평가서들은 다른 어린이와 비교하여 능력을 향상하려는 경쟁적인 요소를 위해서가 아니며 단지 어린이에게 최소한의 사회적 통상개념들과 비교하여 미술 작업 발달과정을 돕는 데 목적을 가지고 있다. 이 평가는 어린이의 미술 작업을 판단하므로 비교할 수 있는 조절 기준을 만들고 다른 평가들과 함께 어린이의 발달을 돕는 데 그 의의를 둔 것이다.

이 평가에는 미적 무형의 경험에 해당하는 정신적인 것의 질 혹은 우리가 판단할 수 없는 불합리한 무형의 것들은 평가의 자세한 항목에 포함되지 않았

139) [그림 15]를 참고하시오.

다. 중요한 것은 가능하다면 어린이 각자의 주관적인 의사들도 이 평가들과 함께 해석되어야 하며 그래야 합당한 결론적 가치도 갖기 때문이다. 또한, 이 영역은 같은 시대의 학문 혹은 문화에 의해서도 영향을 강하게 받는다는 것도 잊어서는 안 될 것이다.

정서적인 영역은 미술 작업의 가장 기초적인 부분으로 감정과 대상, 혼동, 기쁨 등 수많은 서로 다른 것들에 의해 반응하는 것이다. 어린이만의 개인적인 주제, 개인적인 사고, 개인적인 이미지, 개인적인 마음 안에서 일어나는 것으로서 아주 개인적인 경험이라고 할 것이다. 따라서 이 평가 도구들 안에는 이 영역은 포함되어 있지 않다. 장애의 이유가 신체적인 이유로건, 정신적인 이유로건 많은 경우의 장애어린이들도 자신의 의식 안에서 일어나는 자신들만의 감정을 표현한다. 각자의 특별한 표현은 자신의 미래의 미술 작업 과정에 커다란 영향을 미치게 될 것이다. 즉, 미술 작품의 생성 과정들이란 어린이 자신의 생각, 환상, 감성들을 어린이 각자 안에서 점검하여 자연스럽게 나타나는 본능적인 것이기 때문이다.

(1) 기록하는 방법

미적 기술과 표현 기술 발달은 함께 같은 영역으로 합쳐져 있다. 그래서 크게 네 가지의 발달 영역으로 서로 다른 개수의 문항이 있으며, 이 문항 앞에 주어진 6단계의 키(key) 중에서 각 항목 관찰에 합당한 숫자를 표시한다. 평가 기간의 단위를 얼마로 할 것인가는 광범위해서 어린이의 증상이나 기관의 성격에 따라 달라질 수 있지만, 보통 6개월 단위의 학기제로 평가한다.

정신운동/인지적/지각적/미적/표현기술 평가

◎서류 번호 : ________________

◎아동 이름 : ________________

◎생년월일 : ________________

◎치료사(평가자) 이름 : ________

◎날짜/시간 : ________________

◎진단명: ________________

◎기관명: ________________

◎Key

1. 포괄적이고 직접적 지원으로도 완성이 힘들다.
2. 신체적인 간접적 지원으로 부분적인 완성이 가능하다.
3. 언어적인 지원만으로 부분적인 완성이 가능하다.
4. 신체적인 간접적 지원으로 성공적 완성이 가능하다.
5. 언어적인 지원만으로 성공적 완성이 가능하다.
6. 거의 지원하는 것 없이 스스로 완성한다.

◎ 정신운동 발달

___ 아동이 도구나 매체를 스스로 다루거나 협조해서 사용할 수 있다.

___ 아동이 도구나 매체를 바르게 적용해서 사용할 수 있다.
(수채화 붓, 수채화 물감 등)

___ 아동이 미술 작업 대상에 매체를 적당량 사용할 수 있다.
(찰흙, 물감, 풀 등)

___ 아동이 형태를 통제하기 위한 윤곽으로 표, 선 모양 혹은 그 밖의 다른 요소들을 적용할 수 있다.

___ 아동이 기본적인 모양 혹은 형태를 위해 3차원 매체들을 응용할 수 있다.
(찰흙, 오일, 구(球)체, 육면체(입방체), 팬케이크 등)

___ 아동이 다양한 매체를 이용하고자 기본적인 공구 조작을 할 수 있다 .
(가위, 세라믹 루프)

___ 아동이 건조한 매체들과 유약, 페인트 등 액체 매체를 섞을 수 있다.
(판화 인쇄기, 녹로, 에어브러시 등)

___ 아동이 진보한 가공 공구를 자연스럽게 사용할 수 있다.
(띠톱, 목공용 조각칼, 면도칼)

◎ 인지적 발달

___ 아동이 언어로 설명하는 기본적인 방법을 이해한다.
___ 아동이 매체를 적당히 응용하는 것을 이해한다.
___ 아동이 매체를 바른 순서로 사용한다.
(물감을 섞고, 종이 위에 그림을 그리고, 벽에 붙이기 등)
___ 아동이 자신의 삽화 안에서 객관화할 수 있는 형태를 찾아낼 수 있다.
(낙서에 이름 붙이기, 도해 등)
___ 아동이 주제를 위해 개인적으로 미리 예상한 방법을 스스로 발전시킬 수 있다.
___ 아동이 창조적인 작업을 하려고 문제를 해결해 나가기 시작할 수 있다.
___ 아동이 독창적이고 창조적으로 작업상의 문제를 해결할 수 있다.
___ 아동이 자신의 심상 안에서 신체 형태를 포함하여 주제, 아이디어를 다양화할 수 있다.
___ 아동이 공구들을 사용하여 다양한 매체를 탐구하기 시작한다.
___ 아동이 다양한 매개물 중에서 둘 또는 그 이상의 매체를 결합하기 시작한다.
___ 아동이 미술작품을 언어로 회고할 수 있다.

◎ 지각적 발달

___ 아동이 형태를 인지한다.
___ 아동이 크기와 공간 관계를 가늠하여 묘사할 수 있다.
___ 아동이 색깔들을 구별할 수 있다.
___ 아동이 인물이나 대상을 분류하거나 배치하여 묘사할 수 있다.
___ 아동이 시간과 순서를 묘사할 수 있다.
___ 아동이 양을 묘사할 수 있다.
___ 아동이 전체 형태를 감지하기 위해 분해할 수 있다.
___ 아동이 사람, 장소 및 사물 등의 서로 주위 환경을 자각하여 작업을 개발할 수 있다.
___ 아동이 신체에 대한 특성과 나이 요인들을 묘사할 수 있다.
___ 아동이 수평선을 그릴 수 있다.
___ 아동이 깊이와 원근법을 지각하여 묘사할 수 있다.

___ 아동이 대상에 대해 아는 것과 더는 알지 못하는 것도 오랜 시간 동안 사고하여 자신의 목표를 위해 발달시킬 수 있다.
___ 아동이 추상적/비구상적, 지각적/인지적 미술 개념을 개념화할 수 있다.

◎ 미적/표현기술 발달
___ 아동이 다양한 굵기와 다양한 압력의 선을 구성 요소로 사용한다.
___ 아동이 크기, 모양 및 명암의 변화를 구성 형태로 사용한다.
___ 아동이 균형감각을 구성 발달을 위해 사용한다.
___ 아동이 구성상의 한 요소로서 반복감각을 개발한다.
___ 아동이 구성상의 한 요소로서 강조감각을 개발한다.
___ 아동이 구성상의 한 요소로서 운동감각을 개발한다.
___ 아동이 구성상의 한 요소로서 리듬감각을 개발한다.
___ 아동이 형태를 부분적으로 겹치거나 대비시키거나 교차시키기 시작한다.
___ 아동이 양감의 공간과 함께 음감의 공간도 사용하기 시작한다.
___ 아동이 자발적으로 자연스럽고 빠르게 작업하는 경험을 갖는다.
___ 아동이 모든 시작 자극의 경험을 해석하여 상상적으로 표현한다.
___ 아동이 상상, 꿈, 기억 및 경험을 특별하거나 부조화하지 않고 과감하게 이미지를 투사하기 시작한다.
___ 아동이 사람들 간의 정서, 표정 및 교감의 범위를 묘사할 수 있다.
___ 아동이 작업 안에 이야기, 재료 그리고 재작업으로 이르는 시간적 발달 과정에 따른 기능을 펼칠 수 있다.
___ 아동이 작업 안에 자신이 받은 영향, 부여된 동기, 감흥을 위한 기술적 도구를 사용하는 능력을 보인다.
___ 아동이 전형적인 형태나 아름다움에 대한 형상에 관계없이 작가로서 자신의 스타일, 기술, 표현 능력에 한계를 갖지 않고, 새로운 자신만의 세계를 만들 수 있다.

[그림 15] 정신운동/인지적/지각적/미적/표현기술 평가

4) 동기관련 기록 평가와 동기발전 기준 평가

어린이들이 적절한 동기가 전혀 없을 경우는 작업에 미적인 의식을 개발하고 발전하여 나갈 수 없다. 빈약한 동기부여는 어린이를 심하게 저항하게 하고, 어린이에게 금지사항이 많아지거나 작업을 중단하게 되기도 한다. 그러므로 미술치료사는 어린이를 창조적 행위로 깨울 수 있는 전략이 필요한 데, 이 중 가장 우선되는 것은 동기를 유발할 수 있고 어린이를 자극할 수 있는 결정적인 자극들을 찾아내는 것이다.

그리고 어린이 미술치료 작업은 어느 정도의 구조화가 필요하다. 어린이 각자의 생각에서 유추된 작업 발단을 갖는 것이 중요하지만 금지된 것을 지키고 자신의 관심사를 지속시키는 것, 그리하여 더욱 가치가 높아진다는 것은 어린이 미술치료에서 중요한 의미이기 때문이다. 만약 어린이가 추가적인 자극이나 제재를 받아야 한다면 이 중재 활동들은 가장 저항이 작은 방법부터 실행되어야 할 것이다.

보통 서술적으로 어린이 발달과정을 기록하는 것이 자연스러울 수는 있으나 동기의 강약에 대해서는 정확하게 판단하기 힘들다. 그러므로 동기 관련 기록 평가와 동기발전 기준 평가는 다양한 여러 가지 영역과 다양한 어린이들의 동기에 관한 평가를 통해 어린이 개인의 치료 계획안을 작성할 경우 기본 목표와 세부 항목을 결정하는 기준이 되는 자료로 사용되거나 서술형 기록을 하는 기준으로 사용될 수 있다. 이 서술형 기록들은 어린이의 문제를 표현·기록하고, 성공적인 것과 실패한 중재 활동들을 광범위하지만 쉽게 묘사할 수 있게 한다.[140)]

---

140) 제7장 〈미술치료 과정 분석과 기술(記述)하기〉를 참고하시오.

(1) 기록하는 방법

① 동기 관련 기록 평가[141)]

기본적인 평가 단위는 일주일이나 혹은 매 회기로도 가능하다. 특히 이 평가는 작업 내용을 따로 메모하여 작업 내용마다 어린이가 어떻게 다른 동기 반응을 보였는가를 알 수 있어서 어린이의 작업 방향의 단서를 갖는 데 중요한 평가 도구가 된다. 5가지의 질문의 각 항에 따른 평가를 위해 자세한 항목들이 오른쪽에 열거되어 있다. 간단하게 표시하고 더 정확한 내용을 왼쪽 각 질문 아래쪽 평가란에 서술한다.

② 동기 발전 기준 평가[142)]

동기발전 기준 평가는 예를 들어 일주일에 두 번의 미술치료 회기가 진행될 경우 10주 단위로 매 회기를 평가할 수 있는 도구이다. 물론 각 미술치료실의 성격에 따라 이 틀을 기본으로 변형이 가능할 것이다. 어린이가 각 작업 내용마다 어떻게 참여했는지 다섯 단계로 단위를 나누어 평가할 수 있다.

특히 작업 내용과 반응의 상태를 그래프로 표시해 봄으로 어린이의 치료 진행과 앞으로 방향에 대한 선명한 기준을 마련할 수 있다.

---

141)[그림 16]을 참고하시오.

142) [그림 17]을 참고하시오.

동기관련 기록 평가

◎서류 번호 : ______　　◎날짜/시간 : ______
◎아동 이름 : ______　　◎치료사(평가자) 이름 : ______
◎생년월일 : ______　　◎작업 내용 : ______
◎진 단 명 : ______　　◎평가 기관 : ______

아동이 자발적이며 개방적인 자세로 참여하는가? 평가 ______ ______ ______	열성적, 협력적, 순응적, 흥미 있어 하는, 과묵한, 수락하지만 회피적, 저항적, 규칙을 따르지 않으며 비참여적 기타 ______
아동이 활동의 각 단계를 스스로 발전시키는가? 평가 ______ ______ ______	자발적 동기에 의해, 언어적 동기부여로 작업 가능, 몸을 통한 물리적인 설명 필요, 작업의 수정을 요구해야 함, 지속적 주의 집중을 필요로 함 기타 ______
아동의 작업 집중력은 어느 정도인가? 평가 ______ ______ ______ ______	몰입하여 작업함, 집중함, 지시순응적, 마지못해 하는, 산만한, 산만하지만 끈기 있는, 다른 생각에 빠짐, 다른 생각에 빠져 있으나 작업이 가능, 계속적인 지지를 요함(__분마다, __회에 걸쳐 지시함) 기타 ______
아동은 작업 내용이나 기술 또는 재료를 바꾸지 않고 얼마나 오랫동안 작업의 흥미를 지속시킬 수 있는가? 평가 ______ ______	분: 120, 90, 60, 40, 20, 15, 10, 5 기타 ______
아동이 작업 내용이나 그 주제를 위한 적절한 해결책을 구상해 낼 수 있는가? 평가 ______ ______ ______	자기 주도적, 언어를 통한 동기부여 필요, 시청각 자료를 통한 도움 필요, 다른 지적인 전략들 기타 ______

[그림 16] 동기관련 기록 평가

동기발전 기준 평가

◎아동 이름 : ____________________　　◎서류 번호 : ____________________

◎생년월일 : ____________________　　◎치료사(평가자) 이름 : ____________

◎진 단 명 : ____________________　　◎평가 기관 : ____________________

열 의										
활동적 협력										
수동적 수락										
과 묵										
저 항										
주	1	2	3	4	5	6	7	8	9	10

	날짜 / 내용	날짜 / 내용
1주		
2주		
3주		
4주		
5주		
6주		
7주		
8주		
9주		
10주		

[그림 17] 동기발전 기준 평가[143)]

143) 한 주에 1회기가 진행된다면 주당 한 칸으로 통합하여 사용한다.

5) 행동 기록 평가[144)]

미술치료실 작업 시작에서부터 과정, 결과에 이르는 어린이의 행동을 평가한다. 어린이의 협조적인 행동과 조화로운 행동은 보통 적극적인 사회적 행동으로 이어지고 다시 이러한 행동들은 예술 경험들을 더욱 다양하고 풍부하게 한다.

어떤 어린이들은 공격적, 저항적 혹은 분열적인 행동을 하므로 작업을 하지 못하는 경험을 할 수도 있다. 작업을 방해하는 어린이는 다른 어린이들이 유쾌하고 협력적인 분위기에서 작업을 유지하는 것을 봄으로써 자신의 행동에 대한 문제점을 인식하게 될 수도 있을 것이다. 그리고 제한적이고 구조적인 환경은 자신의 행동에 대해 느끼고 다른 방법으로 바르게 작업하겠다는 생각을 하게 한다.[145)]

행동 기록 평가는 어린이가 창작 작업 환경에서 규칙을 지키는가, 제한적 행동을 어떻게 따르는가, 파괴적인 행위는 없는가, 도구나 공구 및 매체를 다루는 행동은 긍정적인가 등을 살필 수 있다.

또한, 행동 기록 평가는 다른 평가들을 보조해서 어린이를 이해하는 데 도움이 된다. 이 평가 도구를 통하여 어린이를 관찰한다면 어린이가 지속적으로 적응하지 못하거나 개인적인 행동 결과를 보이는 것에 대한 이유를 찾는 단서로 제공될 수 있다.

어떤 경우는 작업 환경 안의 관찰을 통해 자극 요인을 찾아내어 어린이가 다른 환경이 필요한지 결정할 수 있게 하며, 평가서류 항목들을 통해 미술치료사가 야기될 수 있는 어린이의 행동들을 미리 제시받을 수 있다.

---

144) [그림 18]을 참고하시오.

145) 이 평가 도구는 아주 낮은 단계에서부터 문제의 목표에 대한 성과를 기대하며 어린이의 개인적 작업 결과를 위해서 사용한다. 어린이가 성난 행동을 한다거나, 산만하게 재료를 다룬다거나 혹은 폭력적 행동을 하는 경우 작업 결과물도 점점 줄고, 사회적 상호행동도 가능하지 않다. 물론 미술치료사는 어린이가 위와 같은 행동을 반복하여 작업 밖에 있지 않도록, 그 전에 주의와 중재 활동을 통해 도와야 할 것이다. 어린이와 미술치료사의 상호작용은 서로의 감정을 교환하는 일이므로 짧은 시간이라도 미술치료 작업 중 어린이를 소홀히 하는 일이 없이 온전하게 주의하여 상호 관계하여야 하고 이 시간들이 축적된, 긴 시간이 지난 어느 날 어린이는 즐거운 작업 패도 안에 있게 될 것이다.

이 행동 평가는 작업 과정을 미술치료실에 들어올 때부터 나갈 때까지 체계적으로 그리고 순서대로 나누었다. 그러나 어린이는 미술치료 작업 공간 안에서 전적으로 자유를 가지고 있으며 미술치료사는 중재 활동의 단서를 제공하는 것만으로 더 이상의 간섭을 제한하여야 한다.

(1) 기록하는 방법

어린이가 미술치료실에 들어오는 모습부터 나갈 때까지를 9가지 과정으로 나누고 각 행동을 다시 8단계의 행동으로 나누어 평가한다.

평가 방법은 매 회기 혹은 일주일 단위로 할 수 있으나 기관의 성격이나 어린이의 진단 상태에 따라 평가 단위는 결정된다. 한 장의 평가에 6회기의 단위로 나누어 변화하는 과정을 볼 수 있다. 특히 약간의 메모를 통해 작업 내용을 알 수 있게 하여 작업 내용에 따른 어린이의 반응 행동을 동시에 알 수 있도록 하였다. 또한, 각 회기를 평균 내어 전체적인 변화를 숫자로 표시하고 다시 그래프로 만들어 변화 과정을 시각화할 수도 있다.[146]

146) 7장 〈미술치료 과정 분석과 기술(記述)하기〉를 참고하시오.

행동 기록 평가

◎서류 번호 : ____________________　　◎아동 이름 : ____________________

◎치료사(평가자) 이름 : __________　　◎생년월일 : ____________________

◎진 단 명 : ____________________　　◎평가 기관 : ____________________

※주의점 : 아동들은 회기 중에 특별한 최소한의 구조화된 시간 동안 충동 억제를 유지하기 위해 예방 차원의 신호가 있어야 한다.

어린이 행동

1. 미술 작업실에 들어올 때 보여주는 행동
2. 동기 부여와 언어 지시 동안 보여주는 행동
3. 재료에 대하여 설명하는 동안 보여주는 행동
4. 재료를 스스로 준비하거나 나누어 주는 동안 보여주는 행동
5. 일탈 없이 자신의 작업 공간을 유지하면서 보여주는 행동
6. 동료와 사회적 상호작용을 하는 동안 보여주는 행동
7. 작업 회기의 검증/수정 단계에서 보여주는 행동
8. 정리하는 과정 중에 보여주는 행동
9. 미술 작업실에서 나갈 때 보여주는 행동

회기 날짜						
	1	2	3	4	5	6
1						
2						
3						
4						
5						
6						
7						
8						
9						
평균 N/A						
memo						

숫자코드

8. 적절한 행동 : 독립적이다.
7. 적절한 행동 : 지시를 받았지만 독립적이다.
6. 적절한 행동 : 관찰이나 특별한 구조 정도를 필요로 한다.
5. 부적절한 행동 : 특별한 문제나 상호 협동을 위해 지시를 받고 협조한다.
4. 부적절한 행동 : 작업 동안 착석을 요구해야 한다.
3. 부적절한 행동 : 남은 작업 중 10, 15, 20분 단위로 자극을 해야 한다.
2. 부적절한 행동 : 남은 작업 중 10, 15, 20, 30분 정도씩 작업 중단을 요구해야 한다.
1. 부적절한 행동 : 작업 자체가 불가능하여 작업의 초기에 중단하여야 한다.

[그림 18] 행동 기록 평가

〉〉 참고 문헌

김진숙 (1996). 예술심리치료의 이론과 실제. 서울: 중앙적성출판사.

Doloto F. (1977). *Lorsque l'enfant paraît.* Paris: Seuil.

Henley D. R. (1992). *Exceptional Children, Exceptional Art: Teaching Art to Special Needs.* Worcester, Mass.: Davis Publications, Inc.

Rodriguez J. & Troll G. (1995). *L'art-thérapie- Pratiques, techniques et concepts.* Paris: Edition Ellébore.

Rubin J.A. (1984). *Child Art Therapy -Understanding and helping Children Grow through Art.* New York: John Wiley & Sons, INC.

16장 청소년 미술치료

16-1. 청소년기의 과제

1) 신체의 변형

청소년기는 많은 변화를 겪으면서 하나의 인격체로 거듭나기 위한 자아 정체성을 찾는 격동의 시기이다. 특히 사춘기에 들어서면서 남자는 생리적으로 신체적인 변화가 두드러지는 현상으로 뇌하수체에서의 황체호르몬의 조절에 때문에 테스토스테론(testosterone)이 증가한다. 이 호르몬은 남성화 작용을 하게 되어 성기 주위의 체모의 분포, 음성의 변화, 여드름 등 신체적으로 많은 변화를 유발하는 특징을 가지고 있다. 여자도 에스트로겐(estrogen)의 증가와 함께 신체에 새로운 변형 과정을 겪게 되는데 이러한 생식기능의 발달로 성적인 충동을 경험하게 되며 이것을 조절해야 하는 과제를 갖게 된다.

그리하여 자신의 용모에 많은 관심을 두게 되고 이성에 대해 강한 호기심을 갖게 되면서 자신의 신체적 변화를 긍정적으로 수용하는 데 어려움을 겪는 경우도 있게 된다. 구체적인 예로 지나치게 체중에 대해 집착하게 되면 문제행동으로 거식증이나 폭식증과 같은 식이장애가 일어날 수도 있다.

그러므로 청소년의 미술치료는 현실적으로 신체적 변화의 경험을 통해 자신에 대한 관심이 확장된 자신과 이상 속의 자신을 조절할 수 있도록 도울 수 있다. 다시 말해 아직도 자신 안에 남아 있는 아동기의 행동양식과 변화하고 있는 자신의 외형, 사회적 위치 사이에서 현실과 이상 사이의 거리를 바르게 인식하게 하는 것은 성인이 되어 가는 과정에서 건강한 정체성을 형성할 수 있게 하는 것이다.

2) 자아 정체성의 확립

에릭슨(Erikson E.H.)의 사회심리학적 시각[147)]으로 살펴보면 청소년기의

---

147) 정신의 성장에 대한 **에릭슨(Erikson E. H.)**의 모형을 나르시시즘의 출현과 정신 변형의 시각 단계로 살펴보았다. 이 단계들은 대체되는 것이 아니라 단지 첨가되는 것임을 강조한다.

1) 1단계 : 반응해 주는 타인과의 관계 속에서 안정감을 갖는 창조적 자아(출생 후 1년) - 부모의 동조, 공감, 반영, 반응이 중요한 요소로서 평범한 부모의 헌신적인 사랑을 받을 때 아기는 자신이 특별하고 유일하며 우주의 중심이라고 느낄 수 있게 된다. 세상이 자신을 반갑게 맞아들일 것이라고 믿는 것에서부터 초기 단계의 바람직한 자기 존중의 건강한 나르시시즘이 자리 잡는다. 반대로 부모의 협조가 모자란 경우 아기는 내적 공허함, 공포감, 무가치함, 무력감 혹은 위로할 길 없는 분노의 시기를 경험할 수도 있다. 기질적인 장애가 있거나 또는 신체적으로 불완전한 아기는 이 시기가 위험하다.
2) 2단계 : 신체와 신체의 성장에 대한 나르시시즘적인 투자(출생 후 2년) - 건강한 자기 과시가 이 시기에 나타난다. 부모들은 자기 자식들이 걷고, 말하고, 대소변을 가리고, 세상을 탐험하기 시작하는 것을 기뻐하며 격려한다. 어린아이는 자신의 육체에 건강한 나르시시즘을 갖고 자기가 친척들과 친구들의 세계에 발을 디디게 될 때 나타내는 부모의 눈빛을 즐긴다. 중압감에 시달리거나, 우울하거나, 공격적이거나, 거부 성향이 있거나, 기가 질리게 하거나 또는 화를 잘 내는 부모는 자기 자식이 그런 눈빛을 이끌어 내기 위해 머뭇거리는 것을 반대로 좌절시키거나 알아채지 못한다. 이것은 나르시시즘 상처를 지닌 사람의 특징인 수치심과 자기 실망감의 시작으로 이어진다.
3) 3단계 : 최적(最適) 좌절화의 시작(출생 후 3년) - 건강한 나르시시즘은 그 한계를 안다. 자기 어머니와 나르시시즘적으로 얽혀 있는 어린아이는 자신의 희망과 야망을 현실 세계에서 시험해 볼 수 없다. 프랑스어에서는 nom과 non이 같은 발음인데 라캉(Lacan J.)은 이를 아버지의 이름(nom)과 아버지의 금지(non)가 모두 나르시시즘을 억제하는 것으로 본다. 개인적인 나르시시즘이 사회적인 나르시시즘에 포함되기 시작하는 것이다. 이런 과정이 없다면 현실을 과장하게 되고 부정적으로 볼 위험이 있다.
4) 4단계 : 이성과 야망의 시기(사춘기) - 나르시시즘에 상처를 입은 사춘기 청소년은 부정적으로 세계를 보고 죽음 등에 강박관념을 느끼게 된다. 반대로 위험한 행동을 함으로써 자신의 상처를 무시하거나 퇴행적인 회피로 움츠러들면서 절망과 좌절감에 빠진다. 육체는 쾌락과 긍지의 근원이 되거나 그렇지 않으면 불가능한 이상에 들어맞지 않는 아주 싫고 거추장스러운 것이 될 수도 있게 된다. 이 단계에서 창조적 에너지로의 분출은 건강한 자기 신념의 특징이며 분노와 파괴 성향은 비춰볼 수 있는 이상을 발견하지 못한 나르시시즘적인 감정의 표현일 것이다.
5) 5단계 : 나르시시즘을 대(代)물리는 시기(성인기) - 실질적인 잠재력이 커지고 전능함이라는 것이 약화하면서 건강한 성인은 자기의 힘과 한계를 알기 시작한다. 동시에 자신과 가족, 사회관계

커다란 특징은 자아 정체성을 고민하는 시기임을 강조한다. 이 시기의 정체성이란 자신 안에서 일어나는 사고를 밖의 사회집단 속으로 연결하여 일치감을 느끼도록 하는 것과 동시에 자신만의 독특함을 갖추는 특징을 가지고 있다. 즉, 아동기를 거쳐 사춘기에 이르며 발달하는 동안 가져온 자신에 대한 이해를 긍정적인 자아 개념으로 확립하는 데 사용하는 것이다.

특히 에릭슨은 사춘기 청소년의 특징으로 자신들 안에 영웅, 희망, 야망, 열정적인 신념 그리고 비밀스러운 꿈을 가진다고 말한다. 이러한 자신에 대한 극도의 관심은 정신적인 긴장과 갈등을 유발하게 되어 진정한 자율성과 독립성이 없는 상태에서 부모나 교사와 같은 기성세대와는 거리를 두고 동질성을 가진 또래 친구 관계에 관심을 집중시켜 그들만의 우상, 언어, 의상 등의 소위 청소년 문화를 만들기도 한다. 그리하여 이러한 현상이 과잉되면 무단결석이나 가출과 같은 품행장애나 음주, 약물 중독과 같은 청소년 비행으로 나타나고, 정서적인 문제로는 우울증과 자살과 같은 형태로 이어질 수도 있다.

그리고 가족이 아닌 동료 집단에서의 인정을 통해 새로운 사회성을 습득하게 되면서부터 도덕적으로 새로운 기준을 형성하면서 부모나 성인과의 수직적인 의존 관계의 대상이 아니라 수평적인 존재로 인정되기를 바란다. 그러나 실제로는 가족 관계나 성인들과의 관계가 아직도 의존적인 관계로 독립하지 못한 상태이고 특히 금전적인 것 등은 종속 상태에 있기 때문에 계속해서 갈등을 겪게 된다.

특히 부모로부터의 심리적인 독립을 하려고 부모와 갈등을 겪고 부모와의

에 대해 긍정적으로 느낀다. 나르시시즘적인 희망은 자식들에게 투사되어 미래를 설계하고 결실을 얻게 되면서 좌절된 이상은 진리에 대한 사랑으로 대체되고 실패도 수용된다. 반면에, 건강하지 않은 나르시시즘을 가진 사람은 질투심을 자극하거나 또는 시기심으로 말미암아 타인과의 교제 가능성을 점점 해침으로써 자기중심적인 세계를 강화한다. 자기 자신에게 만족함으로써 점점 더 자기 몰두적이 된다. 즉, 사소한 모든 것에 극도로 연약하거나 또는 약한 사람을 잔인할 정도로 괴롭힘으로써 결국 자기 자신을 강화시키고 타인을 헐뜯는 양 극단의 정점에 이르게 된다.

6) 6단계 : 지혜의 획득(말년) – 코후트(Kohut H.)는 개인이 세상에 있는 그대로를 볼 수 있는 것은 나르시시즘과 최적의 좌절감을 함께 가질 때라고 한다. 자신의 죽음이라는 현실을 수용하게 되며 자신의 직관과 공감을 신뢰하고 그러면서도 동시에 창조와 유머의 근거를 발견할 수 있다. 궁극적으로는 어느 정도의 지혜를 획득하는 능력을 갖추게 된다. 에릭슨(Erikson E. H.)도 나르시시즘이 이처럼 변형되지 않으면 중년이나 중년 이후에 자기가 어쩔 수 없이 소멸하고 말 것이라는 공포심을 느끼게 될 것이라고 말한다. 이 시기에는 우울증과 절망감을 느낄 가능성이 있다. 과거의 성공이나 실패 또는 상호적인 교감보다는 힘으로 관계를 지배하는 강압적인 횡포에 관해 끊임없이 생각한다.

이러한 건강한 그리고/혹은 병적인 모형에서 그것이 어떤 단계이든 치료의 과제는 건강한 나르시시즘적인 노력의 씨앗을 발견하고 병적인 나르시시즘의 충격을 감소시키는 것이다.

제17장 〈노인미술치료〉의 〈표 1〉을 참고하시오

대화 부재라는 문제가 생기기 시작한다. 자신이 새롭게 형성한 가치판단에 비해 부모의 판단을 기성세대의 판단이라고 여기면서 책임감 있고 성숙한 사회 성원이 되고자 가족으로부터의 독립을 꿈꾸게 되는 것이다. 부모로부터의 규범들은 거추장스러운 것들이 되고 자신을 속박하는 것으로 느껴지게 되면서 자유를 주장하며 성인을 모방하면서 청소년들은 담배를 피우기 시작하기도 하고 화장을 하기도 한다.

3) 형식적 사고 능력과 도덕적 사고 능력

피아제(Piaget J.)는 청소년기의 인지발달 능력 단계를 형식적 조작기라고 표현했다. 청소년기에 들어서면서 문제를 바라보는 시각이 분석적이고 체계적이어서 자신과 세계를 바라보는 새로운 시각을 갖추게 된다는 이론이다. 이것은 대인관계, 사회인으로서의 자신, 자신의 삶과 사회를 생각하며 좀 더 복잡한 사고를 통해 성숙해 나아가는 근거를 마련하기도 하며 철학적 사고를 시작하는 능력을 갖추게 되는 것을 말한다. 이와 더불어 피아제는 사춘기의 도덕적 사고 능력의 특징을 자율적인 단계로 접어들었다고 보아, 인지 능력과 더불어 주관적, 도덕적 규범에 대해 사고가 형성된다고 보았다.[148]

그러나 아직 청소년기는 정서적으로는 변화가 잦고, 심리적으로 안정이 어려워서 어떤 경우는 속도를 즐기는 오토바이광이 된다든가 하는 등 행동이 과격하고 극단적이 된다.

---

148) **피아제(Piaget J.)**의 도덕 발달연구는 예를 들어, 어머니가 집에 없을 때 부엌에서 먹을 것을 몰래 가지고 나오려다 물컵 하나를 깨뜨린 아이와 문 뒤에 그릇들이 있는지 모르고 실수로 많은 그릇을 깨뜨린 아이 중 누가 더 나쁜가를 묻는 이야기, 또는 어머니의 바느질을 도우려고 가위질을 하다가 어머니의 옷에 큰 구멍을 낸 여자 아이와 어머니가 외출한 사이에 가위를 가지고 장난을 하다가 어머니의 옷에 조그만 구멍을 낸 여자 아이 중 누가 더 나쁜가 하는 이야기를 통해 이루어졌다.
연구의 결과는 크게 타율적 도덕 시기와 자율적 도덕 시기로 나누었고, 타율적 도덕 시기는 도덕적 의식이 존재하지 않고 원시적 욕구로 충동을 해결하는 습관의 단계(2세경~4세경), 모방과 습관에 의해 어른의 도덕 기준에 동조하지만, 사회성 있는 기초 태도를 형성하는 단계(5세경~7세경)와 자율적 도덕으로 넘어가기 전의 도덕적 판단과 동료 혹은 또래를 이해하고 협조하려는 과도기의 단계(8세경~9세경)의 단계로 설명한다. 자율적 도덕 시기는 10세경~15세경을 말하는데 행동의 이면에 있는 동기나 의도를 이해할 줄 알기 시작하면서 자신의 이해관계뿐만 아니라 도덕적 규범 등을 생각하기 시작한다. 15세경 이후 청년기로 접어들면서부터 행동의 규칙이나 원리 그리고 자신의 이상을 객관적으로 인지하여 바라보되 자율성을 가지고 결정하는 단계가 있다고 말한다.
제17장 〈노인미술치료〉의 〈표 1〉을 참고하시오

피아제와 마찬가지로 콜버그(Kohlberg L.)의 이론도 도덕적 판단 능력도 발달단계[149]를 거쳐서 청소년기에 이르면 관습적 수준에 이르러 대인관계의 조

---

149) 피아제(Piaget J.)처럼 '도덕적 판단' 능력을 체계화시킨 미국의 **콜버그(Kohlberg L.)**도 도덕성의 발달을 인지와 관련을 짓고 있다. 도덕적 선택과 행위들에 직면하기 위한 하나의 절차 및 일련의 지침으로 '도덕적 원리'가 있고 도덕은 사회에 이미 질서로 정해진 인습적 규범이 아니라 사람 각자의 반성적, 비판적 사고와 관련된다고 한다.

"유럽의 한 마을에 사는 하인츠라는 사람이 아내가 암에 걸려 거의 죽어 가는 것을 보고 어쩔 줄 몰라 하다가 그 마을에 사는 약제사가 최근 발명한 라듐 계통의 약이 특효약이라는 의사의 말을 듣고 약제사를 찾아갔더니 그 약의 제조 원가의 10배가 되는 많은 돈을 요구하였다. 그는 이리저리 돈을 구하러 다녔으나 겨우 반밖에 마련하지 못했다. 그래서 약제사에게 약값을 할인해 주거나 나중에 갚게 해 달라고 간청하였지만, 그의 간청은 거절당하게 되고 그는 절망하던 끝에 부인을 위해 약제사의 가게에 몰래 들어가 약을 훔쳐온다."

— 남편은 약을 훔쳤기 때문에 벌을 받아야만 하는가?

— 약제사는 그렇게 터무니없이 비싼 약값을 요구할 권리를 가지고 있는가?

— 약제사가 부인을 죽인 것이나 다름없다고 비난하는 것은 정당한가?

— 만약 정당하다면 그리고 부인이 중요한 인물이었다면, 약제사를 더 심하게 처벌해야 할까?

콜버그는 특별히 도덕적 추론구조를 알아보기 위해 소년들에게 위와 같은 질문을 하였고, 도덕적 판단 능력은 전관습적(Pre-Conventional) 수준, 관습적(Conventional) 수준, 후관습적(Post-Conventional) 수준의 세 단계를 거치며 각각의 수준은 다시 2단계를 가지고 발달한다고 하였다.

1) 전관습적 수준

단계 1 : 문화적 규칙과 좋고 나쁨, 옳고 그름에 순응하는 단계(3세~7세) – 자신에게 권위를 가진 사람의 기준을 두고 그 통제 안에서 벌을 피하기 위한 복종의 도덕을 가지고 있는 단계이다. 단계1은 피아제의 타율적 도덕성, 프로이트의 초자아 형성기에 해당된다.

단계 2 : 욕구 충족적인 수단으로서의 도덕, 타인이 자신에게 보여준 것에 관계함(8세~11세) – 자신의 욕구를 충족하는 것이 도덕 판단의 기준으로 상대적인 도덕심을 갖는다. 공정하고 상호성을 가지며 평등적 행위를 요구하게 된다. 어른들은 저렇게 행동해도 되는데 자신들은 그렇게 하지 못하는 것을 이해하지 못한다.

2) 관습적 수준

단계 3 : 사람들 상호 간의 동조와 유지에 대한 관심(12세~17세) – 자신의 행동이 또래나 권위자와 바람직한 관계가 될 수 있도록 하며 가능하면 착한 사람으로 자신을 인정받고 싶어 한다. 즉 타인의 승인과 대인관계가 중요하게 되어 상호 인격적인 고려를 하므로 정의는 다른 사람을 해치지 않아야 한다고 믿는다. 단계 3은 추상적 사고가 가능한 피아제의 초기 형식적인 조작기에 해당된다.

단계 4 : 법, 사회의무, 사회질서 유지에 대한 관심(18세~25세) – 법, 질서의 중요성을 인정하게 되어 권위, 철칙을 지키는 것이 옳은 행위라는 사고를 하게 된다. 공공의 질서를 지키는 것과 자신의 의무를 이행하는 것을 통해 사회의 가치를 유지하게 된다.

3) 후관습적 수준

단계 5 : 사회적 계약과 개인적 양심의 도덕성(초기 성인기~) – 자신의 가치와 사회적 규약 간의 각성이 생기고 합의에 이르기 위한 절차를 고심할 수 있다. 법률적 관심을 갖고 있지만 사회적 유용성과 합리성을 강조할 수도 있다.

단계 6 : 보편적 윤리단계 – 법의 제약이나 관습에 의한 문제가 아니라 자신의 윤리 기준에 의해 양심적인 판단을 할 수 있다. 어떠한 것이 더 가치가 있는 것인가 하는 것보다 보편적 원리를 지향하는 생각을 갖게 되어 서로 다른 입장을 동등하게 여길 수 있게 된다.

콜버그(Kohlberg L.)에 의하면 3단계와 4단계는 대부분의 성인들에게서 찾아볼 수 있는 특징으로 성인들 가운데 단지 20~25%만이 5~6단계에 도달할 수 있고, 다시 5~10%만이 6단계에 도달할 수 있다고 한다. 제17장 〈노인미술치료〉의 〈표 1〉을 참고하시오

화와 또래와의 사회적 관계의 중요성이 점차 증가하게 된다고 말한다. 아직은 관습적인 사고를 하지만 각자 사람마다 역할, 상호관계, 타인을 인정하게 되어 타인의 의도를 판단할 수 있고 자신 안에 도덕적인 기준을 형성하기 시작한다고 말한다.

가치 체계와 판단이 새롭게 발달함에 따라 새로운 방법으로 자신 안에서 발생하는 추상적인 의문들을 해소하려고 한다. 하지만 이러한 사고가 실제 경험을 통해 아직은 완성된 것이 아니고 해결 방법 또한 빠져 있는 형편이어서, 자신의 행동이 어디까지 허용되고 가능한 것인지 불가능한 것인지, 도덕적으로 처신이 불완전하다. 특히 다양한 가치가 동시에 존재하는 문제에 대해서는 이상 속에 넣어 둔다. 그래서 청소년들은 많은 경우 현실이 불만스러움을 토로하며 현실의 제도나 관습에 대해 혁명적인 행동 경향을 가지고 바라보게 된다. 사회 집단이 이질성을 띨 때는 적대행위로 나타나기도 한다. 특히 청소년에게 기회가 박탈된 사회에서는 좌절과 분노가 사회 운동적인 힘으로 전환됨에 따라 사회 질서가 위협을 받기도 한다.150)

16-2.
청소년 미술치료의 목표

도덕적 판단 능력이 도덕적 지식과 인지 능력의 결과로서 행동으로 나타난

150) 오늘날 프랑스는 특히 파리 주변(Paris banlieue)이나 다른 대도시 주변에 사는 이민자의 후손 또는 조부모 시대에 프랑스령 식민지로부터 이주해 왔거나, 1960~70년대 프랑스 경제 부흥 시기의 이민 노동자의 1.5세대~2.5세대 젊은이들이 똘레랑스(tolérance)의 나라라고 표명만 앞세우는 프랑스 사회의 불평등으로 프랑스 사회와 융합할 수 없게 되었다. 젊은이들이 경찰과의 접촉으로 사망하는 사건들과 관련하여 2005년과 2007년 두 차례에 걸쳐 시각의 차이가 견해를 좁히지 못하고 프랑스 경찰 측, 프랑스 사회와 청년들의 대대적인 정면 충돌이 일어나게 되었다. 결과적으로 경찰차, 공공기관, 학교, 상가, 시민의 자동차 등을 불태우는 집단행동으로 나타났다. 이는 사회집단과의 이질성과 청소년, 젊은이 집단의 이상과의 차이로 생긴 대표적인 사례가 될 것이다.
또한, 2008년 겨울로 접어들며 그리스의 700유로 세대라고 불리는 고등학생들의 움직임은 거리의 방화, 약탈을 넘어 생방송 뉴스 중인 TV 방송국을 점거하는 사례를 보여주었다.
2015년 전 세계는 이슬람 급진 무장 세력 IS에 합류하기 위해 시리아로 떠나는 각국의 청소년들을 자국의 공항에서 차단하거나 직접 부모가 시리아와 가까운 나라들에 가서 자녀들을 찾아오는 사례가 늘어나고 있다.

다는 것을 감안할 때, 청소년 미술치료는 청소년기의 가치판단에 도움이 될 수 있는 청소년과 동질적인 문화 기준을 가진 접근이 필요하며 급격한 문화변동을 경험하지 않고 서서히 발달해 가는 접근이 바람직하다. 그러므로 청소년을 동행하는 미술치료사는 청소년기의 변화를 충분히 이해하고 관심을 가져 주는 적극성을 통해서 청소년이 정체성을 찾는 과정이 다소 위험해 보이더라도 자신의 문제를 자신이 찾아나갈 수 있도록 격려하며 지켜보아 주는 인내심이 필요하다.

또한, 청소년 미술치료는 청소년의 다양하고 급격한 변화들에 적극적으로 부응하는 창조적인 과정의 활동으로 이루어져야 한다. 창조적인 활동이란 상황에 대처해서 가족을 통해 경험하지 못하거나 학교에서 학습을 통해 알지 못했던 다양한 새로운 인식을 스스로 할 수 있도록 도와야 함을 말한다. 또한 청소년 미술치료 임상에서의 치료적인 과정은 미술치료사 각자의 이론적 접근과 임상 경험에 따라 창의적인 것이 바람직하다.

1949년 페신(Pessin J.)과 프리드만(Friedman I.)은 청소년을 위한 심리적인 접근의 치료 목표를 다음과 같이 4가지로 제시했다.

(1) 긍정적인 나르시시즘을 갖도록 도와서 자아를 강화할 수 있어야 한다.

(2) 집단역동 접근이 바람직하며 치료사의 중재 행위를 통해서 사회적 통합에 도움이 되어야 한다.

(3) 청소년들의 표현은 무의식 속의 혼돈에 의한 것으로 언어로 쉽게 표현하지 못할 수도 있는 것들임을 알아야 한다.

(4) 자신이 열망하고 관심을 갖는 것이 무엇인지 알도록 도와야 한다.

1) 방향 정하기

(1) 청소년

청소년이 미술치료를 시작하게 되는 많은 경우는 부모, 학교, 의사, 법정 등 보통은 제삼자의 권유에 의한다. 본인의 의지에 의한 것이 아닐 때 미술치료사와의 만남은 대부분 부정적이거나 아주 작은 관심과 태도를 보이는 것에 그친다. 그래서 미술치료사와의 첫 대면에서는 거의 반응하지 않거나 목적이나 의지가 없고 침묵하거나 반대로 폭력적인 언어를 구사하기도 한다. 청소년에게 미술치료실의 역동성과 자신과의 관계에 대해 반응을 보이게 하려면 미술치료에 대해 이해할 만한 정보를 친절하게 전달하는 것이 중요하다.

미술치료사는 청소년이 '지금', '이곳' 에 대한 시각을 갖도록 도와서 앞으로 진행될 미술치료를 인식하고 시작할 수 있게 해야 한다. 또한, 자신의 욕구불만에 대한 관용적인 태도를 보여주므로 미술치료사가 자신에게 도움이 되고 앞으로 진행될 미술치료에 인내를 가지고 함께 하겠다는 의지를 갖도록 하는 것이 중요하다.

그리하여 미술치료실은 불안, 혼돈 혹은 병리적 증상을 가진 하나의 신체로서의 청소년이 자신의 이야기를 안전하게 펼칠 수 있는 곳이라는 것을 알게 되는 것이 특히 중요하다. 결국 미술치료실 안에서 청소년미술치료의 역할은 자신이 주체가 되어 자신을 찾는 행위를 통해 이루어져 갈 것을 알게 하여 청소년이 자신 안으로 되돌아가 자생적이며 긍정적인 자기애를 형성하도록 하는 것이다.

(2) 부모

청소년 스스로 치료 의지를 갖는 경우가 거의 없으므로 청소년 미술치료에서 부모의 역할은 무엇보다 빠질 수 없는 중요한 요소이다.

그러나 부모가 함께한다는 것은 미묘한 것으로 청소년이 자신의 내밀한 이야기를 표현할 때, 부모들의 존재함이 편할 수 없을 것이다. 또한, 반대로 부모가 관여하지 않으면 청소년 자신의 문제에 대하여 스스로 해결해 나가야 한다는 중압감을 느끼게도 된다. 그러므로 청소년 미술치료의 시작에서 틀을 정하기 시작할 때 어느 누구도 소홀함이 없도록 하고 청소년이 자신의 문제를 헤쳐나감에 있어 부모에게 들어가지 않았으면 하는 정보에 대한 비밀 약속을 지킬 것이라는 것 등의 안전한 틀을 보장하는 것이 바람직하다.

또한, 부모 입장에서의 주 호소 내용이 청소년이 가진 실제 문제와 차이가 있을 수도 있다. 그러나 부모의 의견 또한 방향 설정을 위한 중요한 요소가 된다는 점도 잊지 말아야 한다. 그런가 하면 부모는 전혀 인식하고 싶지 않은 가족의 이야기, 부모 자신들의 문제를 청소년과 별개로 두고 청소년의 변화만을 요구하는 예도 많다. 그러므로 청소년의 입장이 부모와 가족에게 감추어 둔 이야기, 혹은 가족 편력에 대한 피드백(feed-back)이 될 수도 있다. 결과적으로 청소년 미술치료는 가족 안에 감추어져 있던 문제를 살피고 다시 가족을 연결하는 중재 역할로서 가족의 기능이 더욱 발전되는 변화를 만들 수도 있을 것이다.

(3) 치료 팀

특히 청소년 미술치료가 진행될 때는 미술치료사 한 사람만으로 치료가 진행되는 것은 바람직하지 않다. 미술치료사와 심리치료사, 사회복지사, 정신과 의사, 운동치료사 등으로 이루어진 다각적 접근으로 진행되는 통합적 접근이 이상적이다.

각 담당자에게 청소년이 투사하는 아주 작은 전이들이 시간이 지날수록 조금씩 쌓여 가면서 청소년은 그들 각자에게 자신의 지나온 시간에 대한 이야기, 감정들, 환상들 또한 꿈꾸는 것들을 다양한 모습으로 보여주게 된다. 이렇게 청소년 치료가 팀으로 이루어질 때 각 담당자가 각각 거울의 역할을 하게 되어 청소년에게 반사해서 다시 보여주는 역할을 하게 될 것이다.

수드르 (Sudres J.-L., 1998)[151]는 이렇게 팀을 이루는 것은 성별이 다르고 나이도 서로 다른 사람들과의 만남을 통해 청소년이 치료에 점점 더 능동적인 자세를 갖게 된다고 설명한다.

2) 청소년 미술치료의 틀

단지 물리적인 미술치료의 틀을 언급하자면 기본적으로 청소년 미술치료실의 틀도 어린이 미술치료실의 환경과 다른 점은 없다. 단지 의자나 작업대의 높낮이, 기타 도구들의 크기를 조절하는 것이 필요할 것이다. 치료실 틀에 대한 기본적인 사고는 이미 많은 전문가가 언급한 바 있으나 청소년의 경우 집단 미술치료의 성향을 더 강조하는바 그룹 분석의 차원에서의 틀을 강조한다.[152]

수드르(Sudres J.-L.)는 5가지의 주요소가 틀 안에 갖춰 있어야 한다고 말한다.[153]

---

151) 프랑스의 미술치료 이론가이며 심리치료사, 임상심리치료사, 그리고 정신운동치료사이기도 하다.

152) 치료의 틀에 대해서는 대표적인 학자로 위니코트(Winnicott D.W.), 앙지유(Anzieu D.) 등이 있다. 위니코트는 제14장 〈위니코트와 잠재 공간〉을, 앙지유는 제13장 〈미술치료와 신체〉를 참고하시오.

153) 미술치료실의 기본적인 요소들을 충족한다면 미술치료실이 운영되는 방법은 창의적이며 미술치료사가 계속해서 끊임없이 생각하여 자신의 미술치료의 효과를 생각하여 발전시켜 가야 할 것이다.

(1) 장소

미술치료의 틀을 말할 때 장소는 미술치료가 이루어지는 위치가 각 기관 혹은 각 상황에서 한 곳에 명확하게 결정된 공간이 있어야 된다는 것을 말한다. 중요한 것은 미술치료실의 정체성은 장소에 대한 상징성으로부터 출발하기 때문이다.

(2) 환경

청소년 미술치료뿐만 아니라 대부분의 미술치료에 해당되는 것으로 미술치료 환경에 미술치료사를 포함한 전체 치료자와 혹은 관계자들을 연결할 수 있는 체계를 마련해야 한다. 특히 팀에서 미술치료사는 어떠한 역할을 하는가에 대한 선명한 정체성이 이에 포함된다.[154)]

(3) 규칙

- 기본적인 규칙 : 시간, 기간(회기의 수), 행동규칙, 출입의 방법 등은 미술치료가 시작되기 전 청소년과 정확하게 약속이 이루어지는 것이 좋다. 쉬는 장소, 작업 장소, 어울리는 장소 등 장소의 규칙도 명확히 한다.
- 중재적 요소에 대한 규칙 : 미술치료사와 청소년의 미술치료 작업 관계 속에서 재료, 언어, 방법, 행위 등이 자유로운 것이라면 성적인 행동이나 언어, 공격적인 행동이나 언어 등을 절제해야 하는 것을 규칙으로 미리 알려준다. 작품의 보관, 작품의 소유자, 작품의 파손에 대한 책임자 등에 대한 규칙도 정해져야 한다. 그리고 미술치료실 외부로 청소년 자신의 이야기가 나가지 않고 비밀이 보장될 것임을 알리도록 한다.
- 내부적 중재 요소에 대한 규칙 : 이는 미술치료사의 개인적 임상과 관련한 규칙을 말하는 것으로 자신이 중재하는 방법은 어떠한 것인지, 얼마만큼의 허용과 얼마만큼의 규칙이 정해져 있는지, 자신이 주의하고자 하는 규범은 어떤 것인지를 청소년에게 충분하게 말로 전달하도록 한다.

154) 예를 들어 프랑스는 2008년까지 미술치료사가 직업인의 명부에 올라 있지 않아 자신의 본래 직업인 특수교사, 사회복지사, 정신과의사, 간호사 등과 미술치료사의 일을 겸하는 경우가 많았다. 이러한 이유로 해서 더욱더 환경 요인으로서의 미술치료사의 정확한 위치에 대한 정체성 확립이 무엇보다 중요 했었다. 이후 2011년도부터의 법령에 의해 미술치료사가 국가공인 자격을 갖게 되었다.

(4) 과정

- 장소와 시간의 구체성 : 호메오스타시스(Homeostasis)[155]의 기능을 활용하여 청소년이 정신적으로 지지적이며 개인적인 욕구충동을 조절할 수 있도록 하려면 장소와 시간에 대해 정확한 인식을 하도록 돕는다. 특히 깨끗하게 정돈된 비어 있는 장소는 청소년이 매 번의 작업을 자신을 투자하는데 사용할 수 있도록 자극할 수 있으며 감각적이고 정서적인 활동이 될 수 있도록 할 것이다. 곧 장소는 청소년이 자신의 정신적인 신체를 다시 감싸는 용기(容器)와 같은 역할을 하는 것이다.
- 내부와 외부의 중재 장소 : 미술치료사의 정신적 능력을 빌어 청소년이 자신의 창의성을 발휘하는 장소를 미술치료실이라고 할 수 있다. 그러므로 미술치료사는 언어, 움직임 그리고 미술 행위를 통해 자신을 생각하고, 표현하며 만들어 가는 청소년의 내부에 대한 상징적인 외부의 포장 역할을 하는 것이다. 이것은 투사와 재투사라는 상호관계 속에서 가능한 것으로 무아포(moi-peau)[156]의 기능을 통해 가능해진다.

(5) 미술치료 감독(supervision)

청소년 집단 미술치료는 집단의 혼돈, 집단원 간 서열의 형성, 미술치료가 잘 발달하지 못하고 반복되는 문제점 등을 위해서 치료 청소년을 담당하는 팀원 전체와 감독관에 의한 감독이 필요하다.

---

155) 생물의 생리계(生理系; 혈액)가 정상적인 상태를 유지하는 현상. 항상성(恒常性)이라고도 한다. 1932년 미국의 생리학자 W.B. 케넌이 '동일함' 의 의미인 homeo와 '평형상태(平衡狀態)' 를 뜻하는 stasis를 결합시켜 만든 용어이다. 외부 환경의 변화에 노출되어 있는 박테리아나 단세포 동식물과는 달리 다세포생물은 체표(體表)에 외피(外皮; 피부 등)가 있고 체내에 체액(體液) · 수액(樹液)이 있어서 세포에 대한 외계(外界)의 영향은 간접적인 것이 된다. 따라서 다세포생물의 세포에서는 생체 내의 액체가 직접적인 환경이고 그의 항상성을 유지한다는 것은 세포가 정상적으로 기능하기에 유리한 조건이다. 동물의 체액에 관해서 이러한 항상성의 중요성을 최초로 지적한 사람은 프랑스의 생리학자 C. 베르나르인데, 체액을 내부환경이라 부르고, 그 고정성(固定性)을 생물의 독립 생활 조건으로 간주하였다. …중략… 호메오스타시스는 원래 개체의 생리적 항상성을 나타내는 말이었으나, 그 적용 범위는 생리학 분야 외로 확산되어 생물계의 여러 가지 계층에서 안정된 동적(動的) 평형상태를 나타내는 말로도 사용된다. 생물군집에서 종(種) 구성의 안정성을 생태적 호메오스타시스라고 하고, 또 동종(同種) 개체군의 유전자 분포의 안정된 평형상태를 유전자 호메오스타시스, 발생 과정에서 일정한 표현형을 발견하는 현상을 발생적 호메오스타시스라고 한다. 출처 : 야후코리아 백과사전

156) 제13장 〈미술치료와 신체〉에서 '앙지유(Anzieu D.)의 무아포(moi-peau)' 를 참고하시오.

16-3.

청소년 미술치료 접근 방법

무엇보다 청소년 임상 현장은 언어적인 접근으로 분석하는 것에 많은 어려움이 있다는 것과 청소년이 사춘기에 들어서며 신체적으로 극심한 변화 시기를 갖고 있다는 특징을 인식하는 것이 근본적 접근 시각이 될 것이다. 심리적인 측면을 언어로 표현하는 데에 극심한 어려움을 느끼면서도 반대로 자신의 신체는 끊임없이 무엇인가 표현하고 있다는 양극의 현상 속에 있는 것이 청소년의 상태라고 볼 수 있어서 청소년을 돕는 데 미술치료가 적절한 접근이 되는 것이다.

청소년이 자신 내부에서 일어나는 변화에 대한 답을 찾아가는 과정의 부재 혹은 잘못된 접근을 해결하기 위해 미술치료에서 사용하는 임상적인 접근은 미술치료사마다 다양할 수 있다.

그러므로 접근 가능한 미술치료 이론들을 살펴보고 각각의 접근 방법이 청소년 미술치료의 목표와 구체적인 틀을 어떻게 구성하고 있는지 살펴보려고 한다. 물론 이러한 접근들은 청소년뿐만 아니라 모든 미술치료 대상에 해당하지만 각각의 접근 방법이 청소년에 맞추어 어떻게 활용되는지를 살펴본다.

각 접근 모형들을 다음과 같이 그림으로 간략해 볼 수 있다.

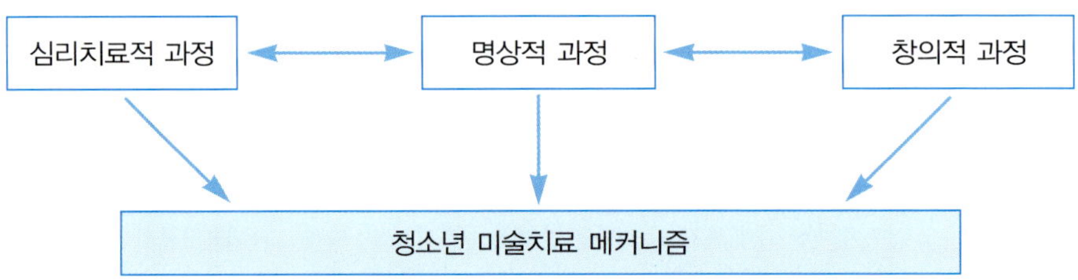

[그림 19] 청소년 미술치료 접근 모형

1) 현상학적 접근

미술치료의 현상학적 접근은 우선 행동심리학자인 브렌타노(Brentano F.), 후설(Husserl E.)[157]과 해석학적인 현상학의 하이데거(Heidegger M.)[158]의 존재와 지향성의 개념 연구로부터 근거한다. 현상학적인 사고란 본질을 알기 위한 것이 아니라 본질을 향한 지향적 의식 활동이다. 지향성의 구조는 감성과 정신의 통합으로서 지향적이라는 것은 결과적으로 하나의 체험으로부터 의식이 구체화되고 명확해지는 것을 말한다.

인본주의적인 사고를 기본으로 하는 현상학적 사고는 미술치료에서 창조 행위가 청소년 자신이 주체로서 보이지 않았던 자신의 모습을 드러나게 함으로 청소년의 존재감을 실제로 느낄 수 있도록 한다. 특히 시간과 공간을 실제로 느낄 수 있는 행위, 자신의 신체 밖에서 일어나는 움직임을 통해서 현실적으로 일어나는 움직임을 자기 자신 안으로 느낄 수 있게 한다는 것은 청소년의 의식과 신체를 통합하는 데 도움을 줄 수 있다.

비텐스키(Betensky M.G.)[159]는 미술치료에서 지향적인 것으로 사용하는 '현상적인 것들' 이란 시각, 촉각, 청각적인 대상들과 생각, 감정, 환상 등으로, 자신을 의식적으로 알아가기 위한 원천들이라고 말한다. 또한 개인이 자신과 자기 주변 세상을 대상을 통해 의식해 가는 3단계 과정을 스트라저(Strasser

---

157) **후설(Husserl E.)**에 의하면 우리의 의식은 노에시스(noesis)와 노에마(noema)의 구조로 되어 있다고 한다. 노에시스란 생각하는 과정을 말하고 노에마는 생각의 대상을 말한다. 이 둘이 우리의 의식 속에서 밀접하게 연관되는 구조를 통해 세상 것들을 지식으로 환원한다.
예를 들어, 하나의 책상이 있다고 하자. 의식이 책상의 형상에 주의를 돌려서 책상의 쓰임새를 알게 한다. 그러나 이때 책상의 쓰임새는 순간적인 지각상에 의한 의식만으로 가능한 것이 아니다. 책상의 여러 가지 측면에 지향성을 가지고 반복하여 사고하는 활동이 있어야 하며 그 결과로 대상이 하나의 형상으로 결론을 내린다. 이러한 지향성의 왕래 활동, 반복이 노에시스이며 그 결과로 만들어진 하나의 총체적상을 노에마라고 한다. 노에마는 노에시스의 결과가 아닌 노에시스 활동 과정에서 자연적으로 나타나는 현상이다.
현대과학은 수치를 통해서 과학적인 증거와 가치를 갖는다고 여긴다. 그러나 후설은 개인의 내밀한 감정과 사고는 규격화하여 맞출 수 없다는 것을 현상학을 통하여 강조한 것이다.

158) 사람들은 호흡하거나 바라보거나 하는 인간 행위들이 의식하지 않은 채 그러한 것들이 단지 장애를 겪을 때에야 비로소 중요성을 깨닫게 되지만 살아가는 것 자체가 수많은 현상의 체험이다. 하이데거(Heidegger M.)에 의하면 현상이란 상과 현재라는 시간적 계기의 합성으로 상이 시간성을 통해 드러난 상태를 의미한다. 인간은 존재가 진행형의 사건임을 망각할뿐더러 존재를 존재자로 대상화해서 생각한다. 하이데거는 존재가 곧 무임을 주장함으로써 존재를 대상화하는 인식을 부정한다.

159) 미국 미술치료사, 심리학자.

S.)[160]의 사고를 빌어 다음과 같이 설명한다.

- 선지향 단계 : 대상에서 받은 인상이 아직 정체성을 알 수 없는 감정적으로는 선명하게 경험되지 않는 상태.
- 지향 단계 : 대상과 인상이 연결된 상태.
- 후지향 단계 : 대상이 지각화되어 내재화된 통합적 상태로 나아간다는 것이다.

한 발 더 나아가 청소년 미술치료에서 이와 같은 단계를 활용하는 것은 콰일(Quail J.)과 피비(Peavy V.)[161]의 연구를 통해서 지지를 받는다. 이들의 연구는 창작 활동 과정을 통해 자신의 안에서 일어난 현상을 이해하기 위해 의식적으로 지각하는 과정이 있으며 창조적 과정 중에 오브제, 신체적 움직임, 감정 혹은 정서들을 향한 신체 안에서 일어나는 지각들은 마치 의식의 문과 같은 것이라고 말한다. 결과적으로 미술치료를 통해 의식과 의식적 통합에 이르는 과정이 가능해진다. 이러한 접근의 청소년 미술치료를 위해서는 사용될 수 있는 재료, 미술치료사와의 정서적 관계, 치료적 목표 등은 아주 잘 짜인 동맹 관계를 필요로 한다.

2) 정신분석학적 접근

미술치료 임상에서 만날 수 있는 청소년 중에는 자신을 발전해 가는 데 자신감이 없거나 그보다 더 심각하게는 가능성조차 발견하지 못하는 경우도 있으며 심한 우울 증세 또는 심리적 기능을 상실한 경우 등이 있다. 이러한 청소년이 자기 발전의 재정비를 위해 치환, 방어, 적극적 투사 등의 방법을 통한 다양한 정신적인 움직임을 발견할 수 있는데 이들이 가진 이러한 갈등이나 방어

160) Strasser S. & Greenberger D.B., Development and Application of a Model of Personal Control in Organizations, The Academy of Management Review, Vol.11, No.1 (Jan., 1986), pp. 164-177.

161) Quail J.M. & Peavy V. R., A phenomenologic research study of a client's experience in art therapy (Revue), The Arts in psychotherapy 1994, vol.21, n°1, Elsevier, Amsterdam, Nederland, 1980, pp. 45-57.

기제[162]의 원천에 대한 치료를 위해서는 정신역동적인 요소들을 활용하지 않을 수 없다.

정신분석적인 접근을 사용한 대표적인 미술치료사는 나움버그(Naumburg M.)[163]와 크래머(Kramer E.)[164]이다. 청소년 미술치료의 정신분석적 접근은 심리적인 요소들을 환상화(幻想化)해 가고 작업으로 언어를 대신하면서 청소년 자신이 가진 갈등과 혼란을 정신 역동적 요소들과 미술 창조 법칙을 사용하여 조절해 가는 것이다.

(1) 욕구 충동의 전이

신체적인 욕구가 창조적인 행위를 통해 충족 가능해지면 실존적 감각을 갖게 된다. 억제된 신체적 충동들이 창조적인 활동을 통해 새로운 것들을 찾아 나서는 모험은 승화 과정을 경험하면서부터 자기 삶의 의미를 다시 찾고 발전된 단계로 들어서는 것이다.

결과적으로 청소년 미술치료는 퇴행-승화라는 양극의 신경증적인 혼돈 속에 사로잡힌 그들의 증상, 상극적인 대립과 치환을 표현하게 되는 것으로 그런 것을 상징화하는 과정이다. 이렇게 상징화된 표현들을 무의식의 반영으로서 그것을 분석하면서 본래의 자신을 만나게 하고 또다시 삶의 발전 근거로 삼으려 하는 것이 분석적 접근 방법이다. 특히 청소년 미술치료는 가능하면 순간적이고 즉흥적인 표현을 하도록 해서 시간적, 공간적으로 균형을 이루지 못하고 안정적이지 않은 청소년들이 무의식을 통해 일부러 가장하지 않은 표현을 하도록 하여 방어기제들을 줄일 수 있다.

기토(Quitaud G.)[165]는 심리적 퇴행 속에 있을 때 그리는 그림은 공간에 공백이 많거나 아니면 지독한 덧칠하기, 반복되는 표현, 좌우대칭형의 직선적인

162) 부록의 용어 해설을 참고하시오.

163) Naumburg M., An Introduction to Art Therapy: Studies of the "Free" Art Expression of Behavior Problem Children and Adolescents as a Means of Diagnosis and Therapy. New York, NY: Teachers College Press, 1950. 2장 〈간략한 미술치료 역사〉를 참고하시오.

164) Kramer E., Art as Therapy with Children. New York, NY: Schocken Books, 1971. 2장 〈간략한 미술치료 역사〉를 참고하시오.

165) Guitaud G. Recherche de créer, se créer- la réalisation par l'expression picturale, Editions Jouvence, 1990.

선들, 점들과 같은 표현이 많이 나타난다고 말한다.

(2) 원초적 환상

바이로-코로차노(Bayro-Corrochano F.)[166]는 청소년 미술치료는 미술 작업을 통해 자신들의 '원초적인 환상'을 발견할 수 있다고 말한다. 다시 말해, 청소년의 갈등이란 원초적인 자아가 다른 사람들과 분리되지 않은 상태로 신체 내부에 있는 구조인데 이미 존재했지만 아직은 보이지 않고 비어 있던 세계를 은유적으로 표현해 스스로 직접 만들어 내는 것이 청소년 미술치료의 정신분석적 접근 방법이라는 것이다.

(3) 승화작용

미술치료 작업은 후기 오이디푸스(프, postoedipienne) 상태의 청소년들이 무의식 속의 억압된 욕망을 직접 분출하는 것이 아니라 치환, 상징화, 충동 에너지의 중화, 통합 등의 기제를 통하여 변형시켜 가도록 도울 수 있다.

특히 청소년의 조절하기 어려울 정도의 신체적 에너지와 가상 속에 존재하는 정신세계를 미술 매체를 가지고 형태로 표현하여 정돈되지 않은 에너지를 길들이는 역할을 할 수 있는 것이다. 미술치료 작업을 통해 청소년은 부정적이었던 정신체계 때문에 자신의 희망적인 것 같지 않은 미래에 대한 신경증적인 행동, 성적인 대상에 대한 지나친 혹은 그 반대의 가치판단 등을 가지고 있다가 성공적인 미술치료 작품 경험들을 통해 긍정적인 자신을 만날 기회를 얻게 된다. 이러한 이유에서 크래머(Kramer E.)[167]는 미술치료실의 작품의 심미적인 질적 결과가 승화의 높낮이를 결정한다고 말한다.

(4) 카타르시스[168]

청소년이 자신 안에서 넘쳐나는 감정들을 미술 행위를 통해 덜어내는 경험

---

166) **바이로-코로차노(Bayro-Corrochano F.)**, 프랑스 파리 7대학 미술치료 과정 책임자, 정신분석가, 심리치료사, Construction de l'image du corps par le dessin, Le Journal des psychologues, n° 168, 1999, pp. 60-63.

167) 제2장 〈간략한 미술치료 역사〉를 참고하시오.

168) 부록의 용어 해설을 참고하시오.

은 정서적인 정화작용을 할 수 있는 것이다. 그러면서 외부로 발산해 낸 작업의 결과를 통해 자신을 돌보고 시야를 넓힐 수 있으며 통찰력을 만들 수 있다.[169]

(5) 투사

청소년이 자신의 본능적 욕구나 감정을 감추는 행위로 그리고 자신의 비하 혹은 불안을 가져오는 것들을 방어하는 방법으로 미술 작업을 할 수 있다 청소년의 미술 작업은 투사의 중재적인 대상이 되어 무의식 속에 억압해 온 것을 스캐닝(scanning)하는 작업으로 새로운 형태의 자신, 긍정적 자기애를 형성하는 데 도움을 준다.[170]

그러나 이러한 재건설 도중에 수반되는 우울, 과대망상 등의 청소년의 불안정 요소들은 미술 작업에 쉽게 영향을 미쳐 전적으로 투사하는 것을 어렵게 하기도 하고 또한 자신의 온전한 모습을 발견하는 작업 형태를 만나기까지 긴 시간을 반복해서 작업해야 하므로 정신분석적 접근의 미술치료는 청소년의 특성상 장시간 동안 이루어진다는 것이 큰 걸림돌이 되기도 한다.

(6) 창의적 표현

클랑(Klein J.-P.)[171]은 청소년이 내부의 욕구들을 밖으로 펼쳐 내는 것만으로 표현 활동이 충분히 가능하기 때문에 표현 활동 자체가 전이적인 활동으로서 자기발생적인 자극을 내는 것으로 치료적 효과를 갖는다고 한다. 창의적 활동은 청소년에게 언어로 표현하는 것보다 더 깊은 유희적 특징으로 다가갈 수 있으며 완전한 실험적 행위가 될 수 있어서 전적으로 청소년을 튼튼하게 묶어 주는 기능으로 청소년 변형 과정을 도울 수 있다고 강조한다.

첫 단계는 자신의 정서 시스템을 움직여 신체를 통해 이미지 기호들을 외부에서 재구성하고 다음 단계에서는 그 결과의 영향으로 언어를 대신하는 이야

---

169) Kris E., Psychoanalytic Explorations in Art (1952), Madison, Conn., International Universities Press, 2000.

170) Ehrenzweig A. The Hidden Order Of Art - A Study in the Psychology of Artistic Imagination, University of California Press Berkeley, 1967.

171) Klein J.-P., Métaphorisation thérapeutique du corps adolescent in Sudres J.-L., A. Liénard Edition, 1995.

기를 구성하게 된다. 그리하여 청소년이 '나'를 알고 싶다는 의지만큼 작품을 통해서 '무엇이 나에게서 잘못되어 가고 있는가'를 알게 되는 것은 양면적 감정을 갖게 한다. 또한, 창의적 표현 활동은 유혹적인 환상과 충동적인 혼돈의 신체를 가진 청소년 자신의 증세와 직접적으로 부딪치는 것을 피해서 창조활동을 통해 자신을 보여주는 하나의 새로운 인물을 창조해 내고 이 새로운 인물을 통해 치료적인 가능성을 찾는 위니코트(Winnicott D.W.)[172]가 말하는 '적당한 거리'(enough distance)를 갖게 되는 것이다.

3) 인지-행동학적 접근

미술치료에서 창조성 과정에 대해 신경심리학적 혹은 정신분석학적인 접근에 익숙한 미술치료사의 경우는 인지-행동학적 접근법을 이해하고 적용하는 것은 쉬운 것이 아니다.

1926에 발표된 왈라스(Wallas G.)[173]의 창조성 4단계와 1953년에 발표된 오스본(Osborn A.)의 문제해결 과정, 그리고 1956년의 길포드(Guilford J.P.) SI 모델을 통해 청소년 미술치료에서 각 단계마다 문제를 해결해 나가는 과정으로 어떻게 인지-행동적인 이론을 접목하는지 살펴볼 수 있다.

(1) 왈라스(Wallas G.)의 창조성 4단계

① 1단계 : 준비 과정(Preparation)

창조 과정의 첫 단계는 여러 가지 문제들과 당면하면서 동시에 다양하게 주어지는 어떠한 것이든 모두 맞이하게 된다. 다른 의미로는 여러 가지 해결 방법을 알게 되는 과정이 될 수도 있다. 다른 세계를 탐색하고 특별하게 하나의 오브제에 집중하게 될 수도 있으나 이 단계에서는 이 전에 자신이 습득한 형태의 작업을 사용한다. 그러나 지금까지의 자신 스스로의 방법만으로는 해결할 수 없음을 결론 내리는 단계로서 벽에 부딪힌 것 같은 감정이 될 수도 있다.

---

172) Winnicott D.W., Playing and Reality. 1971.

173) **왈라스(Wallas G.)**, 영국의 사회심리학자. The art of Thought, New York: Harcourt Brace, 1926.

② 2단계 : 잠복 단계(Incubation)

1단계를 통해서 수집된 여러 정보를 조정해 보면서 주의 깊게 자신에게 문제되고 있던 것에 대한 해답을 찾기 위해 노력하는 단계이다. 주의를 집중하다 보면 때로는 의식적이기보다는 무의식적인 활동을 하게 된다. 이는 결과적으로 문제에 대하여 정면으로 충돌하는 방식이 아니라 돌아가는 방법을 터득하는 것이며 그것을 통해 자신의 사고를 자유롭게 할 수 있게 된다.

그리하여 직관적인 감각을 사용하여 여러 가지 아이디어를 찾아갈 수 있게 된다. 자신이 만나는 문제들을 우회하여 함축적으로 발전시키기 위해 다양한 사고를 한다. 그러므로 이 단계에서도 문제에 직접적으로 관계하는 것은 아니라는 것을 알 수 있다.

③ 3단계 : 영감 단계(llumination)

창작하는 과정 중에서 영감 단계는 마치 문제 해결의 열쇠를 찾은 것과 같다고 할 수 있다. 안갯속에서 헤매는 것 같던 작업이 안개가 걷히는 것 같은 순간을 만나는 단계이다. 그러므로 창조성과 계획이 함께 의식을 가지고 하나의 길을 찾아 나서게 된다. 의식적인 생각이 아주 창조적인 생소한 세계를 만들어 내게 되고 이렇게 형성된 새로운 세계는 심미적인 결과를 갖기 위하여 노력하고 이 결과를 통하여 기쁨을 느낄 수 있게 된다.

④ 4단계 : 확인 단계(Verification)

자신의 작업이 마땅한 해결 방법을 통해 결과적으로 옳았는가 하는 것을 확인하는 단계이다. 이 단계가 중요한 이유는 때때로 자신의 선택으로 인한 결과에 대한 두려움을 확인해야 하기 때문이다. 특히 영감 단계에서 자신의 영감에 의한 경험이 착오를 일으킨 것일 수도 있으므로 대상을 합당하게 표현했는지에 대한 보증을 하기 위해 노력하는 단계이다.

(2) 오스본의 창조적 문제 해결(brainstorming) 과정

왈라스의 모델은 시간이 지나면서 수많은 연구가 더해지고 더욱더 발전하게 된다. 그중에서 1953년에 발표한 오스본(Osborn A.)[174]의 브레인스토밍

174) **오스본(Osborn A.)**, Applied Imagination. New York, Charles Scribner, 1953. 광고 사무실 BBD&O (Batten, Barton, Durstine & Osborn)의 대표적 창업자 중의 한 명.

(brainstorming)은 새로운 것을 상상하기에 대한 창조 과정의 대표적 모델이다. 그는 창조성의 발달 과정을 7가지 요인으로 분석할 수 있음을 강조한다.

① 방향 정하기(Orientation) : 새로운 주제로 문제가 주어졌을 때 문제의 핵심을 깨닫고 목표를 조정하기 위해 준비한다.
② 준비하기(Preparation) : 주제에 타당한 자료들을 가능하면 많이 모으도록 한다.
③ 분석하기(Analysis) : 필요한 자료와 타당한 자료를 검토해서 버려야 할 것들을 버리도록 한다.
④ 관념화하기(Ideation) : 안건으로 제안된 아이디어 중에서 가능성이 높은 쪽으로 다시 생각을 모아 다시 하나의 집약된 아이디어를 창출한다.
⑤ 생성화하기(Incubation) : 새로운 대안에 대하여 선명성을 강화한다.
⑥ 점검하기(Synthesis) : 모든 조각을 또다시 모아 주제에 합당한 아이디어인지 점검한다.
⑦ 결정하여 적용하기(Evaluation) : 아이디어의 결과를 적용해 보고 다시 판단하는 단계가 필요하다.

이처럼 새로운 상상하기라는 접근은 문제 해결 능력이 창조적인 활동으로부터 가능한 바람직한 방법이다. 이전부터 쌓아 온 여러 가지 사고들의 조합에 더해서 또 다른 많은 생각이 발전을 가능하게 한다는 것을 강조하고 있다. 특히 그의 사고도 프로이트와 초현실주의자들의 사고처럼 창조적인 어떤 것이라 해도 그것은 우연한 결과로 만들어진 것이 아니라 무의식중에 간직해 온 것의 출현이라는 것이다. 그러므로 자유연상은 창조를 위해서 무의식을 사용할 수 있는 가장 간단한 메커니즘이며, 결과적으로 브레인스토밍의 원형도 다양한 테크닉의 조합들이라고 한다. 특히 오스본 연구의 목표는 집단 창작 작업을 통해 한 가지 주제를 정해 같은 목표를 지향할 때 그룹들 각자가 잠재적으로 가지고 있는 발명 능력, 사고들을 모아서 사용할 수 있음을 강조한 것이다.

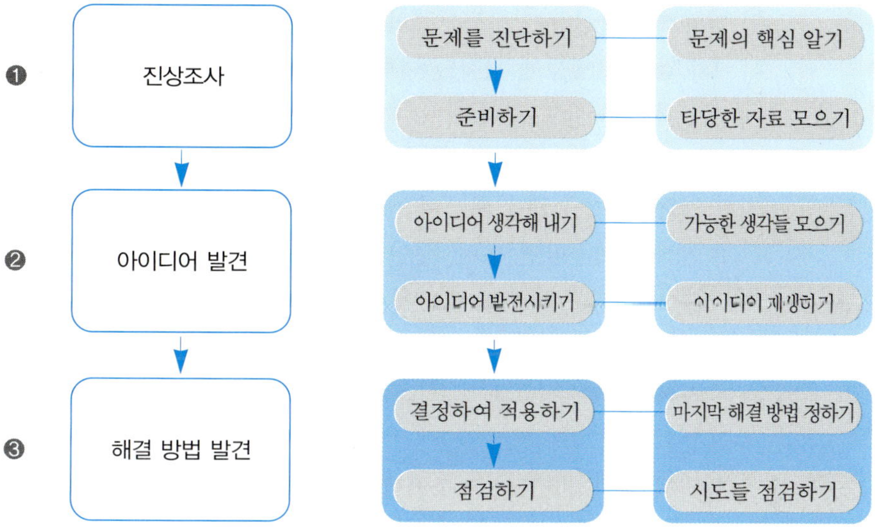

[그림 20] 오스본의 브레인스토밍 단계

오스본은 창조적 과정이 위와 같이 진행되고, 창조성은 상상하기가 필요한데 다시 4가지 상상하기 형태가 있다고 한다.

① 상상을 시각화하는 방법은 새로운 것을 창조해 내거나 원하는 모든 것을 표현할 수 있는 적절한 방법이다. 즉 과거를 다시 구성하는 재생산적인 상상과 이미 본 것을 기억하여 구성하는 순리적인 상상, 그리고 지금 여기에서 일어나는 요소들을 가지고 구성하는 구조적 상상이 모두 포함된 것이다.

② 대체 기능을 사용하는 상상하기 방법은 자신을 다른 사람을 대신하여 그 자리에 놓을 수 있을 때 가능하다.

③ 미리 예견하는 상상하기 방법은 가능성이 보이는 기대 의지에 지지를 받아 목표 지점을 설정하고 그것을 달성하는 형태이다.

④ 이른바 엄밀한 의미의 상상하기 방법으로 이미 시각적으로 익숙한 것들과 새롭게 연구하여 습득한 정보들을 조합하는 방법이 있다.

청소년 미술치료에서 자주 사용하게 되는 것은 대체 기능적인 상상하기와 순리적인 상상하기, 자신의 문제들을 넘어서고 의지를 측정하기 위한 시각적인 영향력을 확인하는 재생산적인 상상하기 등이다.

이와 같은 모델들에 지적인 능력이 창조적 발달 과정과 연결된다는 이론을 제시한 사람은 길포드(Guilford J.P.)로서 SI 모델(1956)[175]을 개발하였다. 그는 개인은 지능을 기능으로 창조 능력을 발휘할 수 있다고 하면서 지능이 가지고 있는 5가지 능력을 다음과 같이 설명한다.[176]

① 인식 능력 : 발견 능력, 승인 능력, 깨우칠 수 있는 능력 및 이해력을 말한다. 사람들은 문제에 대한 것을 발견하는 기능을 가지고 무엇이 잘못되어 가고 있는지 승인할 수 있고 그 요소들을 통해 깨우치게 된다. 그리하여 무엇이 필요하며 그것을 만족하기 위하여 무엇을 해야 하는지 아는 능력을 가지게 된다.

② 기억 능력 : 다양한 요소들을 파악하는 유동적 사고 능력이라고 말할 수 있다. 빠른 시간 안에 동일한 주제를 위하여 많은 아이디어를 생성할 수 있는 것을 말한다. 이 능력을 다시 4가지의 카테고리로 나눌 수 있다.

— 언어 유동성 : 하나의 음절 혹은 단어로부터 출발하여 많은 낱말을 만들어 낼 수 있다.

— 조합 유동성 : 주어진 하나의 낱말에서 가능한 많은 단어를 주어진 시간 동안 발견해 낼 수 있다.

— 표현 유동성 : 한 문장을 만들기 위해 여러 단어를 조합할 수 있다.

— 아이디어 유동성 : 문제에 대해 주어진 시간 안에 가능한 한 많은 아이디어를 만들어 낼 수 있다.

이상의 네 가지 경우는 양적인 능력을 말하는 것이다.

---

175) 길포드(Guilford J.P.), Structure of Intellectual Model. Ausubel D. P. & Ausubel P., Cognitive Development in Adolescence, Review of Educational Research, Vol. 36, No. 4, Educational Programs: Adolescence (Oct., 1966), pp. 403-413.

176) 길포드(Guilford J.P.)의 연구와 함께하는 개별화 창조 능력 과정이 지능과 관련이 있다는 미국의 학자들로는 Barron F., Getzels J.W., Kogan J.N., Torrance E.P., Wallach M.A. 등이 있다.

③ 집중적인 사고능력 : 하나의 정보로부터 여러 가지 결과를 생성하는 것이 가능하도록 하는 능력이다. 정보를 계속해서 다양한 방향으로 연속적으로 발전시킬 수 있다. 그리하여 늘 같은 시각으로 바라보던 사고를 새로운 것으로 확장시킬 수 있는 것이다.

④ 독창적 사고 능력 : 하나의 정보로부터 출발해서 다양한 변화를 가지면서도 독창적으로 사고할 수 있는 능력이다. 주어진 요소를 전체와 비교하여 새롭게 정의 내릴 수 있다.

⑤ 평가 능력 : 마땅한 평가와 판단을 분석할 수 있는 능력이다.

복잡하거나 2개 이상의 것을 조합하여 목표에 도달하기 위해 필요한 해결책은 수용하고 해결책이 아닌 것과 불필요한 요소들은 버린다. 그리고 나서 결과를 완성할 수 있는 것을 말한다.

〉〉 참고 문헌

이정렬 (2002). 콜버그의 도덕성 발달이론에 기초한 토의수업에 관한 연구. 서울: 서울대학교 아시아태평양교육발전연구단.

제레미 홈즈 (2002). 나르시시즘. 유원기 역. 서울: 이제이북스.

주디트 루빈(Rubin J.A.) (2001). 이구동성 미술치료(*Approches to art therapy: Theory and technique*). 주리애 역. 서울: 학지사.

Revue Art & Thérapie N° 90/91 (2005). *L'adolescence création éphémère-le génie esthétique de la tragédie adolescente.* Blois: Institut National d'Expression, de Création, d'Art & Transformation.

Chasseguet-Smirgel J. (1971). *Pour une psychanalyse de l'art et de la créativité.* Paris: Payot-Rivages.

Collège National des Universitaires de Psychiatrie (2000). *Psychiatrie de l'enfant et de l'adolescent.* Paris: In Presse Editions.

Linesch D.G. (1988). *Adolescent Art Therapy.* New York: Brunner/Mazel Publishers.

Klein J-P. (1997). *L'art-thérapie*, Que sais-je? N° 3137. Paris: Presses Universitaires de France.

Kohlberg L. (1958). *The Development of Modes of Thinking and Choices in Years 10 to 16*, dans Ph. D. dissertation, University of Chicago.

Piaget J. (1936). *La Naissance de l'intelligence chez l'Enfant.* Paris: Delachaux et Niestlé.

________ (1937). *La construction du réel chez l'enfant.* Paris: Delachaux et Niestlé.

________ (1988). *De la pédagogie.* Paris: Éditions Odile Jacob.

Osborn, A. (1971). *L'imagination constructive.* Paris: Dunod.

Sudres J-L. (1998). *L'adolescent en art-thérapie.* Paris: Dunod.

〉〉 참고 사이트

위키페디아 인터넷 사전 http://fr.wikipedia.org, http://en.wikipedia.org

17장 노인 미술치료

사람들은 점점 더 고령화되어 가고 있으며 노인의 사회적 위치도 예전과 다르게 인식되어 가고 있어서 노인이 되는 나이와 직업전선에서 물러나는 나이 등도 예전과 비교하면 개념을 다르게 정리하기에 이르렀을 뿐만 아니라, 은퇴한 이후의 정신적 삶의 질에도 관심을 두게 되었다.

신경심리학은 뇌 기능과 다른 여러 인지기능의 관계를 연구하여 노인들의 언어, 지각, 기억, 시각, 정서적 혹은 행동적 능력에 대한 정상적인 범주와 병리적인 범주에 대해 알려준다. 또한, 노인임상심리학과 정신병리학은 노화 과정에서 정신기제들이 어떻게 병리적 현상을 갖게 되는가에 대해 연구를 하고 있다. 노인 정신병리학은 일반적인 성인을 대상으로 하는 것과는 다른 특별한 접근이 필요한 영역으로, 나이가 많아지면서 병리적 현상 자체가 많은 차이점을 나타내기 때문이다. 노인 미술치료는 연구가 많이 발달하지는 않았지만 고령화에 따라 많은 관심을 기울이는 영역이 되었다.

17-1. 다양한 노인 연구 영역

오늘날 노인에 대한 연구로는 의학과 생물학적 관점에서 생명현상에 대한 노화의 본질, 노화의 형태, 정신적 노화에 대한 것과 점차 심리학적인 관점이 활성화되어 가고 있다. 노인 심리학 연구는 역사가 아주 짧은 영역이지만 에릭슨(Erikson E.)[177]의 인간 발달 단계 연구에서 노인 심리에 대한 개념을 찾고 사회심리학적 접근을 통해 노인 미술치료에 적용할 수 있다.

1) 노화 현상과 미술치료

노인 미술치료는 한 사람이 자신의 삶을 마치는 시기를 맞게 되면서 갖게 되는 다양한 위기에 도움을 준다. 생물학적으로 인간은 태어남과 동시에 인간 삶의 역동 과정의 일부인 노화를 향하여 간다. 또한 노화 현상은 정상적인 경우와 병리적인 현상을 동반하는 경우로 나누어질 수 있지만 단지 노인이 되는 과정의 일상에서 일어나는 크고 작은 상황만으로도 어떤 사람에게는 위기를 갖게 되고 결과적으로 병리적 현상을 갖는다.

대표적 노인의 병리적인 증상들은 치매,[178] 알츠하이머(Alzheimer)병,[179] 파킨슨(Parkinson)증후군,[180] 루이소체 치매(Lewy body disease)[181] 등이다.

---

177) 16장 〈청소년 미술치료〉 주석에서 '에릭슨(Erikson E.H.)의 인간 발달 과정' 을 참고하시오.

178) 정신지체(精神遲滯)와 마찬가지로 지능의 장애인데, 정신지체는 주로 지능의 발육이 늦거나 정지된 것인데 대하여, 치매는 병 전에는 정상적이던 지능이 대뇌 질환 때문에 저하된 것을 말한다. 치매의 전형적인 것은 대뇌신경세포의 광범위한 손상이며 기질(器質)치매라고 한다. 그 밖에 노인치매, 매독에 의한 진행마비 또는 간질 대발작의 반복으로 일어나는 간질치매 등이 있다.
기억 및 이해의 장애, 계산 능력의 저하, 사고의 빈곤화, 보속(保續: 일정한 언동을 실현하는 충동이 존속하여 같은 언동을 되풀이한다)의 경향 등도 볼 수 있다. 다시 감정적인 장애를 수반하며 정동(情動)의 불안정이나 제어가 곤란하게 되는 정동실금(情動失禁) 등도 볼 수 있고 성숙한 정성(情性)도 침해되는 것이 보통이다. 당연히 심적인 시야도 좁아지고, 치매가 심해지면 동물적 생활에 빠지는 일도 있다. 정신분열증에서는 얼핏 보아 치매와 같이 보이면서 개개의 기본적 지능은 잘 유지되는 일이 많아 치매라고 하지 않지만, 말기에는 치매와 구별할 수 없거나 당연히 치매라고 해야 할 상태가 되는 것이 있다.
대뇌의 손상이 국한성인 때는 나타나지 않고 그 부위에 대응한 국소적인 소(巢)증세, 즉 전두엽의 자발성 결여, 운동성 실어, 성격 변화, 두정엽(頭頂葉)의 실행(失行) 실인(失認), 후두엽의 시각 실어, 측두엽의 감각성 실어 등이 나타난다. 치매자와 같이 행동하면서 치매의 존재가 부정되는 것으로 히스테리 환자에게서 볼 수 있는 위(僞)치매라고 하는 것이 있다.
자료 출처 : http://www.silverpage.co.kr

179) 노인에서의 치매의 원인 중 가장 흔한 형태이다. 병리조직학적으로는 뇌의 전반적인 위축, 뇌실의 확장, 신경섬유의 다발성 병변(neurofibrillary tangle)과 초로성 반점(neuritic plaque) 등이 특징이다. 미국 전 대통령이었던 R.레이건이 이 질환을 앓았다고 알려지면서 세인의 관심을 더욱 끌었다. 임상

이 증상들은 미술치료가 임상을 통해 도울 수 있는 각별한 증상으로 미국이나 영국, 벨기에 등의 자료에서 보고되고 있다.

적인 특징은 점진적인 기억 판단 언어 능력 등 지적인 기능의 감퇴와 일상생활 능력 인격 행동 양상의 장애이다. 병에 걸리면 초기에는 이름, 날짜, 장소와 같은 것들이 기억에서 사라지고, 심해지면 화장실을 가거나 요리를 하거나 신을 신는 일 등의 일상생활조차도 잊게 된다. 동시에 우울증세나 인격의 황폐, 격한 행동 등의 정신의학적인 증세도 동반된다. 이러한 증세들이 점진적으로 진행되어 결국은 죽음에 이르게 된다. 발병 후 서서히 죽음에 이르는 기간은 6~8년 정도이지만 사람에 따라 20년이 넘는 경우도 있다.

현재 미국에서는 65~74세 인구의 약 3%, 75~84세 인구의 약 19%, 85세 이상 인구의 50%가 이 병을 앓고 있다고 한다. 한국에서는 최근 한 농촌지역을 중심으로 한 연구보고에 의하면, 농촌지역 60세 이상의 인구에서 약 21%가 치매 양상을 보이고, 이 중 63%가 알츠하이머형 치매인 것으로 보고되고 있다. 특히 노년 인구의 증가와 함께 급격히 증가하고 있는 이 질환은 환자 자신과 가족, 그리고 의학적 사회적인 측면에서의 다각적인 접근이 강구되어야 할 질환이다. 원인 규명과 치료를 위한 노력에도 불구하고 아직 뚜렷한 해답을 얻지 못하고 있다.

자료 출처 : http://www.silverpage.co.kr

180) 서서히 진행되어 운동기능장애를 수반하는 중추신경계 질환. 근경직(筋硬直)·진전·과동(寡動)·가속보행(加速鐙行) 유연증(流涎症) 굴곡자세 등의 특징이 있는 파킨슨병과 유사하다. 1817년 영국 J. 파킨슨은 근경직·진전·과동의 3가지 증상 특징이 있는 원인 모를 질병을 밝혀내고 진전마비라 하였으나 최근에는 파킨슨병이라고 한다. 그 뒤 기면성뇌염(嗜眠性腦炎), 뇌동맥경화증, 약물·일산화탄소·망간·시안화합물 등의 중독, 뇌종양, 두부외상(頭部外傷), 매독 등에 의해서도 비슷한 상태가 유발되는 것이 알려졌다. 이처럼 근경직·진전·과동 등 증상이 여러 가지 형태로 나타나는 상태가 파킨슨증후군 또는 파킨소니즘이며 원인이 불분명한 파킨슨병은 이 안에 포함될 때와 포함되지 않을 때가 있으므로 혼란을 일으키는 수가 있다. 전체를 일괄하여 파킨슨증후군이라고 볼 때 이는 본태성(本態性)과 증후성(症候性)으로 나뉜다. 빈도가 높은 것은 본태성파킨슨증후군으로서 발병률은 10만 명 당 50명 정도로 알려져 있으며 흑인보다 백인에게 더 많다. 파킨슨병은 개인차가 크나 일반적으로 중년 이후에 나타나 천천히 진행되며, 결국 휠체어나 침대생활을 하게 되는 경우가 많다. 현재로서는 이 병의 진행을 멈추게 하는 치료법은 없으나, 증상을 완화시킬 목적으로 항아세틸콜린항제(acetylcholine 抗劑)·아만타딘(ama- ntdine)·엘도파(L-DOPA)·브로모크립틴(bromocriptine) 등이 쓰이고 있다. …중략… 60세 이상에서 주로 나타나며 고혈압, 노인성치매, 팔다리에 가벼운 마비를 수반할 때가 많으나 파킨슨병에 쓰는 약은 크게 효과가 없다. …이하 생략…

자료 출처 : 야후코리아 백과사전, http://kr.dic.yahoo.com

181) 루이소체 치매(우리나라에서는 루이체 치매, 루이바디, 또는 루이소체병 등으로 불린다. 영국이나 미국의 경우 노인 질환의 세 번째 인구분포도를 보인다고 보고되어 있다.) 이 질환은 루이(Lewy F.)에 의해 1912년 처음 발견되었다. 아직 특별한 치료법이나 약물을 발견하지는 못하고 있으며 사망 후 뇌 연구를 통해 많은 발전을 보이고 있다. 알츠하이머병이나 치매와 매우 유사하다. 알츠하이머병보다 증상이 더 빨리 발달하며 주로 사망에 이르는 병으로 보고되어 있다. 대표적인 증상으로는 주의집중 시간이 짧고 힘든 정신쇠약증세, 사람과 동물 구별의 혼란 등 시각적인 환상을 갖게 되며, 일상생활 활동이 아주 느리고 처리를 하지 못하며, 불면증 등과 같은 수면장애를 가지고, 망상이나 우울증을 경험하며, 자율신경계의 이상으로 혈압, 변비, 소변장애, 변비 혹은 삼키는 어려움을 갖게 된다. 특히 파킨슨병처럼 보이는 신체적인 문제들은 몸을 많이 떤다든가, 근육이 경직되고, 균형을 잡는 데 어려움을 보이며 걷는 자세가 불안하며, 자신을 마음대로 움직이지 못하고, 아주 느린 움직임을 보이며, 다리 사용이 불안한 것이다. 동시에 알츠하이머병과 유사한 증상으로는 자주 변화하는 행동양상을 보이고, 판단력이 감소되며, 시간적 공간적 방향에 대한 감각에 혼란을 경험하고 의사소통 능력에 문제를 갖게 되는 것이다.

자료 출처 : National Institute of Neurological Disorders and Stroke, USA, http://www.ninds.nih.gov/

이러한 노인 시기의 정체감에 대한 활동적인 미술치료 치료 목표 설정 지침은 에릭슨(Erikson E.H.)[182]의 모델을 통해 노인기가 삶을 통합하는 시기가 될 수 있음을 알려준다. 노인 미술치료는 지금까지의 자신의 삶을 무의미하게 받아들이지 않고 보다 만족감과 충만감을 갖으면서 삶을 관조하는 지혜를 갖도록 도와줄 것이다.

2) 노인 미술치료 대상

노인 미술치료가 병리적 진단을 가지고 있는 영역에서 활성화되어 있지만 실제로 다음과 같은 경우도 노인 미술치료 대상이 된다.

(1) 노화로 인한 기억 상실과 과거의 회상에 지나치게 집착하는 경우

(2) 욕구 상실로 세상으로부터 자신을 격리하려는 등의 우울증을 겪는 경우

(3) 여러 가지 능력의 쇠약으로 인한 자아 상실감을 느끼는 경우

(4) 노화 현상을 거부하면서 젊은 시절을 고집하고, 환각적 환상을 갖고 현실을 젊은 시절과 동일시하면서 자신에 대한 부적응을 보이는 경우

(5) 현실적으로 여러 가지 불편한 것이 있을 때 또는 자신의 감정을 투사하기 등의 정신적인 집중 능력을 상실하였을 경우

(6) 독거와 노화로 인한 정신적인 고독감을 가질 때

3) 노인 미술치료의 구체적 기능

(1) 노인의 내적 자아기능을 재창조하는 방법으로, 자신이 주체로서 잃어버렸다고 여겼던 삶의 오브제들을 창조하는 경험을 통해 실제로 회복하게 하는 것이 노인 미술치료의 중요한 역할이다. 자신이 작업을 고르고, 결정하며 작업 진도에 따라 새로운 것에 적응하고 해결점을 찾아가는 것은 주어진 환경 안에서 육체적, 정신적으로 자신이 주체가 되어 정체성을 갖는다는 것을 의미한다. 이렇게 노인기에 한 개인으로 자유에 대한 감정을 경험하는 것은 결과

182) 이 책에서 접근하고자 하는 것은 인본주의적인 접근이지만 노인들의 행동을 직접적인 목표로 삼을 경우 인지주의적인 접근이나 행동주의적인 접근을 통합하여 미술치료의 작업이 이루어질 수 있다.

적으로 죽음에 대한 생각을 긍정적으로 바꾸어 놓을 수도 있다.

(2) 신체적인 기능이 저하되어 가거나 신체적인 기능이 제한되어 있다고 해도 자아를 보조 기능으로 하는 미술치료를 통한 자신의 환상을 표현하는 것은 어떤 경우의 노화 형태이든 간에 누구에게나 가능하다.[183)]

자신의 문제되는 기능들을 조금씩 극복하거나 지지하며 자신의 능력을 통해 창조적인 환상을 표현하는 것은 지금까지 가져 왔던 스스로에 대한 존재 가치에 대해 긍정적 사고를 부여한다. 작업 활동은 능동적 자세를 필요로 하고 창조적인 행위는 결국 한 사람으로 서게 하여 예전의 모습을 다시 찾게 할 수 있다.

(3) 미술치료실은 정서적인 활동이 일어나는 곳으로 각자의 감성을 건드리는 곳이다. 노인들에게는 금기하는 성적인 관심도 유아적인 욕구와 같은 주제도 문화적 표현 방법을 통하여 다양한 감정을 꺼내어 들추어 볼 수 있는 것이다.

(4) 미술치료를 통하여 지금, 여기로부터 출발해서 무의식 속에 저장해 둔 과거를 회상하고 자신의 기억들을 더듬어 보는 것은 노인의 삶의 원천을 다시 만나는 작업이다. 그러므로 미술치료의 창조하는 작업은 노인에게 자신의 삶의 여정을 다시 돌아보고 정리할 수 있게 한다. 각 여정을 다시 세우고 살펴보는 과정을 통해 어떤 경우는 결과적으로 해결하지 못한 문제를 발견하여 성과를 얻을 수도 있다. 예를 들어 하나의 시놉시스(synopsis)로 살아온 삶 전체를 다시 조망하여 본다는 것은 그것을 통해 사실을 알아낸다는 의미 이전에 자신의 미래를 위해 지금까지 기계적으로 반복해 왔던 삶 속의 문제에서 벗어날 수도 있게 한다.

(5) 미술치료의 표현 작업들이 사회적 가치를 가질 수도 있고 그러한 경험은 노인의 외적 자아상의 새로운 정립을 가능하게 한다.

---

183) 특히 노인이 병원과 같은 기관에 기거하고 있을 때는 자신이 원해서 자신의 의지로 선택할 수 있는 것들이란 거의 없다. 먹는 음식의 메뉴에서부터 먹는 시간, 옷 갈아입기에 이르기까지 자신이 원치 않는 것을 해야 하는 경우가 많다. 그러므로 노인 미술치료실은 노인으로 하여금 자신의 가치를 다시 세우며 자신의 삶에 대한 용기와 힘을 줄 수 있는 곳이 되는 것이다. 노인 미술치료실은 환자가 있는 곳이 아니라 창조하는 사람이 있는 곳이라는 것을 강조한다.

그러므로 노인 미술치료는 노인들이 자신 안에 간직한 과거의 혼돈들과 고통들, 기쁨과 생각들 혹은 어둠 속에 두었던 것들을 창작을 통해 풀어 낼 수 있도록 돕는 서비스이다. 그러면서 조금씩 긍정적으로 자신을 변형해 가는 것으로, 이 과정에서 미술치료사는 바른 자세로 잘 듣고, 주의력 있고, 따뜻한 사람으로 상호 관계하는 위치에서 노인이 좀 더 안전하게 자기 자신을 표현할 수 있도록 돕는 역할을 하게 된다.

17-2.

노인 미술치료의 형태

1) 개인 형태 미술치료

사회적으로 노인 혼자 거주하는 경우가 많아지는 것은 동서양 할 것 없이 모든 자본주의 나라에 보편화되어 있다. 이러한 경우 대부분의 노인들은 수작업으로 뜨개질하기, 간식 만들기, 카드놀이 등을 하며 시간을 보낸다. 그러나 이러한 작업적인 형태의 활동만으로 노인들의 정신적 만족을 충족하기는 어렵다.

그러나 미술치료를 통해 노인들의 개인적인 발전과 자기 가치 충족을 위한 만족할 만한 활동을 가능하게 할 수 있다. 실제로 노인들의 신체적, 정신적, 사회적, 인지적, 물질적, 문화적 그리고 존재론적 변화는 엄청난 다양한 결과를 낳을 수 있다. 현재 상태를 인정하고 지금까지 자신이 이끌어 온 자신의 삶을 긍정적으로 바라보게 하는 경험을 위해서는 개인 형태의 미술치료가 훨씬 수월하다. 과거에는 손자, 손녀라는 새로운 세대를 맞이하므로 그들을 자신의 삶을 연장하는 상징적인 존재로 인정하고 자신의 죽음에 대한 의미를 부여했다. 하지만 오늘날과 같은 가족 형태는 미술치료와 같은 창조성을 강조하는 정신적 활동을 통하여 이러한 문제를 대체할 수 있을 것이다. 그리고 독거노인들은 신체적인 움직임을 갖는 활동이 부족해서 노인들의 신체 활용을 돕는다는 측면에서도 개인 형태 노인 미술치료의 중요한 의의를 찾을 수 있다.

2) 기관 형태 미술치료

정신적, 신체적 능력이 많이 쇠약해져 있는 대부분의 노인들 경우 선진형 국가에서는 여러 가지 형태의 기관에 머무르고 있다. 전적으로 다른 사람들의 도움이 필요해서 사회적인 생활을 한다는 것은 불가능한 경우라고 볼 수 있다.

기관의 노인 미술치료는 노인들이 신체적, 감정적 능력의 한계를 가지고 죽음을 기다리는 사람들이라기보다는 아직도 살아갈 시간이 있다는 것과 그 시간을 어떻게 돌볼 것인가를 위해 제공된다. 이곳의 특별한 출발점은 외로움에 대한 느낌을 해결하는 것으로 집단 미술치료 형태를 취하게 된다. 물론 기본적인 것은 미술치료사와의 관계 형성이고 자신을 발달시켜 갈 힘을 갖게 되면서 후에 집단의 다른 사람과의 관계를 통해 자신을 더욱더 발달시켜 갈 수 있을 것이다.

17-3.

노인 미술치료 운영 방법

노인 미술치료실을 구성한다는 것은 기관 형태의 미술치료인 집단 미술치료가 진행될 때를 말하는 경우가 많다. 왜냐하면 개인 형태의 미술치료는 훨씬 더 많은 변수가 있을 수 있어서 각자 개인의 상황에 능동적으로 적응하여 미술치료가 운영될 것이기 때문이다.

1) 노인 미술치료실의 구성

(1) 무엇보다 미술치료실은 노인들이 쉽게 찾을 수 있는 곳에 있어야 하며 침실에서 가까운 거리에 있는 것이 바람직하다.[184)]

184) 미술치료실까지 인도하는 여러 형태의 표시들을 할 수도 있으며, 필요한 경우라면 미술치료사가 노인 환자/내담자를 맞이하러 각자의 방으로 방문할 수도 있다. 노인 미술치료에서 미술치료실로 노인을 초대하는 것은 자신의 가치를 인정하는 동반자를 만난다는 중요한 의미가 되기 때문이다.

(2) 노인들이 최대한의 자율성을 가지고 재료를 다룰 수 있도록 각 기관에 맞는 도구와 재료가 잘 정돈되어 있어야 한다.

(3) 특히 기관 형태 미술치료 운영은 문화 중재적인 의미와 세대 중재적인 의미에서 미술치료실이 개방 자세를 가지고 있는 것이 좋지만 미술치료 회기 자체가 꼭 개방형이어야 한다는 것은 아니다.

(4) 만약 많은 어려움을 가지고 있는 노인 환자/내담자라면 개인 미술치료가 더 바람직하고 노인이 거주하는 방이 미술치료실이 될 수도 있다.

(5) 다른 많은 경우와 마찬가지로 팀을 이루어 미술치료의 역할을 담당할 수 있도록 한다.

2) 노인 미술치료 과정

(1) 미술치료 소개하기

노인 미술치료실은 기관의 성격에 따라 접근 방법이 다를 수 있다. 하지만 다른 모든 하루 일과들처럼 기관의 시간표에 짜 맞추어진 일방적이고 의무적인 프로그램으로 진행되는 것은 바람직하지 않다. 물론 이러한 경우 기관에 상주하는 미술치료사가 있거나 적어도 종일 근무하는 미술치료사가 있어서 주중의 하루 종일이나 주중 내내 미술치료실이 개방될 수 있는 것이 이상적이다. 노인들이 자신이 머무르게 된 기관을 이곳저곳 방문하다가 진행되고 있는 미술치료 회기를 한두 번 경험하거나 기관에서 미술치료를 권해서 미술치료실을 처음 방문했을 때, 미술치료실의 환경이 호기심을 갖게 하고 다시 와서 함께하고 싶은 곳이라는 인상을 줄 수 있도록 구성되어 있어야 할 것이다.

특히 노인 미술치료에서 강조해야 할 것은 미술치료 작업이 직접 이루어지기 전에 여러 가지 상황이 노인 각자의 조건에 맞을 때까지 반복해서 미술치료실을 오고 가는 경험부터가 아주 중요하다. 미술치료나 미술치료실을 어려운 표현으로 소개할 필요 없이 노인 스스로 정확하고 규칙적인 리듬으로 찾아올 수 있을 때 미술치료를 통한 발전을 기대할 수 있다.[185)]

185) 많은 경우의 노인 환자/내담자는 미술치료실이라는 표현을 어려운 것으로 생각한다. 무엇보다 미술을 해 본 경험이 언제인지 기억할 수 없을 정도로 오래전의 활동일 것이고 문화적으로 미술에 대한 노출 경험이 아주 적은 경우도 많기 때문이다. 미술치료실이 새로운 것을 발견하는 흥미로운 장소 이상의 어렵지 않은 곳이라는 소개가 노인들이 안정적으로 미술치료실을 오고 가는 데 도움이 된다.

(2) 미술치료실로 오는 과정

노인 환자/내담자가 한 기관에서 미술치료실까지 온다는 것은 공동체적인 생활에서 자신만의 시간과 자신만의 안정적이고 보호된 환경 안에 있게 됨을 의미한다. 그러므로 미술치료실로 오는 길 자체에서부터 방향에 대한 문제가 있거나 신체적인 문제가 있는 경우는 안전함을 느낄 수 있도록 하여야 한다. 조금 거리가 있는 곳에 미술치료실이 있다면 중간쯤에 쉴 수 있는 편안한 의자들을 놓아둘 있을 수도 있다. 미술치료실의 문 전체를 다른 곳과 다르게 꾸미거나 색칠하여 쉽게 발견하게 할 수도 있다. 혹은 미술치료사가 동반하여 오는 길을 반복해서 경험하면서 이야기를 나누는 방법도 가능하다. 또한 미술치료실로 오는 과정 동안 기관의 다른 여러 사람을 만날 수 있으므로 타인과 관계하는 경험을 갖게도 된다.

(3) 노인 미술치료의 시작

특별히 노인 미술치료는 작업이 시작되기 전에 준비하여야 할 사항들이 많다. 실제로도 작업 이전의 준비사항이 노인 미술치료 출발지점이라고 할 수 있다. 미술치료 활동이 머무르고 있는 기관의 다른 활동들과 특별히 다른 의미를 가지고 있으며 노인 환자/내담자가 미술치료실의 정체성을 확인하게 할 수 있는 상징적 의미도 작업 시작 이전부터이다.

무엇보다 중요한 것은 미술치료실에서 안전하게 보호받는다는 느낌을 갖도록 해야 한다. 아주 기본적으로는 필요한 재료를 계속 지원할 수 있음을 느끼게 해야 한다. 또한 노인이 자신의 느낌을 밖으로 드러내게 하기 위해서 최소한의 집중력이 요구되므로 혼란하게 할 수 있는 가능성을 최대한 미리 배제하여야 한다.

- 집단으로 미술치료가 진행되는 경우라면 집단원 서로 간의 소개로부터 시작한다.
- 미술치료실 내에서 각자 선호하는 자리나 자신에게 맞는 편안한 자리를 결정한다.[186]

---

186) 노인 환자/내담자의 경우 건강상의 이유로 바람이 많이 통하거나, 빛이 너무 많거나 반대로 빛이 너무 적은 경우를 살펴서 자리를 결정하여야 한다. 또한 지나치게 심한 소음이나 옆사람과의 문제 등도 살펴보는 것이 바람직하다. 미술치료실 자체가 주변에 세탁장 등 소음이 많은 곳을 미리 피하여

- 안경을 사용하거나 보청기를 착용하는 경우라면 작업 전에 미리 살펴본다.[187]
- 옷에 물감이나 재료들이 묻지 않도록 필요한 작업복을 착용한다.[188]
- 휠체어를 사용한다면 작업대와 거리가 적당한지 확인하고 브레이크를 정확하게 정지시킨다.
- 노인 환자/내담자와 신체적으로 접촉하거나 그의 도구에 손을 댈 경우는 항상 언어로 미리 알리고 응했을 경우 접촉하는 것이 중요하다.[189]

(4) 노인 미술치료 작업 동안 살펴볼 사항들

① 정신적, 신체적 상태 :

작업을 선택하기 전에 노인 환자/내담자의 작업 가능성 정도를 파악해야 한다. 특히 혼자서 할 수 있는지, 미술치료사 외의 누군가 다른 사람의 도움이 더 필요한지 알고 있어야 한다.

② 신체적 특징으로 살펴야 할 것 : [190]

– 팔의 떨림 정도, 작업 가능한 정도, 아픈 곳은 없는지 알고 있어야 한다.
– 혼자 걸어서 움직일 수 있는 한계를 파악한다.
– 혼자 사용 가능한 미술 도구의 한계와 도움이 필요한 경우를 정확하게 살핀다.

위치해 있어야 노인 환자/내담자가 집중하는 데 방해를 받지 않음으로 자신의 내부 세계를 창의적인 표현을 통해 밖으로 표출할 기회를 가질 수 있다. 또한 미술치료실이 가능하다면 기관에서 외지지 않는 중심부에 위치해서 오고 감에 대한 부담이 적은 것이 바람직하다.

187) 일상생활용 안경과 미술 작업을 할 때 사용하는 안경이 다를 수도 있고, 안경이 깨끗하게 닦여 있지 않을 수도 있다.

188) 노인 환자/내담자에게 작업복에 묻은 물감은 깨끗하지 않은 옷을 입은 것과 같은 느낌을 들게 할 수도 있어서 물감이 너무 많이 묻은 작업복이나 앞치마 등은 피하는 것이 좋다. 특히 가지고 온 개인 손가방이나 개인용 손수건 등이 물감이나 다른 재료들로 더러워질 가능성을 대비해서 다른 장소에 놓아 둘 수 있도록 미리 일정한 장소를 준비하는 것도 바람직하다.

189) 노인 환자/내담자가 충분히 보호받고 안전하다는 믿음 하에 작업하는 것이 무엇보다 중요하지만 자신의 동기가 무시되어서는 안 된다. 그러나 신체적인 접촉은 미술치료사와 노인 환자/내담자 사이의 완전한 감정이입을 통해 보통은 말을 대신한 의사소통이 될 수도 있으며 불안한 작업 과정을 언어 없이 지나가게 할 수 있는 방법이기도 하다. 특히 신체접촉이 노인 환자/내담자의 신체적 존재감을 느낄 수 있게 하는 기회가 되기 때문에 정당하고 적당한 접촉이 오히려 바람직할 때도 있다.

190) 어떤 날은 더 좋을 수도 있고 더 나쁠 수도 있지만 신체적, 정신적 한계의 정확한 판단에 의해 미술치료 회기의 길이를 결정할 수 있다.

— 물감 뚜껑을 열고 닫는 정도, 색을 시각적으로 구별하고 사용하는 정도를 파악한다.
— 듣기 능력의 정도나 말하기, 이해하기 등을 살핀다.
— 왼손잡이인지 오른손잡이인지를 살펴서 도구나 재료를 제공한다.

③ 방향에 대한 감각의 정도 :

— 자신이 있는 곳, 과거와 현재, 미래에 대한 감각 혹은 오전과 오후의 구분 등을 하는지 알아본다.
— 미술치료실의 구성과 배치에 대해 혼돈하지는 않는지, 미술치료실에서 방으로 가는 길을 알고 있는지, 자신이 지내는 기관에 대한 의식이 있는지 알아본다.
— 상상 속에서 만들어진 일인지, 현실적으로 있었던 일인지를 구분하는지 알아본다.

④ 감정 상태 :

노인 환자/내담자가 불안해하지는 않는지, 흥분하거나, 우울한 상태이거나 편안해하는지 등을 살펴본다. 이는 미술치료사가 집중해서 주의하는 자세와 감정이입을 통해 가능하다.

⑤ 사회성의 정도 :

— 기관 형태의 집단 미술치료에서는 노인 환자/내담자가 다른 집단원에 대한 의식을 얼마나, 어떻게 갖고 있는지 살펴봄으로 자신 안에 갇혀 있는 정도를 알 수 있다.[191)]
— 얼마만큼 다른 사람들이 자신에게 하는 질문에 반응하는지 그 정도를 살펴본다.
— 다른 사람의 장애나 문제점들에 대해 어떻게 반응하는지, 그들을 어떻게 생각하는지 등을 살펴본다.
— 자신이 필요한 사항들을 편안하게 요구하는가, 아니면 그 반대의 경우인

191) 집단 노인 미술치료에서 다른 집단원과의 교환으로 얻을 수 있는 장점은 다른 사람의 작업을 통해 작업에 대한 불안과 스트레스를 줄일 수 있고, 그것을 통해 반응하여 동기를 갖게 할 수도 있으며, 창조적 활동에 좀 더 자유로움을 가질 수 있고 또한 상호 교환하는 언어를 통해 정서를 고양할 수 있다는 것이다. 그러므로 다른 사람에게 관심을 갖도록 안내하는 것이 바람직하다. 또한 집단원과 자신의 작업을 비교하여 자신감을 상승시킬 수 있는 기회를 갖도록 미술치료사는 각자가 가지고 있는 독창성을 찾아 격려할 수 있어야 한다.

지 알아보아야 한다.

결과적으로 사회성에 대한 문제가 많이 발견된다면 개별 미술치료 형태로 바꾸는 것이 바람직하다.

⑥ 노인 미술치료에서의 문제점 극복하기 :

- 노인 미술치료의 작업은 대부분 여러 가지 이유로 미술을 자신이 해낼 수 있는 영역이 아니라고 생각하거나 신체적, 정신적 손상 등으로 속도가 느리다. 미술치료사 개인이 자신의 기준으로 높은 목표를 향해 달려간다고 해서 가능한 영역이 아니라는 것을 인정하는 것이 중요하다.[192]
- 하나의 작은 단서를 찾아서 시작한다: 하나의 점, 선으로부터 시작할 수 있다.
- 둘이 함께 짝이 되어 놀이처럼 작업할 수 있다.
- 간단하고 쉽게 할 수 있는 작업을 선택하므로 불안한 느낌으로 작업하지 않고, 자신에 대한 믿음을 가질 수 있도록 한다. 도화지나 이젤 등이 안정적으로 위치해야 하고 자신의 신체의 불편함에도 작업하는 것이 지나치게 불편하지 않도록 안전한 느낌을 갖도록 한다.
- 노인 환자/내담자가 새로운 회기의 작업에서 지난 작업을 기억하는 것이 어려운 경우가 있을 수 있으므로 각자의 작업을 잘 보관하여 시간의 순서대로 정리하여 둔다.
- 욕구를 가질 만한 작업을 제안하고 자신의 능력과 건강상태를 발전시켜 가고 있음을 통해 끊임없이 격려한다. 결국 노인에게 있어 미술치료실의 작업들은 다시 활동적인 행위를 하고 있는, 가치 있는 삶을 느낄 수 있게 한다.
- 작업에 지나치게 관여하므로 불편하게 하거나 어린아이처럼 취급받는 느낌을 주는 것도 피해야 한다.
- 작업에 너무 어려움을 느끼는 경우 어떻게 하는지 미리 보여주는 것도 망설이지 말아야 한다.

192) '나는 인내심이 없다', '나는 이런 것을 하기 싫어하고 이런 것을 좋아한다.', '나는 예술을 해본 적이 없다.' 등등.

이와 같은 것들은 미술치료사가 미술치료실 안과 밖에서 얼마나 노인 환자/내담자를 향해 준비되어 있어야 하는가를 말하는 것으로 언제든지 도움을 받을 수 있다는 믿음을 줄 수 있어야 한다. 그러나 무엇보다 미술치료실은 작업의 가치를 평가하거나 평가받는 곳이 아니라는 것과 창조 작업을 부담스러움 없이 자유롭게 할 수 있음을 느낄 수 있게 해야 한다.[193)]

⑦ 작업 끝내기;

- 작업이 끝났을 때 스스로 작품의 제목을 붙이거나 사인을 한다.
- 이젤 위에 올려놓고 자신들의 작품과 적당한 거리를 두고 바라본다.
- 작업을 통해 발견해 낼 수 있는 것은 무엇인지 등을 이야기 나눌 수 있으나 침묵하고 싶어하는 경우 억지로 말을 유도해 내는 것은 바람직하지 않다. 미술치료사가 작업을 통해 보여지는 색, 형태들을 그의 시각으로 대신 표현해 볼 수도 있다. 이는 전적으로 분석이나 감정적인 표현을 말하는 것이 아니라 노인 환자/내담자의 작업이 다른 사람에게 보이는 작품이 되었다는 상징적 의미이다.
- 작업을 일정한 보관 장소에 보관하도록 한다. 이렇게 하므로 자신의 작업이 작품으로 한층 더 인정받는 것을 느낄 수 있도록 한다.

⑧ 노인 미술치료실의 작품;

미술치료실은 한 기관에서 뚝 떨어진 하나의 섬이 아니고 작품이 노인들을 다른 사람들과 관계하게 하는 끈이 되게 할 수도 있다. 또한, 노인미술치료 작품은 작업한 사람에게 권한이 있다는 원칙으로부터 자신의 방에 붙이거나 주변 사람들에게 주는 선물 등으로 사용될 수 있다. 다른 사람에게 자신의 의지로 만든 작품을 줄 수 있다는 것은 아직도 자신이 가치 있는 사람이라는 것을 인정하는 것이기 때문에 노인 미술치료에서는 작품이 아주 중요한 의미가 있다.

기관 밖에 작품을 전시하는 경우라면 노인 스스로 작품을 선택하고 작품 걸기 등에 참여할 기회를 갖게 한다면 사회적인 활동 및 타인들과 관계하는 기회를 얻는 계기가 될 것이다.

---

193) 이는 반대로 어떠한 경우 작업의 선택, 과정, 내용에 대하여 거부할 수 있는 자유를 포함하는 것이다. 미술치료실에 온 것만으로 충분할 수 있으며 와서 바라만 보거나 한쪽에서 잠을 자다가 다시 돌아가는 것을 포함해서이다. 물론 미술치료 작업 과정에 일반적인 규칙이 없다는 것은 아닌 다른 의미의 자유를 말한다.

17-4.

노인 미술치료 기술

1) 예술을 통한 의사소통

노인 미술치료실에서 의사소통의 기본적인 도구는 미술 기술들에 대한 대화를 나누는 것이다. 작업 집단이나 미술치료사들을 하나의 끈으로 관계하게 하는 요소로서 미술 작업 도구, 미술 재료, 작업의 문제점들 혹은 작품의 만족감 등을 이야기 나누는 것을 말한다.[194)]

구체적으로 작품 속에 나타나 있는 형태, 자신의 욕구, 불안 등에 대해 다른 사람과 자유롭게 경험을 나누는 장소가 미술치료실이다. 특히 노인 환자들의 경우는 점점 잃어 가고 있는 언어 표현력, 이해력 혹은 단어 등을 반복적인 미술 작업을 통해 기억하고 반복해서 표현할 수 있으므로 문제가 되어 가는 것들의 속도를 줄일 수 있다.

물론 의사소통은 언어를 통해서만 가능한 것은 아니다. 먼저 미술치료사는 노인 환자/내담자 각자가 가지고 있는 특징적 상호관계 방법에 익숙하도록 한다. 어떤 경우는 우스운 행동을 통해 관심을 보이려고 하며 어떤 경우는 단어 사용을 아주 조심해야 하는 경우도 있다. 또 어떤 경우는 노인 환자/내담자의 리듬을 잘 파악해야 하는데 아주 느린 어조로 말하기도 하므로 듣기 위하여 초조해하지 말아야 할 것이다.

---

194) 작업과 관계 없이 일상적인 개인 사생활과 관련된 아주 자주 반복되는 표현들을 위해서는 창조적인 행위 안에서 일어나는 관심 있을 만한 요소들을 찾아 그곳에 몰입할 수 있도록 중재하도록 한다.

195) 신체 언어의 중요성에 대한 캘리포니아 대학의 메라비언(Mehrabian A. UCLA) (Université de Californie, Chiron G. & Cottin D., Body Language, Paris, DCMG consulting & training) 교수의 연구는 메시지를 전달받을 때 소리의 톤과 신체를 사용하는 언어로 93%를 이해한다는 것을 알려준다. 신체 언어가 전달하는 메시지 그 자체보다 더 큰 비중을 차지하는 것을 알 수 있다.

판단 방법	언어 사용 방법	백분율
시각	신체 언어	55 %
목소리	소리의 톤	38%
단어	발음되는 단어	7%

언어 능력이 없을 경우 전달하고자 하는 정보의 50~90%가 무의식적으로 얼굴, 신체 부분 등으로 전달된다는 연구들이 있다.[195] 흉내 내기, 흘끔 바라보기, 미소 짓기, 작은 몸짓, 바라보기 혹은 두려움 등은 폭력적인 행동으로 표현될 수 있다. 그리고 단순한 목소리일 뿐이지만 그 높낮이를 통해 질문을 하려는 것이지, 동의를 요구하는 것인지, 거부하는 것이지, 동의하는 것인지 알 수 있다.

노인 환자/내담자들은 특히 청각적인 기능도 함께 약해져 가기 때문에 심한 청각적 문제가 있을 경우는 개인 형태의 미술치료가 더욱 적합할 수 있다. 동시에 청각적인 문제를 많이 가진 노인 환자/내담자를 위해서는 미술치료실의 소음을 충분히 막도록 한다.

2) 미술치료실에서의 만족감

노인 환자/내담자를 위한 미술치료에서 만족감은 특히 더 중요하다. 노인 미술치료실은 문제를 들추어내서 그것을 뛰어넘기 위한 장소가 아니라 환상과 창조성을 매개로 하여 놀이를 하는 곳이다.[196]

- 미술치료실에서 도구들을 다루고 미술의 기술적 방법을 알아가는 것으로도 만족감을 느낄 수 있다.
- 다른 사람들과의 만남이 만족스러워야 한다.
- 새로운 것을 만드는 것에 대한 만족감을 느끼게 된다.
- 자신이 작업을 고를 수 있도록 다양한 제안을 한다.
- 작업의 결과가 만족할 만해야 한다.

즉, 메라비언의 수가 의미하는 바는 Burgoon J., Buller D.B., & Woodall G.의 연구를 통해 뒷받침하자면 말하는 내용의 중요성보다 말하는 방법의 중요성을 강조하고 있으며 메시지를 전달하기 위해서 실제로 발음되는 단어의 중요성을 덜 강조하고 있다(Non verbal Communication. McGraw-Hill, 1996, pp.136-137).

196) 노인 미술치료실에서 발전에 대한 것과는 정반대 상황을 만날 수도 있다. 작업이 점점 불편해지거나 신체적으로 불가능해진 노인 환자/내담자가 미술치료사를 통해 자신의 삶을 좀 더 만족스럽게 살아가는 것에 도움이 된다면 그리하여 자신이 건강상의 혹은 정신적인 문제들을 잊는 시간을 경험하는 것만으로도 만족할 수 있을 것이다.

- 작품을 통해 자신의 삶을 이야기하고 새로운 정체성을 찾을 수 있는 기회를 갖는다.
- 발전하는 자신을 통해 만족감을 갖는다.

자신의 상황이 어떠하든지 다른 사람과 아직도 관계하고 그 관계 속에서 새로운 창조물을 만들면서 지낼 수 있다는 것은 노인 환자/내담자의 살아가는 동기가 될 수 있다. 이렇게 주어진 작업 동기는 작업복을 챙겨 입는 순간에서부터 재료들을 제자리에 정리하고 주변을 깨끗하게 청소하는 과정에 이르기까지 자신이 아직도 유용한 사람이라는 것을 느낄 수 있게 하기 때문이다. 특히 작업에 만족감을 갖기까지의 전 과정 즉, 작업을 결정하고 여러 가지 과정을 뛰어넘고 자신을 밖으로 드러내어 자신의 삶을 인정받는 것은 노인 환자/내담자로 하여금 자신이 아직도 중요하며, 사랑받고 있고, 다른 사람과 구별되는 유일한 사람이라는 존재감을 인식하게 한다.

3) 감정 표현하기

노인들은 자신들의 가장 은밀한 이야기와 관련된 감정을 가능하면 간직하려고 한다. 그리고 노인 환자/내담자는 정서적으로 죽음과 건강에 대한 두려움이 크고, 작은 일들에도 자주 눈물을 흘린다. 기관에 거주하는 것이 자신의 잘못이라고 생각하기도 하며 다른 사람들의 건강 상태나 모습에서 충격을 받으며 일상을 지내게 된다. 또한 애정과 증오, 고통과 안도 같은 양가감정(ambivalence) 사이에서 혼돈에 빠져 있기도 한다. 이러한 노인들의 정서 그대로를 이미지화하여 밖으로 표현하도록 하는 것 그 자체가 노인 미술치료 기술이 될 수 있다.

의식적일 수도, 아닐 수도 있지만 노인 환자/내담자는 종이 위에 자신의 이야기를 옮기면서 자신의 불편했던 감정으로부터 자유로워질 수 있게 된다. 형태와 색들로 표현한 작업 속에서 자신인 '기괴한 사람' 과 친숙하게 되려면 미술치료 회기를 여러 번 반복하는 것이 필요로 한다.

4) 작품들을 시간 순서대로 정리하기

작품들을 시간 순서대로 보관하여 둔다. 말로 한 언어들은 그 시간이 지나면 사라지는 반면 작품들은 오랫동안 자신들의 지나온 시간을 대신 이야기해주기 때문에 노인 환자/내담자 자신들의 내밀한 이야기와 각각의 삶의 순간들의 중요성을 느끼게 할 것이다.[197)]

5) 집단으로 작업하기

노인 미술치료의 집단 작업은 융통성 있는 사회성을 필요로 한다. 다른 사람들과의 관계를 위해서 미술치료 시간에 지켜야 하는 규칙을 지키면서 사회적 방향 감각을 다시 조절할 수 있다. 그리하여 작업에 참여하고 작업과 집단에 반응함으로 정서적, 사회적인 자신의 존재감을 느낄 수 있게 되며 동시에 자신의 정체성을 보존할 수 있게 된다.

- 다른 사람들의 작업에 어떠한 판단적 표현을 하지 않는다. 그러나 그 작업이 자신에게 어떠한 생각을 갖게 한다고 말할 수 있는 전적인 자유는 있다.
- 다른 사람이 이야기할 때는 끊지 않고 듣는다.
- 다른 사람의 나와 다름을 인정한다.
- 서로 돕는다.

197) 작품은 때때로 친근한 사람들과 주변 사람들에게 주는 선물로 사용될 수 있다. 그리고 전시를 목적으로 작업이 될 경우는 작업한 노인과 감상하는 사람이 접촉할 수 있는 기회가 있도록 하는 것이 중요하다.

[표 1] 프로이트(Freud S.), 피아제(Piaget J.), 에릭슨(Erikson E.H.) 정신 발달 단계 비교[198]

<table>
<tr><th>나이</th><th>프로이트(Freud S.)</th><th>피아제(Piaget J.)</th><th>에릭슨(Erikson E.H.)</th></tr>
<tr><td>0~1세</td><td>구강기;
입을 통한 만족감과 불편함에 대한 경험이 낙천성, 소유욕 혹은 병적 의존성 등을 형성하게 하는 기본이 된다.</td><td rowspan="2">감각운동기(출생~2세);
언어 이전의 시기로서 반사작용으로부터 시작하여 주변의 물건과 자신의 분리, 빛과 소리에 반응, 대상의 영속성 확인하기 등을 발달시킨다.</td><td>신뢰감 대 불신감의 시기;
어머니의 양육 방식에 따라 신체적, 정서적 욕구가 충족되고 사회적 관계를 형성하게 된다. 충분한 돌봄이 없을 때는 불신감을 갖게 된다.</td></tr>
<tr><td>1~2세</td><td rowspan="2">항문기(1세~3세);
배변을 통한 청결을 연습하는 과정을 경험하면서 창의성, 생산성 혹은 인색성, 잔인성 등을 습득한다.</td><td rowspan="2">자율성 대 의심의 시기;
여러 가지 충동 사이에서 자신의 의지를 만들어 간다. 허용과 통제에 대한 경험이 판단력과 분별력을 갖게 한다.</td></tr>
<tr><td>2~3세</td><td rowspan="2">전 조작기-전 개념기
(2세~4세);
다양한 언어 활동과 신체 활동을 경험하는 시기이다. 자신을 중심으로 사물을 판단하고 분류하며 배열하기 시작한다.</td></tr>
<tr><td>3~5세</td><td>남근기;
오이디푸스 콤플렉스와 엘렉트라 콤플렉스 시기. 초자아를 형성하게 된다.</td><td>주도성 대 죄책감 시기;
놀이와 환상을 통하여 자신의 의도와 목적을 성취해 간다. 자신의 환상의 이해와 현실을 분별하기 시작하게 된다.</td></tr>
<tr><td>5~6세</td><td rowspan="2">잠복기(5, 6세~11, 12세);
초자아 형성과 자아의 성숙으로 본능을 통제하기 시작한다. 동성 간의 교류가 더 중요하며 리비도 에너지와 공격적 에너지를 공부나 놀이로 승화한다.</td><td>전 조작기-직관적 사고기
(4세~7세);
판단을 언어화하지는 못하나 논리적 관계를 이해하기 시작한다. 수 개념을 알고 사용하기 시작한다.</td><td rowspan="2">활동성 대 열등감 시기
(6세~11세);
학교생활을 시작하며 인지적인 것과 사회성을 습득한다. 능력이나 성취감을 경험하게 되면서 성장하며 실패를 극복하게 된다.</td></tr>
<tr><td>7~11세</td><td>구체적 조작기(7세~11세);
특정 사실에 따라 사물을 위계에 따라 분류할 수 있고 논리적 사고를 하기 시작한다. 보존의 원리를 이해하기 시작해서 양, 무게 등의 부피 개념을 형성한다.</td></tr>
<tr><td>11, 12세
~
17, 18세</td><td>성기기(11세~);
생리적인 변화, 성 기능의 성숙, 호르몬 영향으로 성 본능이 강화하며 성숙한 성인의 모습을 갖추어 간다. 성숙된 이성 간의 관계를 갖기 시작하고 자신에 대한 정체성을 갖기 시작한다.</td><td>형식적 조작기
(12세~15, 16세);
논리적 사고가 가능하므로 추상적 사고를 할 수 있다. 상황을 추리해서 올바른 방향으로 가기 위한 종합적 사고를 하게 됨을 말한다. 타인의 사고 과정을 사고할 수 있고 사회적, 철학적 문제 등을 고민한다.</td><td>정체성 확립 대 역할 혼란
(12세~);
자아정체성에 대한 고민과 자기의 위치, 능력, 역할 등에 대해 사고하기 시작한다. 동시에 혼란을 해결하기 위해 동료들과의 많은 교제를 가지며 영웅들을 찾고 그러한 경험을 하려고 애쓰기도 하는 등의 방황을 하기도 한다.</td></tr>
</table>

198) 자료 출처 : Morin E.M., Psychologies au travail, Paris, Gaëtan Morin Éditeur, 1996.

나이	프로이트(Freud S.)	피아제(Piaget J.)	에릭슨(Erikson E.H.)
19세 ~ 22, 25세			내적 안정감 대 고독감(~35세); 부모나 사회제도로부터 독립하여 성숙하고 책임감 있는 성인으로 기능하기 시작한다. 자아정체성에 대한 확립을 통해 독립성과 온전한 내적 안정을 형성하며 타인 특히 이성에 대한 긍정적인 관심을 통해 가족을 형성한다.
25세 ~ 35, 40세			
35, 40세 ~60세			생산성 대 침체성; 자녀를 낳아 세대를 연장하므로 생식적으로 혈통을 이어가고 사회적으로도 직업적인 성취, 다음 세대를 위한 노력을 기울인다. 반대로 이와 같은 활동이 없을 때는 침체감이 형성된다. 실제로 예술적인 창조 행위가 이러한 것을 대치할 수도 있다.
60세 ~75세			자아통합성 대 절망감(노인기); 인생을 회고하고 점검하는 시기이다. 신체적, 사회적으로 자신들의 퇴보를 바람직하게 받아들이고 현재의 삶의 의미를 긍정적이며 통합적인 인생철학을 형성한다. 이러한 지혜를 통해 앞으로 있을 죽음에 대한 절망감을 해결할 수 있게 된다.
75세~			세대 교체를 통한 자아의 연결성 대 무능력 시기; 죽음을 준비하며 다음 세대 혹은 창조적인 만들기 등을 필요로 하면서 연속성을 이어갈 수 있다고 판단함과 동시에 자신의 의지와 믿음을 갖게 된다.

〉〉 참고 문헌

이근후 외 14명 역 (1995). 정신장애의 진단 및 통계 편람 제4판(DSM-IV). 서울: 하나의학사.

이부영 역 (1994). ICD-10 : 정신 및 행동장애. 서울: 일조각.

Revue Art et Thérapie N° 38/39 (1991). *Vieillir en Création*. Blois: Institut National d'Expression, de Création, d'Art & Transformation.

Forestier R. (2000). *Tout savoir sur l'art-thérapie*. Lausanne: Editions Favre SA.

Hof C. (2006). *Art-thérapie et maladie d'Alzheimer- Quand les couleurs remplacent les mots qui peinent à venir*. Lyon: Editions de la Chronique Sociale.

Klein J.-P. (1997). *L'art-thérapie*. Que sais-je? N° 3137. Paris: Presses Universitaires de France.

Rodriguez J. & Troll G. (1995). *L'art-thérapie- Pratiques, techniques et concepts*. Paris: Edition Ellébore.

Rubin, J.A. (1999). *Art Therapy: An Introduction*. New York: Brunner/Mazel.

Sudres J.-L., Roux G., Laharie M. & De la Fournière F. (2004). *La personne âgée en art-thérapie- De l'expression au lien social*. Paris: L'Harmattan.

〉〉 참고 사이트

노후보장정보네트워크 http://www.silverpage.co.kr

National Institute of Neurological Disorders and Stroke, USA http://www.ninds.nih.gov/

야후코리아 백과사전 http://kr.dic.yahoo.com

18장 학교 미술치료[199]

학교 안의 또 다른 특별한 전문가로 취학 전의 유아들에서 청소년까지를 대상으로 하는 학교 전문 미술치료사가 있다.[200] 이 나이는 대부분 학교와 관계하여 생활하는 시간이 많아서 학교 미술치료사는 학교의 선생님들과 가족을 연결하는 제3의 역할을 하게 된다. 학교 미술치료사는 학교 안에서 선생님들이 교육의 질을 긍정적으로 높일 수 있도록 도울 수 있으며 학생에게는 미술치료 활동이 학업이나 학교생활에서 경험한 실패의 보상적인 경험으로서 긍

199) 이 장의 일부는 2006년 프랑스 파리에서 열린 제3회 유럽한글학교 교사연수회에서 발표되었으며 이화여자대학교 교육대학원, 중앙대학교 교육대학원, 원광대학교 동서보완의학대학원 강의 자료로 사용되었다.

200) 우리나라에서는 미술치료의 발달이 특수교육 현장으로부터 확장되어 왔으며 현재는 초등학교, 중학교 특수학급을 중심으로 하는 방과 후 수업의 일환으로 학교 미술치료가 활성화되어 있다. 그리고 초, 중, 고 상담실(Wee Class)이나 학교사회복지실의 외부강사 프로그램으로 미술치료가 진행되고 있다. 또한 여름방학과 겨울방학의 교사 연수에도 미술치료가 개설되었다. 교육대학원의 미술교육과에서 미술치료학 수업이 진행되고 있기도 하다. 아직 전문적이고 구체적으로 학교 미술치료와 학교 미술치료사의 역할에 대한 연구가 없고 실제로 임상적 효과에 대한 경험 없이 기술적인 방법을 터득하려고 하는 경향이 많다.
이 책에서는 우선 미국과 프랑스의 모델을 소개하고 앞으로 우리나라에서의 학교 미술치료의 방향에 대한 가능성을 살펴보았다. 이 장의 앞쪽에 소개하는 것은 미국 프로리다의 마이애미에서 1979년부터 학교 미술치료 프로그램을 개발하기 시작한 부쉬(Bush J., The Miami-Dade County Public Schools, Miami, Florida,)의 경험을 바탕으로 한 내용이며 후반부에 소개하는 내용은 프랑스의 클랑(klein J.-P.)의 시각을 중심으로 하였다.

정적 인격 형성을 돕는 역할을 하게 된다. 실제로 학교 미술치료사가 일할 수 있는 장소는 공립 · 사립학교, 보건 진료소, 대학의 연구원, 각종 교육 관련 기관, 사설 교육기관, 병원, 지역사회 복지기관 등이다. 그리고 학교 미술치료의 대상은 모든 학생이라고 말할 수 있다. 그러나 개인적인 위기로 인해 무력감을 느껴 학교생활에서 문제를 경험할 때, 학교생활에 행동의 문제를 보일 때 혹은 일반적인 교육과 특수교육을 병행해야 할 때 등 중재적인 도움이 필요할 경우 학교 미술치료사가 더욱 적극적인 활동을 하게 된다.

18-1.

학교 미술치료의 역할

학교 미술치료실의 미술 활동은 학생에게 자기 가치를 인정받을 기회가 된다. 미술치료실에서 반복해서 제작되는 작품을 통하여 학생에게 자신이 존중받을 가치가 있다고 느끼게 할 것이며 이를 통해 학생은 긍정적인 자존감을 형성하게 된다. 또한, 학생이 학업을 수행하는 데 있어 만나게 되는 많은 장벽, 정서적 문제, 학습장애, 발달성언어장애, 행동장애, 사회성 행동장애 특히 교사와의 부조화 등의 문제를 뛰어넘는 데 도움을 줄 수 있다. 한 학생 개인을 위해 미술치료사 한 명이 서비스를 제공할 수 있는 것은 보통의 학교생활에서는 가능하지 않은 독특한 관계로 미술치료 활동은 학생에게 직접적인 도움을 제공한다. 그러므로 학교 미술치료사는 학생 개인의 문제를 중재할 수 있도록 훈련을 받는다.

학교 미술치료는 시각적인 언어라는 접근을 통하여 상호 관계하는 것을 기본으로 사용한다. 이는 정서적으로 고통스러운 것을 외부로 표현하는 데 예술적인 행위가 언어보다 덜 위협적이기 때문이며 말로는 표현할 수 없는 좀 더 복합적인 내적 표현을 원할 때 사용하는 것이 미술치료 활동이기 때문이다.

1) 학교 미술치료사의 역할[201)]

(1) 상담가 역할

- 학생 개인의 문제와 혼돈으로 인해 발생한 학습과 행동의 문제들에 대한 해결 방법을 모색하고 학생과 가족 그리고 학교를 위해 협조한다.
- 학생의 학습과 행동의 관계를 학생발달 상황과 비교해서 이해할 수 있도록 돕는다.
- 교육자, 부모 그리고 더 나아가 지역사회에 학생이 좀 더 원만한 사회성을 가지고 적응할 수 있도록 돕는다.

(2) 교육자 역할

- 교육적 프로그램을 제공할 수 있다 : 교실 관리 전략, 부모 상담 기술, 특별한 기술을 필요로 하는 학생을 돕는 방법, 교실 생활에 필요한 정보, 학생의 인지적 · 정서적 발달을 위한 미술치료 평가들을 사용하는 방법을 필요한 곳에 제공한다.

(3) 연구자 역할

- 수업 프로그램, 행동 관리 절차 혹은 학교 구성에서 미술치료와 같은 다른 서비스들이 미치는 영향에 대한 연구를 할 수 있다.
- 새로운 지식과 행동을 개선하는 방법에 대한 연구도 학교 미술치료사의 연구 역할에 해당된다.

---

201) 학교 미술치료사의 역할은 미술치료사, 미술교육가, 학교 상담가, 학교 심리사 각각의 역할과 혼돈이 될 수 있다. 그래서 각각의 영역의 다른 점을 다음과 같이 정리해 보았다.

— 미술치료는 일차적 표현으로 감정투사를 통한 시각화 과정이 기본이 되어 감정적으로 혼돈이 있는 것들을 확인하고 치료하려는 것이다.

— 미술교육은 완성품이 어떻게 생성되는가 하는 기술을 가르치고 그것을 어떻게 볼 것인가 평가하는 법을 가르친다.

— 학교 상담은 학생의 내적 상황을 이해하고 서비스를 제공하기 위해 언어적 상호교류에 의지한다.

— 학교 심리사는 학생 진단을 목표로 삼는다.

그러므로 이러한 다양한 사람들이 팀을 이루어 전문적으로 각각의 책임을 분담할 수 있다면 가장 바람직한 방법으로 학생이 훌륭한 능력을 발휘하고 뜻 있는 사람으로 성장할 수 있을 것이다. 물론 아직 어떤 나라의 경우도 미술치료 학업 과정에서 학교 미술치료사를 따로 훈련하지 않는 상황이며 학교 미술치료사 자격증을 수여하지는 않고 있는 실정이지만 학교 미술치료사가 되기 위해서는 학업 과정에서 임상 실습 동안 전적으로 학교를 중심으로 임상하며 훈련해 가야 한다.

(4) 평가자 역할

- 인지 · 정서 발달에 대한 평가, 학생의 장 · 단점 알기, 학교와 교실의 프로그램 평가, 성격발달 등 다양한 평가의 종류에 대해 훈련하였다면 부모와 교사들 가까이에서 학교 미술치료사는 이러한 일을 수행할 수도 있다.

2) 학교 미술치료실의 활동 원리

학교 미술치료는 학생 개인이 자신의 생각, 감정, 혼돈, 기억 혹은 희망 등을 시각적으로 재표현할 수 있도록 격려하는 것으로 시작한다. 미술 작업을 기본으로 하지만 필요하다면 언어를 사용하여 개인적으로 문제가 되어 왔던 기능을 회복시키고 가족과 학교 안에서 집단 체계에 적응할 수 있도록 자신에 대한 긍정적 믿음을 회복하게 할 것이다.

결과적으로 학교 미술치료는 자기 자신에 대한 탐험을 미술 표현으로 경험하고 자기 자신에게 가장 합당한 판단을 가질 수 있도록 돕는 것이다.

(1) 학교 미술치료는 학생이 자신의 삶에 대한 긍정적인 도전을 하는 것이다.

미술 작업 전 과정은 적합한 행위가 어떤 것인지 느낄 수 있는 기회로 작업이 충분히 경험적이도록 한다.

(2) 학교 미술치료 미술 활동의 목표는 학생 각자의 존중이다. 학교 미술치료 미술 활동은 전적으로 개인적인 성향을 표현하는 것으로 미술 수업처럼 공통 목표점을 결정하고 그 목표를 향하여 나가는 것이 아니다. 미술 작업들은 개인적 경험으로서 자신의 내부로부터 출발할 것이다.

(3) 학교 미술치료 미술 활동은 구체적이며 감각적이 되도록 격려한다. 미술 작업의 특징인 유일성과 독창성이 창조적인 능력 향상을 가능하게 하기 때문이다. 창조적인 행위는 누구에게나 가능한 것으로 미술 작업이 더욱 발전하여 자신을 탐색하는 과정이 반복 경험되면서 고유한 자신을 찾게 된다.

(4) 학교 미술치료 미술 활동은 사회성 있는 경험이며 융통성 있는 활동이어야 한다. 학교 미술치료 활동도 다양한 재료, 색 혹은 형태를 서로 어떻게 유연하게 비교하고 조화롭게 할 것인가를 생각하게 하는 끊임없는 융통성을 필요로 하는 미술치료 원리를 벗어나지 않는다.

18-2.

학교 미술치료 미술 활동의 주의사항

1) 작업 과정에서의 주의사항

(1) 작업 시간이 바르게 배분되었는가;

주어진 시간 동안 작업의 결과가 기대보다 낮아지면 학생들의 성취감도 낮아지게 된다.

(2) 학생의 작업 내용과 행동에 대해 이해하는 태도를 보였는가;

문제가 발생하여, 학생이 다른 학생과 비교될 정도로 작업에 문제를 겪고 있지 않은지 살펴보아야 한다.

(3) 필요한 경우 시범을 보였는가;

작업 방향을 설정하지 못하거나 이해력과 수용 능력이 부족한 경우 작업 방향을 이끌기 위해 시범을 보여주어 학생들의 혼돈을 줄일 수 있다.

(4) 재료 배분은 어떠하였는가;

충분한 재료를 준비하고, 학생들이 자신이 소외되었거나 소홀하게 대해진다는 경험을 갖지 않도록 주의해야 한다.

(5) 활동에 필요한 재료들이 준비되었는가, 작업 개념과 재료를 바르게 연결하고 도입하였는가;

적절하고 조화로운 도구 사용을 경험하도록 재료에 맞는 도구들을 갖추어야 한다. 이는 학생들의 상실감 혹은 성취감으로 연결되기 때문이다.

(6) 각 작업 시간이 정확히 제안되었는가;

규칙적으로 미술 작업을 하는 시간과 정확한 작업 제안이 있다는 믿음은 학생들 마음속에서 자신을 표현할 준비와 계획을 할 수 있도록 하므로 아주 중요하다.

(7) 뒷정리를 위한 도구 준비와 학생 간의 협력을 위한 배려를 격려하였는가;

미술 작업이 개인적인 표현활동이라면 뒷정리는 협력을 바탕으로 하는 사회적인 활동이 되도록 한다.

(8) 중재 기술이 적절하게 사용되었는가;

재료를 통한 표현 과정에서 학생이 문제를 겪고 있을 때, 적절한 기술적 중재와 언어적 중재는 학생이 자신에 대한 상실감을 느끼지 않도록 하는 데 절대적이다. 작업의 모든 과정 동안 학교 미술 치료사는 긴장하여 학생들을 살펴야 한다.

(9) 평가, 마무리 혹은 감상을 시도하였는가;

이 과정을 통해 자신으로부터 출발한 표현이 가능하다. 하나의 표현으로부터 학생들이 자연스럽게 토론할 수 있는 활동까지 가능하다.

2) 학생과 학교 미술치료사의 상호교환적 동맹에 대한 주의사항

(1) 학생 존중과 감정이입의 관계가 형성되도록 한다.
(2) 학생의 입장을 고려하고 보살피는 태도를 보인다.
(3) 학생 개개인에게 주의를 기울인다.
(4) 학생들이 작업에 합당한 행동을 갖도록 돕는다.
(5) 학생이 스스로 생각하고 감각적으로 탐구할 수 있도록 격려한다.
(6) 학생을 강력하게 평가하지 않는다.
(7) 학생이 추방 받을 만한 행동을 했어도 충분히 도움을 받았다는 느낌이 들게 한다.

3) 기록 보관을 위한 학교 미술치료 문서 목록

(1) 학교 미술치료 작업 회기 계획과 발전 과정 기록 서류
(2) 학교 미술치료 작업의 예술적 발달 기록 서류
(3) 학교 미술치료 작업 평가 서류
(4) 학생 개개인의 목표와 주제에 대한 계획 서류
(5) 학생의 발전에 대한 보고 서류
(6) 학교 미술치료 활동을 위한 보조 치료사나 다른 보조자들 전체의 발전 과정에 대한 서류
(7) 부모의 이미지 사용 동의 허가 서류

18-3.

학교 미술치료의 장기 목표 개발과 단기 목적 지침

1) 용어 정리

(1) 목표 개발

① 장기 목표

- 학생 개인이 개선을 희망하는 가장 장기적인 목표를 말한다.
- 비교적 넓은 범위 안에서 장기간을 통해 변화 가능한 사항을 학생의 관점에서 살핀다.
- 체계적인 학생 관찰을 통해 미술치료적으로 특별히 성공적인 결과를 갖게 될 수 있는 것을 결정한다.

② 지침사항

- 학생의 행동에서 관찰된 관점을 중심으로 서면 작성한다.
- 행동을 그대로 작성한다.
- 목표 결정과 관련해서는 방해받고 있는 문제에 대한 데이터를 기준으로 한다.

— 목적이 확실하여 서비스를 제공할 수 있는 것으로 그리고 더 유용한 목표를 설정할 수 있는 것으로 결정한다.

— 현실적이고 구체적인 목표를 설정한다.

ⓐ 학생의 능력을 부여할 수 있는 것으로 한다.

ⓑ 학생의 현재 수준에서 논리적으로 기능을 발휘할 수 있고 기간을 예상할 수 있는 서비스를 결정한다(일반적으로 학교에서는 1년).

(2) 목적

① 단기 목적

— 도달하기 위한 목표와 가장 가까운 단위를 말한다.

— 학생이 도달할 수 있는 단계에서 가장 구체적으로 달성 가능한 목표를 결정한다.

— 장기 목표에 보다 비해 범위가 작은 단위로서 일정한 기간을 정하고 목표와 결과를 예시하는 것이다.

② 지침사항

— 관찰된 것 중에서 눈에 띄는 결과가 가능한 것이 단기 목적이 된다. 학생이 변화될 가능성이 높으므로 스스로 자발성을 갖게 된다.

— 적절한 목적을 결정한다.

ⓐ 목적은 평가 자료, 학생이 개선하기를 바라는 문제, 장기 목표와 상관관계를 가져야 한다.

ⓑ 평가 자료를 통하여 목적을 변화시켜 간다.

— 목적들은 현실적이고 개인적이어야 한다.

ⓐ 목적 달성을 통하여 학생에게 강인함과 적응력을 높일 수 있어야 한다.

ⓑ 목적에는 학생의 발달 수준, 정신역동, 정신병리적인 것이 반영되어야 한다.

— 목적은 기준을 설정하는 것이다. 이러한 목적들이 평가의 기준이 된다. 학생 행동이 기본이 되어 장기 목표를 향한 확실한 근거를 제공하며 목적을 결정하게 된다.

— 목적은 유용한 것이어야 한다. 목적에 도움이 될 수 있는 직접적인 개

입을 할 수 있는 것이 미술치료 재료로 설정되어야 한다.

2) 목표와 목적을 기술하는 형식

(1) 우선순위 결정하기

최초의 출발 시점은 학생에게 가장 중요한 것이 무엇인지 알아내는 것이다.

(2) 영역 결정하기

- 인지발달 : 생각의 표현, 유연성, 주의집중과 의도, 작품과 학생의 사고와의 상호 관계성을 살펴봄으로 가능하다.
- 규칙적 감정 조절 : 좌절, 관용, 지연, 만족, 자기 조절, 자신 평가, 조절 능력, 환상과 현실 조절, 승화 능력, 자아발달, 작품을 통한 자신의 감정을 작동하는 태도, 자아상을 표현하는 정도 등을 기록할 수 있다.
- 사회적 행동 : 독립성, 성숙도, 사회성, 중재에 대한 긍정적 반응, 집단에서의 자기 정체성, 동기, 의도, 의무를 이행하는 정도 등을 말한다.
- 신체적 발달 : 작업 공간을 활용하는 비율의 정도, 방향감각, 순차적 능력, 소근육 능력, 눈과 손의 협응력 등을 기록한다.

(3) 개선 방법 정하기

미술치료에 참여하는 과정이 무엇인가를 생각하도록 한다.

(4) 얼마만큼의 수위로 변화할 것인가를 결정한다.

학생의 기능 상태를 고려하여 시간과 중재하는 정도에 비해 얼마만큼의 백분율에 도달할 것인지 미리 예상한다. 이것은 목표의 수치를 정하는 것과는 다른 것으로 학생이 도달한 성과에 만족할 수 있도록 돕기 위한 것이다.

(5) 어떠한 단위로 변화를 평가할 것인가를 결정한다.

- 작품의 내용과 질적 측면을 공식적 기준으로 기록한다.
- 행동 관찰을 기록한다.
- 학생의 언어 사용을 기록한다.

학교 미술치료 활동을 위한 점검표[202)]

미술치료사 이름 :	학교 :
학생 이름 :	특기사항 :
미술치료 경험 :	
관찰자 :	날짜 :

key : ∨ 만족할 만하다 　　　　　　＊ 개선이 필요하다

학교 미술치료사의 목표 달성을 위한 단계적 점검사항	
	미술 활동에 필요한 재료들이 준비되었는가?
	미술치료 회기 전에 규칙적인 시간이 확정되었으며 각 회기에는 정확한 시간이 제안되었는가? (필요한 경우)
	미술치료 작업의 개념과 재료를 잘 연결하여 사용하였는가?
	시범을 보였는가? (필요한 경우)
	미술 작업 재료 배분이 적당하였는가?
	학생의 작업 내용과 행동에 대한 이해의 태도를 보였는가?
	중재 기술이 적절하게 사용되었는가?
	뒷정리를 위한 도구 준비와 학생 간의 협력을 위한 배려를 격려하였는가?
	학생이 자신의 작업을 통한 평가와 마무리를 시도하였는가?
기타 : 주의 및 권고사항 점검	

202) Original: Bush J.(1997), 한국어 재구성: 신승녀(2006).

학생과 학교 미술치료사의 치료적 동맹 점검표	
	학생과 미술치료사 사이에 존중과 감정이입의 관계가 형성되었다.
	학생의 입장을 고려하고 보살피는 태도를 보였다.
	학생 개개인에게 주의를 기울였다.
	학생들의 작업에 합당한 행동을 하도록 인도하였다.
	학생이 생각하고 감각을 탐구할 수 있도록 격려하였다.
	학생을 강력하게 평가하지 않고 스스로 판단할 수 있도록 하였다.
	많은 문제를 갖고 있는 학생일지라도 충분히 도움을 받았다는 느낌을 갖게 하였다.

물리적 환경 조건 점검표 (미술치료 회기 처음부터 끝까지)			
	공간		재료
	비품		조직
	구비장비		공간 구성의 적절성

기타 사항 점검표	
	학생 배치를 위한 회의를 진행한다.
	가족 모임을 진행한다.
	학교 관련자들과 관계한다.
	미술치료 관련 보조자들을 위한 프로그램을 실시한다.
	학교의 행정과 관련된 조건을 따른다.
	미술치료 관련 지도부의 회의에 참석한다.
	미술치료 관련 지도부의 활동을 실행한다.

[그림 21] 학교 미술치료 활동을 위한 점검표

18-4.

학교 미술치료의 과제

학교 미술치료사가 교육 현장에서 미술 치료적 중재 활동을 할 때는 여러 가지 특별한 주의를 필요로 한다. 왜냐하면, 어떤 경우는 학교의 다른 교과목들처럼 또 다른 과제가 될 수도 있고, 학교 심리상담사의 역할인 심리적인 유도들을 하게 될 수도 있으며, 예술 창작 활동이다 보니 가볍게 표현을 자극하도록 돕는다는 것이 지나쳐서 미술 수업처럼 될 수도 있기 때문이다. 무엇보다 표현하고자 하는 것을 형태와 내용을 통해 충분히 나타낼 수 있도록 미술치료사는 심사숙고하고 주의하여 미술치료 활동이 될 수 있는 것들을 고안해내야 한다.

1) 클랑(Klein J.-P.)의 학교 미술치료의 10가지 함정[203)]

(1) 학생의 아주 개인적인 경험을 표현하게 하려고 하지 않아야 한다.

학교 미술치료에서의 창작 행위를 학생의 개인적인 삶과 관련지으려고 혼돈해서는 안 된다. 다시 말해, 창작 행위가 자신을 직접 말하려고 하는 데 사용되거나 학생 가족 안의 특별한 내용을 포함하도록 혹은 직접 자신을 표현하도록 종용 되어서는 미술치료 활동의 가치가 없어진다. 미술치료 활동의 직업 안에 은유적이며 상징적인 특징을 통해 개인적인 이야기를 간접적으로 표현하게 되는 것이 더 바람직하다.

(2) 학교 미술치료사는 학생과 가족의 문제점들을 평가하는 역할이 아니다.

보통 담임교사 혹은 학교장 등의 요구까지 포함되어 학교 미술치료 활동 속에서 학생의 실제 생활을 대략 어림잡아 생각하여 해석하려고 하는 것은 위험

203) 위와 같은 10가지 함정이란, 프랑스 파리와 스페인의 바르셀로나 국립표현창작예술과변형학교장 클랑(Klein J.-P.)의 학교 미술치료에 대한 시각으로 미국의 인지-행동주의적 접근에 비해 인본주의적-현상학적인 시각을 가지고 있는 견해이다. 이는 학교 미술치료에서 미술치료사도 아니고 미술교사도 아니며 예술 지도자도 아닐 수 있는 미술치료사의 정체성의 혼돈을 피하기 위한 지침이라고 할 수 있다.

하다. 학생의 작품이 심리현상을 투사하는 검사의 기회로 사용되는 것은 실제 미술치료 작품과는 무관한 일이지만 현실적으로는 비일비재한 일이다. 학교 미술치료는 한 학생의 창작 과정을 동반하여 결과적으로 학생의 정신적 변형 과정을 돕는 것이다. 그러므로 학교 미술치료사가 평가자의 역할을 담당할 때와 학교 미술치료 활동의 목표 자체와는 혼돈하지 않도록 주의해야 한다.

(3) 학교 미술치료는 미술 교육적 활동처럼 학습 모델을 제공하는 하나의 교과목이 될 수 없다.[204)]

학교 미술치료사는 작업 과정에서 인지적인 것을 돕는 교육자의 역할을 포함하고 있으나 학교 미술치료의 목표가 학생들의 교육적 문제점을 교정해 주고 작품을 수정해 가면서 더 나은 그림을 그리도록 하는 것은 아니다.

(4) 학교 미술치료는 학생이 모델화된 영웅과 닮아 가도록 하는 것이 아니다.

특히 학교는 텔레비전의 만화 영화나 연속극 혹은 여러 가지 영화 속의 주인공 등이 만드는 유행성 영웅들이 자주 등장할 수 있는 곳이다. 학생들은 영웅처럼 되고 싶어 하며 작품 안에서도 이렇게 고정화된 영웅들의 형태를 베끼게 되는데 그것에 묶여 버리게 되면 상상력의 마비 상태로 빠져 버린다. 이러한 영웅들을 벗어나서 창조적인 새로운 사고를 만들어 갈 수 있도록 돕는 것이 학교 미술치료이다.

(5) 학교 미술치료는 미술 성적을 높이기 위해 반복된 연습을 하는 것이 아니다.

어떤 학생들은 이미 숙달된 솜씨로 그려 온 자신만의 특성을 가진 그림을 지나치게 계속 반복한다. 보통 평소에 그리던 고정화된 그림을 통해 주변인에

---

204) 프랑스의 경우 미술 작가이면서 미술치료 자격증을 가진 사람들이 교육 현장에서 미술 중재 활동을 하는 경우가 많다. 특히 프랑스 초등학교의 미술 수업 시간은 한국처럼 주중의 수업 시간표에 따로 정해져 있는 경우보다 미술을 포함한 다양한 예술 활동은 학교 밖에서 전문가들과 하도록 강조하고 있다. 그렇기 때문에 학교 외부에서 온 미술 전문가나 미술치료사가 기획적인 형태의 학교 미술을 중재하는 편이다. 이러한 경우에 미술치료사가 미술 활동을 할 때 이러한 함정에 빠질 가능성이 많다는 것이다. 반면 한국에서의 학교 미술치료도 방과후 활동이나 특수학교 단위에서 이루어지는 경우가 많은데 학교 미술치료의 접근 방법과 개념을 확대한 학교 미술치료의 정체성 확립이 필요하다고 본다. 2015년 현재는 학교 미술치료의 필요성이 점차 커져서 학교사회복지실 혹은 상담실을 통해 그룹 미술치료나 개인 미술치료를 위해 외부 미술치료사가 학교 안으로 들어가는 일이 많아졌다.

게 칭찬을 받으면서 고정화된 작품의 성공에 갇혀 버리게 된 경우이다.

학교 미술치료가 교육 현장에서 이루어지기 때문에 종종 학생이 멋지고 훌륭한 그림이나 아름다운 창작품을 통해 학급에서 좋은 성적을 받도록 하기 위한 작품을 계속하다 보면 자신 내면의 이야기를 밖으로 표현하는 것에는 부족할 수밖에 없다.

(6) 학교 미술치료 회기는 칭찬을 받기 위한 시간이 아니다.

미술치료 작품을 통해 지나친 환호와 학생을 스스로 만족하게만 하는 것은 창조성에 대한 생각을 게을리하게 한다. 그리하여 너무 쉽게 작업하려고 하는 경향을 보이거나 창작 자체를 헛된 것으로 생각할 수도 있다.

칭찬이 학생에게 충분히 좋은, 만족스러운 경험 정도가 되어 학생이 이를 격려 삼아 자신의 사고로 자신의 문제들을 동화하는 계기가 될 수 있도록 도와야 한다.

(7) 모든 학생이 매 순간 즉흥적 창조성을 보일 수 있다는 맹목적인 믿음을 갖지 말아야 한다.

학생 모두 거의 자동으로 혼자서 새로운 것을 만들어 낸다는 믿음을 갖는 것은 위험하다. 예를 들어, 무대 위에서의 학생들의 대사는 일상생활에서의 대화와는 아무 관련도 없는 몹시 어려운 새로운 장르임에도 불구하고 연극치료 무대 위에서 학생들이 자연스레 행위를 하며 대사를 나눌 수 있다고 생각하는 것은 오산이다.

이는 조형예술을 이용하는 미술치료 활동에서도 마찬가지이다. 학교 미술치료 작업에서 평소에 그리던 그림과 같은 그림을 그린다고 해서 늘 그리던 그림을 하나 더 그릴 필요가 없다고 생각할 이유가 없는 것이다. 마치 어른들은 이미 잃어버린 창의적 상상력을 모든 학생이 갖추고 있다고 상상하며 어린 시절은 누구나 천부적 창작 활동을 할 수 있을 것으로 생각하는데 학교 미술치료 창작 활동은 어른과 아동의 상호 교환을 통한 자신을 발달시켜 가는 보완적인 활동들이 되어야 할 것이다. 결과적으로 학교 미술치료는 학생에게 예술이 어떠한 것을 하는 것인지 보여줄 수 있는 활동으로부터 시작할 수 있으며 미술 활동이 어떻게 자신을 위해 쓰이고, 무엇을 얻을 것인지 미술 활동 속에서 알도록 돕는 것이다.

(8) 학교 미술치료는 학생들에게 지나친 요구를 하지 말아야 한다.

첫 번째 만남부터 학생들에게 새로운 무엇인가를 그려 내라고 하는 것은 작업에 우수한 학생들에게는 부담스럽지 않을 수 있으나 실제로 어려움을 갖는 학생들에게는 문제를 가중시킬 수 있다는 사실을 알아야 한다. 학교 미술치료사가 학생의 이야기를 들으면서 그것을 기반으로 창작 동화를 만들어 가며 받아쓰기하는 것이 더 바람직할 수도 있다.

학생들의 제안을 받아들여 미술 활동이 이루어질 수도 있으나 꼭 학생들의 제안을 전제로 활동이 이루어져야 하는 것도 아니다. 단지 교육 현장이므로 학교 미술치료사는 학생들에게 너무 높은 목표를 제시하거나 너무 낮은 미술 활동이 되지 않을 수 있게 예측할 수 있는 능력을 갖춰야 한다.

(9) 학생들의 두렵고 괴이한 발상들에 대한 염려와 추측을 벗어나야 한다.

실제로 많은 경우의 학생들이 정리되지 않은 순수한 것이거나 특별한 의미를 갖지 않은 형태들을 표현하곤 한다. 그래서 그 뜻을 헤아리기 위해 고심할 필요가 없는 경우가 더 많다.

또한 이 고통스러운 듯한 내용을 행복한 결말로 마무리할 이유도 없으며 오히려 학생들은 자신들의 생각이나 현실, 두려움, 폭력 혹은 공포들을 정리하거나 재배치하거나 할 필요 없이 미술 활동이라는 위험하지 않은 상상 활동이라는 마지막 방법으로 상징의 공간을 이용해 표현할 수 있어야 한다. 왜냐하면, 상징 공간은 제한이 없으며 규제도 없고 현실 속으로 다시 빠질 위험성이 적기 때문이다. 표현주의 작가들을 통해 흉측한 괴물들의 모양이 회화적 명작으로도 표현될 수 있다는 것을 보여주는 것처럼 학생들의 가상 이야기 속에서의 고의적인 환상들은 대부분 실제 현실 속의 폭력이나 있을 수 있는 두려운 것들을 공략할 수 있으므로 반대로 보호의 기능을 가진다.

(10) 학생은 학교 미술치료사 개인의 능력을 대신하여 실현하는 대상이 아니다.

마치 학생들을 미술치료사 자신을 선전하는 대중으로 착각하여 자신의 행복감을 위해 미술 중재 활동을 하는 것처럼 보일 때가 있다.

학교 미술치료사들은 자신의 미술적 활동을 선보이고 그것을 찬양하게 할 정도는 아니더라도 자신의 작품 세계가 학생들에게서도 비슷한 형태를 취하게 할 수 있다. 또한, 작업 욕구가 일어나게 하는 방법으로 자신의 작업을 제공하는 일을 하거나 무조건 학생 스스로 작업에 빠져들도록 하는 마구 놔두기 등도 바람직하지 않다. 특별히 학생의 작업에 직접 손대지 않으면서 자기 생각으로부터 출발한 창조적 작품을 해낼 수 있도록 도와야 한다. 이는 학교미술치료사가 초감각적인 능력을 이용해 학생의 작품에 자기 생각을 첨가하는 것이 아니라 세심하게 학생의 표현을 순간순간 즉흥적으로 개입하여 동반하는 것이다. 학교 미술치료사는 자신의 작업 스타일을 학생을 통해 피력하는 것이 아니라 학생의 창작 활동 동반자 역할을 해야 한다.

결론적으로 학교 미술치료는 학생들이 창작의 주체가 되도록 하는 것이지 창의적 활동을 매개로 하는 활동의 또 다른 미술 소비자가 되어서는 안 된다. 학교 미술치료사의 목표는 미술 활동을 통한 치료적 중재가 학생들이 창조성과 관련한 소비 대상들이 아니라 학생들 자신이 주체가 되어 창의적인 활동을 중심으로 자아를 발달시켜가는 과정을 돕는 것이다.

학생들 자신의 삶을 능동적이게 하고, 자신 스스로이든 외부 환경에서 온 문제들이든 또는 폭력, 걱정, 불안, 공포, 방관, 반복적으로 나타나는 환영, 비밀스러운 의구심, 존재를 위한 회의, 부족한 것들 혹은 수많은 이유로부터 억압되어 온 창의성을 깨울 것이다. 그리하여 학교의 통일된 일상적인 교육 목표와는 다른 방향에서 학생들 개개인을 도울 수 있는 활동이 되어야 한다.

〉〉 참고 문헌

Bush J. (1997). *The handbook of School Art Therapy - Introducing Art Therapy In to a School System-*. Springfield, Illinois: Charles Thomas Publisher.

Revue Art et Thérapie N° 78/79, 80/81. Klein J.-P. (2002). *Interventions artistiques à l'école*. Blois: Institut National d'Expression, de Création, d'Art & Transformation.

〉〉 참고 사이트

School Art Therapy http://www.schoolarttherapy.com/index.htm

Part IV

미술치료 : 어떠한 도구를 사용하는가?

19장 콜라주(Collage)

20장 데생(Dessin)

21장 색

22장 흙

23장 사진

19장 콜라주(Collage)[205)]

19-1. 콜라주의 의미

1) 콜라주의 미술적 의미

콜라주는 둘 혹은 여러 가지의 요소를 의도적으로 붙여서 사용하여 미리 기대하지 않은 결과물이나 인상을 낳는 것이라고 정의할 수 있다. 미술사를 살펴보면 원시시대, 콩고, 이집트 혹은 중세의 미술에 이르기까지 여러 곳에서 콜라주 형태의 작업들을 발견할 수 있고 특히 입체파(Cubisme) 작가들 사이에서 파피에 콜레(papier collé) 즉, 그림 작업에 봉투 · 우표 · 트럼프 · 헝겊 · 종이 등을 덧붙이는 데서 더욱 구체적으로 발전하게 되었다.

피카소(Picasso P.)나 브라크(Braque G.) 등 초기 입체파 작가들은 흔한 사진이나 인쇄물의 그림을 오려내서 사용하여 거기에서 얻어지는 우연한 효과를 통해 작품을 보는 사람들의 타성에 젖은 미의식에 충격을 주었다. 1936년

205) 이 장은 2000년 한국임상예술학회, 2003년 하상장애인종합복지관과 2005년 한국치료예술학회에서 일부분을 발표한 것을 수정, 보완해서 이 책에 싣는다.

미술공책(Les Cahiers d'art)에서 에른스트(Ernst M.)는 다양한 도판들이나 그림책, 실험 교재의 카탈로그 같은 데서 잘라낸 조각들로 제작한 작품을 선보이면서 대표적 콜라주 작가이며 이미지의 연금술사로 불리게 되었다. 요컨대 콜라주는 대상이 있던 그 본래의 장소에서 벗어나게 하여 전혀 엉뚱한 환경에 둠으로써 빚어지는 심리적인 충격을 맞게 하는 것이다.[206)]

스위스 로잔느(Lausanne)의 아르브뤼트(art-brut) 미술관 수집에서도 다양한 오브제로 아상블라주(assemblages)[207)]하거나 콜라주한 작품들을 많이 만날 수 있다. 콜라주나 아상블라주는 반복하는 행위 하나하나가 새로운 결과를 낳게 하므로 쉽고 빠르게 또 다른 새로운 그리고 전혀 다른 작품을 만들어 내는 특징을 가지고 있다.

2) 콜라주의 미술치료적 의미

(1) 파피에 콜레(papier collé)와 다양한 오브제(objet) 활용인 아상블라주 등도 넓은 의미의 콜라주이며 이러한 모든 것은 미술치료에서 중요한 기술적 매체로서 다양한 방법으로 여러 환자/내담자에게 사용될 수 있다.

(2) 자신이 선택한 이미지들을 가지고 단순하고 우연한 표현을 통해서 만나게 되는 콜라주의 특별한 작업 방식은 억압받아 왔던 무의식 속에 저장된 환자/내담자의 심리적 핍박들을 심한 방어 없이 자연스럽게 표현할 수 있게 한다. 동시에 미술에 익숙하지 않은 초기 미술치료 환자/내담자에게 적합한 방법으로 많이 활용될 수 있다. 의식을 통해 검열받지 않는 상징적인 의사소통과 진실한 자기표현을 촉진한다는 점에서 콜라주는 난화(squiggle)[208)]처럼 내담자의 무의식 속 갈등을 즉흥적이고 유희적으로 또한 자유연상 표현이 되도록 할 수 있다.

(3) 콜라주는 작업을 진행하는 방법 또한 미술치료사의 치료 목표와 목적,

---

206) 이는 초현실주의에서 활용한 자동기술법으로 데페이즈망 기법이라고 말할 수 있다. 제3장 〈초현실주의〉와 부록의 용어 해설을 참고 하시오.

207) 부록 용어 해설을 참고하시오..

208) 제14장 〈위니코트와 잠재 공간〉을 참고하시오.

미술치료 환자/내담자의 상태, 미술치료 과정 중 각 단계마다 각각 다양하게 변형할 수 있다.

때에 따라서 콜라주는 고기능의 인식 능력이 필요하기도 하며 정반대의 경우도 가능하다. 어린이 환자/내담자나 노인 환자/내담자라면 기존의 이미지들 사이에서 필요한 이미지를 자르는 것으로부터 출발하므로 소근육을 활용하는 기회를 얻기도 하며 눈과 손의 협응을 도와 정신운동을 자극할 수 있다.

(4) 콜라주를 통한 미술치료는 이미지를 매개로 내부의 것을 밖으로 나타내 보이는 작업 과정과 작업 결과에 나타난 전혀 다른 이미지를 통하여 스스로를 발견하고 한 발 더 발전적인 자신이 되도록 돕는다. 그러므로 하나의 콜라주는 보이는 의미를 찾는 것보다는 반복적인 콜라주 작업을 통해 정신 자동기술(automatism)적 표현을 하도록 돕는다.

(5) 콜라주는 사람들의 개인적인 경험과 깊은 관련이 있어서 미술치료 환자/내담자의 생각이나 감정이 비교적 빠르게 눈에 보이고 느낄 수 있는 의사소통 도구 역할을 한다. 그래서 많은 인원의 성인 집단 미술치료에서 자주 활용된다.

3) 미술치료의 콜라주와 아상블라주 원리

(1) 우선 미술치료에서 콜라주 작업에 필요한 재료와 이미지를 얻기 위해 잡지를 뒤적이거나 자신의 생활 주변을 돌아보는 것만으로도 미술치료 환자/내담자가 일상적으로 반복되는 자신의 문제들의 악순환에서 벗어날 기회를 얻게 한다. 환자/내담자는 잡지를 훑어보면서 집중력을 잃어 가고 있는 자신들을 다시 찾고, 한 발 더 나아가 골라낸 이미지들을 통해 잃어버린 자신의 모습과 오브제들을 다시 발견하므로 다시 한 번 자신의 가능성을 발전시킬 수 있게 된다. 또한, 이미지를 고르고 본래의 이미지로부터 자신이 필요한 부분만을 잘라내거나 하는 것은 즉흥적인 판단을 해야 하는 시간에 자신의 의지로 결정하는 경험을 갖게 된다. 그런가 하면 신체는 원하는 이미지를 찾아내면서 작업 재료들이 갖는 촉각적 경험을 하게 된다.

(2) 아상블라주[209]나 콜라주의 또 다른 특징은 그림을 그린다든가 하는 구체적인 기술을 필요로 하는 미술치료 작업이 불가능한 환자/내담자와 집단 미술치료에서 유용한 방법으로 사용된다.[210] 이럴 때 집단원끼리 즉석 사진을 찍

어 그것을 기본으로 복사해서 확대하거나 축소하거나 색을 칠하는 등의 다양한 방법으로도 발전할 수 있다.

(3) 다음 단계 원리는 붙이기이다. 찾아낸 이미지나 아상블라주를 위해 붙이는 행위는 하나의 이미지를 인정하고 그것을 지켜 간다는 의미이며 또 다른 것을 곁에 붙인다는 것은 서로 다른 것을 다시 하나로 묶는다는 것을 말한다. 그러므로 미술치료사는 이 과정에서 새로운 이미지를 사용할 것인지 아닌지, 붙이기 전에 확인하는 절차가 필요하고 혹은 붙인 것은 떨어지지 않도록 각별하게 주의를 해야 한다. 그리고 필요하지 않은 이미지는 색을 칠하여 감출 수도 있다. 또한, 붙이기는 원하지 않는 이미지를 빠르게 덮어 버릴 수도 있다. 이렇게 덮어 버린 이미지들은 버리고 싶은 삶의 한 부분을 떨쳐 버릴 수 있는 것과 같은 상징적 힘을 갖기도 한다.

19-2.

콜라주 미술치료의 의사소통 요소

다른 매체들에 비해 콜라주가 갖는 커다란 특징은 미술치료 작품 속에서 읽힐 수 있는 놀라울 정도로 다양한 요소를 발견할 수 있다는 것이다. 물론 미술치료사가 미리 알아서 요소들을 읽어 낸다는 것은 그리 의미 있는 일은 아니며 환자/내담자 자신의 언어 표현을 위한 단서로 제공되는 것이 훨씬 바람직하다.[211] 그러므로 미술치료사는 환자/내담자가 다양한 요소들은 사용하여 자신의 의사 표현을 할 수 있도록 질문을 하는 것으로 도움을 줄 수 있다.

---

209) 우선 이러한 오브제들을 발견할 수 있는 대표적인 장소로 숲, 바닷가 등의 산책을 통해서 가능하기도 하다. 이러한 장소들은 도시의 거리나 병원 환경 안에서 구할 수 있는 것들과는 달라서 정서적인 자극성이 강해 작업을 향한 특별한 마음가짐을 갖게 한다.

210) 콜라주와 아상블라주를 이용해서 집단 미술치료를 진행하는 사례로서 '도시 꾸미기' 등의 작업을 할 수 있다. 우선 시작은 각자에게 주어진 공간에 콜라주나 아상블라주 작업을 한 후, 다음 과정에서는 집단원 서로의 상상의 도시 속에서 각자 보는 것, 듣는 것, 느껴지는 것 등을 가지고 새로운 집단원이 만드는 이야기, 시, 노래 등 다른 형식의 창조적 활동으로 발전시킬 수 있다.

211) CEE/CMME, International Journal of Art Therapy, Paris, Centre Hospitalier Sainte-Anne, Centre d'Etude de l'Expression- N° 5.1999.

1) 조형적 요소 읽기

(1) 선택된 사진 혹은 이미지들의 찬란함 정도와 채도를 눈여겨본다.
(2) 이미지가 화면에 놓인 위치와 잘라낸 방법(가위 혹은 손)은 어떠한가.
(3) 선택되어 사용된 이미지들의 색의 다양성과 편중성 등을 살펴본다.

2) 이미지에 담긴 요소 읽기

(1) 완성된 작품 속에 등장한 이미지들 가운데 인물들을 즉, 남 · 여 · 노 · 소 등으로 개별화시켜 특징을 살펴본다.

(2) 다양한 형태의 신체 이미지를 읽는다.

- 생명력이 있는가, 생명력이 없는가,
- 인간인가, 동물인가,
- 지나치게 축소된 이미지인가, 자연적인 것인가,
- 인공적인가, 상업적으로 만들어진 신체 표현인가를 읽어 볼 수 있다.

(3) 작업 속 이미지들의 신체가 가지고 있는 시선 또한 중요한 관심을 기울일 곳이다.

- 사람들을 향한 관심이 표현되고 있는가,
- 동물적일 정도의 무관심으로 자신 안으로만 향한 듯한 시선인가에 대한 주의를 기울여 본다.

3) 표현 방식 요소 읽기

(1) 작업 내용이 내적인 것에 치중되었는가, 외적인 관심에 쏠려 있는가 읽어 본다.

(2) 다양한 경우의 시간 개념과 관련된 것 : 봄 · 여름 · 가을 · 겨울, 낮 · 밤, 오전 · 오후 등.

(3) 작품의 장면 속 사람들 간의 관계 형성이 독단적인가, 그룹을 형성하는가, 사람과 사물과의 관계 형성은 어떠한가에 관심을 기울여 볼 수 있다.

(4) 콜라주에 사용된 이미지 외에 표현된 글 또는 글자들은 아주 중요한 단

서가 된다. 환자/내담자들 자신도 자주 자신이 선택하여 작업한 글자나 글들에 놀라곤 한다.

(5) 명료하게 표현된 혹은 두드러지게 표현된 시각 · 촉각 · 후각 · 청각 · 운동적 감각들이 있는가, 그것들이 어떻게 사용되었는가를 살펴본다.

4) 상반되는 두 가지 측면 읽기

(1) 채광의 정도를 통해 빛의 측면을 더 강조하여 사용하였는가, 그림자나 투영되는 것에 더 관심을 두었는가를 읽을 수 있다.

(2) 구성 면에 있어 가장자리 형식 구성 방법을 택하였는가, 가득 채운 형식인지 등을 본다.

(3) 색 사용이 전반적으로 따뜻한 색감인가, 차가운 색감인가 읽어 본다.

(4) 좀 더 다양한 시각으로 읽을 수 있는 것은,

– 시선이 있는지 없는지,

– 즐거운 시각으로 작업을 하였는가, 슬픈 표현을 두드러지게 하였는가,

– 주의력을 갖고 있지 않았다거나 반대로 상당한 주의력을 보였는가,

– 공격적인 측면이 더 강한가, 부드러운 표현이 더 많은가,

– 작업이 투명하게 표현되었는가, 불투명하게 표현되었는가,

– 무거운 표현인가, 가벼운 표현인가,

– 신체를 표현함에 전체를 자주 사용하였는가, 부분 표현에 더 관심을 두는가,

– 작업의 관점을 외부에 치중하였는가, 내부에 치중하였는가,

– 소재 사용에서는 주로 생물을 다루었는가, 무생물을 다루었는가 하는 측면을 살핀다.

5) 정서적 느낌 읽기[212)]

(1) 작품 속 자신의 신체를 맑은 날 속에 표현하였는가, 흐린 날 속에 표현하였는가 읽을 수 있다.

(2) 작품 안에는 무거운 공기가 흐르기도 혹은 맑고 가벼운 공기가 흐를 수도 있다. 신체가 어떤 공기를 호흡하고 있다고 느껴지는지 읽을 수 있을 것이다.

(3) 생기가 없는 사물들로만 가득한 세계이거나, 동물들로만 가득한 세계 속에 자신을 표현하였는가 살펴본다.

(4) 자신을 살아 있는 사람이 아니고 하나의 인형이거나 하나의 장난감으로 표현하기도 한다.

(5) 정서적으로 자신을 직접 표현하지 않는 경우는 작품 속의 자신을 보이지 않는 투명한 인간으로 표현한 것일 수 있다.

(6) 작업한 사람의 신체가 세상의 모든 감각을 느끼지 않거나 모든 감각이 사라진 것처럼 표현될 수 있다.

(7) 자신의 신체를 마치 흘러가야 할 물처럼 작품 속에 머무르게 하지 않고 작품 밖에 놓기 위해 애쓴 흔적이 발견되기도 한다.

(8) 작업하는 사람이 정서적으로 자신을 핍박하여 자신을 자연스럽게 표현하는 것이 아니라 지나치게 왜곡하여 표현하지는 않았는지 읽을 수 있다.

(9) 정서적 표현으로 실제 자신이 머리를 잃은 것처럼 생각 자체를 부정하거나 가면만을 가진 신체처럼 완벽하게 자신의 사고를 부정하는 경우도 있다.

(10) 자신의 정서적 안정을 지나치게 강조하는 경우는 자신만이 홀로 어머니와 아버지의 품 안에 있는 것 같은 표현을 한다.

결론적으로 콜라주와 아상블라주는 이미 존재하는 것을 기본적으로 인정하는 것으로부터 시작한다. 그래서 새로운 창조적 변형을 일으킨다는 창조자적 정신을 갖게 하여 새로운 시각이 들어오게 하고 새로운 느낌들을 갖게 할 수 있다.

---

212) 제13장 〈미술치료와 신체〉에서 '정신분석학적 신체와 피부'를 참고하시오.

〉〉 참고 문헌

A.F.R.A.P.E.M. (1990). *Les Base de L'enseignement en Art et Thérapie.* Tours: Publication de l'Université de Tours.

Boyer-Labrouche A. (2000). *Manuel d'Art-thérapie.* Paris: 2ème Edition, Dunod.

Revue Art et Therapie N° 18-19. Broustra J. (1986). Collages, *Reves et entre-deux.* Blois: Institut National d'Expression, de Creation, d'Art & Transformation.

International Journal of Art Therapy N° 5 (1999). *Collage.* Paris: NHA Communication (Centre Hospitalier Sainte-Anne, Centre d'Etude de l'Expression).

Klein J.-P. (1997). *L'Art Thérapie.* Que sais-je? N° 3137. Paris: Presses Universitaires de France.

Rodriguez J. & Troll G. (1995). *L'Art-Thérapie: pratiques, techniques et concepts.* Paris: Editions Ellébore, Collection Thesus.

20장 데생(Dessin)

데생(소묘, dessin)이라는 미술 용어는 프랑스어 데시네(dessiner)라는 동사가 어원이며, 데시네는 '소묘하다', '나타내다', '설계하다' 라는 뜻을 가지고 있다. 그러므로 데생은 미술치료에서 한 환자/내담자가 자신을 드러내는 첫 번째 도구가 될 수 있는 것이기도 하다.

20-1 데생의 의미

1) 데생의 미술적 의미

(1) 데생의 방법

- 오브제(objet)를 있는 그대로 옮겨서 사실적으로 그리는 구상적 데생
- 오브제는 구체적으로 보이지 않은 채 작가의 생각이나 느낌 등을 선으로 직접 그려내는 비구상적 방법의 추상적 데생
- 오브제를 보거나 혹은 구체적인 오브제가 없이 순간의 인상을 재빨리 옮겨 그리는 크로키(croquis)
- 오브제의 세부를 세밀하고 정확하게 그리는 정밀 데생

그러나 어떠한 방법의 데생을 택하든지 미술 작품을 구성하는 더 작은 요소는 선의 율동, 형태의 집합, 공간, 빛과 음영 그리고 색채 등이다. 형태는 윤곽에 의해 결정되고 다시 윤곽을 표현하는 것은 선으로서, 선은 생명을 가지고 있지는 않지만 선 자체의 자율적 운동이 함께하게 된다.

1926년 독일 바우하우스에서 수업하며 전개한 칸딘스키의 선의 운동성 이론을 통해 좀 더 구체적으로 이해할 수 있다.[213)]

(2) 데생의 기본 요소인 선

점이 움직여 간 흔적으로서 선의 운동성은 생성 과정에서 힘의 조합에 달려 있다. 선의 형태는,

- 하나의 힘을 적용하는 경우,
- 두 가지 힘을 적용하는 경우; 양쪽의 힘이 한 번 혹은 여러 차례에 걸쳐 교체되어 작용하는 경우와 양쪽 힘이 동시에 작용하는 경우가 있다.

① 하나의 힘을 적용하는 경우는 직선을 말하며 긴장 상태에서 무한한 움직임의 가능성을 지닌 가장 간결한 형태를 말한다.

직선의 유형은,

— 가장 단순한 형태의 수평선 : 수평선은 서로 다른 방향으로 뻗어 나갈 수 있는 차가운 느낌을 가진다.

— 수직선 : 수평선에서 직각 상태로 위치하는 따뜻한 느낌을 가진다.

— 대각선 : 같은 각을 가지고 양쪽에 대해 도식적으로 떨어져 있는 선으로 차가운 것과 따뜻한 내적의 울림을 가진다.

— 자유로운 직선들로서 균형을 잃은 선들이 있다.

이러한 기본적인 선들은 또 각진 선, 모난 선 등 수많은 구성이 가능해지는 것이다.

② 두 개의 힘이 동시에 점에 작용하여 한쪽의 힘이 다른 쪽의 힘을 능가하게 되면 곡선이 생겨난다. 그러므로 직선과 곡선은 가장 대립하는 한 쌍의 선이다.

---

213) Kandinsky W., *Point et Ligne Sur Plan* - Contribution A L'analyse des Eléments Picturaux, Paris, Eition Gallimard, Folio Essai N° 72, 1991.

곡선의 유형은,

— 단순한 곡선 : 이 선은 원래 직선이지만 측면의 계속된 억누름에 의해서 길에서 벗어나게 된 것이다.
— 파상선 : 복잡한 곡선이나 물결 모양의 선을 말한다. 형태로는 기하학적인 원의 여러 부분으로 생긴 형태, 자유스러운 원의 여러 부분으로 생긴 형태, 다시 이 두 가지가 합쳐져서 여러 가지의 경우가 성립할 수 있다.
— 단순 곡선과 파상선이 합쳐져서 구성된 형의 선이 있다.

(3) 데생의 성격은 위와 같은 다양한 선들을 사용하여 작업하는 사람의 신경 및 근육 구조가 가장 즉각적이고 가장 자연발생적으로 기록되는 것이다. 데생은 하나의 사고를 표현한다고 해도 결과적으로 행위를 통해서 만들어진다. 그러면서 데생의 목표는 재현하는 것만이 아닌 몸짓을 함께 사용하여 다양한 표정을 가진 작가의 느낌을 전달하게 되는 것이다.

예를 들어 팽팽하거나 풀어진 선, 붓을 꾹 눌러 그은 획 속에 나타난 근육의 힘이 강조된 선, 경련하는 듯한 획 속에 나타난 작은 근육의 움직임이 전해지는 가벼운 느낌의 선, 선을 통한 손놀림의 긴장감, 평온함, 힘찬 움직임, 요지부동으로 멈춘 듯한 혹은 광란하는 듯한 손놀림 등으로 표현되어 내적인 움직임을 밖으로 드러내게 된다. 말로 표현하는 것과 같은 감정을 데생을 통해 거의 같은 형용사를 사용할 수 있게 되는 것이다.

① 데생은 시간적인 속성을 가진 어떠한 특성을 공간 속에 고착시킨 모습이라고 말할 수 있다. 다시 말해, 작업하는 사람의 손이 지나간 자취가 영구화된 것이다. 데생은 움직이고 있는 생명에서 표출되는 특성들의 표시로서 감성과 주의력을 그리고 깊이를 전달하고자 하는 의도로 제작될 수 있어서 작품을 보는 사람들로 하여금 작가의 마음과 접촉할 수 있게 한다.

② 선들이 조화롭게 조직되면 그곳에서 리듬이 생겨난다. 데생은 의도성과 지성을 개입한 질서를 통해 형태를 만들어 낸다. 형태를 만든다는 것은 인간의 주위를 둘러싼 여러 가지 가운데서 하나를 골라내서 구별하는 사고로부터 출발한다. 다시 말해, 데생을 통해 형태를 발전시켜 나가는 하

나 하나하나 리듬, 그 발전 자체가 무엇인가를 해결하는 것으로 결과적으로 리듬을 통해 형태에 활력을 불어넣을 수 있게 될 것이다.

2) 미술치료와 데생

시각예술 활동인 미술치료에서 데생은 무엇보다 우선시 되는 미술치료 기술이다. 그러므로 미술치료사의 가장 기본적인 활동 중에는 어떨 때 어떠한 데생 재료들을 사용할 것인가를 결정할 수 있어야 한다.

(1) 데생 재료

- 표면 : 데생을 할 수 있는 곳은 실제로 평평하거나, 입체적이거나, 까칠까칠하거나, 고정되어 있거나, 움직이거나 간에 아무런 제한 없이 사용할 수 있다. 다시 말해 보통은 도화지나 종이 형태를 떠올릴 수 있지만, 데생은 작업하는 사람의 의도에 의해 전적으로 어떤 표면에도 가능하다는 시각을 갖는 것이 바람직하다. 또한, 종이를 사용한다고 해도 두꺼운 것, 얇은 것, 가벼운 것, 무거운 것, 색이 있는 것 혹은 신문지처럼 색이나 글이 인쇄된 것 등 다양해질 수 있다. 단지 환자/내담자에게 가장 적합하다고 생각하는 표면을 선택할 것이다. 이 점은 종이가 발명되기 전에 기록하기 위해 사용되었던 것처럼 다양한 종류의 표면들과 유사한 것으로 천에서부터 가죽, 나뭇잎, 판화 형태에 이르기까지 무궁무진하다. 나무판을 이용하는 등 재료와 질감이 다른 것을 사용할 수도 있을 것이고 벽면에 붙이고 사용하거나 바닥에 놓고 사용할 수도 있고, 크고 작은 표면 혹은 둥글고 각진 형태 등 환자/내담자에게 각각의 순간에 합당한 사용법이 있을 것이다. 또 표면은 평면으로뿐만 아니라 입체적인 상태에서도 가능하고, 콜라주의 기술과 함께 사용할 수도 있다.

미술치료 현장에서는 노인 혹은 아주 나이 어린 환자/내담자에게 얇은 종이로 작업하다가 쉽게 구멍이 뚫린다든가, 데생의 기본적인 정보를 주지 않고 스스로 알아서 작업하게 한다든가 하는 방법은 치료적 효과를 위하여 주의해야 한다.

반대로 데생의 효과를 증진하기 위해 스퀴글(squiggle)[214]이나 난화(scribble drawing)[215] 작업, 자유 데생을 통한 보조 작업으로 데생의 기초 기술을 익힐 수 있다. 도구를 사용하기 어려운 경우 직접 자신의 손이나 발을 사용하여 데생하는 것도 가능하다.

- 도구 : 도구의 선택은 선을 자국 낼 수 있는 것이라면 아주 다양한 사용이 가능하다. 단지 어떠한 표면에 사용할 것인가를 판단하는 것으로부터 출발해야 한다.

  선의 재료에는 끝이 뾰족한 것부터 다양한 선이 한꺼번에 나올 수 있는 것에 이르기까지 선의 모양을 생각한 것이 있는가 하면, 전통적인 데생 도구인 연필, 크레파스, 목탄, 사인펜, 붓 등이 있다. 그 외에도 나뭇가지, 대나무 조각, 나무젓가락, 다양한 깃털 등 가능성은 무한하다. 선을 만드는 더 구체적인 재료로는 다양한 종류의 잉크, 물감, 콘테, 파스텔, 색모래, 색 전기 풀총[216] 등 색이 첨가된 것을 사용할 수 있다. 또, 먹물은 단지 흐르는 과정만으로도 자국을 낼 수 있어서 동서양을 막론하고 많이 사용되는 선 재료이다.

미술치료에서 미술 도구와 재료를 사용한다는 의미는 환자/내담자에게 일상의 문제들을 벗어난 신선한 여행 같은 것일 수 있어야 한다. 환자/내담자가 치료의 결과를 갈기 위한 여행일 때 어느 정도의 거리로 얼마나 자신의 일상을 이탈하도록 중재할 것인가는 각각의 환자/내담자에 따라 달라질 것이다. 즉, 미술치료사가 매체, 구조, 주제, 개입을 결정하는 것은 각각의 미술치료실

---

214) 제14장의 〈위니코트와 잠재 공간〉을 참고하시오. 필자의 경우는 '먹물그림' 이라는 기법을 사용하여 데생의 기초 작업의 한 방법으로 경험할 수 있게 한다. 환자/내담자가 미술에 대한 편견 없고 자연스러운 몰입을 하는 과정이기 때문이다. 주의를 기울이지 않은 원초적인 과정을 통한 형태를 표현하는 기술이다.

215) 케인(Cane F.)의 기법. The artist in each of us, New York, Pantheon Books, 1951.

216) 보통은 '글루건' 이라 한다. 전기를 사용하여 총 모양의 도구를 사용해 막대풀을 녹여 사용하는 것이다. 막대 풀이 다양한 색이 있는데다 도구를 사용하여야 하고 녹는 정도에 따라 굵기와 느낌이 다른 선을 만들 수 있어서 어린이 미술치료실에서 많이 사용한다. 그러나 막대풀에서 나는 냄새와 전기 사용에 따른 위험 요소를 미리 염두에 두어야 한다. 예를 들어, 환기가 잘 되는 미술치료실이어야 하며 집단 미술치료에서 사용하기에는 부적절할 것이다.

의 성격과 환자/내담자의 치료 형태, 치료 목표와 기간 등 아주 다양한 요소들과 다시 관련지어져야 한다.

(2) 미술치료에서 데생의 활용

미술치료에서 데생은 환자/내담자들의 생각을 보여주는 가장 기본이 되는 요소라고 할 수 있다. 그러나 미술치료사가 데생을 통해 환자/내담자의 이야기를 모두 대신한 것으로 생각하여 모든 것을 알아낼 수 있는 단서라고 생각하는 함정에 빠질 수 있으므로 각별히 주의해야 한다.

미술치료실에서 만날 수 있는 다양한 환자/내담자들은 어린이의 데생[217]처럼 자기 생각을 무조건 표현한 것과는 다른 경우가 많을 수 있다. 정신분열 환자들의 몽상적 데생이나 이상심리 상태 환자의 지나치게 세밀한 강박적 데생, 신경증적 증상을 가진 환자/내담자의 교육적으로 습관이 된 훌륭한 데생들을 통해 이야기를 유추하는 것 등이 대표적인 예이다.

---

217) 정신과적인 어린이 데생 연구에는 원시 그림과 비교한 정신과 의사 롬브로조(Lombroso C.)가 있으며, 어린이는 데생을 통해 말을 대신하는 표현이 가능하다는 것을 위니코트(Winnicott D.W.)와 클라인(Klein M.)은 분석과 해석하기 방법으로 두각을 나타냈다. 이 경우는 소아정신과 의사로서 어린이들의 데생은 사고를 중재하며 상징성을 내포하고 있는 오브제로 취급되었던 것이다. 그러나 이러한 스퀴글(squiggle)은 데생과 그 데생을 보충하는 말의 교환을 위해 사용하는 방법이고 보면 미술치료에서 이러한 기술을 그대로 적용하는 것보다는 어린이가 창조적인 활동으로 넘어가기 전이나 어린이 진단 등의 직접적인 목표를 가지고 있을 때 사용하는 것이 바람직하다.
어린이의 발달과 교육적 효과를 증진시키기 위한 어린이 데생 연구로 쿡(Cook E.)은 1887년 영국 런던에서, 1888년 리치(Ricci C.)는 이탈리아의 볼로냐에서, 1897년 페레즈(Perez) 등의 연구가 있다. 그 후 자신의 딸이 8살까지 성장하는 동안 데생을 연구한 루케(Luquet G. -H.)는 어린이 데생의 발전 단계와 지적 발달 관계, 오브제와 시각과 지각의 상관관계를 밝히고 있다. 또한 1925년대에는 피아제(Piaget J.)가 어린이들이 데생을 통해 재현하는 어린이들의 세상에 대해 과학적인 연구를 하였으며, 현상학적으로는 민코스카(Minkowska F.)의 연구가 있다. 정신장애를 가진 어린이들을 위한 로르샤하(Rorschach) 검사는 어린이의 감각적이고 합리적인 세계에 대한 체계를 가다듬었다. 이러한 모든 경우는 미술치료와는 거리가 있는 어린이 데생의 병리학에 대한 것들이지만 적어도 데생은 어린이에게 있어 일종의 언어라는 것과 때때로 의사소통을 위한 요소로 사용한다는 것을 알게 하였다.

〉〉 참고 문헌

르네 위그(Huyghe R.) (1979). 예술과 영혼(*L'art et l'âme*). 김화영 역. 서울: 열화당.

베티 에드워즈(Edwards B.) (2000). 오른쪽 두뇌로 그림 그리기(*Dessiner grâce au cerveau droit*). 강은엽 역. 서울: 나무숲.

부르스터 기셀린(Ghiselin B.) (1980). 예술 창조의 과정(*The Creative Process*). 이상섭 역. 서울: 연세대학교 출판부.

칸딘스키(Kandinsky W.) (1983). 점-선-면(칸딘스키의 예술론 II : 화화적인 요소의 분석을 위하여). 차봉희 역. 서울: 열화당.

_________ (1979). 예술에 있어서 정신적인 것에 대하여(칸딘스키의 예술론). 권영필 역. 서울: 열화당.

허버트 리이드(Read H.) (1979). 예술의 의미(*The Meaning of Art*). 하종현 역. 서울: 정음사.

Boyer-Labrouche A. (2000). *Manuel d'Art-thérapie*. Paris: 2ème Edition, Dunod.

Edwards B. (1997). *Vision, dessin, créativité*. Hayen: Pierre Mardaga Editeur.

Rodriguez J. & Troll G. (1995). *L'Art-thérapie: pratiques, techniques et concepts*. Paris: Editions Ellébore, Collection Thesus.

21장 색

21-1.
색에 대한 개념[218)]

1) 색, 자연 그리고 사람

(1) 오늘날 이론적으로 만들어 낼 수 있는 색의 수는 몇 백만을 헤아린다. 색들을 조합하고 조화롭게 할 가능성도 무한하다고 말할 수 있다. 그러나 기본적으로 사람들은 자연에서 형태의 원천을 찾듯이 끊임없이 미묘한 변화와 발전적인 사고를 할 수 있는 색 정보 또한 자연을 통해 얻는다. 자연은 봄, 여름, 가을, 겨울을 통해 색을 달리하며 계절마다 서로 다른 색조는 삶의 생동성에 많은 영향을 미친다. 그러므로 미술 작업을 한다는 것은 사람이 자연의 요소들을 더 잘 볼 수 있고 삶에 대해 더욱 관심을 기울일 수도 있게 한다.

(2) 예술가는 보통 자연에서 보여주는 색을 연구하는 기본적 자세가 있다. 세잔(Cezanne P.)은 "미술은 사람에 의해서 보인 자연" 이라고 표현하기도 하

218) 이곳에서는 시지각 대상의 물리적인 대상으로서의 빛과 그 빛의 지각 현상인 색 그리고 물리적인 현상으로서의 색이 감각기관으로 지각되어 경험된 효과를 말하는 색채에 대하여 언급한 것으로 색채학적인 시각은 전개하지 않았다.

였다. 작업하는 사람은 자연의 요소들을 더 잘 볼 수 있게 하고, 더 아름답게 느낄 수 있게 하는 중재자가 되는 것이다. 또는 작품에 작업하는 사람의 개인적인 시각이 더해져서 자연을 변형 해석하여 새로운 것을 창조해 낸다. 그리하여 자신의 성향에 따라 형태보다는 색을 우선하기도 하며, 어떤 경우는 색보다 형태를 우선으로 하기도 한다. 데생을 통해 표면을 읽어내고 조절한다면 색은 공간을 만들고 감정을 만들어 낸다. 칸딘스키(Kandinsky W.)는 "색을 통하여 영혼을 울리게 하며 사람의 가장 감각적인 부분을 건드릴 수 있다"고 말했다.

(3) 동양적 사고에서 색은, 『설문해자(說文解字)』에 의하면 "마음은 기(氣)에 달하고 기는 미간(眉間)에 나타나는데, 이것을 일러 '색(色)' 이라 한다(心達於氣 氣達於眉間 是之謂色)."고 하였다. '색(色)' 이란 곧 마음의 상태가 그대로 얼굴에 나타나는 현상이라고 한 것이다.[219)]

『논어(論語)』「학이편(學而篇)」에 나오는 '교언영색(巧言令色: 교묘한 말과 드러내는 안색)' 이나 「안연편(顔淵篇)」에 나오는 '찰언이관색(察言而觀色: 남의 말을 살피고 얼굴빛을 헤아림)' 에서의 '색' 도 모두 사람의 얼굴에 드러나는 표정과 관련되어 있다.

"화기(和氣)가 있는 자는 반드시 부드러운 빛이 있고, 부드러운 빛이 있는 자는 온순한 용모를 가진다(有和氣者 必有愉色 有愉色者 必有婉容)."(『예기(禮記)』「제의(祭義)」)라는 말에서 '색(色)' 은 '기색(氣色)' 즉, 마음의 작용으로 나타나는 얼굴빛을 말한 것이다. 동양에서의 '색' 은 마음의 작용과 깊은 관련이 있었다.[220)]

2) 간략한 서양 색 이론

(1) 뉴턴(Newton I.)은 1668년 반사망원경을 제작하여 천체 관측에 크게 공헌하였으며, 연구서 『빛과 색의 신이론』에 단색이 존재한다는 것과 굴절률 차이를 이용해 백색처럼 보이는 빛 속에도 7가지 색이 복합되어 있음을 밝혀내어 발표하였다.

---

219) 說文解字, 河龍得著, 韓國의 傳統色과 色彩心理, 明志出版社, 1989

220) 자료 출처 : 네이트 백과사전 http://100.nate.com/dicsearch/pentry.html?s=K&i=301 459&v=43

그리고 19세기 초에 이르러 독일의 화가 오토 룽게(Otto Runge P.)는 색입체를 고안해 내었으며, 20세기 초 먼셀(Munsell A. H.)은 색의 삼속성인 색상, 명도, 채도에 의한 색채나무를 통해 색을 질서 있게 배치하였다.

또한, 1909년 노벨상을 받은 수상한 오스트발트(Ostwald W.)는 색채학 저서를 통해 색채 이론을 정립한다. 그의 색상환은 실용적인 색 사용에 이바지하게 된다. 이후 이텐(Itten J.)은 화가의 경험과 직관을 통한 미학적 이론에 바탕을 두고 바우하우스[221]에서 활동하는 칸딘스키(Kandinsky W.)의 이론과 같은 성향의 이론인 색채가 자연의 객관적 특징을 나타내는 수단이 된다는 것을 설명한다. 특히 화가들이 자신만의 특정한 분위기를 묘사하기 위해 심리적 수단으로서 색채를 명암, 따뜻함과 차가움, 채도 등의 농담을 통하여 형태와 색에 의한 정신적 경험을 갖게 된다는 것을 강조하였다.

(2) 색의 속성

눈은 망막에 있는 간상세포와 원추세포를 통해 색을 느낀다. 눈에는 서로 다른 빛에 더 잘 반응하는 세 종류의 원추세포가 있다. 이들 원추세포는 각각 노랑~주황색, 녹색, 파랑의 파장에 가장 잘 반응하며 각각의 원추세포는 반응 정도에 단백질의 일종인 옵신을 분비하여 시신경을 자극한다. 이것이 색의 특성 중의 하나인 삼원색의 생리학적인 바탕이다. 삼원색은 가산혼합과 감산혼합에서 기본이 되는 색이다.[222] 삼원색과 각각의 보색을 혼합하면 회색을 얻을 수 있다.

색상환은 가시광선의 스펙트럼 색을 고리 형태로 연결하여 배열한 색의 도표를 말한다. 모든 색은 몇 가지의 기본 요소를 바탕으로 한 혼합으로 표현될 수 있다는 생각에서 출발한다. 색을 표시하는 체계를 C.I.E.(Commission Internationale de l'Eclairage)라고 하고, 색을 표현하는 기본 요소에 의해 표시할 수 있는 모든 색 중에서 대표적인 색을 고리 모양으로 연결하여 나타낸 것이 색상환이다.

---

221) 부록의 용어 해설을 참고하시오.

222) 자료 출처 : 위키피디아 백과사전
http://ko.wikipedia.org/wiki/%EC%82%BC%EC%9B%90%EC%83%89

3) 칸딘스키(Kandinsky W.)의 색 원리

(1) 칸딘스키의 색 이론

칸딘스키는 미술 작업에 의해 표현되는 형태라고 하는 것은 한 평면과 다른 평면의 한계에 불과한 외적 표시일 뿐이라고 말한다. 그리고 모든 형태는 내적인 것을 내부에 간직하고 있고 각 시대와 그것을 표현하는 사람에 따라 자신만의 표현, 자기 영혼에 공감하는 형태를 선택하게 되어 있음을 강조한다. 그리하여 한 사람이 그림을 그리는 크고 작은 모든 문제의 근본은 내적인 것에 따라 달라지게 되는 것으로서 작업하는 사람의 내적 가치가 외적으로 표현되어서 객관적인 저울을 통하여 그림에 대한 공감이 가능해진다고 한다. 그러면서 색은 모든 사람에게 대체로 비슷한 영향을 미치는 기본적인 가치를 가지고 있다고 말한다.

즉, 사람이 색을 경험하는 것은 먼저 순수한 물리적 작용을 통해서고, 눈에 들어온 색깔이 가진 다양한 형태의 느낌들은 사람 안의 정서와 심리적 경험으로 연쇄작용을 일으켜 개인적인 정서적 인상을 받게 된다고 한다. 특히 칸딘스키는 이렇게 색채가 독자적으로 존재한다는 것보다는 색을 위한 개성적인 특성과 다른 색과 구별되는 절대적 경계가 있어야 함을 강조한다.

그리고 칸딘스키는 색과 형태 사이에서 사람 안에 일어나는 울림을 '내적인 음향' 이라고 표현한다. 그리하여 색은 감수성이 그다지 발달하지 않은 영혼을 가진 경우는 순간적이고 피상적인 인상을 남길 뿐이지만 어떤 사람들에게는 연상작용을 통해 특별한 것을 이끌어낼 수 있게 한다. 즉, 색의 조화는 사람의 영혼을 합목적적으로 움직일 수 있는 법칙을 가지고 있다는 내적 필연성의 원칙을 강조하였다.

결국, 작업하는 사람의 문제는 형태를 어떻게 만들 것인가, 형태를 변경시킬 수 있는 자유가 어디까지인가 그리고 그다음은 형태를 어떠한 색으로 결합해야 하는 가로 연결된다. 물론 이것은 작업하는 사람의 자유이며 자신의 감정이 도달할 수 있는 최대의 거리까지 표현이 가능할 것이다.[223] 그리고 칸딘

223) 그러한 의미에서 보통 예술가들은 감정을 정화할 필요성을 느낀다. 예술가는 자신의 고유한 영혼을 빌어 공허하게 사라질 사물들을 맹목적으로 창조하는 것이 아니라 충분한 목적을 가지고 작업을 하게 된다. 예술은 자기 고유의 형식을 가진 사물과 영혼이 주고 받는 언어이기 때문이다.

스키는 색과 형태를 하나의 대상이라고 표현하면서 미술 작업을 하는 사람은 다음의 세 가지 방법으로 대상을 다룬다고 한다.

- 대상에서 색 작용
- 대상에서 형태 작용
- 색과 형태에 예속되지 않는 대상 자체의 작용

그러므로 진정 작업에 몰입하게 될 경우 이 세 가지를 어떻게 구사할 수 있는 능력을 개발할 것인가 고심하게 되며 또한 그 사이에서 자신의 고유성을 얼마나 표현할 수 있을 것인가 하는 것이다. 색에 대한 칸딘스키의 결론은 색 내부에 암시하여 존재하는 본질적인 정신을 외적으로 표현하여 개성적으로 특징지을 수 있는 것은 전적으로 작업하는 사람의 능력임을 강조하고 있다.

(2) 칸딘스키의 색채 작용

① 대립 I : 첫 번째 커다란 색의 대립으로 따뜻한 색/차가운 색, 밝은 색/어두운 색이 있다. 그리고 다시 따뜻하면서 동시에 밝거나 어두운 색조와 차가우면서 동시에 밝거나 어두운 경우로 다시 네 가지의 음향이 생겨날 수 있다. 따뜻함은 노란색의 경향, 차가움은 파랑으로 향하는 경향을 말하며 수평적 운동과 원심적 혹은 구심적 운동을 하는 데 정적이고 경직된 운동을 한다.

② 대립 II : 밝음과 어둠의 대립으로 흰색과 검은색의 저항적 운동과 원심적이며 구심적인 운동이 일어난다. 흰색은 모든 색이 사라진 세계의 상징으로 침묵적인 음향을 낸다. 검은색은 외적으로 가장 음향이 없는 색으로 검은색 위에서는 어떠한 다른 색일지라도 좀 더 강하고 명확한 음향을 낼 수 있다. 그러나 흰색 위에서는 거의 모든 색의 음향이 흐려지고 분해된다. 흰색과 검은색을 기술적으로 혼합하면 회색이 된다. 회색은 음향과 운동이 없다. 회색의 부동성은 초록의 부동성과 달라서 절망적인 부동성을 가지고 있다. 회색에 빨강이나 초록을 혼합하므로 새로운 긍정의 음향을 얻을 수 있다.

③ 대립 Ⅲ : 빨강과 초록의 대립이다. 원심적 운동과 구심적 운동이 완전히 없어지고 한 가지 운동만 일어난다. 빨간색은 활동적이고 동요하는 무한한 힘을 가지고 있다. 빨간색의 힘은 주로 내부에서 분출하고 작열하는 남성적으로 성숙한 색이다. 그리고 완전한 초록색은 존재하는 모든 색 중에서 가장 평온한 색이다. 초록색은 제1 대립인 노란색과 파란색을 혼합하여 가장 이상적인 균형을 이룬 색으로 원심운동이나 구심운동이 소멸하고 고요해진 상태를 말한다. 완전한 초록이 균형을 잃고 노랑이 상승하면 생기를 가진 색이 된다. 초록이 파랑 쪽으로 깊어지면 사색적인 음향을 갖게 된다.

④ 대립 Ⅳ : 주황과 보라의 보색 대립이다. 주황색은 빨강이 노랑에 의하여 생겨난 색이고 보라색은 빨강이 파랑에 의하여 생겨난 색이다. 보라색을 물리적이고 심리적인 의미로는 냉각한 빨간색이라고 한다. 빨간색을 노랑 혹은 파랑에 의해 만들어 내는 주황 혹은 보라는 결과적으로 안정되지 않은 상태, 불균형한 상태를 보여준다.

대립 I과 II. 심성 작용으로서의 내적 성격[224)]

I

따뜻함 — 노랑 | 차가움 — 파랑 | = 대립 I

두 가지 운동

1. 수평적

보는 사람 쪽으로 가깝게 감 (육체적)

보는 사람에게서 멀어져 감 (정신적)

2. 원심적 — 구심적

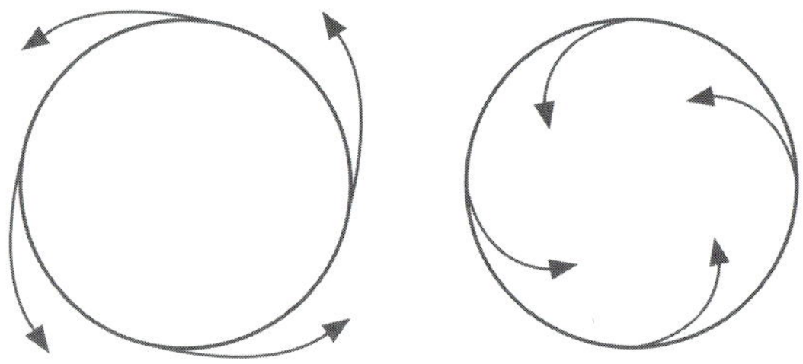

II

밝음 — 하양 | 어두움 — 검정 | = 대립 II

두 가지 운동

1. 저항적 운동

영원한 저항 가능성 있음 (탄생) — 하양 | 검정 — 절대적인 무저항 가능성 없음 (죽음)

2. 원심적 운동 — 구심적 운동

[그림 24] 칸딘스키 색채의 I, II 대립

224) 자료 출처 : 칸딘스키(Kandinsky W.), 권영필 역, 예술에 있어서 정신적인 것에 대하여: 칸딘스키 예술론(*Du Spirituel dans l'art et dans la peinture en particulier*, Paris, Flammarion, 1969), 서울: 열화당, 1979, p. 86.

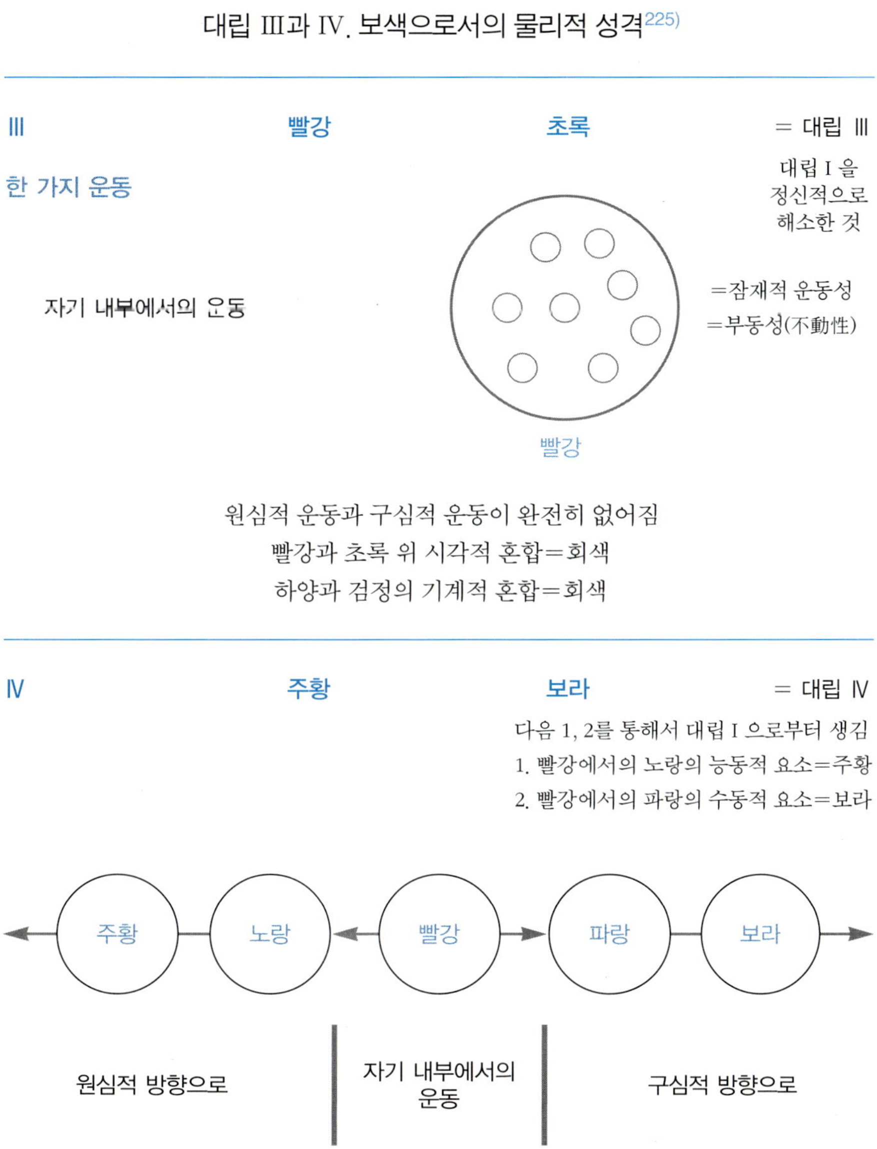

[그림 25] 칸딘스키 색채의 Ⅲ, Ⅳ 대립

225) 자료 출처 : 칸딘스키(Kandinsky W.), 권영필 역, 예술에 있어서 정신적인 것에 대하여: 칸딘스키 예술론(*Du Spirituel dans l'art et dans la peinture en particulier*, Paris, Flammarion, 1969), 서울: 열화당, 1979, p. 92.

21-2.

미술치료와 색

미술치료에서 치료라는 의미는 한 사람의 정신 안에 깊숙이 숨어 있는 자기 자신을 다시 찾는 것을 말하며 미술이라는 의미는 어떠한 형태로든 영혼의 치유를 위한 서비스로서 시각적 표현을 하는 것을 말한다. 미술치료실의 환자/내담자는 하얀 종이 위에다 자신 안에 들어 있는 감정, 생각, 불안들을 색으로 드러내게 된다. 그림을 그리고 나서 바라보는 것은 종이가 아니라 그 안의 어떤 색이다. 색을 통하여 직접 마음을 드러내게 한다기보다는 색은 잠재해 있는 추억과 단서를 통합하는 역할을 하게 되고 다양한 시각적인 창조 과정을 통해 자신의 부분들이 통합되어 새로운 힘을 갖게 되는 것을 말한다. 영혼 속에 외상으로 있는 분노, 폭력, 질투 등의 부정적인 감정은 말을 통해 다 표현될 수 있는 것과 정확한 감정을 표현할 것도 아니다. 물론 사람이 자신을 아프게 하는 것에서 멀리 있고자 하는 마음이 정상적이긴 하지만 음성적인 단어들은 어떠한 경우는 이 감정들로 인해 본래 말하려고 했던 목적의 핵심에서 더 멀리 혹은 다른 곳에 가 있게 되는 경우도 있기 때문이다.

말로 표현하게 되면 방어기제[226]를 많이 사용할 수 있고 혹은 아픔을 해결하지 못하는 부작용으로 약물을 사용하여야 하거나, 침묵하게 되거나, 알코올 등의 환각적 방법을 통하여 자신의 정서적 불안, 장애물 등의 아픔들에서 벗어나려고 하게도 된다. 마음의 상처 또한 신체에 생긴 상처만큼 깨끗하게 소독하여 적당한 환기를 통하여 가능하면 흔적을 남기지 않고 치료하여야 한다. 단지 마음의 상처는 밖으로 드러내는 표현 과정을 필요로 한다.

1) 미술치료에서 색의 역할

미술치료 환자/내담자는 색으로 가장 순수한 감정 표현을 드러낼 수 있다. 색이 말로 대변되지 않는 감정들을 가장 직설적이고 빠르게 표현한다는 것은

226) 부록의 용어 해설을 참고하시오.

많은 경우의 일상 표현에서도 엿볼 수 있다. "하늘이 노랗게 변하는 줄 알았다."와 같은 표현은 색을 사용한 표현 방식의 대표적인 예이다. 언어와 문화에 따라 색의 의미는 서로 다를 수 있다는 것을 전제로 하고서도 천 마디의 말보다 색을 사용한 표현이 더 강하고 정확하며 빠르게 감정을 전달한다.

게랑(Gérin M.)[227]은 색이 지그재그, 수평, 수직, 곡선, 직선 등의 형태를 가지고 붓, 색연필, 사인펜 등의 서로 다른 도구를 이용하여 움직이는 동안 표현하고자 하는 개인적인 이야기가 탄생하게 된다고 말한다. 그리고 각자가 창조하고 있는 이미지와 관계하여 작업 안으로 다시 들어가는 순간 한 발 더 나간 시각적인 대화를 하게 된다. 그 속에서 또 새로운 형태로부터 영향을 받아 문제를 새롭게 조명하여 볼 기회를 얻게 된다고 말한다.

특히 색을 통한 시각 언어는 색이 포함하고 있는 상징성에 힘입어 의식 속의 저항 과정을 뛰어넘어 치료의 변형에 도달하기 위한 통찰력에 힘을 실어 준다. '나는 그림을 그릴 줄 모른다.' 고 하는 미술치료실의 아주 많은 환자/내담자에게 '색' 만을 사용한 표현을 통해 자신의 미술적 능력을 개발하면서 자신을 이해할 수 있는 수단으로 사용할 수 있다. 기본적으로는 자신의 새로운 능력의 발견으로 그리고 미술치료 회기를 더해 갈수록 깊은 곳에 감추어져 있던 기쁨을 찾게 되며 또한 자신을 드러내는 능력을 알아낼 수 있게 된다. 그러므로 결과적으로 자신의 가치를 찾아갈 수 있는 성장의 틀을 마련하게 되는 것이다. 미술치료에서 강조하는 창의력은 미술치료 환자/내담자가 시간이 지나면서 자신의 삶을 발전시킬 수 있다는 가능성에 대해 믿음을 갖는 것이 무엇보다 중요하다.

2) 미술치료에서 색의 의미 읽기

미술치료에서 자주 접하게 되는 '우리 아이는 검은색으로만 그림을 그려요.', '검은색으로만 그리는 아이의 심리 상태는 무엇을 말하는 것인가요?' 등의 질문에 미술치료사는 각자의 수련 과정과 성향에 따라 답을 달리하게 될 것이다. 또한, 색이 상징하는 바는 각각의 문화와 언어에 따라 다르며 어느 문

227) 게랑(Gérin M.), ATPQ, 미국과 캐나다 퀘백 미술치료사(Massachussetts et membre de l'Association des art-thérapeutes du Québec).

화에서나 각각의 색이 가지는 고유한 상징성이 따로 있을 수 있기도 하다.[228) 무엇보다 미술치료사는 환자/내담자와의 미술치료적 관계에서 작품을 통해 보여주는 색에 거리를 두고 바라볼 수 있어야 한다.

어린이 미술치료나 노인 미술치료에서는 두 가지 색을 혼합하여 새로운 색이 만드는 과정만으로도 창조적이며 놀이적인 활동이 될 수 있어서 그들이 원하는 새로운 창조적 원동력을 만들어 줄 수 있다. 도구를 사용하지 않고 손과 발 등에 직접 물감을 사용하여 어린이의 촉각을 색에 더해서 스스로 작업에 빠져들어갈 수 있게 한다. 또한, 미술치료사는 색의 의미 읽기에 집중하는 것보다 어린이가 색과 함께 다양한 감각을 사용하여 카타르시스[229)]뿐만 아니라 자신을 가장 자신답다고 느낄 수 있도록 표현하고 한 발 더 앞으로 나아갈 길을 찾도록 안내하여야 할 것이다. 미술치료사는 색이 의미하는 바를 읽는 것보다 색을 통해 환자/내담자가 자신의 창조성을 찾아가는 마음의 여행에 동반하는 역할을 해야 한다.

3) 미술치료의 색 사용

미술치료사는 색 사용의 가능성을 다양한 방법으로 연구할 수 있다. 색을 만들 수 있는 재료도 아주 다양하며 각각의 재료들을 혼합하여 사용하는 방법도 그에 따라 아주 다양할 수 있고, 어떤 표면에 사용하는가에 따라 느낌을 달리할 수 있을 것이다. 재료의 성향에 따라, 색이 마르는 정도에 따라, 색을 덧칠하거나 표면 위에서 다시 섞거나 하는 방법을 사용할 수 있다. 채도와 명도를 달리하거나 보색을 사용하여 시각적인 변화를 시도하거나 톤을 달리하는 방법도 있다.

---

228) 중국이나 한국과 같은 동양에서는 흰색이 오랫동안 상복을 의미하는 색이었고 서양에서는 검정색이 상복으로 사용된다.

229) 부록의 용어 해설을 참조하시오.

미술치료에서 물감을 이용하는 것뿐만 아니라 분장이나 콜라주와 같은 표현으로 색을 사용하는 방법이 있다. 마스크나 분장을 통해 전혀 새로운 인물을 표현하거나 다른 형태로 전환할 수도 있다. 콜라주는 색의 변화 과정을 경험하게 할 수 있으며 색상환을 만들어 가는 과정들은 색조를 느끼면서 동시에 판단해 가는 과정이어서 미술치료 환자/내담자 중에 미술의 기술적인 발전이 있어야 할 때 데생의 거부감을 줄이고 자연스럽게 창조적인 활동이 가능해진다.

또한, 보편적인 상징성을 이용해 색만을 사용하는 집단 미술치료를 진행할 수도 있다. 몇 가지 색만으로 제한하거나 단지 한 가지 혹은 두 가지 색 등으로 색 사용을 제한하는 방법이다. 집단원들 각자의 선택이 집단 전체의 선택이 될 때까지 대단히 많은 과제를 넘어가야 한다. 각 단계를 넘어가는 과정에서 각자가 선택한 색의 이유, 그것을 인정하거나 부정하는 집단원들의 반응 등 수많은 혼돈과 집단원 사이에서 일어나는 현상만으로도 치료의 다양한 면을 접할 수 있다.

노인 미술치료에서도 미술 작업에 부담감을 주지 않고 색만으로 단순한 자신들의 움직임으로 자극을 낼 수 있어서 자주 사용된다. 그러면서 색 하나를 선택하더라도 그 색이 가진 아주 개인적인 의미를 부여하면서 말을 대신하여 자신만의 이야기를 만들어 내게 된다. 이러한 노인들의 작업은 색을 통한 몸의 움직임으로 몸과 마음의 음향을 전달한다. 노인들의 색 작업은 작은 점과 같은 종이 위의 짧은 산책으로부터 시작하여 팔레트 위에서 색들을 섞게 되는 긴 여행으로 이어질 수 있다.

〉〉 참고문헌

루돌프 슈타이너(Steiner R.) (2000). 색채의 본질. 양억관, 타카하시 이와오 역. 서울: 물병자리.

르네 위그(Huyghe R.) (1997). 예술과 영혼(*L'art et L'âme*). 김화영 역. 서울: 열화당.

볼프강 괴테(Goethe W.) (2003). 색채론(*Zur Farbenlehre - Traité des couleurs*). 장희창, 권오상 역. 서울: 민음사.

요하네스 이텐(Itten J.) (1976). 색채의 예술(*Art de la couleur*). 김수석 역. 서울: 지구문화사.

칸딘스키(Kandinsky W.) (1979). 예술에 있어서 정신적인 것에 대하여: 칸딘스키 예술론(*Du Spirituel dans l'art et dans la peinture en particulier*). 권영필 역. 서울: 열화당.

Chevalier J. & Gheerbrant A. (1977). *Dictionnaire des symboles: mythes, rêves, coutumes, gestes, formes, figures, couleurs, nombres*, 6e éd. Paris: Seghers.

Klee P. (1973). *Ecrits sur l'art.* Paris: Dessain & Tolra.

Pastoureau M. (1992). *Dictionnaire des couleurs de notre temps: symbolique et société* (Images et symboles). Paris: Bonneton.

Rodriguez J. & Troll G. (1995). *L'Art-thérapie: Pratiques, techniques et concepts.* Paris: Editions Ellébore, Collection Thesus.

22장 흙

미술치료에서 흙은 가장 기초적인 재료로 사용된다. 다양한 방법으로 작업할 수 있으며, 작업 도중 원한다면 처음으로 돌아가서 다시 시작할 수도 있다거나 흙을 구워내어 마무리한 단계에서 또 다른 새로운 효과를 얻는다는 특징이 있기 때문이다. 흙을 다룬다는 것은 마치 한 사람과 한 사람의 직접적인 만남과도 같다. 즉, 흙과 관계하는 것은 지나친 힘을 사용하는 것보다 흙마다 그 성격에 적절한 대응관계를 필요로 하는 것으로 흙을 다루는 사람은 무엇보다 먼저 자신 스스로와 적절한 조화를 갖도록 노력하지 않으면 안 된다.

그러나 무엇보다도 흙과의 관계에서 모든 사람은 흙으로부터 나서 흙으로 돌아간다는 진리에서 멀어질 수 없다는 것일 것이다.

22-1.

흙과 미술치료

1) 흙의 미술치료적 요소

(1) 사람과 흙의 관계

사람과 흙의 관계는 발을 딛고 사는 자연이라는 것으로부터 출발한다. 흙은 그 위치한 자연마다 서로 다른 기온, 풍경, 문화를 가지고 있다. 흙은 살아 있는 그리고 감각적인 재료로서 만지는 사람의 체온을 아주 빠르게 받아들인다. 그러므로 무엇보다 흙으로 미술치료 작업을 한다는 것은 흙과 환자/내담자가 얼마나 자연과 가까운 조화를 이룰 수 있는지가 목표가 될 것이다. 대지미술(Land Art)[230]이 대표적으로 이러한 관점을 가지고 작업한 미술 경향이다.

미술치료에서 흙은 만지는 행위는 흙의 성격인 단단함과 부드러움을 동시에 활용하여 두 가지 양면적 특징을 변증법적으로 발달시켜서 흙에 하나의 형태를 주어 결과를 얻는 활동이기 때문에 치료가 가능해진다. 흙을 만지는 동안 흙이 가지는 단단한 저항을 부드럽게 만져서 새로운 형태가 나오게 다루는 과정을 통한 오고 감이 치료 중재를 가능하게 한다.

(2) 손과 반죽

원하는 형태가 만들어진다는 것은 흙을 만지는 사람이 지나치게 부드럽거나 지나치게 단단하지 않게 손으로 잘 조절하였음을 말한다. 손을 통하여 강함과 부드러움이 자연스런 통합을 이루어 균형을 갖는 조화로운 힘을 얻게 된

---

230) 부록의 용어 해설을 참고하시오.
데이비드 헨리(Henley D.)의 『점토를 통한 미술치료』(*Clayworks in Art Therapy*)를 통해 대지미술을 이용하는 흙 미술치료 사례를 살필 수 있다.
또한 대지미술 작가로서 1968년 일본의 노부오 세키네(Nobuo Sekine)의 Phase-Mother Earth(位相-大地)는 자연과 작품을 통하여 사람의 정신을 표현한 대표적인 사례이며 1968년 미국의 데니스 오펜하임(Dennis Oppenheim), 1969년 마이클 하이저(Michael Heizer) 등이 자연과 예술을 통해 자연이 사람들의 문화에 가장 기본적인 요소임을 이야기하기 시작하였다.

다. 특히 흙은 살아 있는 재료로서 사람의 손을 사용하여 하나의 형태로 만들어졌을 때 마치 새로운 또 하나의 신체기관이 만들어진 것 같은 놀라운 느낌을 준다. 그리고 자신이 조절한 힘의 자국으로 만들어지는 새로운 형태는, 흙을 조절한 사람에게 자신의 안과 밖을 중재한 사람으로서 적절한 소통의 임무를 수행한 결과를 얻게 되었다는 것을 말하게 된다. 또한, 흙은 반죽하는 동안은 부드럽지만 열을 가해 굽게 되면 단단한 성질로 변한다. 또 한번 이러한 결과를 통하여 흙에 실재하는 존재감을 준 것에 대해 얻게 되는 기쁨과 만족을 통해 흙 미술치료가 그 기능을 하는 것이다.

(3) 물레

미술치료실에서 흙을 다루기 위하여 기초적으로는 아무런 도구를 사용하지 않을 수도 있지만, 치료적 과정이 더 진행되기 위해서는 물레를 사용하게 된다. 물레는 중심을 잡는 것에서부터 손과 발을 동시에 사용하기까지 다양한 단계의 힘 조절이 필요하다. 흙을 손으로 다루면서 동시에 발을 이용해 속도를 조절하는 경우도 있고, 손으로 물레를 직접 돌리는 간단한 방법까지 가능하다. 흙 전문 미술치료실이 아니라면 보통은 작은 손 물레를 사용할 것이다.

물레를 사용하여 처음 작업하는 사람은 지나치게 강한 힘을 주어 흙을 다룬다기보다 흙에 오히려 말려 들어가는 인상을 받는다. 힘을 강력하게 사용하는 것이 흙을 다루는 것이 아니라는 것을 알게 되는 것은 결과적으로 흙을 통하여 원하는 형태를 만들지 못했을 때부터일 것이다. 시간과 함께 지나친 힘주기에서 자신을 자유롭게 할 때, 흙과 자신을 동시에 인정할 때, 자기 자신과 흙, 재료와 자신 안에서 일어나는 진동의 오고 감을 통한 대화가 가능할 때 흙 미술치료의 결과를 기대할 수 있다.

(4) 상상 투사

흙은 미술치료 환자/내담자와 그의 행위 사이를 연결하는 고리이며 동시에 그 행위가 일어나는 공간이다. 흙은 환자/내담자의 건설적인 상상의 세계일 수도 혹은 퇴행적인 상상일 수도 있으며 그의 내부를 외부로 설명해 낸 것이 된다. 결과적으로 흙 위에 나타난 자국은 자신을 다시 돌아보고 그것을 다시 조절할 수 있는 있는 능력을 갖추게 한다. 이 흔적 만들기 놀이는 흙을 다루거나 그 이상으로 조절할 수 있는 능력만을 말하는 것이 아니라 작업의 퇴행을 포함해서이다. 다시 말해, 흙 미술치료 놀이에서는 환자/내담자의 가장 원초적인 무의식 속의 형태를 드러내게 할 수 있는 특징을 갖고 있기 때문이다. 그러면서 무의식이 손이라는 의식적인 방법을 빌려 태어나므로 해서 또 하나의 새로운 사고의 모태가 된다. 이 놀이는 위니코트(Winnicott D.W.)가 말하는 기쁨을 통한 치료적 결과를 갖기까지의 중재 공간으로서 무한한 것이 잠재된 영역이라고 말할 수 있다. 흙은 자신 내부도 아니고 외부 세계의 소속도 아닌 승화의 기능을 갖는 연습 공간이다.

(5) 흙 미술치료사

흙을 재료로 사용하는 미술치료에서 미술치료사의 역할은 환자/내담자가 흙을 통해 자신을 만나는 과정을 좀 더 원활하게 가능해지도록 하는 동맹자이다. 미술치료사는 환자/내담자가 흙과 훌륭한 이중적인 관계를 갖도록 제 삼의 손의 역할을 하게 된다. 미술치료사는 아직 형태를 보이지 못한 흙이 형태를 갖출 수 있도록 돕고, 형태에 나타난 의미를 읽고, 그 의미와 환자/내담자가 상호관계할 수 있도록 돕는다. 흙을 다루며 작업하는 경험 내내 환자/내담자의 환상이 현실 속으로 형태를 통해 의미를 가질 수 있게 하는 것이다.

그러므로 흙 미술치료사는;

- 환자/내담자가 독립적이고 개인적인 작업을 하도록 침묵하는 동반자로 함께 한다.
- 흙의 특성인 사계절에서 서로 다른 느낌, 치료 작업의 순환, 선회 지점 등의 리듬을 조절한다.
- 물, 흙, 공기와 불의 4요소를 자유롭게 현실적으로 사용할 수 있는 기술을 가지고 있어야 한다.
- 흙 미술치료는 비교적 긴 시간이 필요하므로 흙 미술치료사 스스로에게도 더욱 많은 인내가 요구된다.
- 흙 도구와 재료를 바르게 사용할 수 있으려면 규칙을 정확하게 정하고 일관성을 가지고 지켜 가야 한다.
- 환자/내담자가 실패하거나 성공적이지 않은 작품도 인정할 수 있도록 도울 수 있는 준비를 하여야 한다.

- 모든 다른 재료를 사용할 때와 마찬가지로 흙을 사용하는 미술치료사도 자신의 작업 성향이 환자/내담자의 작업에 미칠 수 있는 영향에 대해 바람직한 거리를 유지할 수 있도록 해야 한다.

2) 흙 미술치료의 성격

(1) 흙을 통해 즐거운 경험을 갖도록 초대한다.

흙은 접촉하는 순간부터 새로운 것을 발견한다는 즐거움을 느낄 수 있다. 아주 작은 기쁨과 만족이지만 끊임없이 발전해 나갈 것이라는 욕구를 갖고 작업에 대한 흥미를 갖게 될 것이다. 흙은 끊임없이 변화시킬 수 있어서 무한한 잠재 가능성을 향해 작업의 흥미를 이끌 수 있다. 이러한 창조성과 표현을 향한 출발의 기쁨은 위니코트(Winnicott D.W.)와 비온(Bion W.R.) 그리고 클라인(Klein M.) 이후의 대상관계 정신분석학자들에게서 살펴볼 수 있는 바와 같이 놀이적인 활동이기 때문이다.

그러나 시각적인 오브제 하나를 만들어 내서 기쁨을 느끼는 것을 말하는 것이 아니다. 환자/내담자의 강렬한 개성이 드러나고 생동감 있는 역동성이 묻어나는 작업이 되어 가도록 해야 한다. 역동성이란 흙으로 가장 자신을 느낄 만한, 가장 자신과 비슷한, 가장 자신의 신체를 반영한 그리고 자기 생각을 가장 많이 포함시켜서 그러한 것들이 서로 잘 어울려 그대로 드러나도록 돕는 것을 말한다. 이를 위해서 가장 필요한 것은 흙 미술치료사가 도구와 흙에 대해 바르고 익숙한 기술을 습득하고 있어야 한다. 특히 흙을 사용할 때의 한계와 가능성을 포함해서 실패하지 않고 극복하는 방법을 미리 알고 준비하여야 하고 자신에 대해 믿음을 잃지 않도록 지켜 줄 수 있어야 한다.

(2) 흙 작업의 언어 중재는 특별한 주의해야 한다.

흙 작업에는 흙을 만지는 순간부터 작업이 마무리될 때까지 기술적인 도움을 위한 중재를 위해 언어를 많이 사용하게 된다. 이 중재의 말들은 가장 중립적이 되도록 해야 한다. 현재 진행 작업이 어떻게 발전해 갈 것이지, 어떻게 가야 하는지를 현명하게 언어적으로 동반하되 작품을 질적으로 평하는 것에 특히 중용적인 표현들이 필요한 재료이다.

헨리(Henley D.)는 내담자들의 작품에 공감과 지지, 성찰, 이해를 장려하는 언어 표현을 하도록 권한다. 주의를 기울여 말을 한다는 것은 작업이 진행되는 동안 미술치료사의 말뿐만 아니라 작품 자체를 통해 전달하고자 하는 말을 잘 알아듣는 것으로부터 그리고 환자/내담자가 자신이 다루고 있는 흙과 어떠한 관계를 유지하고 있는지를 느끼는 것으로부터 시작한다.

(3) 흙 작업은 공간감과 신체를 사용한다.

흙 작업은 입체감을 사용하는 공간적인 성격을 가지고 있다. 즉 데생이나 그림처럼 평면 작업이 아닌 입체감, 고형성, 형상을 가지고 삼차원 공간에서 표현되므로 만질 수 있고 무게감이 있는 작품을 만들 수 있다.

그러므로 시각적인 다른 미술 활동 중에서 흙의 커다란 특징은 촉각적인 것과 동시에 '신체가 재료적'[231] 성향을 띤다는 것이다. 다시 말해, 환자/내담자가 흙을 중심에 두고 다루기 위해 그 주변을 돌 수 있다는 것은 환자/내담자의 신체가 공간의 정면, 옆면, 뒷면 등에 위치하면서 삼차원의 공간을 만나는 것이다.

또 흙 작업 미술치료실 공간 안에서 미술치료사의 신체와 환자/내담자의 신체가 위치하는 것에 민감한 주의를 필요로 한다. 보통 옆에 있게 될 때는 지지한다는 의미에서 균형을 이루는 자리가 될 것이며, 앞에 마주 보고 있을 경우는 마치 거울 같은 역할을 하게 될 수 있다. 이 경우는 환자의 활동에 직접 참여하게 되므로 투사와 재투사를 더 강하게 할 수 있다. 그리고 미술치료사가 환자/내담자에게 보여지는 자리에 위치한다는 것은 작업을 방해하는 것일 수도, 안심시키는 것일 수도, 작품의 가치를 높이도록 도움이 될 수도 있다. 환자/내담자의 뒤에서 물레를 함께 돌리게 되는 경우 같은 것은 아주 예민한 문제를 요구한다. 작업의 진행을 가장 감싸는 보호하는 자리이지만 조심해야 하는 자리이기도 하다. 흙 미술치료사는 각 순간에 어떤 위치에 자리할 것인지 늘 자문해야 한다.

231) 바이로-코로차노(Bayro-Corrochano F.), 정신분석학자이며 조각가. 파리7대학 미술치료 과정 담당 교수이기도 하다. De la terre en thérapie in Revue Art et Thérapie N° 66/67, 1999.

이와 같은 이유로 흙은 노인 환자/내담자를 대상으로 진행될 수 있는 좋은 미술치료 재료이다. 노인들이 자신들의 사회적인 정체성을 잃어 버리고 자신 안으로 움츠러들려고 하는 경향이 많지만 입체적인 흙 작품을 통해 자신 이외의 세상을 만날 수 있으며 미술치료사라는 또 다른 신체를 가까이에서 만난다는 특징이 있기 때문이다.

22-2.
흙 미술치료 방법

1) 흙 미술치료 과정

(1) 흙과 물레 사이에서 신체 조절하기

흙을 사용하는 미술치료는 다른 어떤 재료들에 비해서 공간적이며 시간적 과정이라는 강한 성격을 가지고 있다. 동시에 흙은 감각적인 촉각과 더불어 손의 피부라는 신체 기관이 관계 형성하는 구조로 되어 있다.

이 구조 속에서 신체와 정신의 관계를 느낄 수 있게 된다. 피부는 단지 가죽으로 신체 내부를 담는 포장의 역할만이 아니고 사람이 공간 속에서 위치라는 위상을 가지게 하며, 한 장소의 상황을 알 수 있는 지도처럼 안과 밖의 경계를 알게 하고, 더 나아가 그 관계를 원활하게 하는 조절 역할을 한다. 그러므로 피부는 살아 있는 흔적의 장소이며 행위를 하는 주체이다. 또한, 촉각은 단순하게 신경생리학적인 감각이 일어나는 곳이기 이전에 어머니와 첫 번째 만남에서부터 일깨워진 감각이라는 사실은 대상관계 이론가들이 강조하는 바와 같다.

다음은 직접적인 행위로 흙과 물레를 함께 사용하기 위해서 신체와 정신이 적절한 조화를 이루도록 노력해야 한다. 미술치료는 환자/내담자의 증세에 관심을 두는 활동 이전에 환자/내담자 개인의 유일성에 관심을 두는 활동이기 때문이다. 그것은 미술치료가 예술적인 관심으로부터 출발하는 이유이며 환자/내담자의 내부에 있는 창조성과 변형 가능성을 활동의 원천으로 두고 있다는 것이다. 그러므로 흙을 물레 위에서 돌리는 행위는 자아 속의 무엇인가를 밖으로 들추어내기보다는 개인의 발전을 위한 것으로 독창적인 표현을 통해 새로운 형태로 발달시키는 행위이어야 한다. 그렇게 될 때 환자/내담자는 자신의 길을 자신의 의지로 발전된 방향으로 조금씩 진전해 갈 것이라는 의지를 만들 수 있게 된다.

(2) 심리적인 울림을 느끼기

물레와 흙 사이에서 환자/내담자가 손을 통하여 심리적인 울림을 갖기 시작한다는 것을 앙지유(Anzieu D.)[232]의 이론을 통해서 이해할 수 있다. 정신은 신체적인 행위를 통해 완성되는데 그 과정은;

- 신체를 가지고 살아온 흔적을 간직한 신체 단계
- 신체를 가지고 있음을 포착하고 인식한 단계
- 논리적인 체계를 이루어 포착한 것을 자신의 것으로 완성하는 단계

의 세 과정을 거치게 된다고 한다.

신체는 태어나면서부터 리비도적 애정 대상들과 인식을 통한 대상들 사이에서 혼돈을 갖게 된다. 신체는 이 사이에서 감각, 정서, 행위 등의 서로 다른 측면의 울림을 통한 느낌을 통합하는 것이다. 그러면서 정신적으로 자신만의 독특한 생각을 하게 되어 행동적이고 능동적으로 의식의 피부(무아포, moi-peau)를 만들게 된다. '무아포' 의 상징적인 수용 기능은;

- 능동적으로 외부로부터 감싸는 보호 기능
- 반은 외부와 반은 내부와 공통분모를 이루는 중재 기능
- 내부를 감싸는 자기애적인 기능을 갖게 된다.

흙 미술치료 작업 동안 환자/내담자는 무엇보다 먼저 자신과의 혼돈을 겪게 된다. 이 혼돈 속의 문제란 직접 해결할 단서들을 만나는 것이라기보다는 작업 과정 내내 흙을 통하여 만들고 있는 형태를 다루면서 작업에서 해결되어야 하는 문제들을 말하는 것으로 결국은 삶처럼 다가온 시련을 뛰어넘어야 한다. 흙 미술치료의 창작 행위를 통해 환자/내담자는 창조하는 주체로서 삶의 문제

232) 제13장 〈미술치료와 신체〉를 참고하시오. 앙지유(Anzieu D.)는 프랑스의 철학자이며 라가쉬(Lagache D.)의 제자로서 라캉(Lacan J.)의 정신분석 이론을 기본으로 하는 정신분석학자이다.

에 대해서도 변형하고자 하는 깊은 의지를 갖게 된다. 그리하여 창조자로서 자신 스스로 자신만의 은밀한 신화를 만드는 심리적인 울림을 경험하는 동안 미술이 치료로서 기능을 하는 것이다.

흙 미술치료는 내부에 있는 어떤 문제를 밝혀내고 혼돈을 없애는 것이 아니라 변화하는 형식과 과정을 말한다. 미술치료의 다양한 중재들 중에서도 자신만의 이야기를 완성하는 단계까지 아주 여러 번의 반복을 가능하게 하는 작업이 흙 미술치료의 큰 특징이다.

(3) 형태 만들기에 익숙하기

다음 단계는 작품의 형태에 따라 환자/내담자 개인이 심리적 변형을 갖게 되는 과정이다. 수많은 과정을 거치다가 드디어 어느 순간부터 형태가 변화하지 않고 반복하여 만족스러운 결과를 보이게 되면 환자/내담자의 삶의 흔적의 의미도 같은 결과로 이해된다. 결과물을 바라볼 때 새로운 시각으로 새로운 주의를 끌게 되면 그것을 통해 새로운 삶의 의미도 찾을 수 있다.

크래머(Kramer E.)[233]도 작업하는 사람의 내적 진실을 느낄 수 있는 효율적인 수단은 창조된 작품의 형태나 표현의 질적 가치에 의한다는 것을 강조한다. 환자/내담자는 새롭게 보여진 형태를 통해 아직 도달하지 못한 새로운 변화에 대한 환상을 갖게 되고 조금 더 새로워질 앞으로의 삶을 인정하고 기대하게 된다. 현실적으로 자신이 상상했던 것과 결과적으로 형상화된 것의 차이를 살피고 아직 이루지 못한 것 혹은 해결하지 못한 것을 통해서 자신에게 가장 합당한 발전 가능성이 있는 요소들을 찾아가는 과정이 미술치료인 것이다.

2) 흙 미술치료 활용

(1) 흙을 통하여 신체 상징화하기

① 자신의 신체를 재표현해 보는 활동이 가능하다.

— 환자/내담자 개인의 이야기와 관련되거나 아니면 다른 상황을 가지고 다양한 형태의 신체를 표현해 본다.

233) 크래머(Kramer E.), *Art As Therapy With Children*, New York, NY: Schocken Books, 1971.

– 누드로 신체를 재표현하여 본다; 아동들의 경우는 접근을 좀 더 다르게 하여야 한다.
– 흙으로 정면만을 표현하는 자화상 제작을 제안할 수 있다.

② 작업한 대상들을 물에 넣어 다시 흙으로 환원하기가 가능하다.
– 일정의 작품들을 물통에 잠가서 형태가 다시 없어지는 과정을 경험하는 것은 환자/내담자가 그 대상에게 갖고 있던 본래의 감정으로부터 '적당한 거리' [234]를 두고 살펴볼 수 있도록 한다.
– 환자/내담자는 흙 활동의 영향으로 마치 돋보기를 통하여 자신을 아주 자세히 볼 수 있는 결과를 갖기도 하는데 꿈속에서처럼 자신을 천천히 해체하여 볼 수도, 말로 표현하지 않은 채 침묵 속에서 자신을 바라볼 가능성을 갖게 되고 객관적으로 볼 수 있다.

③ 작업한 신체를 신화적인 요소를 동원해 극화하여 본다.
– 흙 미술치료의 마지막 단계에 다다랐을 경우 커다란 테이블 위에 지금까지 작업한 것을 가지고 주제가 같은 것끼리 모은다든가, 작품 간에 서로 관계를 형성시키고 거기에 목소리를 더한 극적인 표현을 통하여 이야기를 만들면서 자신의 이야기를 신화적으로 다시 구성해 볼 수 있다.

(2) 자연과 함께하는 미술치료[235]

① 흙과 함께 자연을 재료로 미술치료에 이용할 수 있다.
– 자연물을 이용하는 것은 창조 과정과 재료를 미술치료사나 환자/내담자가 의도를 가지고 준비한 것이 아닌 물질문화 밖에 존재하는 자연 그대로의 재료를 가지고 작업하는 것이다.
– 자연물은 살아 있는 요소를 가지고 작업하는 것이다.

---

234) 도날드 위니코트(Winnicott D.W.), 놀이와 현실(*Playing and Reality*), 이재훈 역, 서울: 한국심리치료 연구소, 1971.

235) 스티틀만(Stitelmann J.), 스위스 심리학자, 심리치료사, 미술치료사, 미술이론가. Le Land Art dans l'interface arts et Thérapies, in *Journal de l'Araet*, No 4, Genève, 1997.

② 자연환경과 자신의 내부를 연결하는 창조 경험이 가능하다.

- 가능하면 도시를 떠나 자연 속에서 걷고 호흡하며 자신의 심장 소리를 느끼는 신체적인 활동이 필요하다.
- 손으로 직접 자연물을 만지거나, 몸이 더럽히거나, 피부를 거칠게 하면서 자연에 동화한다.
- 주의해서 바라보고, 느끼고, 냄새 맡고, 맛을 보고, 자연의 소리를 들이 보기 위하여 부동의 자세를 취할 수도 있다.
- 자연 속에서 가능한 자신을 잊어버리고 자연의 한 요소로서 자연물처럼 되어 봄으로 자신과 거리를 두는 경험이 가능하다.
- 작품의 완성 또한 다시 자연으로 돌아가게 함으로 이러한 경험은 환자/내담자 자신의 일시적인 삶의 순환과 비교하여 어느 정도 두려움을 덜 수 있게 되므로 자신의 신체적, 정신적 정체감을 느낄 수 있게 된다.
- 미술치료실 안의 작품은 다른 사람에게 보여지지 않는 은밀함이 특징이라면 자연과 함께하는 미술치료 작품은 다른 사람들에게 보여질 수 있다.

이러한 신체로만 해 보는 경험, 자신의 신체 기관과 얼굴과 피부를 통해 세상을 받아들이는 미술 활동들은 환자/내담자의 병리적 문제들을 흔들어서 단호한 것 같은 자기 자신을 부드럽게 변형시킬 수 있게 한다. 편집적인 사고에서 조금씩 멀어져서 새로운 사고, 새로운 행동 태도, 유동적 사고를 할 수 있게 된다.

〉〉 참고문헌

데이비드 헨리(Henley D.) (2005). 점토를 통한 미술치료(*Clayworks in Art Therapy*). 김선현 역. 서울: 이론과 실천.

도날드 위니코트(Winnicott D.W.) (1971). 놀이와 현실(*Paying and Reality*). 이재훈 역. 서울: 한국심리치료 연구소.

Anzieu D. (1995). *Le Moi-peau.* Paris: Dunod.

Anzieu D. & Chabert C. (2004). *Les méthodes projectives.* Paris: Quadrige, Presses Universitaires de France.

Revue Art et Thérapie N°66/67 (1999). *Terre, De la matière argile à l'appartenance à la terre.* Blois: Institut National d'expression, de création et de l'Art et Transformation.

Bachelard G. (1947). *La terre et les rêveries de la volonté.* Paris: José Corti.

Klein J.-P. (1997). *L'art-thérapie.* Que sais-je? N° 3137. Paris: Presses Universitaires de France.

23장 사진

포토그래피(photography)라는 단어는 그리스어 어원 'phos' 즉, '빛'과 'graphos'라는 '그리다'가 합성이 된 말로 '빛으로 그린다.'는 뜻이 있다. 한국에서 사진(寫眞)이라고 표현하는 것은 '사실 그대로를 베껴 낸 그림'이라는 의미가 있다.

현대 미술치료에서 사진은 사진기와 그 부속 재료인 도구 사용이라는 아주 유용한 메커니즘을 활용하는 중재 활동이다. 특히 오늘날 사진 미술치료는 도구 사용의 측면에서 활용가치가 커지고 발달하고 있다. 이는 사진기뿐만 아니라 개인 스마트 전화나 디지털 사진기의 보급, 인터넷의 발달 등으로 누구나 사진을 자주 접할 수 있어서 사진 미술치료 접근 방법이 다양하고 원활하기 때문이다.

23-1. 사진과 미술

화가 레오나르도 다 빈치(Leonardo da Vinci)는 그림을 정확하게 그리기 위해 어둠상자(camera obscura)를 발명하여 복제 도구로 사용했다. 그리고 역시 화가이며 오페라 배경의 디오라마 작가였던 다게르(Daguerre L.J.M.)는 다게레오타입(daguerreotype)을 발명한다. 이 방법은 오늘날 촬영하여 현상하고 인화하는 모든 사진 공정이 모두 들어 있는 사진의 원형을 보여준다. 사진은 회화의 연장으로 예술적인 행위를 위해 사용되었던 것이며 이 회화주의(Pictorialism)는 합성사진 기법을 응용하는 다다이스트(Dadaist) 그로스(Grosz G.), 초현실주의(Surrealism) 작가 에른스트(Ernst M.)의 포토 몽타주(photo montage)와 포토 콜라주(photo collage)로 연결된다.

판화가 그림을 그대로 복제해서 사용할 수 있다는 측면의 기술로 부유층을 통해 발달했지만, 사진은 더 정밀하고 다량으로 복제기술을 사용할 수 있는 기술로 대중에게 더욱 주목을 받게 되었다. 20세기 초부터는 전쟁 사진, 서민생활 등의 풍속 사진들이 활성화되어 사진은 정보 전달이라는 의사소통의 전달 매체로 강력한 위치를 갖게 된다. 특히 사진의 기록성은 전쟁 종군기자, 여행가, 탐험가로 이어지며 직접 경험하지 않고도 시간과 공간을 경험할 수 있게 하였으며 인쇄매체의 발달은 대량복제가 가능해져서 신문, 잡지, 광고, 포스터, 팸플릿, 보도용 등으로 다양한 측면으로 활용되고 발달하였다.

1) 사진의 특성

사진의 특성을 기술하는 것은 사진의 시지각적 특징만이 아닌 화학적인 작용과 기술적인 도구들의 설명, 사진의 철학적 특성 등을 모두 열거해야만 할 것이다. 재료적 측면에서는 네가티브한 필름에서부터 현상 과정과 인화된 사진의 의미와 색의 역할까지를 살펴볼 수 있으며 네가티브한 필름을 직접 투사해서 이미지를 볼 수 있는 슬라이드 필름의 기능과 예술적 측면 등을 모두 살펴본다면 가장 바람직하겠지만, 이 책에서는 다음과 같은 몇 가지 사진의 특성을 살피면서 사진 미술치료의 특성을 살펴본다.

(1) 대량 복사

20세기 초, 발터 벤야민(Benjamin W.)[236]은 대량 복사 기술의 발달이 하나의 예술작품이 가지고 있던 '지금' 그리고 '여기'라는 일회성으로부터 나오는 '아우라(aura)'를 깨뜨렸다고 말한다. 그러나 21세기인 오늘에 이르러서는 사람들이 일상생활 가까이에서 비디오, 캠코더, 영화, 텔레비전, 휴대 전화, 디지털 사진기, 인터넷 등의 기계문명을 통한 문화 발달과 함께 다양한 도구들을 사용하기 시작하면서 시간과 공간을 초월한 메시지 전달이나 복제예술이라는 새로운 예술 장르를 형성하기에 이르렀다.

바르트(Barthes R.G)[237]는 사진은 코드가 없는 메시지로서 언어표현처럼 코드를 사용하지 않고 현실을 있는 그대로 복사한다고 말한다. 또한, 사진은 있는 그대로를 전달하는 객관성에 더해서 인쇄물이나 다른 언어 표현들과 함께 사용되면 더 확장된 메시지를 전달할 수도 있다. 사진은 사회적으로 효과적인 의사소통의 도구로 사용되고 있다.

(2) 렌즈의 기능

렌즈는 사람의 시각이 미치지 못하는 부분까지도 물리적으로 볼 수 있도록 한다. 렌즈를 끌어당기거나 늘려서 볼 수 없는 먼 곳 혹은 지나치게 가까운 곳을 볼 수 있게 함으로 공간을 마음대로 조절할 수 있게 되었다. 그러나 사람의 눈이 보는 것과 다르게 렌즈는 물체를 객관적으로 선별하여 기록하는 것이 아니라 모두 받아들이며 평면적으로 받아들인다. 그 대신 렌즈는 초점거리, 시각, 광선의 변화에 따라 대상의 모습에 새로운 의미를 줄 수 있게 된다.

(3) 사진의 공정

사진기로 피사체를 찍어 사진으로 본다는 것은 빛의 강약이나 색의 정보를 가진 빛 에너지를 필름과 같은 감광 재료에 쬐어 그 재료의 물성 변화를 일으키게 한 후에 다시 현상 작업을 거쳐서 화상을 만드는 여러 단계의 긴 과정을 거치는데 이를 사진 공정이라고 말한다.

그러나 오늘날은 디지털 사진기와 그 주변기기인 사진 전용 인쇄기 등의 개인 이용이 보편화하여 현상에서 인화까지의 사진 공정이 간단해지고 빨라졌

---

236) 독일의 문예비평가, 철학자. L'œuvre d'art à l'ère de sa reproductibilité technique in Essais 2(기술복제시대의 예술작품), Paris, Denoël/Gonthier, 1983.

237) 프랑스의 철학자, 기호학자. Le message photographique in œuvres Complètes, Seuil, 1961.

으며 대량화도 가능해졌다.

(4) 사진과 기호 언어

사진기 셔터가 눌려서 대상이 사진기에 담기는 순간 그것은 이미 과거의 시점이 된다. 그러나 그 대상이 재생되어 우리가 그 대상을 볼 수 있을 때는 다시 현재라는 시점이 된다. 이러한 사진의 특성은 스냅사진(snapshot)을 사용하여 사람의 눈으로 분별할 수 없는 순간을 포착할 수 있는 능력을 갖추게 하였다. 사물을 그대로 기록하여 객관적으로 파악할 수 있으므로 해서 사실성 있는 표현을 가능하게 한 것이다. 사실적으로 표현된 대상은 사람의 기억의 애매모호함이나 상투적인 언어 표현으로 오해를 낳을 수 있는 것을 사실 그대로의 모습으로 드러내보일 수 있게 한다.

그리하여 작품을 감상하는 사람으로 하여금 오해하지 않은 채 감정이입을 통한 심리적인 감상을 체험할 수 있게 하는 것이다. 이렇게 사진은 새로운 언어와 같은 기호로서의 성격으로 시각언어(visual language)의 기능을 가지게 되며 영상 매체의 발달과 함께 신문, 잡지, 광고 등을 통한 다양한 방법으로 더욱더 언어적인 성격이 발전하게 되었다.

23-2.

사진 미술치료

1) 사진 미술치료의 역사

미국에서는 1856년부터 사진을 이용한 심리적인 치료를 해 왔다는 자료가 있다. 하지만 실제 심리학 전문지 등에 사진 미술치료가 소개되며 일반인들이 기술을 사용하기 시작한 것은 그로부터 100여 년이 지난 1977년경이다.[238] 프

238) 참고 자료 사이트 http://www.phototherapy-centre.com/home.htm,

239) Art et Thérapie N° 52/53, Photographier-Rendre visible le regard, Institut National d'expression, de création et de l'art et Thérapie, Blois, 1995.

랑스에서도 임상심리학자들을 중심으로 1965년부터 사진과 치료를 접목하는 활동을 해 왔다.[239)]

최초의 사진 미술치료 국제 심포지엄이 1979년 5월 미국의 일리노이(Illinois)에서 있었는데 이 영역의 초기 선구자들은 프라이어(Fryrear J.L.), 크라우스(Krauss D.A.), 워커(Walker J.), 와이저(Weiser M.) 등이다. 이 심포지엄을 계기로 출판물을 통한 연구 자료들을 볼 수 있게 되었다. 1984년 캐나다의 토론토(Toronto) 국제회의에서부터는 국제사진미술치료협회를 통하여 사진치료가 독립적인 치료 영역으로 공식적인 자리 매김을 하고 그 이후 연례행사를 통해 사진치료 방법과 기술 등을 교환하는 많은 행사를 하게 되었다.[240)]

이후 워크숍이나 각종 회의 서적[241)]들과 '사진 미술치료' 나 '사진의 치료적 기법' 등이 출판되면서 대학원 과정 등 관련 학과가 개설되고 석사 및 박사 학위 논문과 연구의 결과들이 보고되기에 이르렀다. 1982년 캐나다에서는 독립적인 사진치료 연구소가 개설되었다.[242)]

사진과 심리사회학적인 시각을 마련한 부르디유(Bourdieu P.), 송타그(Sontag S.), 풀쉬노니(Fulchignoni)와 철학적 뒷받침을 한 바르트(Barthes R.G.), 반 리에(Van Lier H.)와 언어학자 퍼스(Pierce B.C.) 등은 이미지와 심리 반응을 이론적으로 뒷받침하여 주었다.

특히 지난 20년이 사진 미술치료가 대중에게 더욱 가까이 다가간 매체가 되었다. 사진 미술치료 전문가 그룹이 형성되고 그 결과 사진 미술치료 작품들이 미술관이나 갤러리 등에서 전시되기도 한다. 현대로 들어서며 시각적인 미술치료 기술 중에서 사진은 디지털 사진기와 그 주변기기의 발달로 더욱 일반화되어 대중적인 물건이 되면서 오히려 미술치료실의 다른 미술 도구나 재료보다도 더 쉽게 사용할 수 있는 매체가 되었다. 또한, 컴퓨터나 비디오 기술과 함께 사용하므로 21세기의 미술치료 기술 중에서 그 영역의 확대와 잠재 가치

---

240) Krauss, D.A., & Fryrear, J.L.(Eds.), Phototherapy in mental health. Springfield, IL: Charles C. Thomas. 983.

241) Weiser J., PhotoTherapy Techniques -Exploring the Secrets of Personal Snapshots and Family Albums Vancouver: PhotoTherapy Centre Press, 1999 (2nd Edition).

242) 심리학자이며 미술치료사인 Judy Weiser가 PhotoTherapy Centre, Vancouver, Canada.의 대표이다.

가 가장 무궁무진한 영역이다.

2) 사진치료와 미술치료의 비교

사진을 이용한 심리치료와 전통적 미술치료의 비교는 사실상 무의식을 시각화하는 기법이라는 점에서는 큰 차이가 없다(Spence, J., Krauss, D.A.).[243] 특히 창조성을 기반으로 하는 모든 시각 예술치료는 내면의 생각을 상징적으로 재표현함으로 자신에 대한 이야기와 경험을 말로 하지 않기 때문에 덜 왜곡되게 드러낼 수 있다는 공통적인 장점을 갖고 있다. 그림을 그리거나 사진을 찍어서 사용하거나 사람들은 무의식 속의 정보를 작품 안에 투사하는 것으로 은유적인 의사 교환을 할 수 있다. 그리하여 그림이나 사진은 작업한 사람의 주제, 전달하고자 하는 뜻, 포함된 감정 등을 의식하지 못한 채 드러내게 함으로 작업한 사람들을 알아가는 데 훌륭한 도구로 사용된다.

이러한 의사소통 방법은 말로 하게 되면 자기 합리화를 하기 위해 바쁘거나 방어기제들을 사용하거나 변명으로 우회할 수 있으나 시각 기호들을 이용하여 무의식을 활용하는 것은 자연스럽게 자신에 대한 감정, 생각, 기억들을 자동기술적으로 표현한다. 그러므로 사진치료나 미술치료 모두 환자/내담자의 무의식을 중재 도구를 사용하여 상징적인 의사 교환을 할 수 있도록 하기 위해서는 훈련된 전문치료사이어야만 환자/내담자에게 잠재되어 있는 창조 능력을 발현시키도록 도울 수 있다.

크라우스(Krauss D.A.)[244]에 의하면 "사진치료나 미술치료가 이미지를 투사의 방법으로 사용한다는 초기의 의도는 같다. 그러나 미술치료가 환자/내담자의 무의식을 즉흥적이고 순간적으로 외부적인 자극이나 조명 또는 시간과

---

243) Spence J., Putting myself in the picture: A political personal and photographic autobiography. London: Camden Press. 1986.
Krauss D.A., Reality, photography and psychotherapy. In: D.A. Krauss & J.L. Fryrear (Eds.), PhotoTherapy in mental health, Springfield, IL: Charles C. Thomas. 1983.

244) Krauss D.A., Reality, photography and psychotherapy. In: D.A. Krauss & J.L. Fryrear (Eds.), PhotoTherapy in mental health, Springfield, IL: Charles C. Thomas. 1983.

공간 이동 없이 내용을 데생을 통해 직접 표현한다면, 사진 미술치료는 물리적으로 존재하는 내용을 공간과 시간적으로 이동을 한다는 차이가 있다." 라고 말한다. 그리고 미술치료는 주체의 내면을 외부로 직접적으로 표현하는 것이라면 사진 미술치료는 주체가 사진기라는 중재 도구를 통해 표현된다. 이 두 가지의 차이를 환자/내담자에게 바람직하게 적합하도록 효율적으로 서로 상호 보충하여 활용하는 것이 때로는 치료의 완화작용으로 혹은 치료의 추가 작용으로 이용하므로 더욱 창조적인 활동을 하는 데 도움을 줄 수 있다.

3) 사진 미술치료의 의의

사진 미술치료는 환자/내담자의 가족 사진 등과 같이 개인적인 사진들을 가지고 정서, 추억, 생각 등을 불러일으켜 자신의 내부와 상호교류하게 하므로 치료의 효과를 얻는다. 사진 속의 이미지와 그 대상들이 재표현되는 의미를 통해 변증법적 효과를 일으킬 수 있는 시각 예술 기법이다.

특히 사진기를 사용하는 것은 생물적 시각 차원에서 복시적 시각으로 옮기는 것으로 사진기에 대상이 담기는 순간 과거시제로 바뀌면서 사진 속의 이미지는 근본적으로 또 다른 새로운 시각을 주는 것이다. 사진기 속에 대상이 들어와 보여지는 순간 이미 새 틀을 만들어 주는 셈이 되며 대상은 이제 다른 주변 환경으로부터 특별한 주의를 가지고 있다는 것을 인식하게 한다.

또한 사진 미술치료를 사용하는 것은 어떠한 주제로 작업할 것인가, 어떠한 구도를 선택할 것인가, 인화 작업은 어떻게 할 것인가, 아니면 콜라주와 같은 방법을 함께 사용할 것이가 등 다른 기술을 동반할 수 있다.

무엇보다 사진 미술치료는 시간과 공간을 함께 놀이할 수 있다. 시각은 사진기를 이용하여 더 멀리까지 연장될 수 있으며 시점이 미치는 모든 공간은 사진기의 렌즈를 통해서 틀을 정해 새로운 공간으로 나타난다. 사진을 이용해 자신이 살고 있는 공간과 그 주변의 대상들을 새로운 눈으로 변형해 보는 것이 가능하여진다. 사람들은 사진을 통해서 미처 스스로 알아차리지 못한 채 자신을 마치 무대 위의 배우 같은 위치에 놓게 된다. 그리고 나서 자신의 내면의 이미지들을 표출하고 자신만의 무대 위 이야기를 만들어 낸다.

4) 사진 미술치료의 5가지 기법[245)]

우선 이 5가지 기법들은 상호 보완되어 사용되고 다른 다양한 형식의 예술치료와도 결합하여 활용될 수 있는 기법들임을 강조한다. 창의적인 예술 활동의 어떠한 것이라도 환자/내담자에게 어울리도록 활용하는 것은 각 치료사의 훈련과정과 이론적 접근 방향, 환경에 따라 다양하게 변화될 수 있다.

사진 미술치료는 사진 속에 나오는 이야기를 해석하려고 하는 치료가 아니고 사진 미술치료사가 사진의 다양성을 통해 환자/내담자에게 적당하고 다양한 방법으로 정서적 영향을 미칠 수 있도록 안내하고 이들의 상호교환을 통해 심리적인 결과를 얻는 것을 말한다. 환자/내담자 스스로나 미술치료사가 사진을 선택하여 사진이 주는 느낌을 가지고 다시 자신 안으로 받아들여 자신만의 유일한 성향을 나타내는 반복 작업을 하는 것이다. 사진 한 장에 객관적인 평가를 하는 것은 불가능하며 위험한 일이 된다. 동시에 환자/내담자는 사진을 통해 자신의 정신적 상황이나 진단을 위한 증상을 보여주는 것이 아니라 반복적인 주제와 반복적인 이미지, 반복된 치료 회기 등의 미술치료적 행위를 통해 상징적으로 표현한다. 이러한 은유적인 자신만의 정서적인 반응을 통해 내면에 잠재해 있던 아직 표현되지 않은 자신의 인간적인 모습을 찾아내는 것이다.

따라서 직접 사진을 촬영하는 것은 사진 미술치료 종결지점에서 더 많이 활용하는 편이다. 초기 단계에 제공하는 활동으로는 사진을 통하여 사진 미술치료사나 집단의 다른 사람들과 함께 여러 가지 기억, 감정, 사고 등을 대화하면서 사진 작업에 대한 동기를 갖게 될 것이다. 이 사진들은 주로 환자/내담자가 들어가 있는 사진으로 자신 내면의 정서가 많이 읽히는 사진, 자신의 신념이 표현된 사진, 자신의 태도가 분명한 사진 등을 택하게 된다. 그러나 언어를 직접 사용하기보다는 비언어적 코드를 가진 단서를 가진 사진을 통해 자신의 위치를 알고자 하는 욕구를 제공할 수 있는 것이 더 바람직한 방법이다.

245) 자료 출처 사이트 : http://www.phototherapy-centre.com/five_techniques.htm

(1) 직접 사진 찾기

환자/내담자 자신이 사진기를 이용하여 직접 사진을 찍는 방법이 있고 다른 사람의 잡지, 그림엽서, 인터넷 영상, 디지털 작업 이미지 등에서 고르는 방법도 가능하다. 여러 장의 사진 속에서 자신의 작업을 위한 사진만을 고른다는 것은 삶의 여정 속에서 무엇인가 판단하고 결정하여야 하는 순간과 같다. 또 밀착인화만을 가지고 결정하는 경우와 확대하여 인화해서 한 장 한 장 사진을 고르는 경우가 있는데 각각의 경우마다 환자/내담자의 역동은 달라질 것이다.

사진기도 종류가 다양해서 어떤 필름을 사용하는가와 어떤 초점을 사용하는가에 따라 서로 다른 사진을 찍을 수 있다. 그런가 하면 렌즈와 셔터를 달리하며 각양각색의 성향을 가진 사진을 만들기도 한다. 사진 미술치료사로서 암실을 가지고 현상액을 직접 사용하고 인화를 하는 과정을 모두 거치는 경우는 시간의 인내를 요구하므로 환자/내담자의 선정에 각별한 주의를 기울여야 한다. 그러므로 청소년의 경우나 어린이 미술치료를 하는 경우는 디지털 사진기로 컴퓨터를 이용하여 사진을 바로 보는 방법이나 컴퓨터 콜라주 방법 등이 더 바람직할 것이다. 컴퓨터를 이용하는 경우는 이미지를 조작하거나 색을 바꾸는 등 매우 다양한 변화를 이용하여 인쇄하므로 여러 가지 느낌으로 미술치료 작업을 가능하게 한다. 인쇄하는 것 또한 종이뿐만 아니라 천을 이용한다면 같은 이미지를 다른 문체의 혹은 다른 글을 읽는 것과 같은 효과를 볼 수 있다.

(2) 다른 사람이 사진 찍어 주기

환자/내담자를 다른 사람이 즉흥적인 사진을 찍어 주는 방법이다. 그러나 환자/내담자 자신이 스스로 어디에 있을 것인지, 어떤 조명 상태에 있고 싶은지, 내용은 어떻게 하고 싶은지 등을 결정한다. 다른 사람에 의해 찍힌 자신의 모습은 제삼자의 눈을 통해서 바라보는 것만큼의 거리를 가질 수 있다.

환자/내담자의 살아 있는 신체가 사진기를 통하여 물체적인 성향은 사라지고 정신적인 시각으로 전환하게 되면서 신체를 순간에 멈추게 하는 경험을 하게 된다. 자신의 신체가 인화되어 사진으로 나타나 다시 미래로 연장된 것을 보게 될 때까지 자신과 한 차례의 초상을 치르는 셈이 된다. 환자/내담자는 다른 사람에 의해서 보인 자신 그리고 그 순간은 자신의 삶만이 갖는 전설을 만들어 내는 상상력을 발휘할 수 있게 되는 것이다. 환자/내담자의 신체가 다른 사람에게 보인다는 것은 마치 무대 위의 한 장면처럼 스스로를 전환해 변형된 상태로 볼 수 있어서 사진을 기본으로 하나의 다른 이야기를 경험하는 것이며 상상 속의 창조 경험은 자신의 삶을 다시 하나의 신선한 이야기로 담아낼 수 있게 한다.

그러나 자폐성 장애 어린이 환자/내담자의 경우 은유적이거나 상징을 이용한 치료가 아니라 자신을 인지하고 인식하고자 하는 치료적 측면에서라면 사진을 시간을 두지 않고 바로 자신의 모습을 보여줄 수 있는 디지털 사진기를 이용하는 것이 바람직할 것이다.

(3) 초상화 만들기

초상화만을 찍는 방법이다. 이는 자신을 있는 그대로 거나 은유적으로 볼 수 있어서 아주 다양한 경우의 창조적 이미지를 만들어 내면서 잠재해 있는 자신의 모든 가능성 있는 측면들을 찾아낼 수 있다.

아주 가까운 거리에서 근접해서 찍는 접사(close-up)법을 이용하여 초상화를 찍는 방법은 환자/내담자를 이상적으로 표현하거나 초상화를 만들되 얼굴의 주름이 그대로 드러나고 피부를 가까이에서 느낄 수 있어서 돋보기를 들이대지 않고도 자신을 적절한 거리를 두고 살필 수 있게 한다. 특히 접사법은 사진에 시선을 고정하는 힘을 가지고 있다. 접사 사진을 바라보는 환자/내담자는 환상적인 느낌이 들게 되어 자신의 초상화를 바라보면서도 다른 사람을 보는 것처럼 혼돈을 경험하기도 하고, 혹은 새로운 시간과 공간을 경험할 수 있게 된다. 마치 더는 자신 안도 아니고 자신 밖의 상황이 아닌 다른 곳에서 자신을 잃어버리는 것으로 은유적인 상황의 정서를 가지고 자신을 재표현할 수 있는 기회를 얻는 것이다.

(4) 가족 앨범이나 전기 모음 사진 이용하기

가족이나 다른 사람의 탄생 사진부터 일대기를 볼 수 있는 사진 앨범을 사용하는 방법이다. 벽면, 화면, 컴퓨터 화면, 가족 웹사이트 등에 사진을 배열하면서 환자/내담자 자신의 삶을 연장하여 이야기를 꾸며 볼 수 있도록 한다. 자신의 삶을 다른 매체와 방법을 통해 거리를 두고 다시 재구성하고 자신의 삶의 배경으로 존재하는 다른 가족을 미술치료 요소로 확대하여 환자/내담자의 심리적 발달에 도움을 주는 것을 말한다.

그러나 자기 주변과 주변인으로 시선을 확대하기 전에 먼저 현재 자신이 있는 장소에서부터 더 가까이로는 자기 방의 물건들에서부터 조금씩 영역을 확대해 가면서 자기 주변에 주의를 기울이는 사진들을 찍거나 살펴볼 수 있다. 예를 들면, 자폐 청소년의 경우 같은 위치에서 다른 대상을 반복해서 사진을 찍어 본다거나 야외에서 고정적인 자리를 정하고 고정되어 있는 공원의 긴 의자를 계속 반복해서 찍었을 때 오고 가는 사람들에 따라 나타난 사진의 차이들을 살펴보면서 사진치료 작업을 할 수도 있다.

(5) 사진-투사기법 이용하기

창조적 초점을 가지고 제작된 것이면 어떠한 사진이든지 기본적으로 사용할 수 있다. 제작 과정의 사진의 초점이나 계획의 초점을 살피는 것으로도 치료의 시도가 시작될 수 있다. 환자/내담자가 사진을 보고 지각하고 현상해서 반응하면서 자신만의 초점을 찾아 투사한 자기 내면의 지도를 제작하고 자신의 길을 찾아가도록 새로운 사진을 제작하는 방법을 말한다. 사진과 자기 삶의 초점 사이에서 자신만의 초점을 가진 새로운 방향을 결정하고 자신의 자리를 결정하며 존재와 현상 사이의 답을 찾아 나갈 수 있게 된다.

또한, 사진 미술치료사는 다양한 사진 활용을 연구하여 적용할 수 있다. 사진과 복사기를 접목해 활용할 수도 있을 것이다. 이 방법은 환자/내담자에게 같은 이미지를 반복하여 사용할 수 있다는 측면에서 손쉽게 사용할 수 있다. 특히 사진의 크기를 더 크게도 작게도 할 수 있으며, 일부분을 잘라 다시 복사하거나, 다른 것을 붙여 복사하는 방법을 통해 전혀 새로운 표현을 할 수도 있다. 옛 가족사진 등 파손하면 안 되는 사진을 사용할 때나 지나간 기록들에서부터 출발한 사진들을 사용할 때는 복사기를 이용하는 것이 바람직하다. 실패를 쉽게 인정하지 못하는 환자/내담자나 데생 등의 기술들을 활용하지 못하는 경우에도 사진이 더 유용한 중재 활동이라고 할 수 있다.

캠코더를 이용한 비디오치료와 연결하여 활용하는 방법도 가능할 것이다. 캠코더를 이용하여 아주 다양한 주제의 상황을 만들어 짧게 촬영한 후 다시 동영상을 살펴보면서 집단원 각자의 느낌을 나눈다. 혹은 같은 장소에 사진기를 고정해 놓고 환자/내담자 집단원 각자의 사진을 찍는 등의 응용도 생각해 볼 수 있다. 이러한 방법이 고전적이라면 오늘날은 휴대전화 등으로 더욱 손쉽고 빠르게 이러한 작업이 가능해졌다.

5) 사진 미술치료사의 역할

대부분의 사람은 사진을 보고 개인적인 표현을 할 때 오랜 주의를 기울이기보다는 순간적인 자기 중심적 감정을 그대로 말한다. 환자/내담자는 사진이 스냅 샷일지라도 개인적인 무의식적인 감정을 심어 중요한 기억으로 오래 간직하고 남아 있기를 바란다. 그리고 이런 사진들이 미술치료의 다리 역할을 할 수 있게 된다. 환자/내담자들이 사진을 도구로 자신의 내면을 탐험하고 깊은 곳에 숨겨 놓고 잊힌 자신의 감정 혹은 기억과 상호 교류하여 정신적인 희망의 빛을 찾아내도록 돕는 것이 사진 미술치료사의 역할이라고 할 것이다.

그렇게 되기 위해서는 사진 미술치료사는 환자/내담자의 사진들에서 개인 상징 유형을 찾아낼 수 있어야 하며 환자/내담자가 자신을 드러내는 중간 대상물을 어떻게 구성해 내는지, 어떻게 은유적으로 표현했는지 알아차려서 말로 다 하지 못한 혹은 못하는 그들의 마음의 풍경을 다시 읽을 수 있어야 한다.

사진 미술치료사가 환자/내담자를 동반하기 위한 훈련들은 그들이 자신의 개성에 가장 합당한 스냅 샷을 사용할 수도 혹은 감정을 자극하는 가족 앨범을 환자/내담자 시각으로 사용하려고 할 수 있으므로 각 환자/내담자의 창의적 행위에 왕성한 동기를 갖도록 동반할 것이다. 환자/내담자의 모든 개인적인 사진이 정보의 원천이 될 수도 있지만 치료적인 대화를 통해 초점을 맞춘 사진들을 찾아내어 무의식과 연결할 수 있을 때 일반적으로 더욱 좋은 결과를 갖게 되기 때문이다.

예를 들어, 사진 미술치료 회기는 사진을 응시하며 말없이 오랫동안 생각하는 시간을 가진 후 다양한 계기를 통하여 창조적인 행위를 시작한다. 집단원이나 사진 미술치료사와 이야기를 주고받는다든가, 다른 사람들의 이야기만을 듣는다든가 하고 나서 사진을 다시 바라보고 사진과 상호작용하게 한 후 재구성된 정서로 작업을 시작할 수 있다. 이때는 새로운 형식으로 통합된 이야기를 구성할 수 있으며 또 다른 사진들을 첨가하여 상상력을 펼칠 수 있도록 미술치료사가 도울 것이다. 더욱 발전하게 되면 집단원 작품을 함께 사용하여 집단의 작품으로 동영상을 만들 수 있도록 안내하는 것도 가능할 것이다.

〉〉 참고문헌

Revue Art et Thérapie N° 52/53. (1995). *Photographier: Rendre visible le regard.* Blois: Institut National d'expression, de création et de l'art et Transformation.

발터 벤야민(Benjamin W.) (2007). 기술복제시대의 예술작품-사진의 작은 역사 외 (*L'œuvre d'art à l'ère de sa reproductibilité technique in Essais 2*). 최성만 역. 서울: 길.

Klein J.-P. (1997). *L'art- thérapie.* Que sais-je? N° 3137. Paris: Presses Universitaires de France.

Rodriguez J. & Troll G. (1995). *L'Art-thérapie: Pratiques, techniques et concepts.* Paris: Editions Ellébore, Collection Thesus.

〉〉 참고 사이트

PhotoTherapy Techniques in Counseling and Therapy http://www.phototherapy-centre.com/home.htm

Photography and PhotoTherapy http://www.inneressencephotography.com/

PhotoTherapy http://www.mariannegontarzyork.com/phototherapy.htm

부록

부록 1 관련 용어 해설

부록 2 프랑스예술치료사연맹의 예술치료사 자격 조건

부록 3 프랑스예술치료사연맹의 미술치료사 윤리규정 사항

부록 4 전 세계의 예술치료 관련 저널

부록 5 Jean-Pierre Kleine의 불어 서문

부록 6 미술치료실 환경 구성의 실례

부록 1 관련 용어 해설*

사회심리학(social psychology)

사회적 행동에 관한 여러 현상을 연구하는 학문. 사회환경 속에서 직접 또는 간접으로 타인과 관계를 가지고, 또 사회의 문화 · 규범 · 제도 등의 규제를 받고 생활하는 인간의 경험이나 행동을, 그러한 사회적 여러 조건과 관련해서 이해하고 설명하려고 하는 학문이다. 사회로부터 추상(抽象)된 개인을 주로 다루어 온 심리학과, 인간을 사상(捨象)한 사회나 문화를 주로 다루어 온 사회학이나 문화인류학이 서로 접근하고 교착(交錯)하는 영역에 사회심리학이 등장한다. 그러므로 사회심리학에서는 중점을 두는 곳과 접근 방법이 달라지는 데 따라서 갖가지 입장과 사고방식 및 연구 방향이 갈라진다.

(출처 : 엔사이버 두산백과사전)

정신의학(psychiatry)

정신의학은 정신장애에 대한 건강 상태와 병적 상태에서의 개인 행동을 연구하고 예방, 진단, 치료하는 의학의 한 분야이다. 정신장애가 의학적 병으로 인식된 것은 지난 200여 년 전의 일로 초기에는 정신의학이 단순히 정신병을

* 인터넷 백과서전(야후코리아 백과사전/엔사이버 두산백과사전/네이버 백과사전/네이트 백과사전 등)을 인용하면서 저자가 재구성하거나 그대로 인용하는 방법을 사용하였음을 밝힙니다.

치료하는 의학으로 인식되어 왔으나 근대의학이 발전함에 따라 개인의 주관적 생활, 대인관계 및 사회 적응 등에 영향을 주는 정상과 이상 사이의 다양한 스펙트럼의 인격장애들이 그 대상이 되고 있다. 나아가 정신 현상이 개인의 신체적 요인과 가족 및 사회적 요인들과 상호 관련됨이 밝혀져, 이제는 정신적 원인에 의한 신체적 장애, 신체적 요인에 의한 정신적 장애, 사회문화적 요인과 관련된 지역사회 정신의학 및 정신보건 문제 등 대상이 확대되고 있다. 신경정신의학(neuropsychiatry)이란 과거 신경학적(뇌) 장애가 중요 요인이라는 견해 때문에 나타났던 명칭인데, 이후 심인성 원인이 주로 거론되면서 신경이란 말이 빠지고 정신의학으로 바뀌었다. 그러나 최근 정신질환의 신경학적 원인 발견과 생물학적 치료의 발달로 신경정신의학으로 이름하는 것이 합당하다는 견해가 널리 받아들여지고 있다. (출처 : 수원성심정신과의원)

임상심리학(clinical psychology)

심리학에서 사용하는 관찰 ·측정 ·검사 등의 방법을 이용하여 개인의 능력이나 특성을 밝혀내고 개인의 적응에 대한 것을 가르치고 권고하는 것을 목적으로 하는 학문. 치료방법의 발달에 따라 급속하게 발전하고 있다. 1896년 L. 위트머가 펜실베이니아대학에 신체장애아동의 진료와 치료를 위한 클리닉을 창설하였고, 1909년 W. 힐리가 비행소년용의 진단시설을 개설하였을 때를 기점으로 한다. 그 후 1930년대에 정신분석학의 사상이 미국에 뿌리를 내린 것과 컬럼비아대학에 처음으로 임상심리학자 양성 코스가 개설된 것 등도 발전의 계기가 되었다. 그러나 이 학문의 성립이 보다 더 확실해진 것은 제2차 세계대전이 발발하고 군대에서 정신적 부상자의 진단과 치료의 필요성이 생겨난 이후부터이다. 이것이 계기가 되어 임상심리학의 활동 범위는 점차 확대되어갔다. 종래의 아동 문제로부터 성인 문제로, 지능 진단으로부터 종합적인 개성 진단으로, 진단 작업으로부터 치료 활동으로, 이렇듯 임상심리학의 테마와 관심은 나날이 넓어져 갔다. 임상심리학의 과제는 진단 및 치료의 이론적 · 기술적 연구이고 그러한 것의 성과를 정신병 · 성격이상 · 신경증 · 정신박약 · 지체부자유 · 언어장애 · 비행 · 맹인 · 벙어리 · 난청 · 학업부진 등 아동이나 성인의 여러 문제 해결에 적용하는 데 있다. 이 학문에서의 중요한 방법은 진단 기술과 치료 방법이다. 진단법으로서는 면접 · 관찰 · 조사 · 검사(심리 테스트)

가 있다. 치료 방법에는 크게 나누어서 직접 지도와 조언을 하는 지시적 요법, 환자의 자유로운 표출을 촉진시키는 비지시적 요법이 있다. 또한 집단적으로 실시하는 집단요법도 있다. 최근에는 행동요법과 실존(實存)분석요법이 주목되고 있다. (출처 : 엔사이버 두산백과사전)

임상 심리학자(Clinical psychologist)

"신경정신과 소속 '임상심리학자' 의 법적인 명칭은 '정신보건임상심리사' 이고, 고유 업무는 정신질환자에 대한 심리 평가 및 정신질환자와 그 가족에 대한 심리 상담에 관한 것이다. 심리 평가의 2가지 종류는 정신질환에 대한 임상 심리 평가와 두뇌 손상에 대한 신경 심리 평가이다. 임상 심리 평가를 위해 정신질환자에게 각종 심리 검사를 사용하는데, 그 목적은 의학적 진단을 보조하고, 치료 방침과 재활 대책 수립에 도움이 되려는 것이다.

심리측정검사 중에 대표적인 것이 웩슬러지능검사(K-WAIS; Korean Wechsler Intelligence Scale)와 다면적 인성검사(MMPI; Minnesota Multiphasic Personality Inventory)다. 웩슬러지능검사를 실시할 경우, 첫째 전체 지능의 수준, 둘째 언어청각적인 주의력 · 기억력 · 이해력 · 판단력 · 계산능력 · 사고력 · 개념 형성 능력 · 표현력, 셋째 시각적인 주의력과 지각 능력 · 시각–손운동 협응 능력 · 정신운동 속도 · 예측 능력 · 계획력 · 현실 검증력 등을 기초로 적절한 도움을 준다." (출처 : 경희의료원)

치료(healing)

질병 · 상처 · 몸의 기능 이상 등을 낫게 하기 위한 의학적 행동이나 수단. 넓은 뜻으로는 병의 예방, 건강의 회복 · 유지, 병후의 처리 · 지도 등도 포함된다. 또한 치료와 치료에 앞서는 진단, 더 나아가서는 건강 증진 및 재활(再活 ; reha- bilitation) 등을 통틀어 의료(medical care)라 한다. 이상과 같이 넓은 뜻의 치료 · 의료의 적용 범위는 매우 넓으며, 치료나 의료의 대상에는 감염자 · 발병자뿐만 아니라, 건강한 상태인 개체를 포함시키기도 한다. 원래 생물체에는 병원체의 침입(감염)이나 상해 작용에 대한 자연적 방어 능력뿐만 아니라, 질병 · 상처에 대한 자연적 치유 · 회복 능력도 갖추어져 있다. 치료는 그와 같은 자연적 · 천부적인 방어 · 치유 능력을 최대한 활용하고 강화 · 촉진하는 것을 주된 목표로 삼는다. 의학 분야에서 치료 및 치료법의 기본 원리와 장단점 및 효과 등을 연구하는 부문을 치료학이라 하는데, 의학 분야에서 가장 근본적인 부문에 해당한다. 의학사를 살펴보면 고대의학은 대부분 치료법과 이에 대응하는 진단의 지식으로 이루어져 있다. 또 근대의학에서는 병리학 부문이 크게 발전하였지만 이것에서도 주류를 이룬 것은 역시 치료 부문이었다. 치료(치료법)는 방법에 따라 분류하면 약물요법, 방사선요법, 물리요법(온천·광선·전기·안마 등을 이용한 이학적 요법), 식이요법, 기후요법, 기계적 요법(존데·穿刺·카테테르 등의 이용), 정신요법 등이 있다.

(야후코리아 백과사전 인용 저자 재편집)

샤머니즘(shamanism)

'샤먼'의 어원은 퉁구스계 여러 족(族)에서 주술사를 뜻하는 '사만(šaman, saman)'에서 유래한다는 설이 유력하다. 이 말은 19세기 이후 북아시아·시베리아의 주술·종교적 직능자 일반에게 적용되었으며, 그 뒤에는 세계 각지의 유사 직능자를 뜻하는 용어로서 널리 쓰이게 되었다. 중국에서는 무격(巫覡)이라는 말을 쓰며 무는 여자, 격은 남자를 뜻한다. 샤먼이 다른 주술·종교적 직능자와 다른 점은 초자연적 존재와 직접 접촉·교류할 수 있는 능력을 갖는다는 점이다. 샤먼은 스스로 신이나 정령과 같은 초자연적 존재로 변신할 수 있으며, 자유롭게 여러 정령을 다루고 다른 세계로 가서 신들과 직접 교류할 수 있다고 여겨지는 존재이다. 이같은 행위는 일반 사제나 주술사에게는 불가능하다. 샤먼은 초자연적 존재와 직접 접촉 및 교류하는 방법의 특징에 따라 몇 가지로 구분된다. 신령·정령이 샤먼의 몸을 빌려서 인격이 영격화되어 직접적으로 말하고 행동하는 '영매(靈媒)', 신령·정령의 모습을 보고 소리를 들어서 간접적으로 행동하는 '예언자', 초나 선향의 연소 상태 등으로 신의 뜻을 읽어내는 '견자(見者)' 등이 있다. 이 모두는 신과 사람의 직접 교류 사실을 전제로 하며, 의식·심리의 변이가 보이는 점에서 공통된다. 영매·예언자·견자가 각각 다른 사람인 경우도 있으며, 같은 사람이 이들 다른 영적 능력을 겸비하는 일도 있다. (출처 : 야후코리아 백과사전)

카타르시스(그, Katharsis)

고대 그리스 어로 '청정(淸淨)·정화(淨化)'를 나타내는 말. 종교적 용어로는 종교적인 죄(이를테면 살인 등에 의한 부정)를 없애는 의식을 말하며, 의학 용어로는 체내에 남은 불순물을 배설시키는 방법을 말한다. 플라톤은 『파이돈』에서 철학의 작용을 이 종교·의학적 정화작용에 비교하여 철학은 영혼이 육체와 합치될 때 받은 불순물을 영혼으로부터 제거하고 영혼을 되도록 육체로부터 떼어놓는 것이라고 하였다. 이에 의해 영혼은 영혼 본래의 순수성을 되찾고 순수한 존재 자체의 진실한 모습과 만나게 된다. 철학이 요구하는 지(知)란 그와 같은 영혼의 존재방식이라고 하였다. 이러한 플라톤의 용어법은 피타고라스파에서 기원된 것으로, 피타고라스파는 종교적 절제와 학문연구(수학·음악 이론)에 의한 영혼의 정화를 말한 것이라고 보는 견해도 있지만 플라톤 이전의 피타고라스파가 카타르시스라는 말을 확대해 학문연구에도 적용하였는지는 불확실하다. 아리스토텔레스는 『시학(詩學)』에서 이 말을 문학론상의 용어로서, 특히 비극이 인간 영혼에 미치는 청정화 효과에 대해 쓰고, 비극이란 "자비와 두려움의 정(情)에 의한 정의 정화(카타르시스)이다."라고 규정하였다. 심리요법에서는 의식하지 못한 채 억압되어 남아 있는 감정을 불러일으킬 때 경험하는 해방감을 말하는데 모든 심리요법에서 카타르시스는 좋은 치료 효과를 나타내고 있다. 루마니아 출생의 미국 정신병리학자 J.L. 모레노의 사이코드라마적인 방법에서는 심리적 갈등을 즉흥극으로 재현하는 것으로 카타르시스가 발생한다고 한다. 정신분석에서는 카타르시스의 치료 효과를 그다지 중요하게 여기지 않는 듯 보이지만, 자유 연상(聯想)이라는 치료법은 잊혀진 과거를 생각해 내는 것이므로 카타르시스와 관련성이 있다고 할 수 있다. (출처 : 야후코리아 백과사전)

나르시시즘(narcissism)

그리스 신화의 나르시스(나르키소스의 프랑스어명)에서 유래된 개념. 나르시즘이라고도 한다. 나르시스는 매우 아름다운 소년이었는데 연인의 구애에도 귀를 기울이지 않고 수면에 비친 자기 모습에 반해 그 자리에서 떠나지 못하고 죽어 버린다. 이 때문에 자기애·자기도취의 의미로 쓰이는데, 독일의 정신과 의사 P. 네케에 의해 1899년 처음으로 사용되었다. H.H. 엘리스는 성적

이상으로서의 나르시시즘을 기술했는데, S. 프로이트의 정신분석에서는 자아 발생의 문제로서 취급되어 오토에로티즘(自體愛)에 후속되는 발달단계로 되어 있다. 즉 오토에로티즘의 단계에서 성충동은 감각적으로 쾌감을 구하는 것이며, 말하자면 단편적인 충동이어서 전체적으로 하나의 통일을 갖는 충동이 되어 있지 않다. 그런데 이것이 나르시시즘의 단계로 발달하여 자기 자신의 신체를 전체적인 사랑의 대상으로 선택하게 될 때 비로소 통일적 성충동이 되고 자아가 나타나게 된다. 이것에 의해 정신병을 이해하는 길이 열리게 된다. 종종 1차적 나르시시즘과 2차적 나르시시즘이 구별되는데, 모태 내의 태아 상황이 1차적 나르시시즘으로 간주되어 발달 단계로서의 2차적 나르시시즘과 구별된다. (출처 : 야후코리아 백과사전)

공동환상(commonly shared illusion)

인간이 사적 환상에서 공통된 부분을 찾아내어 그 부분을 공동화(共同化)한 환상. 인간은 본능이 파괴되어 현실과 접촉을 잃고 환상 속으로 헤매는 동물이다. 그러나 각자가 제각기 뿔뿔이 흩어진 사적(私的) 환상 속에 갇혀 있다면 개인과 개인과의 연계가 없기 때문에 인류는 멸망해 버린다. 따라서 사적 환상으로부터 공동환상을 형성하고, 이러한 공동환상을 의사현실(擬似現實)로 만들어 그 속에서 생활함으로써 존속을 도모하고 있다. 자아 · 국가 · 도덕 · 법률 · 경제 · 과학 · 예술 · 종교, 기타 인류의 문화라고 부르는 모든 것, 동물에게는 없는 인간 특유의 모든 현상은 공동환상이다. 공동환상은 어떤 것이든 개인의 사적 환상의 일부를 공동화한 것에 불과하고, 대부분은 사적 환상인 채로 남아서 끊임없이 공동화되는 것을 요구하기 때문에 개인은 불가피하게 공동환상과 사적 환상과의 사이에서 분열되고 있으며, 공동환상 그 자체는 항상 불안정하다. (출처 : 야후코리아 백과사전)

감정전이(transference)와 역전이(counter transference)

프로이트의 정신분석학 용어. 어렸을 때 가정생활에서 관계가 깊었던 사람들(대개의 경우 부모나 형제)에 대해 무의식적으로 품고 있던 감정을 자라서 다른 대상에게 발산하는 것을 가리킨다. 예를 들면, 아버지를 미워하던 학생이 교사에게 고분고분하지 않고 대든다든가, 아버지에게 응석을 부리던 딸이

초로(初老)의 남성에게 마음이 이끌리는 경우가 그것이다. 그러므로 어떤 인물의 성격의 핵심을 알려면 그의 감정전이의 내용을 알면 된다는 것이다. 감정전이 속에 그의 본심이 들어 있기 때문에 정신분석에서는 감정전이의 분석을 중시한다. 대개의 경우, 의존성 · 애정 · 증오 등이 감정전이의 내용이다. 감정전이를 알아차리지 못하면 인간관계의 성장은 있을 수 없다. 예컨대, 학생으로부터 증오를 사고 있는 교사가 자신의 부족함을 반성한다고 해서 일이 해결되는 것은 아니다. 이 학생은 아버지에 대한 증오를 교사에게 전이하고 있을 뿐이기 때문이다. 이 경우, 교사가 해야 할 일은 학생에게 감정전이를 깨닫게 하거나 이 학생의 아버지와는 다른 태도를 교사가 계속 보임으로써, 아버지와의 사이에서 체험하지 못했던 관계를 깨닫고 학습하게 하는 일이다. 그러나 학생의 감정전이에 말려들면 이런 일을 할 수가 없다. 말려든다는 것은 역감정전이(逆感情轉移) 또는 대항감정전이(counter transference)를 일으키는 것이다. 즉, 감정전이를 받은 쪽이 자기의 감정을 전이하여 되돌려주는 것이다. 그러므로 어떤 학생에 대해 극도의 애착이나 증오를 느끼는 경우에는 역감정전이의 조짐이 아닌가 하는 정밀한 분석이 필요하다.

(출처 : 야후코리아 백과사전)

감정이입(empathy)

타인이나 예술작품 및 자연과 대할 때, 이들 대상에 자기 자신의 감정을 투사(投射)하고, 또한 이 감정을 대상에 속하는 것으로써 체험하는 작용. 사람은 자기 중심으로 주위의 사물을 이해하려는 본능이 있으므로 생물과 무생물에 인격적 요소를 이입하여 생각하게 된다. 감정이입에 대해서는 다음과 같은 여러 견해가 있다. ① 대상과 감정이 완전히 결합된 상태를 '미적(美的) 감정이입' 이라 하고, 이것을 미의식(美意識)의 근본 원리로 보는 T. 립스 등의 감정이입미학(感情移入美學)이 있다. ② 대상과 감정의 결합을 단순히 연상작용으로 보지 않고 지각된 대상 자체에 감정이 내재(內在)하는 것으로 보고, 인간 감정은 내재하는 그 감정을 체험할 뿐이라는 견해도 있다. 이 경우에는 두 요소의 관계는 외면적 연결이 아니라 내면적 융합, 또는 상호 침투라고 본다. 이 점에서 대상과 감정, 객관과 주관의 합일은 미적 향수의 중요한 계기가 된다. ③ 자아가 공감에 의하여 대상, 즉 타자(他者)의 내면적 생명을 체험하는 것

외에, 타자의 내적 태도 속에 자기를 침해시키고 자기가 내적 본질을 부정하는 요소를 발견하여, 그것에 저항하면서 감정을 이입하는 경우가 있다. 이런 의미에서 전자를 공감적 또는 적극적 감정이입이라 하고, 후자를 소극적 감정이입이라 한다. 전자의 대상은 미(美)이나, 후자는 추(醜)이다. ④ 감정이입은 원래 인간을 대상으로 하지만, 미적 관조에 있어서 무생물을 대상으로 하여 이것을 유정화(有情化)한다. 전자를 본래적 감정이입, 후자를 상징적 또는 비본래적 감정이입이라 한다. ⑤ 보통의 감정이입과 같이 대상의 내면 생활을 추체험(追體驗)하는 것을 내적 감정이입이라 하고, 자아가 대상의 세계에 전입(轉入)되는 것을 외적 감정이입이라 한다. ⑥ 대상에 이입된 감정이 현실적으로 체험되는 감정인가, 단순히 표상(表象)된 감정인가에 따라 현실감정설(現實感情說)과 감정표상설(感情表象說)의 대립이 있고, 이의 절충설이 있다. ⑦ 감정이입과는 다른 개념으로서, 이것과 동일한 또는 유사한 작용을 말하는 견해로 K. 그로스의 내적 모방과 V.G. 바슈의 상징적 공감이 있다.

(출처 : 야후코리아 백과사전)

방어기제(defense mechanism)

해결할 수 없는 문제들에 대해 타협적인 해결책을 이끌어내는 정신적 과정을 집합적으로 일컫는 정신분석학적 용어. 이 과정들은 보통 무의식적으로 일어나며, 이때의 타협안들은 대체로 자기비하 · 불안을 초래할 수 있는 자신의 본능적 욕구나 감정을 감추는 성격을 띤다. 방어기제(또는 방위기제)라는 개념은 정신분석학의 가설에서 나온 것인데, 이 이론에 따르면 마음속에는 서로 반대되면서 충돌하는 2가지의 심리가 있다는 것이다. 이 용어는 지크문트 프로이트의 논문 『방어의 신경정신학(*The Neuro-Psychoses of Defence*)』(1894)에서 처음 사용되었다. 정신분석학자들이 설명하는 주된 방어기제에는 다음과 같은 것들이 있다. ① 억압(repression) : 원하지 않는 생각 · 욕구 · 감정 등을 의식으로부터 끌어내어 무의식 속으로 억눌러 버리는 과정이다. 그 예로는 히스테리성 기억상실증을 들 수 있는데, 환자는 불안하게 될 만한 일을 행하거나 목격하고 난 뒤에 그 일 자체와 그때의 주위 상황을 완전히 잊어버린다. ② 반동형성(reaction formation) : 노출되기를 꺼려 하는 무의식적인 충동에 반대되는 방향으로 생각 · 감정 · 욕구 등을 의식 속에 고정시켜서 이에 따라 행동하게 하는 경우이다. 예를 들어 원하지 않는 아이를 가진 어머니의 경우, 아이를 원하지 않았다는 죄책감 때문에 아이를 지나치게 염려하고 보호함으로써, 아이와 자신에게 좋은 어머니라는 인상을 남기려 한다는 것이다. ③ 투사(projection) : 자신의 바람직스럽지 않은 감정을 다른 사람에게 옮겨서, 그 감정이 외부로부터 오는 위협으로 보이게 하는 과정이다. 흔히 볼 수 있는 투사행위로는, 어떤 사람이 자신의 노여운 감정 때문에 우려될 때 오히려 그 사람을 적대적인 생각을 갖고 있다고 비난하는 경우이다. ④ 퇴행(regression) : 성숙 · 발전해 가는 과정에서 큰 위험이나 갈등을 겪었을 때, 그동안 이룩한 발달의 일부를 상실하고 마음의 상태가 과거의 낮은 발달단계로 후퇴하는 것이다. 예를 들면 남편과 처음으로 말다툼을 한 신혼주부의 경우, 다시 부모집으로 돌아감으로써 편안함을 찾으려고 한다. 다른 예로는 어떤 사람이 어려움에 직면했을 때 자주 낮잠이나 공상에 빠지는 경우를 들 수 있다. 이러한 퇴행은 발달과정에 영향을 미칠 수 있으며, 나중에 올 신경증적 증상들을 예고하기도 한다. ⑤ 승화(sublimation) : 본능적인 욕구(보통은 성적인 것들)를 비본능적인 통로를 통해 변형시켜 분출하는 것이다. 정신분석이론에서는 성적 충동에서 나오는 에너지는 사회적으로 더 허용적이고 가치 있는 일(예를 들어 예술이나 과학 연구)에 쓰일 수 있도록 전환될 수 있다고 설명한다. ⑥ 부정(denial) : 고통스러운 사실이 있다는 것에 대한 인식을 의식적으로 거부하는 것이다. 잠재적으로 존재하는 동성애에 대한 욕구나 적대감정 또는 자녀의 정신질환 등의 경우에, 이러한 사실들을 부정함으로써 참기 어려운 생각 · 감정 · 사건들로부터 벗어날 수 있다. ⑦ 합리화(rationalization) : 행동의 참된(그러나 위협적인) 이유를 그럴듯하게 합리적으로 설명하는 것을 말한다. 정신분석학의 관점에서 보면 이러한 방어기제들은 신경증적인 구조에 속하는 것이기는 하지만, 자신을 보호하고 방어하는 행위 그 자체는 병적인 것으로 간주되지 않는다. (출처 : 네이트 백과사전)

프로타주(프, frottage)

초현실주의 회화기법의 하나. 본래는 '마찰' 이라는 뜻의 프랑스어 프로테(frotter)에서 유래한다. 에른스트가 처음 쓴 기법으로, 나무 · 돌 · 금속 등의 거친 표면에 종이를 대고 연필이나 목탄으로 문질러 그 모습을 옮기는 기술이나 표현되는 효과를 말한다. 에른스트는 이것을 유화에 응용, 기름이 섞이지 않은 상태의 끈적끈적한 물감을 화면에 문질러 바탕에 엷은 채색층을 만듦으로써 그 효과를 이용하였다. 이렇게 하면 바탕에 깔린 채색층을 투과하여 복합적인 색채 효과가 얻어지고, 조형감을 나타내면서도 색이 흐려지지 않는다. 이 기법을 이용한 대표적 작품으로 에른스트의 『박물지(博物誌)』(1926)가 있다.

(출처 : 야후코리아 백과사전)

데페이즈망(프, dépaysement)

어떤 물건을 일상적인 환경에서 이질적인 환경으로 옮겨 그 물건으로부터 실용적인 성격을 배제하여 물체끼리의 기이한 만남을 현출시키는 기법이다. 원래 '환경의 변화'를 뜻하는 말로서, 이 방법으로 보는 사람의 감각의 심층부에 주는 강한 충격 효과를 노리는 것이다.

쉬르리얼리즘(초현실주의)의 선구자인 로트레아몽의 시에 "재봉틀과 양산(洋傘)이 해부대에서 만나듯이 아름다운"이라는 유명한 구절은 데페이즈망에 대한 가장 적절한 표현이라고 할 수 있다. (출처 : 엔사이버 두산백과사전)

데칼코마니(프, décalcomanie)

초현실주의(超現實主義) 회화기법의 하나. 드민게스에 의하여 처음 발명되었으며 그 뒤, 새로운 것을 추구하는 화가들 사이에서 즐겨 사용되어온 방법이다. 이것은 글라스·아트지와 같은 비흡수성(非吸收性) 소재에 그림물감을 칠하고 거기에 다른 종이를 댄 다음, 위에서 눌렀다 떼면 기괴한 형태의 무늬가 생겨난다. 이러한 전사(轉寫)의 기법은 우연히 생기는 흥미로움을 여러 방법으로 생각한 것이며, 무의식적인 효과를 존중하는 비합리적인 표현이라고 할 수 있다. 에른스트가 대표적인 화가이며 그의 데칼코마니 작품에 〈미래의 기억〉이 있다. (출처 : 야후코리아 백과사전)

그라타주(프, grattage)

'마찰'이나 '긁어내기'를 뜻하는 말로 색을 두껍게 칠한 다음, 표면을 긁어서 독특한 조형적 효과를 내는 방법이다. 색의 두께의 변화에 따라 색 · 빛 · 음영 등의 미묘한 시각적인 효과를 낼 수 있다. 20세기 이후 현대 화가들이 주로 이 기법을 사용했다.

이 기법을 사용한 대표적 화가는 프랑스 화가인 장 포트리에(Jean Fautrier)이다. 그가 1945년 발표한 연작(連作) 〈인질(人質)〉은 캔버스에 종이나 석고 등을 바른 다음 칼 등으로 긁고, 거기에다 물감이나 파스텔로 채색을 한 것이었다. 풍부한 재질감과 독특한 색채 효과를 발휘하였으며 장식적 효과도 얻을 수 있다.

이 기법은 미술교육 현장에서도 많이 응용된다. 여러 가지 밑색을 크레용으로 칠한 뒤 그 위에 검정색을 비롯한 진한 색을 덧칠한 다음, 칼이나 날카로운 물건으로 긁어서 밑색이 보이게 하는 기법이다. (출처 : 엔사이버 두산백과사전)

아상블라주(프, assemblages)

'아상블라주' 란 프랑스어로 집합·집적을 의미하며, 특히 조각 내지 3차원적 입체작품의 형태를 조형하는 미술상의 방법을 말한다. 종이나 베의 조각 등을 화면에 풀로 붙이는 큐비즘의 콜라주에서 비롯되었지만, 콜라주가 평면적인 데 대하여 아상블라주는 3차원적이다. 1961년 뉴욕에서 열린 아상블라주전(展)의 기획자 사이츠는 "아상블라주는 무엇보다도 먼저 예술품으로 만들어진 것이 아닌 물체의 집적이어야만 한다." 고 정의하였다. 피카소의 〈압생트 술병〉(1912) 등이 선구적 작품이지만, 본격적인 개화(開花)는 다다이즘 및 초현실주의, 특히 제2차 세계대전 후의 네오다다이즘, 팝아트, 누보레알리즘 및 환경예술 등에서 이루어졌다. 스페리(1930~), 아르망(1928~) 등은 폐품을 소재로 예술화한다는 데서 더 나아가, 오히려 '잡동사니' 폐품이 지닌 표현력을 끌어내려는 데 예술 활동의 중점을 두고 있다. 또한 공업제품의 폐품을 주로 사용한 정크 아트(junk art)도 이에 속한다. (출처 : 엔사이버 두산백과사전)

바우하우스(Bauhaus)

1919년 건축가 발터 그로피우스(Walter Gropius)가 미술학교와 공예학교를 병합하여 설립하였다. '바우하우스(Bauhaus)' 라는 이름은 독일어로 '집을 짓는다' 는 뜻의 하우스바우(Hausbau)를 도치시킨 것이다. 주된 이념은 건축을 주축으로 삼고 예술과 기술을 종합하려는 것이었다.

바이마르에서 출발한 바우하우스에서는 요하네스 이텐(Johannes Itten), 라이오넬 파이닝거(Lyonel Feininger), 폴 클레(Paul Klee), 오스카 슐레머(Oskar Schlemmer), 바실리 칸딘스키(Wassily Kandinsky) 등이 교육을 담당하였다.

초기에는 공예학교 성격을 띠다가 1923년에 이르러서야 예술과 기술의 통일이라는 연구 성과를 평가받기 시작하였다. 그러나 그로피우스와 이텐 사이에 대립이 생겨 이텐이 바우하우스를 떠난 뒤에는 모호이너지(László Moholy-Nagy)가 후임으로 참가하였다. 이때부터 비로소 교육 방침이 정착되어 바우하우스의 특색으로 자리잡았는데, 교육과정은 다음과 같다. 우선 예비 과정에서 반년간 기초 조형 훈련을 받고 토목 · 목석 조각 · 금속 · 도자기 · 벽화 · 글라스그림 · 직물 · 인쇄의 각 공방으로 진급한다. 거기서 형태 교사에게 조형 이념을 배우면서 공작 교사에게 실제적인 기술을 배워 익히는 것이다. …중략…

그러나 바우하우스의 이념은 이후 독일보다는 오히려 미국에서 꽃을 피우게 된다. 이는 설립자 그로피우스가 하버드대학교 건축부장으로, 마지막 교장이었던 미스 반 데어 로에가 일리노이공과대학 건축학부장으로 각각 부임하고, 모호이너지가 시카고에 뉴바우하우스를 개설한 데 힘입은 바 크다. 즉 이들로 인해 미국 동부에서는 하버드대학교를 중심으로, 중부에서는 일리노이공과대학을 중심으로 건축의 양대 산맥을 형성할 수 있었던 것이다. 특히 미스 반 데어 로에는 위원회를 결성해 시카고의 건축가들을 일리노이공과대학으로 초빙, 시카고 철골 고층 건물의 신기원을 마련하는 역할을 하였다.

이렇듯 바우하우스는 1933년에 완전히 폐쇄되기는 했지만, 이곳에서 제작한 제품들은 많은 곳에서 모방되었다. 또 일상생활에 사용하는 물건들을 단순하고 편리하게 설계하는 방법 역시 바우하우스의 영향을 받은 것이며, 교수법과 교육이념 역시 세계 곳곳에 널리 보급되어 오늘날에도 대부분의 예술 교육과정에 포함될 만큼 현대 조형예술 분야에 많은 영향을 미쳤다.

(출처 : 엔사이버 두산백과사전)

대지미술(land art)

미니멀 아트(minimal art)의 영향 아래 '물질'로서의 예술을 부정하려는 경향과 반문명적인 문화현상이 뒤섞여 생겨난 미술 경향. 랜드 아트 · 프로세스 아트라고도 한다. 1960년대 후반 영국 · 독일 특히 미국에서 성행하였다. 소설가 B.앨디스가 쓴 SF소설(과학소설) 제목에서 작가 스미드슨이 같은 이름을 전람회 이름으로 사용함으로써 일반화된 미술 용어가 되었다.

작품의 소재나 경향 · 방법 등이 작가마다 매우 다르다. 사막 · 산악 · 해변 · 설원(雪原) 등의 넓은 땅을 파헤치거나 거기에 선을 새기고 사진에 수록하여 작품으로 삼기도 하고, 잔디 등의 자연물을 그릇에 담거나 직접 화랑에 운반하여 전시하기도 한다. 이런 현상은 모두 예술의 일시적 성격, 재료 또는 재질로서의 자연의 재인식, 자연환경의 창조적 응용 등을 강조한 수법이다. 대표작가는 A. 스타키, R. 스미드슨, M. 하이저 등이다.

(출처 : 엔사이버 두산백과사전)

부록 2 프랑스예술치료사연맹의 예술치료사 자격 조건*

Fédération Française des Art-thérapeutes
—Accréditation des art-thérapeutes

번역 신승녀

1. 프랑스예술치료사연맹이 인정하는 미술치료사가 되기 위하여 다음과 같은 조건을 갖추어야 한다.
   - 최소한 2년 이상에 걸쳐 600시간 이상의 미술치료 관련 수업을 받았음을 증명하여야 한다.
   - 학업한 내용을 구체적으로 증명하는 서류를 제출하여야 한다.
   - 학업을 마무리하며 정리한 내용을 증명하여야 한다.
   - 각자가 영향을 받은 그리고 형성한 미술치료 개념을 간단하게 요약하여 정리하여 제출한다.
   - 미술치료의 역사를 정리하여 포함시킨다.
   - 개인적인 자신의 미술치료 방법을 소개할 수 있어야 한다; 신청자의 미술치료 진행 과정, 치료 목표, 치료 중재 재료, 치료 방법에 대한 기획을 정확하게 밝혀야 하고, 치료 과정을 분석하고 결과를 평가하는 기준의 설명을 포함한다.

---

* 프랑스예술치료사연맹의 예술치료사 자격 조건을 번역 과정에서 이해를 돕기 위하여 '미술치료사'로 바꿔 부른 경우와 그대로 '예술치료사'로 사용한 경우가 있다. 예술치료사로 굳이 번역한 곳은 미술치료사의 확대 개념으로 이해하면 좋겠다.

— 미술에 대한 개념이 형성되어 있어야 한다; 미술사, 미학, 창작 과정에 대한 개념을 가지고 있어야 함을 의미한다.
— 다양한 병리적 증후군, 사회심리학적인 문제들과 현상들을 인지하고 있어야 한다.
— 미술치료가 지향하고자 하는 목표와 그에 합당한 치료 대상자를 정확하게 선별할 수 있는 능력을 갖추어야 한다.
— 선인 미술치료사를 통해 계속해서 다양한 미술치료 상황과 경우를 분석하는 경험을 갖고 있음을 증명해야 한다.
— 미술치료 임상 실습자료를 포함시킨다.
— 미술치료 임상 감독관에 의해 분석하고 감독받은 자료를 포함시킨다.
— 최소한 9개월 단위 안에 200시간 이상의 임상 실습이 있었음을 증명하여야 한다.
— 임상 실습들이 학업 중인 학교에 의해 슈퍼비전 되었음을 증명하여야 한다.
— 미술치료 학업을 받은 그룹에 미술치료사들이 교수진으로 포함되어 있음을 증명하여야 한다.
— 이상의 모든 것이 서류로 증명되어야 한다.
— 미술치료와 관련한 이론들과 실제 방법론에 대한 숙달을 계속해 나간다.
— 미술치료 활동 혹은 임상 중인 자료를 정규적으로 리포트로 제출한다.
— 전문가들 앞에서 미술치료 학업의 전 과정을 총괄하는 내용을 발표하고 통과한 논문을 제출한다.
— 프랑스예술치료연맹에 의해 결성된 의무규정을 지켜야 한다.
— 특히 미술치료사 윤리규정에 대해 존중하는 자세를 갖추어야 한다.
— 미술치료의 발달을 위한 새로운 개념 개발 등의 연구자세를 전적으로 갖추어야 한다.

2. 창의적 예술 행위를 실제로 실행하고 있음을 증명할 수 있는 미술치료사로서의 위상을 증명하여야 한다.
— 연구 중이거나 실행 중인 개인적 예술 행위를 서면으로 작성한다.
혹은/또는

– 대중에게 발표되거나 발표 중인 것을 증명할 수 있다. (전시회 자료 등)

3. 미술치료사의 자기 훈련과 수련에 관계되는 활동이 규칙적으로 있음을 증명하여야 한다.
   이는 미술치료사 본인과 미술치료를 받는 내담자 모두가 미술치료 중에 일어날 수 있는 위급하고 어려운 상황을 미연에 방지하기 위하여 필요한 내용이다.

4. 직업인으로서의 미술치료사는 자신을 계속해서 개발하여야 한다.
   - 미술치료사로 일하는 동안 일생을 거쳐 미술치료에 대한 이론과 실제를 익히기 위한 다양한 활동들을 계속해야 한다.
   - 동료 미술치료사들과의 보조비전이나 슈퍼비전, 자기 회기 분석 등을 통해 직업적인 자신감을 갖도록 해야 한다.

5. 프랑스예술치료사연맹의 윤리규정을 존중하고 지켜야 한다.

부록 3 프랑스예술치료사연맹 미술치료사 윤리규정 사항*

Code de déontologie des Art-thérapeutes

번역 신승녀

1. 미술치료사 기본 의무사항

1.1.1 프랑스예술치료사연맹이 인정하는 미술치료사는 자신 스스로의 창작 행위로 직업적 위치를 확고히 할 수 있도록 하여야 한다. 특히 예술치료에 대한 깊은 이론적이고 직업적 지식과 함께 치료적 임상 활동이 있어야 한다.

1.1.2 각각의 예술치료사는 각자의 성향에 따른 적어도 한 가지 이상의 예술적으로 확고한 작업 활동이 있어야 하며 이것이 각 치료사에게 있어 치료의 기본 활동이 된다.

1.1.3 미술치료사는 스스로 한 가지 이상의 예술적인 작업 활동을 규칙적으로 계속해야 한다.

1.1.4 미술치료사는 제 삼자 즉, 슈퍼비전을 통해 자신의 회기를 컨트롤 할 수 있도록 하여야 한다. 다른 미술치료사에게서의 슈퍼비전이 가능하다.

---

* ' 예술치료' 라는 단어를 이해를 돕기 위해 '미술치료' 로 번역하였고, '환자' 라는 단어도 '내담자' 로 번역하였다. 그러나 '프랑스예술치료사연맹' 의 규칙 번역 과정에서 미술보다는 더 통합적인 개념이 필요할 경우에 한해 부득이 '예술치료' 나 '예술치료사' 라고 번역하였다.

1.1.5 미술치료사는 자신의 내담자에게 있어 가능한 최선의 치료를 해야 하는 의무를 갖는다.

1.1.6 미술치료사는 법으로 정의된 건강과 관련된 직업인으로서 직업상의 비밀을 지켜야 하는 의무를 갖고 있으므로 직업적 비밀을 잘 지킬 수 있도록 노력해야 한다.

1.1.7 미술치료사는 건강 그리고/또는 사회적인 다른 동급의 직업인들의 영역도 잘 이해하고 있어야 한다.

1.1.8 미술치료사는 필요한 경우 다른 건강 그리고/또는 사회적 다른 직업인들과 연계하여 일하므로 내담자에게 가장 적절하고 필요한 치료와 처방이 이루어지도록 최선을 다해야 한다.

1.1.9 미술치료사는 신뢰할 만하고 독립적인 직업인이 될 수 있도록 해야 한다.

1.1.10 미술치료사는 평소에 자신이 작업하는 충분히 숙달된 재료를 사용하므로 재료들에 잘 적응할 수 있도록 한다.

1.1.11 미술치료사 자신의 치료 회기에 대한 시간을 지켜야 한다.

1.1.12 미술치료사는 자신의 내담자 수를 늘리는 활동을 위해 행정적인 불합리한 행동을 하지 않도록 한다.

1.1.13 미술치료사는 내담자에게 자신의 직업적 능력을 과장하여 표현하므로 자신을 속여 소개하는 일을 가능한 배제하여야 한다.

1.1.14 미술치료사는 직업인으로 자신의 직업적 활동에 대한 적절하지 못한 보수의 요청에 쉽게 응하는 것을 삼가야 하고 그 반대로 자신의 활동을 의도적으로 단계를 올려 자신을 과장 광고하는 것도 피하여야 한다.

1.1.15 미술치료사는 다른 직업인들이 정한 규칙을 따라가기보다는 자신의 직업적 규칙들을 잘 지켜야 한다.

2. 환자/내담자에 대한 의무

2.1. 치료적 계약에 대한 조항들

2.1.1 미술치료사는 자신의 내담자에게 미술치료를 통하여 어떠한 활동들이 있을 것인지 설명하므로 내담자 스스로가 미술치료가 어떻게 자신에게

도움이 될 것인지 인정한 상태에서 결정하게 할 의무를 갖는다.

2.1.2 미술치료가 시작되기 전에 내담자와 시간, 비용, 기간, 미술치료 상황에 대한 계약을 철저히 할 의무를 갖는다.

2.1.3 미술치료 계약이 완료된 순간부터 미술치료사는 자신의 능력의 최대한을 내담자를 위해 일할 의무를 갖는다.

2.1.4 내담자가 미술치료사와 자신의 의지로 계약을 체결했듯이 자신이 원한다면 치료를 종결할 수도 있다. 이 경우 미술치료사는 자신의 의견을 주장할 권리가 있다.

2.1.5 미술치료사는 자신의 내담자가 치료 상황에 문제를 야기했거나 치료의 진전을 위해 다른 치료사로 치료를 옮길 수 있다.

2.1.6 미술치료사는 치료에 대한 결과를 고지할 의무가 없다.

2.1.7 미술치료사 본인의 의도로 계약 체결을 중단할 수 없다. 단 다음과 같은 경우는 예외로 할 수 있다:

- 내담자에게 미술치료사의 치료 방법으로 전혀 발전이 없다고 판단되었을 때,
- 미술치료사에 의해 내담자에게 제시된 예술 활동이 내담자에게 적당하지 않아 다른 치료가 권장될 때,
- 미술치료사 본인이 치료적 문제를 해결하지 못할 때,
- 미술치료사 자신의 치료적 능력이 치료에 문제를 야기시킬 수 있다고 판단될 때,
- 내담자가 의무사항 이상을 종용하거나 속이는 상황이거나 반대로 의무사항을 지키지 않을 때 등이다.

2.1.8 미술치료사는 내담자에게 치료 상황의 이해를 위해 필요한 최대한의 설명을 할 의무를 갖는다.

2.2 내담자 존중에 대한 조항들

2.2.1 미술치료사는 치료적 변화 과정 안에서 내담자를 전적으로 존중해야 한다.

2.2.2 미술치료사는 내담자와 어떠한 형태의 성적 관계도 가질 수 없다. 또한 집단치료에서 미술치료사는 집단원끼리의 성적인 것과 관련되거나 신

체적 접촉이 발생하지 않도록 주의를 요한다.

2.2.3 미술치료사는 직업적으로 임상에서 비폭력을 원칙으로 한다.

2.2.4 미술치료사는 직업적으로 임상에서 내담자의 법적 권한에 대한 침범을 하지 않는다.

2.2.5 미술치료사는 내담자의 본명에 대한 비밀을 보장한다.

2.2.6 미술치료사는 내담자에 대한 평가나 그 외의 어떠한 형태의 서류 내용에 대해 비밀을 지킬 것임을 보장해야 한다.

2.2.7 미술치료 회기가 녹화 혹은 녹음될 때 내담자에게 서면으로 동의서를 받아야 한다.

2.2.8 미술치료사가 개인적으로 연구 논문을 발표하거나 공개적으로 내담자의 작품이나 임상결과가 사용될 때 본명을 사용하지 않아야 하며 어떠한 형태로든 내담자의 신분이 밝혀질 수 있는 내용은 삼가야 한다.

2.3 내담자의 작품의 존중에 대한 규정

2.3.1 내담자에 의해 제작된 모든 작품은 내담자 각자가 주권을 갖는다.

2.3.2 미술치료사와 내담자 사이에 작품의 보관 장소에 대한 확실한 의견 교환과 일치를 보아야 하며, 치료 기간 혹은 치료 후에 작품에 대한 적절한 보관과 보호를 원칙으로 함에 합의가 있어야 한다.

2.3.3 내담자의 작품이 공개 강의나 전시, 교육의 목적으로 대중에게 공개되기 전에 내담자에게 정확한 목적을 설명하고 그 합의를 서면으로 내담자에게 인정받아야 한다.

2.3.4 치료적인 틀 안에서는 내담자의 작품은 금전적인 것에 활용되어서는 안 된다.

3. 미술치료사의 건강 혹은/또는 사회 등 주변 직업인들과의 관계에 대한 의무사항들

3.1 미술치료사는 미술치료에 대한 직업적인 지식들이나 임상을 계속해서 점검하여 자신의 직업적 활동을 가장 훌륭한 수준에 오르도록 늘 발전시켜야 한다.

3.2 미술치료사는 자신의 치료 결과들에 대한 정확한 연구를 통해 동료 예술치료사들에게 발표할 수 있도록 하여 치료사로서 자신의 치료의 질에 대해 발전하려는 자세와 능력을 겸비하도록 한다.

3.3 미술치료사는 자신의 연구 활동의 주체가 사람임을 잊지 않도록 하며 연구의 규칙을 철저하게 지키도록 한다.

3.4 어떠한 경우의 미술치료 현장, 심지어 어떠한 경우의 제도 아래에서도 자신의 치료에 대한 정보를 밝힐 수 없으며, 각각의 미술치료사는 발표된 동료 미술치료사들의 임상 내용에 대해 직업적 비밀을 지켜야 할 의무가 있다.

4. 의무사항에 대한 임상적 적용

4.1 미술치료사에 대한 의무사항은 공적이다.

4.2 미술치료사는 자신의 직업적인 틀 안에서 의무사항이 지켜지도록 늘 주의해야 한다.

4.3 미술치료사는 의무사항이 직업적으로 관련되는 다른 모든 사항에서도 지켜지도록 해야 한다.

4.4 프랑스예술치료사연맹 중재위원회는 미술치료사와 환자들에 대한 의무사항의 정보제공, 예방 활동, 제언, 조사 요구에 대해 관여한다.

4.5 — 체벌/제제
— 경고/주의
— 징계/견책
— 프랑스예술치료사연맹은 문책 대상 미술치료사의 변호인들과 함께 합의하여 일시적인 직업적 활동의 중단 혹은 제적을 의논한다.

4.6 프랑스 예술치료사연맹의 중재 위원회는 체벌 절차 혹은 과정이나 불만족 요구 사항들에 대해 연맹 측과 함께 절충하는 역할을 담당한다.

부록 4 전 세계의 예술치료 관련 저널*

유럽

Art et Thérapie, 2 Levée des Grouëts, 41000 Blois (France)

Arts & Psyché, 37 rue du Dr Dewyn, 59200 Tourcoing (France)

Artension, Editions Lecerf, 18-28 rue des Bons Enfants, 76000 Rouen (France)

Expression et Signe in Revue Française de Psychiatrie et Psychologie Médicale, Médias-Psy, 8 rue Tronchet, 75008 Paris (France)

International Journal of Art Therapy, NHA Communication, 3 rue de la Boëtie, 75008 Paris (France)

La Lettre de l'Art-Thérapeute, AFRATAPEM, 3 rue Calmette, 37540 Saint-Cyr-sur-Loire (France)

Bulletin du CREHAM, Créativité et Handicap mental, Parc d'Avroy, 4000 Liège (Belgium)

Art Psychotherapy Review, Art Therapy Italiana, Via Bille Arti 42, 40125 Bologna (Italia)

---

* 이 자료는 2009년 현재 자료이다.

Disability Arts Magazine, 10 Woad Lane, Great Coates, Grimsky, DN37 9NUH (England)

Inscape, Journal of the British Association of Art Therapist, 11a Richmond Road, Brighton, Sussex. BN2 3RL (Egland)

Forum Für Kunsttherapie, Fachverbandes für Gestaltente Psychotherapie und Kunsttherapie GPK, Postfach, 3000 Bern (Suisse)

Journal of Art Therapy, The Finnish Art Therapy Association, Lohitie 19A2, Espoo, 02170 (Finland)

Mitteilungsblatt, Journal of the International Association for Art, Creativity and Therapy (IAACT), Basel (Suisse)

Outsider Bulletin Witte Wolken, Atelier Herenplaats, 56 Schiedamse Vest, 3011 BD Rotterdam (Nederland)

Tijdschrift voor Kreatieve Therapie, Nederlandse Vereniging voor Kretieve Therapie (NVKT), Fivelingo 253, Untrecht BN 3524 (Nederland)

Psichologija Tau, The Human Study Centre, Silo 12-2, Vilnius, Lithuania 2055 (Lithuania)

Quaderni di Arte Terapia, Art Therapy Italiana, Via Belle Arti, 40125 Bologna (Italia)

아메리카

American Journal of Art Therapy (AJAT), Vermont College of Norwich University, Montpellier, V.T. 05602 (USA)

Art Therapy, The American Art Therapy Association, 1202 Allanson Road, Mundelein, I.L. 60060 (USA)

Creativity in Action, Creative Education Foundation, 1050 Union Road, Buffalo N.Y. 14224 (USA)

International Journal of Arts Medicine, MMB Music, Inc., Contemporary Arts Building, 3526 Washington Avenue, St. Louis, MO 63101-1019 (USA)

Pratt Institute Creative Art Therapy Review, Pratt Institute, Graduate Creative Arts Therapy Department, 200 Willoughby Avenue, Brooklyn N.Y. 11205 (USA)

The Journal of Creative Behavior, Creative Education Foundation, 1050 Union Road, Buffalo, N.Y. 14224 (USA)

Communiqué, Association des Art-Thérapeutes du Québec Inc. 5764 Avenue Monkland, bureau 301. Montréal Québec H4A 1E9 (Canada)

The Canadian Art Therapy Association Journal, 216 St Clair Avenue West, Toronto, Ontario, M4V 1R2 (Canada)

Imagens da Transformacao, Clinica Pomar, Rua Eng. Adel 62, casa 2, Tijuca Rio de Janeiro CEP 20260-210 (Brasil)

Arte-Terapia: Reflexoes, Instituto Sedes Sapientiae, Rua Ministro de Godoi, 1.484, Perdizes, Sao Paulo (Brasil)

기 타

Japanese Bulletin of Arts Therapy, Journal of the Société Japonaise de Neuropsychiatric Research Institute, 91 Benten-cho Shinjuku-ku, Tokyo, 162 (Japan)

Therapy Through the Arts, Israeli Creative Expressive Therapies Association, 32 Hatayassim St., Jerusalem 92509 (Israel)

부록 5 Jean-Pierre Klein*의 서문 원문

Préface

La création comme processus de transformation

Créer, c'est donner une forme à son destin Albert Camus

L'art est une blessure qui se termine en lumière Georges Braque

Diagnostic différentiel de l'art-thérapie et tentatives de définitions

Avant même de proposer une définition de l'art-thérapie, je vais essayer de dire synthétiquement ce qu'elle n'est pas, selon moi.

* Jean-Pierre Klein, Psychiatre Honoraire des Hôpitaux, Docteur Habilité à Diriger des Recherches en Psychologie, Président de la Fédération Internationale de Thérapie et Relation d'Aide par la Médiation (Conseil de l'Europe), Fondateur en 1981 de "Art et Thérapie/INECAT Institut National d'Expression, de Création, d'Art et Thérapie", Fondateur de la Escuela de Arteterapia de Barcelone linea Jean-Pierre Klein, auteur dramatique
27, rue Boyer, F 75020 Paris France www.inecat.org kleinjpk@orange.fr

— L'art-thérapie comme toute psychothérapie n'a pas d'objectif précis, que celui-ci soit la réduction du symptôme, la socialisation ou une visée professionnelle. Elle n'est ni rééducation, ni thérapie occupationnelle, ni ergothérapie, ni sociothérapie. Elle a par contre un projet: le mieux-être, l'amélioration voire la guérison de la personne. Ne s'attaquant pas directement à ce qui est à résoudre mais s'adressant àla personne dans sa globalité, elle n'en est que plus efficace que d'autres《thérapies》qui ne s'adressent qu'au symptôme à supprimer sans s'apercevoir que sa disparition risque d'en susciter d'autres en substitution.

— L'art-thérapie n'est pas un test projectif. Elle ne sert pas à parfaire un diagnostic. Elle ne sert pas non plus à dévoiler les problématiques de la personne, par exemple《Ton tableau révèle ta hantise de la mort》, elle est déjà leur dépassement dans leur mise en scène, leur figuration complexe dans une production artistique. Elle ne révèle pas ce qui est, elle ne montre pas ce qui était déjà là, elle amorce un mouvement vers ce qui peut être, ce qui peut se représenter dansle symbolique et se mettre en processus d'une création à l'autre.

Pour éclairer cette distinction, je prendrai l'exemple d'un dessin qui représente la violence d'un monstre sur le héros. Cela peut être perçu par le thérapeute comme signifiant la violence d'un père réel sur son fils, le dessin a servi de test pour mieux connaître le patient. Mais l'art-thérapeute préfère le prendre comme une symbolisation thérapeutique de cette même violence par le patient lui-même, ce qui le soulage et permet de la dépasser car il est alors《Sujet》, auteur d'une production qu'il nourrit de ses peurs, ce qui l'aide àles conjurer. Cette perspective est dynamique et va dans le sens des ressources de la personne pour surmonter elle-même ses difficultés si elle est bien accompagnée de façon discrète et respectueuse, alors que la première attitude à visée cognitive, plus statique, est fréquente dans un Occident qui cherche toujours à tout expliquer plutôt qu'à offrir sa vacuité à l'inconnu, comme le préconise l'art-thérapie qui respecte l'indicible et se déploie dans la pénombre.

— L'art-thérapie ne se limite pas à une expression en vue de décharge et de soulagement. Elle n'est ni thérapie émotionnelle ni recherche de catharsis ni expulsion du mal qui confine à l'exorcisme.

Il s'agit en art-thérapie, pour la personne, moins de découvrir les significations de son œuvre que de poursuivre le travail de création dans une évolution imprévisible. A la limite, on peut dire que sa dynamique peut n'avoir pas de fin.

— L'art-thérapie ne concerne pas que la personne, c'est un combat ou plutôt une négociation avec la matière: peinture, pâte à modeler, terre, collage, sculpture, si elle ne s'adresse qu'aux arts plastiques comme á son origine et dans le présent livre. Mais elle peut aussi faire appel à marionnette, invention orale ou écrite, voix, musique, gestualité, corps en mouvement, danse, théâtre, conte, clown, etc. Dans tous les cas, la personne n'œuvre pas principalement dans l'introspection. L'art-thérapie est une façon de parler de soi sans dire《je》. La matière est un interlocuteur qui a son caractère, qui se défend, qui a ses exigences. L'art-thérapeute sert de médiateur entre le(s) patient(s) et la matière.

— L'art-thérapie est un projet qui tente de relever le défi de la transformation, au moins partielle, de la maladie physique ou mentale, du malaise, de la marginalité douloureuse, du handicap, en enrichissement personnel. La douleur, le mal, le trauma deviennent des épreuves que la personne doit surmonter, dépasser pour en faire une étape de son cheminement.

— L'art-thérapie comme toute vraie thérapie est un accompagnement du travail d'un Sujet sur lui-même, d'une《autothérapie》, avec la particularité qu'il le fait non en direct mais à travers ses productions soutenues par l'art-thérapeute. Celui-ci permet que ces productions issues de la personne tracent un parcours symbolique vers un "être davantage" qui comprend forcément un "aller mieux".

L'art-thérapie se situe entre deux bornes qui sont autant de tentations dans lesquelles elle ne devrait pas tomber

— La première borne est la psychothérapie avec support artistiqueil ne s'agit pas d'art-thérapie mais de la démarche traditionnelle de psychothérapie psychanalytique, à la différence que le discours qui y est tenu n'analyse pas immédiatement les rêves, les lapsus, les souvenirs mais passent par des figurations plastiques (autoportrait par exemple), littéraires (récits de vie), corporelles (représenter sa peur), sonores (moduler sa plainte), °¶ Cette tentation du modèle psychanalytique est majeure lorsqu'il s'agit d'une accompagnement individuel.

— La deuxième borne est l'atelier artistique sans qu'il y ait véritablement projet thérapeutique. L'hypothèse est que la découverte de la peinture, du modelage ou du collage suffit en soi sans qu'on favorise une certaine projection de soi et de ses problématiques dans la matière proposée. Cela se produit principalement lors du travail de groupe. Le risque est alors de tomber dans l'activité de loisir. Le piège est alors souvent la tentation du joli stéréotypé, du bon moment passé ensemble, ou de la réalisation trop conforme à une esthétique attendue, toutes choses qui peuvent détourner du profond.

Ce qui m'amène à cette proposition de définition**

L'art-thérapie est un accompagnement de personnes en difficulté (psychologique, physique, sociale ou existentielle) à travers leurs productions artistiques : œuvres plastiques, sonores, théâtrales, littéraires, corporelles et dansées. Ce travail subtil qui prend nos vulnérabilités comme matériau, recherche moins à dévoiler les significations inconscientes des productions qu'à permettre au sujet de se re-créer lui-même, se créer de nouveau, dans un parcours symbolique de création en création. L'art-thérapie est ainsi l'art de se projeter dans une œuvre comme message énigmatique en mouvement

---

** Klein J.-P., *L'art-thérapie*, Paris, France, Presses Universitaires de France, collection Que Sais-je?, 1997, 6ème édition 2008 36ème mille, traduit en espagnol et en japonais *et de travailler sur cette œuvre pour travailler sur soi-même.*

Les interventions d'artistes, de soignants, travailleurs sociaux et enseignants formés à l'art-thérapie, s'étendent désormais au champ social et pédagogique et permettent notamment de traiter le problème de la violence contemporaine. L'art-thérapeute travaille en milieu institutionnel ou en développement personnel, en libéral ou associatif, en individuel ou en groupe. Cette pratique commence à s'étendre au monde de l'entreprise.

L'art-thérapie est une symbolisation accompagnée.

On peut simplifier ces définitions par celle que j'ai proposée au dictionnaire Robert

Accompagnement thérapeutique de personnes, généralement en difficulté, à travers la production d'œuvres artistiques.

Etapes du processus

L'une des interrogations les plus complexes posées par ce voyage en symbolique est la suivante : Comment faire en sorte que la production figure la personne et ne se réduise pas à un simple exercice? Dans l'invention du personnage, la création d'un tableau ou l'élaboration d'un rythme, comment se peut-il que l'on puisse travailler sur soi et quelles différences y a-t-il entre ce projet et n'importe quelle activité artistique?

La personne vient consulter pour ses difficultés et de ses souffrances, et voilà que l'art-thérapeute lui demande de créer artistiquement. Mais comme elle sait que ce qui lui est proposé est une réponse à sa demande, tout ce qu'elle va y déployer va être imprégné, de façon plus ou moins directe, de ce qui est à résoudre. Du coup, elle **déplace** à son insu ou non sa problématique, et ce, quel que soit le support (inventions orale, écrite, plastique, corporelle, musicale, etc. dans le cas de l'art-thérapie.

Les séances commencent le plus souvent par une **intériorité**. On peut l'obtenir classiquement par une relaxation, une méditation, un voyage imaginaire orienté (suggestion d'aller visiter imaginairement sa maison d'enfance ou un paysage dans lequel on se sent bien, etc.) On peut aussi solliciter les sens refoulés, en particulier l'odorat et le goût, porteurs des premiers émois, ou bien situer d'abord son corps dans les dimensions de l'espace qu'il centre ou dans les énergies qu'il émet ou s'approprie, ou travailler à partir d'un objet investi affectivement, moins pour en relater la charge émotionnelle que pour tourner autour, le prendre comme prétexte à description froide 《objective》, ne s'intéresser qu'à sa forme, et en nourrir une représentation picturale, une installation, un collage, que sais-je encore? Autre exercice très intense: entendre, les yeux fermés, au centre du groupe, son prénom chuchoté par les autres, véritable bain sonore régressif et être attentif aux images et réminiscences qui surgissent.

Mais l'intériorité peut s'effectuer dans un second temps. Je prendrai pour exemple la confrontation à une série de photos de journaux et l'élection d'une qui 《fait signe》 suivie de la confrontation silencieuse une dizaine de minutes avec cette image.

Ces exercices sont le garant que le travail ne va pas se faire dans la superficialité ils permettent une **projection dans l'expression** dans les langages visuel, sonore, gestuel, corporel, verbal fictionnel,... Le travail se fait grâce au détour par la création comme processus de transformation. Il s'effectue dans la matière même de la peinture, dans la forme, dans le rythme, dans la couleur, dans le mouvement.

L'accompagnement par l'art-thérapeute, le médiateur artistique ou l'artiste intervenant porte sur la forme que la personne crée: perfectionnement du tableau, du récit inventé, du passage du cri à la modulation, de la gestualité à une minichorégraphie, etc. Elle ne s'attarde pas sur le contenu dans une recherche de ce que la production signifie (même si l'art-thérapeute le comprend, il le gardera pour lui la plupart du temps) puisque l'efficacité est de travailler sur ces productions pour traiter indirectement de ses problèmes, le plus souvent sans s'en rendre bien compte.

L'aboutissement sera une **création** inédite.

L'étape suivante consistera en l'impression de la personne devant ce qu'elle a créé, c'est en quelque sorte le pendant symétrique de l'intériorité, qui est cette fois **intériorisation**. Se laisser traverser par la réception de sa création. Ce peut-être par exemple la vision face à face avec sa marionnette lorsqu'on lui a mis les billes qui lui servent d'yeux, ou la façon dont l'œuvre 《parle》 à la personne, ce que l'agencement des couleurs et des formes lui provoque comme ressenti, quelles images en surgissent sur la toile, quelles suggestions pour aller encore plus loin dans une forme plus complexe ou plus simple, mais plus forte, plus juste et plus saisissante.

Le processus peut alors continuer par un nouveau cycl : **eexpression, accompagnement, création, impression** pour une succession de créations de plus en plus fortes dont on pourrait dire que **l'évolution** sert de modèle identificatoire au mouvement de la personne qui passe du cercle vicieux de sa pathologie à une spirale ascendante, ce qui suppose un nombre conséquent de séances···

L'art-thérapie transforme aussi l'artiste intervenant ou l'art-thérapeute en créateur en soins et irrigue éventuellement sa production artistique personnelle qu'il mène par ailleurs.

L'art-thérapie est une façon de dépasser le règne de la parole qui a envahi toutes les psychothérapie en Europe, ou presque, ou de l'efficacité immédiate comme aux Etats-Unis.

En thérapie créative, la personne s'ouvre à ses mystères et leur donne des formes énigmatiques évolutives sans réponse totalement intelligible ni surtout univoque.

L'invention de l'art-thérapie

Rappelons d'abord que l'art-thérapie est une invention d'artistesLe principal est un peintre qui le premier a parlé d'art-thérapieAdrian Hill contracte la tuberculose en 1938 et va en sanatorium où, alité, il dessine les objets à portée de la main, sa chambre, son opération. Le tableau *La salle de* *bains du sanatorium*, exposé à la Société Royale des Artistes Britanniques attire l'attention de la presse. Dès 1941, il lance 《*La thérapeutique par l'Art, issue de la thérapeutique par le Travail*》 (les majuscules sont de lui). Les positions qu'il soutient dans son livre : *L'art contre la maladie, une histoire d'art-thérapie****** sont toujours pertinentes, bien que marquées fortement d'un optimisme lyrique: 《*Le germe de l'art, une fois qu'il est fermement dans l'esprit et dans le cœur, est beaucoup plus difficile à déloger qu'un autre germe qui nous est beaucoup plus familier*》《*L'art-thérapie est constructive*》. La première règle est 《*de ne pas copier*》 Parfois Adrian Hill propose une 《*flânerie*》 sur le papier avec le crayon, à partir de laquelle il n'y a plus qu'à se laisser féconder. La 《*ressemblance*》 n'est pas recherchée mais la montée de 《*la courbe imaginative*》 et des 《*vitamines esthétiques*》, dans la méfiance envers une approche trop diagnostique, selon une éthique de grand respect de la personne malade et l'accompagnement de ce qu'il trouve comme technique personnelle. Le tout est complété par la vision d'œuvres contemporaines (Picasso), par la venue de sculpteurs ou de portraitistes qui travaillent devant les patients. La Croix-Rouge britannique encourage l'expérience, l'étend aux incurables, aux militaires de la Royal Air Force, aux officiers. Elle organise des expositions. 《*Lorsqu'il est satisfait, l'esprit créateur (…) favorisera la guérison au cœur du malade. Lorsque l'esprit créateur est contrarié, il peut devenir un ennemi diaboliquement subtil de la paix de l'esprit (…). Celui qui gouverne son esprit peut guérir sa tuberculose*》.

*** Hill A., *Art versus Illness*, Londres, 1945 ; trad. fse *L'art contre la maladie. Une histoire d'art-thérapie*, Paris, Vigot, 1947, repris et commentédans le numéro 100 de la revue *Art et Thérapie*, Paris 2008 (3 rue Georges Lardennois, F75019 Paris)

Corée/France

J'ai été très étonné lorsque je suis venu en Corée deux années de suite enseigner l'art-thérapie dans tout le pays à la demande de Seoung Nyu : Il m'a semblé constater une certaine proximité de l'art-thérapie telle que je la préconise avec ce que j'ai compris de la culture coréenne qui s'adresse á la personne dans sa globalité et non fonction par fonction á corriger comme c'est hélas la tentation en Occident qui sépare chaque individu en parties.

Seoung Nyu fait volontiers référence á la pensée grecque, l'art-thérapie rejoint les thérapies antiques dans ce que nous dirions en termes actuels une pensée holistique qui comprend corps esprit et âme, physique et spiritualité.

L'art-thérapeute doit connaître et pratiquer l'art qu'il propose afin de savoir accompagner techniquement la personne qui résoudra ses difficultés á travers les difficultés rencontrées dans son acte créative.

Je connais Seoung Nyu depuis 1997 et je l'ai vue perfectionner l'expérience qu'elle avait déjà dans sa pratique á Séoul. J'ai fait partie du jury universitaire qui l'a reconnue comme diplôme d'études approfondies en arts plastiques

Elle a de même passé avec succès dans mon Institut établissement privé d'enseignement supérieur, le diplôme de médiateur artistique reconnu par le Ministère français du Travail puis celui d'art-thérapeute portant sur son expérience avec les personnes autistes.

Sa sensibilité artistique, son sens clinique, sa pugnacité ainsi que sa connaissance transculturelle sont autant d'atouts pour une ouverture á la complexité humaine en quoi consiste l'art-thérapie.

C'est une chance pour ses patients de rencontrer une personne de cette qualité.

Les questions posées par l'art-thérapie sont multiples:

La folie peut-elle être créatrice? L'art un traitement du malheur? La violence une force productrice plutôt qu'un passage à l'acte agressif? Quand l'être humain touche quelque chose de《juste》pour lui-même ne se trouve-t-il pas alors dans un projet similaire aux recherches de grands créateurs? Peut-il se faire accompagner dans cet itinéraire aventureux? L'être humain victime, de ses aliénations peut-il les dépasser dans le territoire du symbolique et par là même transformer le mal en épreuve pour son cheminement?

Notre plus grande gloire n'est point de tomber mais de nous relever chaque fois que nous tombons Confucius

부록 6 미술치료실 환경 구성의 실례

재료함

미술치료실 환경 구성에서 가장 고려해야 할 점은 각각의 미술치료실 환자/내담자에게 적절한 재료를 구비하는 것이고 그것을 어떻게 보관할 것인가에 대한 것이다. 환자/내담자의 취향에 맞는 미술 재료를 갖추는 것은 진행하고 있는 미술치료가 성공할 것인가, 실패할 것인가 하는 것에 영향을 미친다.

▲ 수원, 수원푸른교실&미술치료연구소

▲ 대구, 나무소리 예술치료연구소

미술치료실의 기본 재료

재료는 각 미술치료실이 대상으로 하는 환자/내담자의 성향에 따라 다르게 준비할 수 있다. 즉, 어린이/청소년/성인/ 노인 등 연령층과 미술치료사 자신이 다루는 주재료에 따라서도 달라진다.

▲ 수원, 수원푸른교실&미술치료연구소

채색 재료들로는 과슈 물감, 수채화 물감, 아크릴 물감, 크레파스, 파스텔, 크레용, 콘테, 얼굴 그림용 물감, 먹물, 염색 물감, 마블링 물감, 스테인드글라스 물감, 포스터 물감, 동양화 물감, 판화용 잉크, 템페라 재료, 프레스코 재료, 수성 · 유성 페인트 등이 있다.

▲ 천안, 킴스치료교육상담센터

미술용 · 비미술용 연필, 수채화 색연필, 색연필, 사인펜, 볼펜, 유성 매직, 수성펜, 마카, 분필, 목탄, 실, 노끈, 각종 테이프(투명 테이프, 종이 테이프, 양면 테이프, 리본 테이프, 꽃 테이프, 색 테이프 등), 수수깡, 각종 색 모루, 각종 포장 끈, 뽕뽕이, 종이 끈, 한지 끈, 털실, 낚싯줄, 나무젓가락, 성냥개비, 꼬치용 막대기 등도 미술치료실의 재료에 해당된다.

▲ 대구, 나무소리 예술치료연구소

색종이, 색상지, 각종 색 락카, 셀로판지, 하드보드지, 색지, 골판지, 우드락, 반짝이, 각종 헝겊, 각종 단추, 각종 구슬, 각종 스티커, 각종 뚜껑, 각종 철사, 나무, 왕골, 실, 털실, 풀, 본드, 테이프, 파라핀, 컴퍼스, 가위, 바늘, 천, 톱, 대패, 망치 등도 미술치료실에 준비해서 환자/내담자의 작업을 자유롭게 돕는다.

▲ 경주, 경주예술심리연구소 ▶

각각의 미술치료실 재료는 각 미술치료실의 성격에 맞도록 준비한다. 나뭇가지, 나뭇잎, 솔방울, 볏단, 조개껍질, 쌀, 콩, 팥, 조 등의 곡식류, 각종 열매, 돌, 나무 등의 각종 자연물도 미술치료 재료가 될 수 있으며 이러한 재료들을 다양하고 창의적으로 자유롭게 준비할 수 있다. 망치, 끌, 숫돌, 사포, 줄, 정, 가위, 펜치, 칼 등의 도구들 혹은 접착제들을 준비해서 작업이 원활하도록 도와야 한다.

세면대

빼놓을 수 없는 미술치료실 환경 구성의 하나는 세면대이다. 어린이에서부터 성인 환자/내담자에 이르기까지 미술치료 작업 과정에서 작업 자체의 리듬을 방해하는 불필요한 미술치료사와의 관계를 줄이기 위해서나 작업 후의 청결에 대한 부분을 쉽게 해결하기 위해서는 미술치료실 안에 세면대를 갖추는 것이 바람직하다.

▲ 천안, 킴스치료교육상담센터

어린이 미술치료실인 경우는 어린이에게 맞는 높이의 세면대를 준비한다.

세면대 주변의 유사 비품들은 수건걸이와 쓰레기통, 비누, 작업용 물통, 휴지, 걸레 등이며 보관할 수 있는 공간도 필요하다. 세면대 앞에 거울이 있는 것도 도움이 된다.

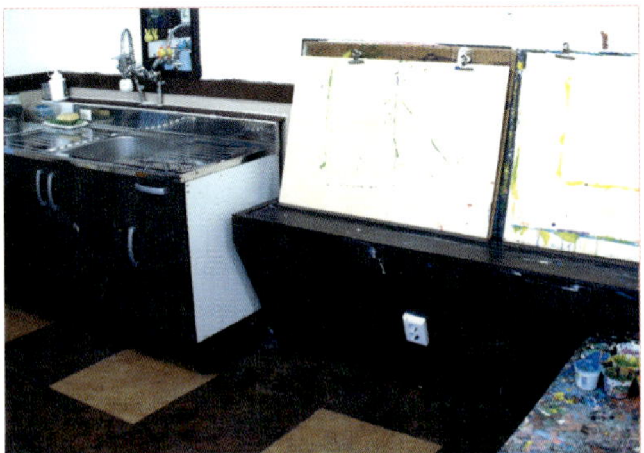

▲ 수원, 수원푸른교실&미술치료연구소

작업대와 그 주변

기본적인 환경 구성 중에 벽에 고정된 이젤을 준비하는 것은 여러 가지로 쓰임새가 있다. 어린이나 노인 혹은 신체가 자유롭지 않은 환자/내담자에게는 안전하게 작업할 수 있도록 돕는다.

▲ 수원, 수원푸른교실&미술치료연구소 ▼

규모가 큰 작업을 할 때는 고정 이젤에서 화판을 사용함으로써 환자/내담자가 안전하고 보호된 환경에서 작업하는 느낌을 가질 수 있다.

▲ 대구, 나무소리 예술치료연구소

미술치료실에서의 작업은 꼭 작업복을 입고 하도록 한다. 작업복을 입고 벗는 것은 환자/내담자가 작업의 시작과 끝을 알게 되므로 작업 과정에 더욱 의미를 갖게 된다. 또한, 환자/내담자는 자신의 옷이나 몸이 더러워지는 것에 대한 걱정에서 벗어나 안심하고 작업에 집중할 수 있다.

이동 가능한 이젤은 미술치료실에서 개인이 자신만의 은밀한 공간에서의 작업을 원할 때를 위해서 혹은 빛이나 기타 조건들을 따라가며 위치를 이동하면서 작업해야 할 경우를 위해서 필요하다.

▲ 수원, 수원푸른교실&미술치료연구소 ▼

이젤 주변에 있어야 할 다른 비품으로 팔레트가 필요하다. 물감, 물통 등을 함께 올려놓고 사용할 수 있는 작은 탁자 형태가 좋으며 환자/내담자에게 맞는 높이를 준비하고 각자 자신의 것을 사용할 수 있도록 각 미술치료실의 환자/내담자 인원수만큼을 갖춘다. 또한, 이젤과 함께 준비되어야 하는 것은 다양한 크기의 화판이다.

▲ 수원, 수원푸른교실&미술치료연구소

▲ 대구, 나무소리 예술치료연구소

이젤에서 할 수 없는 작업들을 위하여 작업 내용과 환자/내담자의 인원 즉, 그룹 치료인가 혹은 개인 치료인가 등에 따라 살펴서 넓이와 높이를 고려한 작업 테이블을 제작한다.

▼ 수원, 수원푸른교실&미술치료연구소 ▶

환자/내담자가 충분히 만족할 만한 넓이와 정서적으로 충분히 보호받는다는 느낌이 드는 공간의 작업대를 준비한다. 작업대의 주변 도구로는 넓은 거울이 있을 수 있으며 이는 신체를 이용한 작업을 하는 데 도움이 된다.

또한, 작업을 위한 쾌적한 조건을 만들기 위한 소음 차단, 냉난방, 적당한 조명은 필수적이다. 가능하다면 자연 채광이 이루어져야 하고 환기와 통풍 시설도 염두에 두어야 한다. 또는 설치 작업이나 비디오 작업 등을 위한 특별한 조명기구들의 설치가 필요한 때도 있다.

◀ 수원, 수원푸른교실&미술치료연구소 ▲

작품 보관함

▼ 대구, 나무소리 예술치료연구소 ▲

입체 작품이든 평면 작품이든 미술치료실의 작품은 각 회기가 끝나고 미술치료실 밖으로 바로 공개되지 않는다. 보관된 작품은 시간과 공간의 거리를 두고 환자/내담자가 다시 자신을 바라보는 미술치료의 또 다른 도구이기 때문이다. 그러므로 미술치료가 시작될 때 작품 보관과 방법, 보관 기간 등에 대한 안내와 함께 서류를 통한 동의서를 작성해 두도록 한다. 작품은 미술치료 종결과 함께 환자/내담자와의 합의에 따라 작품 보관자를 결정한다.

미술치료실 환경 구성 시에 평면 작품 보관함과 함께 입체 작품 보관을 위한 공간을 선반 등을 이용해서 확보해 두도록 한다.

작품의 보관은 환자/내담자에게 작업의 성취를 하게 하므로 각 미술 치료실의 성격과 구성 인원수에 적합한 보관함을 기본으로 설치한다.

특히 미술치료실의 다른 환자/내담자가 영향을 받지 않는 것이 바람직하므로 작품들은 전시 형식이 아니라 은밀하게 보관하되 존중받는다는 것을 충분히 느낄 방법을 택한다.

◀ 수원, 수원푸른교실&미술치료연구소 ▼

흙 작업 공간

▲ 천안, 킴스치료교육상담센터 ▲

흙을 다루는 미술치료실을 독립적으로 따로 갖추는 것이 가장 이상적이다. 그리고 흙 미술치료실은 물을 쉽게 사용할 수 있도록 수도시설과 세면대를 갖추는 것이 기본 구성이다.

▲ 천안, 킴스치료교육상담센터 ▶

흙 미술치료실에는 전기 물레나 손 물레와 회전대나 심봉대를 준비하여 공간적이고 입체적인 작업이 될 수 있도록 돕는다.

◀ 수원, 수원푸른교실&미술치료연구소 ▲

환자/내담자는 흙 미술치료실의 특별한 환경과 흙 미술치료에서만 사용할 수 있는 도구들을 다루고 흙과 관련한 재료들을 통해 표현하고자 하는 동기가 다양해지는 것을 경험하게 된다. 흙 미술치료실에는 흙 보관함과 다양한 손 물레, 다양한 흙, 흙과 관련된 자연물 등도 준비한다.

▲ 대구, 나무소리 예술치료연구소

기타 공간

미술치료의 놀이적인 요소를 활용하기 위해 미술치료실의 일부 공간이나 혹은 따로 놀이 미술치료실을 구성해 볼 수도 있다. 모래판과 다양한 미니 피겨(figure)들을 보관하는 선반이나 함을 설치한다.

▲ 천안, 킴스치료교육상담센터

▲ 경주, 경주예술심리연구소

증보
미술치료 핸드북-개념과 기술

초　판 1쇄 발행 2009년 6월 14일
증　보 1쇄 발행 2015년 5월 14일

지 은 이 | 신승녀
펴 낸 이 | 김기섭
책임편집 | 이윤미
펴 낸 곳 | 창지사 www.changjisa.com
153-802 서울시 금천구 가산디지털 1로 83 파트너스타워 1차 9층
전화 (02) 719-2211~3
팩스 (02) 701-9386
등　록 | 1977년 4월 28일 · 제1-421호

ISBN 978-89-426-0822-5 93180

값 20.000원

「이 도서의 국립중앙도서관 출판예정도서목록(CIP)은 서지정보유통지원시스템 홈페이지(http://seoji.nl.go.kr)와 국가자료공동목록시스템(http://www.nl.go.kr/kolisnet)에서 이용하실 수 있습니다.(CIP제어번호: CIP2015013024)」